JN440598

자발적 복지사회

– 미래지향적 자원봉사와 나눔의 사회학

아르케의 책

- **사회적기업을 어떻게 경영할 것인가** (한겨레경제연구소 지음)
- **사회적기업의 이슈와 전망** (김성기 지음)
- **사회적기업이란 무엇인가** (김정원 지음)
- **지역사회를 비즈니스하다** (김창규 지음)
- **현장에서 읽는 노동연계복지** (김정원 지음)
- **지역사회를 건강하게 만드는 커뮤니티비즈니스** (호소우치 노부타카 편저/박혜연, 이상현 옮김)
- **마을은 보물로 가득 차 있다** (오하라 가즈오키 지음/김현정 옮김/원기준 감수)
- **1% 너머로 보는 지역활성화** (지바 미쓰유키 지음/서하나 옮김/최경국 감수)
- **소통과 나눔 그리고 새로운 마을** (와다 다카시 편저/손주희 옮김/한영혜 감수)
- **소호와 함께 마을만들기** (시바타 이쿠오 지음/서현진 옮김)
- **그린투어리즘** (다나카 미쓰루 외 지음/권희주 옮김)
- **스마트커뮤니티** (호소노 스케이로 편저/권윤경 옮김)
- **마을 만들기 매뉴얼** (가사기 히로오 지음/황선희 옮김)
- **NGO·NPO 법률가이드북** (안상운 지음)
- **NGO학** (박상필 지음)
- **NPO란 무엇인가** (레스터 설러먼 지음/이형진 옮김)
- **NPO와 시민사회** (사토요시유키 지음/송석원 옮김)
- **비영리 경제학** (데니스 영, 리차드 스타인버그 지음/이형진 옮김)
- **비영리조직 경영** (김정린 지음)
- **지역재단이란 무엇인가** (박원순 지음)
- **재단이란 무엇인가** (안하이어 지음/이형진 외 옮김)
- **모금을 디자인하라** (정현경 지음)
- **모금이 세상을 바꾼다** (킴 클라인 지음/이정화 옮김)
- **모금은 모험** (조안 플래너건 지음/임금선 옮김)
- **기부향기는 매콤한 페퍼로드를 타고** (김누리 지음)
- **기부문화의 대변혁** (그레이스 외 지음/김경희 옮김)
- **아름다운 제휴, 기업과 시민사회단체가 만났을 때** (셜리 사가와 외 지음/이형진 옮김)
- **급변하는 시대의 시민사회와 자원봉사** (김경동 지음)
- **교사를 위한 청소년봉사학습 길라잡이** (볼런티어21청소년봉사학습연구교사모임 지음)
- **시민정치론** (러셀 J. 달톤 지음/서유경 옮김)
- **한국의 거버넌스** (박재창 지음)
- **직접민주주의** (주성수 지음)
- **주민참여와 민주주의** (무로이 쓰토무 엮음/황선희 옮김)
- **시민정치론 강의: 시티즌십** (키이스 포크 저/이병천 외 옮김)
- **급진주의자를 위한 규칙** (사울D.알린스키 지음/박순성 외 옮김)
- **한국의 사회운동과 NGO** (조대엽 지음)
- **한국 시민사회의 성찰** (김호기 지음)
- **민주주의 대 민주주의** (주성수 편저)
- **인권: 이론과 실천** (마이클프리먼 지음/김철효 옮김)
- **갈등해결과 한국사회** (정주진 지음)
- **공공갈등 해결-정부, 기업, 시민단체를 위한 실전 가이드** (카펜터 지음/정주진 옮김)

자발적 복지사회

– 미래지향적 자원봉사와 나눔의 사회학

김경동

아르케

■ 머리말

신묘년이 저물고 있는 2011년 12월, 수출 1조 달러라는 역사적 기록을 달성한 대한민국의 자화상은 사뭇 우울해만 보인다. 국익과 국민의 복리가 안중에도 없는 정치권의 기(氣) 싸움 식 갈등이 실리도 실체도 없는 이념충돌의 탈을 쓰고 사회를 어지럽히고 있다. 이처럼 화려한(?) 뉴스에 가려 국민의 주목을 슬그머니 비켜가는 슬픈 우리 이웃의 모습은 버젓이 자녀를 두고도 차디찬 단칸방에서 8개월째 차가운 시신으로 미라가 되어 버린 노부모의 고독사가 단적으로 표상하고 있다. 이대로 가다가는 사회가 갈기갈기 찢어지는 해체의 위험을 과연 모면할 수 있을지, 참담한 심경을 금할 길이 없다.

그렇다고 불안에 휩싸여 손을 놓고 세월의 물결에 스스로를 맡기고만 있을 수는 없는 노릇이다. 그나마 한 줄기 희망의 불빛이 비치는 데로 우리의 갈 길을 잡아야 한다는 의지는 '자발적 복지사회'라는 화두로 시선을 보낸다. 이 자발적 복지사회는 1978년에 한국사회학회지, 『한국사회학』 제17집에 발표한 논문에서 제안한 개념이다. 그때만 해도 시민사회의 존재 자체가 미미하던 시대여서 누구도 주목하지 않았던 이념이지만, 최근 우리 사회의 담론을 지배하는 화두 중에 자못 익숙해진 언어를 담고 있다. 그 자발적 복지사회의 이념은 바로 사회의 갈등을 해소하고 무너져가는 공동체를 복원하는 길로서 시민사회의 자발적 부문의 봉사와 나눔운동의 활성화를 뒷받침하는 이론틀로서 의미가 있다.

오늘날의 맥락에서는 자원봉사와 나눔이 바로 그와 같은 시민사회의 자발적 부문이 감당해야 하는 운동의 요체를 표상한다. 우리나라에서 민간이 주축이 되어 자원봉사 운동을 본격적으로 시작한 것이 대략 1990년대 중엽이니까 어언 10여 년이 흘렀지만 아직도 선진국에 비하면 양적으로나 질적으로 개선해야 할 여지가 크게 남아 있다. 다만 요즘 각종 언론매체를 심심찮게 장식하는 자원봉사,

나눔, 재능나눔, 사회공헌 같은 화두가 그리 낯설지 않은 경지에는 이른 것 같아서 어쩌면 이런 현상이 하나의 전기가 되어 우리도 성인 인구의 30~40% 정도가 자원봉사에 참여하는 양적인 성장을 달성하게 되고 기부를 비롯한 갖가지 나눔의 운동도 훨씬 더 활발해질 날이 머지않을지도 모른다는 희망적인 상상을 하게 된다. 그렇다면 이제라도 자원봉사와 나눔의 운동을 한 층 더 진작시키기 위해서는 어떤 노력을 집중적으로 경주할 필요가 있는지를 심도 있게 생각해 보아야 하는 단계에 이른 것이다. 이 책도 그러한 시도에 한 가닥 보탬이 되리라는 욕심을 내본다.

대학에서 정년퇴임을 하던 해 주위의 권유로 자원봉사 운동에 발을 들여놓은 지도 10년째다. 그러는 사이 고맙게도 1970년대 미국에서 교편을 잡고 있을 때 접했던 '자발적 사회'의 이념을 둘러싼 봉사와 나눔의 철학적 가치와 사회학적 의미 그리고 격변하는 시대의 요청에 대하여 가슴에 품기만 하고 표현을 기다리던 생각을 수많은 사람에게 전할 수 있는 값진 기회를 얻게 되었다. 그런 배경에서 2007년에는 『급변하는 시대의 시민사회와 자원봉사: 철학과 과제』를 우선 세상에 내어 놓았고, 이번에는 그보다 한 걸음 더 나아가 구체적으로 자원봉사와 나눔의 이론을 비교적 소상하게 소개하면서 실천을 위한 주요 아이디어를 담아서 두 번째 책을 펴내게 되었다.

그동안 저자가 관계하고 있는 (사)한국자원봉사포럼이 주최했던 여러 차례의 정기 및 특별 포럼을 비롯하여 자원봉사 운동계의 세미나, 컨퍼런스 및 갖가지 교육연수 과정 등에서 선보였던 기조강연, 특별강연, 특강, 주제발표 원고를 한 데 모아 체계를 갖출 수 있도록 손질을 다시 하여 한 권의 저서를 꾸미게 된 것이다. 기왕이면 이번에는 미래를 내다보며 성숙한 선진한국으로 발전하기를 염원하는 뜻에서 우리가 당면한 도전과 추구해야 할 과제를 이론적으로 정리해보려는 취지를 특별히 살리고자 하였다.

그래서 제1장부터 미래지향적 선진한국의 비전을 보여주려는 담론으로 논의를 시작한다. 이 내용은 그동안 여러 저술에서 거듭 제시해온 미래사회의 이념형을 다시 가다듬은 것이다. 특히 지난해(2010) 한국연구재단이 주최한 「제1회 인간과 사회 심포지엄」에서 발표한 "성숙사회의 비전과 전략"이라는 글을 토대로 기존의 다른 글에서 언급한 내용을 전반적으로 재구성하였다.

제2장은 왜 우리가 이 시점에 자원봉사와 나눔이라는 사회운동을 전개하지 않을 수 없게 되었는지를 성찰한다. 여기에서는 특히 근대화와 시민사회의 전개, 그리고 한국사회의 주요 변동이라는 역사적 역동성의 맥락에서 그러한 사회운동이 필요해진 시대적 요청의 성격을 분석적으로 제시하였다. 이 또한 상당 부분은 다른 저술에서 여러 형식으로 분석한 것을 다시 정리한 것이다.

제3장에서는 이제 본격적으로 자원봉사가 무엇인지를 묻는다. 어원의 소개와 철학적 의미를 살펴보고 자원봉사가 왜 중요한지 그 가치와 혜택도 비교적 구체적으로 따져 본다. 특히 봉사와 나눔을 사회발전과 공동체 형성이라는 미래 비전의 문맥에서 논의하기는 처음일 것이다.

제4장은 별도로 나눔을 주제로 삼아 좀 더 심층적인 담론을 시도한다. 여기에서는 주로 기부 행위를 중점적으로 다루면서 접근하였거니와 지금까지는 나눔 자체에 대한 별도의 체계적인 이론적 해설을 시도한 보기가 흔치 않았으므로 이를 보완하려는 뜻도 담겨 있다.

제5장은 나눔 중에도 노블레스 오블리주, 프로 보노, 재능나눔 그리고 사회적 기업이라는 특수한 형식의 나눔운동의 이념을 살펴보고 다양한 시민사회의 자발적 부문에서 취하고 있는 접근을 집중적으로 살펴본다.

제6장에서는 기업부문의 사회적 책임과 사회적 공헌의 차원에서 자원봉사와 나눔의 운동을 검토하였다.

제7장은 자원봉사와 나눔운동을 진흥하고 확산하는 데 유념해야 할 심리학의 '프레임' 이론을 도입함과 아울러 문화라는 거시적 차원에서 자원봉사 진작의 정책 목표, 내용 및 제도적 메커니즘을 정리하였다.

그리고 마지막 제8장은 특별히 자원봉사를 둘러싼 대내외의 도전과 문제점을 분석하면서 미래를 지향한 국가의 정책적 대안과 시민사회의 자발적 노력과 각오를 비교적 구체적으로 지적하려 하였다.

아직은 여러모로 미비한 것을 무릅쓰고 자원봉사계가 함께 생각해보았으면 하는 여러 가지 이슈를 체계적으로 꾸며서 공유하려는 것이 이 책의 주목적이다. 사실 우리나라의 사회과학 분야에서 자원봉사나 나눔운동에 관한 저술은 대개 경험적 연구보고서나 실증적 연구논문 아니면 개론서가 주종을 이룬다. 학술적이면서 동시에 실천적인 성격의 이론서는 비교적 희소한 편이다. 그런 점에서 학계나 교육계를 위시하여 실천분야에서도 그런대로 도움이 되기를 바랄 뿐이다. 현재 자원봉사 운동에 헌신하는 전문관리자와 자원봉사자는 물론 대학에서 전공하는 연구자와 학생들도 충분히 참고할 만한 수준의 내용을 담는다고 믿기 때문이다.

(사)한국자원봉사포럼의 부회장인 이창호 교수와 신정애 사무총장의 각별한 격려와 지원이 없었던들 이런 작품이 햇빛을 보지 못했을 수도 있으므로 이 자리를 빌려 특별히 고마운 마음을 전한다. 그리고 이전에 출판을 맡아 준 아르케에서 이번에도 수고를 마다치 않고 선뜻 나선 데 대해 관계자 여러분에게 각별한 감사의 뜻을 보낸다. 다만 누구보다도 모범적으로 자원봉사 운동에 동참하는 시민사회 구성원들과 이들의 활동을 돕고자 어려운 환경에서도 묵묵히 헌신하는 여러 동지에게 머리 숙여 감사와 치하의 말씀을 드리고자 한다.

2011년 辛卯年을 보내며

瑞草洞 書齋에서

金環東

■ 목차

제1장 서론: 우리가 지향하는 미래사회

이 책의 주제는 '자원봉사와 나눔'이다. 이 둘은 규정하기에 따라 서로 중복하는 내용을 담은 개념이 된다. 넓은 뜻의 나눔 행위는 각종의 자원봉사 활동을 함축하는 것으로 해석할 수 있는 반면, 자원봉사도 기본은 시간, 노력, 재능, 기량, 전문성 등을 제공하는 행위지만 물질적인 기부를 포함하여 모두가 자신의 그 무엇인가를 사회의 다른 구성원들과 나누는 행위가 되기도 한다. 그러므로 자원봉사든 나눔이든 한 개념만으로 대표해도 큰 무리는 없다. 다만 편의상 여기에서는 이 둘을 일단 구별하여 접근하기로 한다. 그리고 주된 내용은 자원봉사가 될 것임을 미리 밝혀 둔다.

흔히 자원봉사에 관한 저서는 거의 전부가 제일 먼저 자원봉사의 개념 정의를 소개하는 것으로 시작하는 것이 관행이다. 말뜻에 대한 기초적인 이해를 돕기 위함이다. 그러나 자원봉사를 좀 더 정확하고 풍부하게 이해하기 위해서는 무엇보다도 어떤 관점에서 접근하느냐가 중요하다. 자원봉사라는 단어를 중심으로 단순히 개념의 의미해석부터 시작하는 접근을 취하게 되면 우선 전문가들 사이에서도 의견의 일치를 보지 못한 측면이 있다는 현실과 만난다. 결국 잘못하면 자칫 언어 분석을 위주로 하는 추상적인 논쟁에 휘말릴 소지마저 있으므로, 자원봉사라는 매우 중요한 사회운동의 심오한 뜻을 제대로 파악하겠다는 취지에는 잘 부합하지 않을 수 있다. 우리는 자원봉사운동이 인간의 사회적인 삶에서 실로 대단히 중대한 의의가 있는 인간의 집합적 행위라는 기본적인 인식에서 출발하는 것이 올바른 접근이라고 보기 때문이다. 물론 나눔이라는 일반적인 행위도 자발성을 전제로 할 때는 자원봉사와 같은 틀 속에서 다루게 된다.

그런 관점에서 보면 자원봉사와 나눔이라는 인간의 행위는 역사와 사회라는 시간적, 공간적 맥락 속에서 일어난다는 사실에 먼저 주목하게 된다. 따라서 지난날에 이루어진 역사적 역학의 결과로 진행하는 현재 속에서 현상을 점검하고 문제를 발견하여 미래를 겨냥한 개선의 길을 모색하는 접근이 적합하다는 시각에서 논의를 전개하게 되는 것이다. 그러자면 역시 우리는 과연 어떤 미래를 꿈꾸는지를 먼저 생각하지 않을 수 없다. 그러한 비전이 서야 과거에서 오늘에 이르는 역사 속에 생성해온 사회의 현황과 문제점의 성격을 파악하는 지침이 생기고 개선의 방향과 전략을 세울 수 있는 지향점이 보일 수 있다.

따라서 이 책에서는 자원봉사와 나눔의 뜻풀이를 하기 전에 먼저 서론격인 제1장에서 우리가 지향하는 미래를 보여주는 비전부터 구상해봄으로써 자원봉사와 나눔의 의미가 훨씬 더 분명해질 뿐 아니라 그 운동이 얼마나 의미심장한지를 깨닫기 위한 실마리를 찾을 수 있다고 보는 것이다. 다만 미래의 비전이란 성질상 구체적인 그림이기보다는 추상의 정도가 상당히 큰 하나의 이념형(Ideal Typus, ideal type)의 모습으로밖에 제시할 수 없다는 것은 췌언의 여지가 없다.

그와 같은 앞날의 이념형을 세워 놓은 다음에는 현재 전개하는 자원봉사와 나눔운동이 생겨난 배경과 거기서 생성한 현실을 파생시킨 과거에서 현재에 이르는 사회의 변동에 주목하게 된다. 이는 주로 근대화와 시민사회라는 두 가지의 화두를 중심으로 검토할 것이다. 이처럼 본장에서는 자원봉사 말 풀이 대신 미래 비전의 구상과 이를 실현하기 위한 전략으로서 사회조직의 원리에 대한 고찰부터 시도하려고 한다.

I. 미래사회의 비전

미래라는 시간적 지평에서 앞을 내다볼 때 오늘날 우리 사회에서는 주로 '선진'이라는 화두가 가장 자주 인구에 회자하는 경향이 있다. 그러한 현상의 이면에는 현재가 어떤 특정 기준에 견주어 볼 때 아직도 후진적이라는 자각이 깔려 있다. 물론 이때는 특정한 비교 준거집단을 염두에 두는 것이 상례고, 우리 사회의 준거집단은 대략 서북유럽과 북미주로 쏠린다. 그러나 하나의 일반개념으로서 선진사회를 논하는 데는 반드시 특정 사회를 지정할 필요가 없다. 여러 선진사회의 특징을 추상해보면 거기에서 두드러져 나오는 공통분모 같은 요소를 반드시 추출할 수 있으므로 거기에서 일종의 이념형을 상정해 보려는 것이다.

그러기에 앞서 우리는 최근 들어서 등장한 또 한 가지 미래지향적 화두와 만난다. 근자에 국가의 미래 목표를 규정하기 위한 정책적 시도에 '성숙사회'라는 개념을 제시하고 있는 것이다(한국연구재단, 2010). 그러므로 우리는 먼저 성숙한 사회의 의미를 점검해보고 그러한 비전을 뒷받침하기 위해서 필요하다고 보는 한 층 더 추상성의 정도가 높은 이념형을 제시할 것이다. 여기서 말하는 추상적 이념형이란 주로 사회발전의 가치체계를 정리하는 개념틀이며 그러한 이념형에서 도출하는 사회조직원리에 기초하여 비로소 좀 더 구체적인 수준에서 선진사회에 대한 논의를 전개하는 것이 순서이다(김경동, 2010b).

1. 성숙한 사회란?

무엇보다도 '성숙한 사회'라는 단어는 흔히 쓰는 말이면서도 명확한 개념정의는 생각만큼 간단하지 않다. 성숙의 기준을 제시하기가 쉽지 않고 주관성이 개입할 여지가 많기 때문이다. 통상적으로 성숙이라는 말을 쓸 때는 개인의 특징을 가리키지 사회의 성숙 여부를 가리기 위한 용법은 드문 편이다. 가령 성숙한 '시민사회'나 '민주정치'와 같은 사회적 현상의 특정측면에다 적용하는 용법이 대세지, 넓은 뜻을 함축하는 성숙한 사회란 과연 어떤 사회인지를 학술적으로나 실천적으로나 체계적으로 규정한 예는 별로 없다는 말이다. 그런데 최근에 흥미있는 한 가지 사례가 등장하였다. 우리 정부는 G-20 정상회의를 앞두고 국가 차원에서 '국격 높이기' 과제 80여 개를 선정하여 시행했는데, 그 프로젝트의 최종목표를 '성숙한 세계 일류국가'로 규정한 것이다(「조선일보」, 2010. 3. 18, A4면). 물론 여기에도 실천과제는 다수 나열하고 있지만 거대담론격의 패러다임을 제시하는 형식으로 정리한 것은 보이지 않는다. 외국 학계에서도 가령 자원봉사운동과 관련하여 '좋은(멋진) 사회'(good society)라는 용어는 보이지만 성숙한 (mature) 사회를 언급한 예는 드물다.[1)]

그러므로 성숙한 사회의 의미를 이 시점에서 새로이 규정할 필요가 생긴다. 무릇 성숙이란 모든 생물의 생장과정의 특정 단계에서 드러내는 양상 내지 특성을 지칭하는 개념이다. 생물은 생겨나서 자란 다음 소멸하는 생애경로를 거치는 게 자연법칙이다. 대개 생물체의 성숙과정은 크기가 커지고 구조적 특징이 복합성을 더해가는 것을 일컫는다. 이때 성숙은 자라는 과정이 일단 멈추는 단계로 볼 수 있다. 성숙한 후에는 더 이상의 자람은 무의미하고 점차 쇠퇴하는 단계로 들어가기 때문이다. 인간도 마찬가지의 생애경로를 거치지만 사람의 성장은 단순한 신체의 크기와 구조적 복합화를 넘어 사회문화적 가치가 개입하는 성질의 성장을 함축한다. 그러므로 성숙단계에서 반드시 멈추지는 않고 생명이 끝나는 순간까지 성숙이 가능한 측면도 있다. 사람이 늙으면 도루 어린아이 같아진다는 속설도 있지만, 여기에는 개인차가 있을 수 있다. 그 차이는 바로 사회문화적 가치로 가려내기 때문이다.

다만 성숙한 사회를 규정할 때는 유기체를 포함하는 체계(system)의 성숙이라는 생태학적인 의미의 성숙도 고려해야 한다. 이때 우선 진화론적 성숙을 생각하게 되는데 이는 일단 체계의 구조적 복합성의 다원화, 즉 기능적 분화(functional differentiation)를 전제한다. 미분화 상태의 유기체는 성숙했다고 간주하지 않는다. 성숙해가는 분화한 체계는 내부적으로는 분화로 인한 해체를 방지하기 위한 통합(integration)을 시도한다. 이처럼 분화와 통합이 제대로 이루어져서 체계가 다시 평형(equilibrium) 상태가 된 것이 전 단계에 비해 진화한 모습이면 이를 우선 성숙의 한 기준으로 삼는다. 나아가, 이렇게 분화, 통합의 단계가 높아질 때는 반드시 체계 자체가 대외적으로 주어진 환경에 적응하는 역량(adaptive

1) 정부가 제시한 '성숙한 세계 일류국가' 실현을 위한 5대 추진방향으로 정한 것은 1) 질서가 지켜지는 기본이 된 사회, 2) 나누고 배려하는 따뜻한 사회, 3) 전통과 미래가 어우러진 문화·기술 강국, 4) 투명하고 경쟁력 있는 선진 시스템, 그리고 5) 세계와 함께 하며 존경받는 나라다. '성숙한 사회 가꾸기 모임'이라는 이름의 시민윤리운동단체가 있지만 그 모임에서도 '성숙'의 의미를 일상생활 속의 실천을 위한 행동강령차원에서 개략적으로 예시하는 정도다. 그 내용을 소개하면, 1) 자신이 한 말에 대해 책임을 진다, 2) 환경 보호와 검소한 생활로써 공동의 자산을 아낀다, 3) 교통규칙을 비롯한 기초질서를 지킨다, 4) 정당한 세금을 납부한다, 5) 뇌물을 주거나 받지 않는다, 그리고 6) 어려운 사람들을 돕는다는 것이다(「성숙한 사회」, 2010. 1-2). 최근 사회학계에서 '성숙한 사회'를 '사회의 질'로 규정하자는 제안이 나온 일은 있다. 이재열, "결론: 안전하고 성숙한 사회를 위하여." 정진성 외. 『한국사회의 트렌드를 읽는다』. 서울대학교출판부, 2009, 181-203. 사회의 질에 관해서는 본서에서 다시 언급할 기회가 있을 것이다.

capacity)을 역시 한 단계 더 키우는 변화를 가져오느냐에 따라 성숙 여부를 판단한다. 적응력의 향상을 곧 성숙의 표상으로 간주한다는 말이다. 이때는 체계가 존속과 진화를 위한 내외적인 에너지를 충분히 간직하고 활용하는 상태에 있다. 여기서 만일 엔트로피(entropy), 즉 에너지 부족이나 결여 상태가 되면 체계가 손상(system breakdown)하고 붕괴할 수도 있기 때문이다.

사회의 진화도 마찬가지 원리로 이루어진다고 보는 것이 구조기능론적 사회변동의 논리다. 이 이론에 따르면 사회의 성숙이란 이처럼 분화와 통합을 거듭하면서 대외적응력 곧 생존능력을 증대시키는 과정이다. 그런데 이와 같은 체계의 진화과정은 지속적으로 성숙한 방향으로만 진행하지 않고 도중에 체계의 손상과 붕괴도 발생할 수 있다는 점에 주목해야 한다. 사회체계가 엔트로피 상태에 놓이지 않으려면 에너지와 자원의 투입과 산출(input-output)에서 효율성을 확보해야 하고 이를 위해서는 시스템의 합리화가 필수조건이다. 문제는 이러한 구조기능주의적 진화론의 성숙개념에는 사회체계는 있으나 인간이 빠져 있다는 것이다. 그래서 사람이 등장하는 체계의 사고틀을 구상할 필요가 있다(Parsons, 1966).

그것은 삶의 터전인 생태계라는 체계 속에서 인간과 사회는 상생적인 관계 속에 존재해야 마땅하다는 원리에서 출발한다. 그 이유는 천지인 삼재(天地人三才)의 합일이라는 동방사상의 뿌리에서도 찾을 수 있고, 사회학자인 파슨즈(Talcott Parsons)의 행위체계 이론의 준거틀에서도 발견할 수 있다. 천지인 합일사상의 요체는 사람이 사는 사회는 하늘의 도리에 맞게 운영해야 하는 동시에 인간은 자연 속에서 조화롭게 지내야 한다는 원리다. 자연은 인간에게 기(氣), 즉 에너지를 제공하고 인간은 이를 가지고 하늘의 도리, 즉 사회적 가치와 규범에 맞는 삶을 사회 속에서 영위한다.[2)]

한편, 파슨즈의 행위체계의 위계서열 이론에는 문화, 사회, 개인의 사람됨, 행동유기체 및 생태체계가 포함되는데, 이를 도식으로 요약하면 [그림 1-1]과

2) 이것을 『역경』의 소성괘(小成卦)로 표현하면, 천은 맨 위의 효(爻), 인은 가운데 효, 그리고 지는 맨 바닥의 효를 구성한다. 이 셋의 음양적인 변증법적 관계를 양효(—)와 음효(- -)로 표시하면 소성괘의 모양이 나온다. 가령 건괘(乾卦)는 양효가 세 개 겹치고(≡) 곤괘(坤卦)는 음효 세 개가 가지런히 아래위로 놓이는 형국이된다 (≡≡). 천지인 삼재와 소성괘에 관해서는, 김경동(1988), 제4장, "「역경」의 원리와 노사관계의 사회학" 참조.

[그림 1-1] 천지인 삼재와 파슨즈의 행위체계의 위계서열

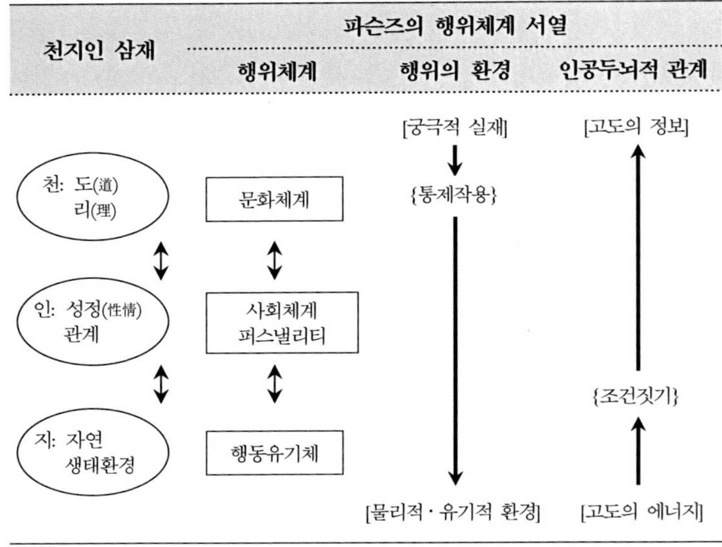

같다(Parsons, 1966: 28). 먼저 이 그림의 맨 꼭대기에는 궁극적 실재, 즉 천지인 삼재의 천(天)에 해당하는 행위의 환경이 있고 맨 바닥에는 인간이 사는 물리적·유기적 환경, 즉 지(地)를 가리키는 생태계가 놓인다. 그 가운데에 위에서 아래로 문화체계, 사회체계, 퍼스낼리티의 심리적 체계 및 행동유기체가 있는데 이 넷은 모두 인간(人)의 체계로 이해할 수 있다. 이들 간의 관계는 일종의 인공두뇌(cybernetic)적 관계다. 가운데에 위치한 인간은 문화체계를 거쳐 위로 궁극적 실재를 지향하여 문화가 지닌 고도의 정보의 규제를 받고, 아래로는 물리적·유기적 환경에 발을 붙이고 그것이 지니는 고도의 에너지의 영향으로 조건지음을 받는다. 사회의 성숙도 이와 같은 생태체계의 일환으로 간주하여 고찰해야 하는 사고의 틀이다.

동시에 이 체계의 개념틀에는 인간과 문화사회가 상호 밀접한 의존적 관계의 기제 속에서 존재하며 역동적 관계를 이어간다는 사실을 암시하고 있다. 여기서 사회의 성숙을 생각할 때는 반드시 인간의 성숙도 함께 고려해야 하고, 개인의

성숙은 사회의 성숙과 무관하지 않다는 이치를 발견하게 된다. 따라서 이제는 사람의 성숙을 생각할 차례다. 개체로서 인간의 성숙은 위의 체계 준거틀에서는 퍼스낼리티체계를 일컫는 게 된다.

이에 대한 심리학의 일반론적 관점에 의하면 사람의 개체가 성숙한다 함은 신체적 성장을 포함하여 '사람다워지는' 변화를 가리킨다. 그 사람다움의 속성에는 신체적으로 더는 남에게 의존하지 않고 스스로 독자적인 삶을 누릴 수 있는 역량을 갖추는 것을 비롯하여 사회심리적으로 사회의 다른 구성원들과 온전한 사회적 관계를 맺으며 순탄하게 사회생활을 영위하는 능력을 포함한다고 볼 수 있다. 바로 이 사람다움의 내용에 사회문화적 요소가 개입한다. 다만 이론에 따라서 그 내용에 대한 같은 해석도 있고 차이도 드러낸다. 이들을 일일이 소개할 수는 없고 고전 심리학의 대표적인 관점 몇 가지만을 요약하려니와, 이들에게서 공통적인 관념 한 가지는 미리 밝혀둔다. 인간이 갓난아기일 때는 타인의식은 물론 자아의식이 없는 상태이므로 실은 이 시기가 가장 자기중심적인데, 성장과정에서 다른 사람들과 상호작용하며 사회적 학습을 함으로써 자의식과 타인의식을 모두 갖추어 비로소 성숙한 인간으로 자란다는 점이다.

이때 성숙의 내용은 학자에 따라 다르게 인식한다. 가령 프로이트(Sigmund Freud, 1961[1923])는 충동적 · 본능적 자기(*id*)와 사회의 문화적 압력으로서 작용하는 초자기(super-ego)가 긴장관계 속에 갈등하는 성장과정을 거치는데 그 둘이 잘 조화를 이루는 현실적인 자기(ego)로 자라는 것이 정상적인 인격형성이라 보았다. 이렇게 성숙해진 개인은 본능적인 충동을 적절히 억제할 줄 아는 동시에 지나치게 초자기라는 문화적 압력에만 굴복하지 않는 균형 잡힌 자기를 이루어서 사회생활을 원만하게 영위하는 상태가 된다는 말이다. 일종의 변증법적 과정으로 이해한다.

한편, 미드(G. H. Mead, 1934)의 이론은 생득적인 주체적 자아(영어의 I)가 원래 자기중심적인 존재지만 상징적 사고를 할 수 있는 의식(mind)을 갖춘 인간이기에 다른 사람들과 상호작용하는 과정에서 사회화를 경험함으로써 비로소 객체적 자아(me)를 품을 수 있게 되고 이 둘이 서로 주고받는 사회적 자아(self)를 형성하게 된다고 하였다. 자아의 사회적 생성을 강조한 것이 특징이다. 이처럼 주체적 자아와 객체적 자아가 상호작용하는 사회적 자아를 지니게 된 인간은 비로소 자가비판적 자성으로 자신의 행동을 통제할 줄 알고, 타인의 감정과 기대에 대한 통찰력을 지니게 되어 사회적 상호작용과 대인관계에 성공적으로 참여할 줄 아는 성숙한 사회적 존재로 자란다고 한다.

이에 비해, 삐아제(Jean Piaget, 1954)는 직접적으로 성숙의 과정을 실험적인 연구로 입증하려 하였다. 그의 관심의 초점은 주로 인지적 성숙이다. 인간의 성숙에는 몇 가지 단계가 있음을 가정하고 단계마다 어린이는 그에 걸맞은 성숙요인을 갖추어 감으로써 자란다고 보았다. 그리하여 마침내 애초의 미숙한 무의식 상태의 자기중심적 관점에서 벗어나 타인의 처지를 이해할 줄 하는 성숙한 자아로 발달한다고 하였다.

주목할 것은 인간의 성숙은 자기중심에서 탈피하여 사회적 존재로 성장하는 자아발달 과정이라는 생각이다. 이처럼 인간 개체의 성숙이 곧 사회의 구성원으로서 다른 사람들과 정상적으로 사회생활을 영위할 수 있는 사회성을 핵심에 두고 있다는 관념에서 우리는 이제 성숙한 사람들이 사는 사회가 성숙한 사회일 수 있다는 단서를 발견한다. 가령 성숙한 시민이 있어야 성숙한 시민사회도 가능하고 민주정치도 성숙해질 수가 있다는 논리는 여기서 유추하게 된다. 이 말은 동시에 사회가 성숙해야 그 속에 사는 시민도 성숙할 수 있다는 환류적 순환논리도 내포한다. 개인과 사회는 항상 변증법적 상호작용 속에서 서로 영향을 미치는 관계에 있기 때문이다. 그렇다면 성숙한 사람들이 그 안에 살면서 또한 사람들이 성숙하도록 하는 성숙한 사회는 과연 어떤 사회일까? 이 질문에 대한 대답은 왜 우리가 성숙한 사회를 생각해야 하는가라는 더 근원적인 질문에 대한 대답을 전제해야 가능하다.

이제 우리가 물어야 할 질문이 왜 성숙한 사회를 바라는가 하는 것이라면 여기에는 이미 가치함축을 전제한다. 성숙한 사회는 무언가 좋은 사회, 바람직한 사회라는 암시가 담겨 있다는 말이다. 그렇다면 성숙한 사회가 좋다는 그런 가치는 과연 어디에서 유추할 것인가? 물론 우리가 성숙한 사회의 이념을 검색해 낼 수 있는 가치체계의 원천은 실로 다양하다. 세계의 주요 종교를 비롯하여 수많은 철학사상과 사회과학적 이론 및 이념 등이 있다. 이 모두를 포용하기는 불가능하므로 일차적으로 현대사회에서 모든 국가들이 추구하는 가장 보편적인 모형으로서 발전을 화두로 삼고자 한다. 이는 곧 우리가 염원해 마지않는 선진사회와도 직접적인 연관을 갖는 사항이기도 하다.

2. 발전과 삶의 가치체계

인간은 끊임없이 발전하려는 노력을 해왔다는 역사적 현상을 고려할 때, 발전은 그 자체 하나의 주요가치 항목이며 목표다. 더구나 20세기 중반 이래 인류사회의 보편적인 주요 화두(관심사) 중에는 발전이 반드시 등장한다. 심지어 세계의 거의 모든 나라들이 발전을 주된 국가목표로 삼고 이를 위한 온갖 시책을 추진해온 것이 역사의 사실이다. 발전을 하면 무언가 좋은 결과가 오리라는 사람들의 막연한 기대 같은 것도 거기에 담겨 있는 그런 가치다. 이런 문맥에서 우리는 결국 누구를 위한, 무엇을 위한 발전인지를 묻게 되고 이를 위해서는 발전의 가치(development values)가 무엇인지를 찾을 수밖에 없다.

발전이 가져다줄 결과로서 인류가 추구해온 가치목표란 궁극적으로는 사람이 사람답게 잘 살 수 있는 행복한 사회를 이룩하겠다는 희망이 깃들어 있는 것이다. 따라서 발전의 가치는 곧 '삶의 가치'(life values)로 재규정할 수 있다. 그러한 삶의 가치를 [그림 1-2]와 같은 도식으로 간추린다. 성숙한 사회도 인간이 인간다움을 갖추고 서로 배려하며 살아가는 그런 사회라면 그 또한 인간의 행복증진이라는 가치를 염두에 둔 개념으로 이해할 수 있다. 따라서 일차적으로 그 발전의 가치부터 고찰할 필요가 있다. 여기에 그러한 가치체계의 이념형을 한 가지 제안하는 것이다.[3)]

먼저 왜 사람들이 발전을 중요하고 바람직한 가치로 인정하는지를 물으면 그 핵심적인 이유는 모든 사람들이 '잘 살고' 싶기 때문이라고 할 수 있다. '좋은 삶'을 원한다는 말이다. 발전을 성취하면 인간이 좋은 사회에서 잘 살게 되리라는 기대 같은 것을 갖게 된다는 뜻이다.

---

3) 발전가치론의 자세한 내용은 김경동(2002) 및 Kim(1973) 참조.

[그림 1-2] 삶의 가치체계

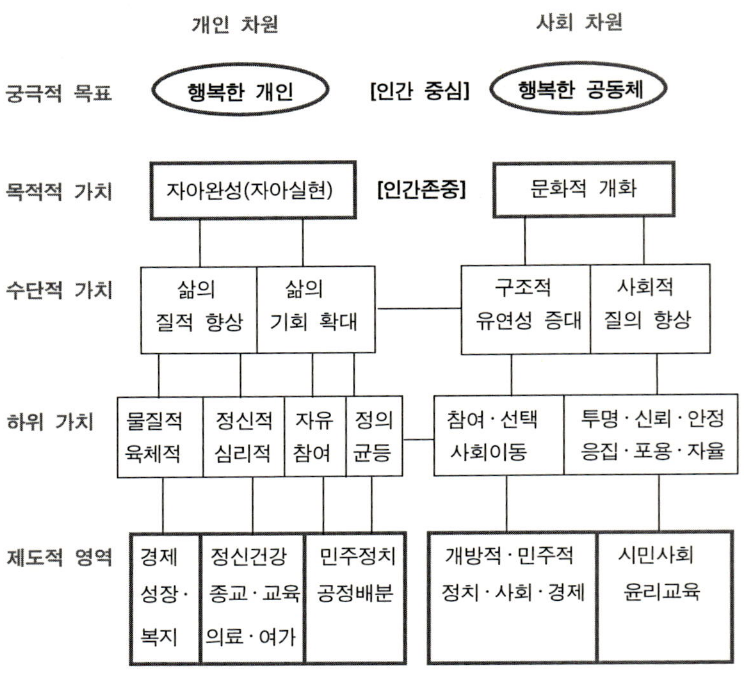

그래서 발전의 가치는 기본적으로 '삶의 가치'라는 것이다. 발전을 성숙한 사회로 향한 변화로 인식한다면 거기서 물어야 할 기본적인 질문은 다음의 세 가지로 집약할 수 있다. 1) 누구를 위한 발전인가? 2) 무엇을 위한 발전인가? 그리고 3) 어떻게 이루는 발전인가?

당연히, 발전은 인간을 위한 것이다. 성숙한 사회가 인간의 삶을 드높이는 사회라야 한다면 마땅히 이를 위한 발전 또한 인간과 사회를 위한 것이어야 한다. 모든 개인과 모든 사회가 발전의 혜택을 받는 대상이며 발전의 주체임을 명시해야 한다. 어느 누구도, 어떤 단위사회도 제외될 수가 없다. 지금까지의 개발 과정에서는 공식적인 천명에도 불구하고 지구상의 많은 사회가 발전은커녕 그 개발의 도정에서조차 배제당해 왔고, 단위사회 안에서도 숱한 계층과 개인들이 개발의 사각지대에서 냉대를 받아야만 했음을 상기할 필요가 있다.

그러면 다음으로 사람을 위한 발전은 무엇을 추구하는가를 묻는다. 발전의 가치목표다. 여기에서 자세히 해설할 여유는 없고 그러한 발전의 가치로서 삶의 가치를 체계적으로 제시한 [그림 1-2]에 간추린 내용을 중심으로 살펴본다.

이 도식에서 삶의 가치는 ① 개인적 차원과 ② 사회적 차원으로 나누어 규정한다. 앞서 [그림 1-1]의 체계의 준거틀에서 강조했듯이, 성숙한 사회로 발전함으로써 성취하고자 하는 삶의 가치는 항상 개인적인 삶의 가치와 동시에 사회적 가치를 내포하는 것이어야 함을 재확인한다. 이때 발전을 추구하면서 달성하고자 하는 궁극적 목표는 인간중심의 삶의 가치 실현으로서 ① 개인에게는 사람이 사람답게 살 수 있는 '행복한 개인'과 ② 사회로서는 사람이 사람답게 살 수 있는 '행복한 공동체'의 성취다.

그 목표 달성의 목적적 가치는 인간존중을 표현하는 가치로서 ① 개인은 '자아실현'(자아완성, 잠재력의 최대한 발휘)을 이룩하고, ② 사회는 자체의 '문화적 역량'을 최대한 개화하는 일이다. 발전이라는 용어가 프랑스어(développer)로 쓰일 때 본래 의미했던 것은 잠재력의 열어 펼침이었다. 모든 사람들이 '각자 타고난 숨어 있는 잠재 능력을 최대한으로 열어 펼쳐 실현할 수 있는 삶을 살도록' 하는 것이 목표다. 동시에, 인간이 꾸리며 살아가는 모든 사회가 '그 구성원들이 집합적으로 지닌 기술적, 문화적, 도덕적 잠재력을 최고도로 발휘할 수 있는 사회로 되게끔 하자는 것'이 발전의 목표다.

그러한 목표에 도달하기 위한 수단적 가치는 다시 ① 개인에게는 1) 삶의 질(Life Quality)적 향상과 2) 삶의 기회(Life Chances) 확충이며, ② 사회에게는 1) 구조적 유연성(Structural Flexibility) 증대와 2) 사회적 질(Social Quality)의 향상이다.

다시 이 네 가지 수단적 가치는 각기 몇 가지의 하위 가치를 내포한다. ① 삶의 질 향상을 위해서는 1) 물질적, 육체적 삶의 질 향상과 2) 정신적, 심리적 삶의 질 향상이 필수이며 ② 삶의 기회 신장을 위해서는 1) 행동의 자유와 참여 기회 및 2) 배분정의와 공정한 사회적 균등이 필수다. ③ 구조적 유연성 증대에는 1) 결정행사에 대한 참여와 2) 직업 등 활동의 자유로운 선택 그리고

3) 사회이동 기회의 신장이 필수적이다. ④ 사회의 질 향상을 위해서는 1) 투명한 사회 2) 신뢰할 수 있는 사회 3) 안전하고 안정된 사회 4) 유대가 강하고 응집력이 큰 사회 5) 누구도 배제하지 않는 포용, 연대 등 공동체적 관계를 조성하는 사회, 그리고 6) 힘 실기(권한부여, empowerment)로 목표성취에 전원 자율적으로 참여하는 사회를 이룩하기를 요청한다.

그러한 가치 추구는 실질적인 수준에서는 사회의 제도적 기체와 운용이 좌우하게 된다. ① 삶의 물질적, 신체적인 측면의 질적 향상을 위해서는 경제제도에서 지속적인 성장과 생활수준 향상을 추구하는 것이 필수조건이다. 여기서 소외, 배제당한 계층이나 집단에 대해서는 복지 차원의 지원과 배려가 있어야 한다. ② 정신적, 심리적 안정과 질적 향상을 위해서는 일차적으로 종교와 교육에서 그리고 여가생활에서 예방 차원의 기능을 감당해야 하지만 문제가 이미 발생할 때는 의료부문의 도움을 필요로 하게 된다. ③ 삶의 기회 확대는 우선적으로 정치경제의 몫이 크지만 역시 여기서 미비할 때는 복지 부문의 개입이 불가피하다. ④ 사회구조의 유연성 증대 역시 정치사회와 경제적 측면의 접근이 필요하고 ⑤ 사회의 질적 향상을 위해서는 시민사회 자체의 노력이 일차적이지만 이를 뒷받침해주는 교육의 기능도 매우 긴요하다.

이와 같은 도식적 표현만으로는 우리가 지향하는 성숙한 사회의 조직원리와 특성 자체를 하나의 뭉뚱그린 양상으로 파악하기가 쉽지 않다. 그러므로 여기에 간략하게 우리가 성취하려는 사회의 성격은 어떤 모습이며 그것을 구축하는 조직원리가 어떤 것인지에 대한 고찰을 잠시 하는 것이 좋겠다. 여기에는 발전을 어떻게 전개할지, 그 방법과 절차에 대한 대답도 일부 암묵적으로 시사한다.

3. 성숙한 사회의 조직원리

1) 유연성의 원리

발전의 가치를 실현하는 데 기여하면서 도덕적으로 흠이 적은 발전의 수단과 방법을 구체적으로 고안하는 일은 용이하지 않다. 그러나 위의 도식에 의거,

삶의 질적 향상을 위한 자원의 양적 증가와 질적 개선, 그리고 삶의 기회의 확충 및 공정한 배분의 보장을 위해서는 생산성, 창의성, 자발성, 협동성 등이 필수적이다. 그러므로 이러한 요건들을 비교적 잘 갖출 수 있는 사회의 조직원리와 구조적 유형을 설정하는 것이 중요하다. 이를 한 마디로 '유연성의 원리'(the Principle of Flexibility)라 한다. 유연하고 융통성 있는 사회 조직과 구조 자체가 이미 발전의 수단적 가치임을 위에서 확인하였다. 그런데 이 같은 구조와 조직원리가 유리한 까닭은 다음과 같다(김경동, 1993).

첫째, 삶의 질적 향상을 위해 필요한 자원을 양적으로 증대시키고 질적으로 개량하자면 자원 창출활동에서 생산성을 높여야 하고 기술혁신을 비롯한 새로운 아이디어를 필요로 하기 때문에 무엇보다도 창의력이 중요하다. 창의성을 발휘하도록 하는 사회적 조건으로서 조직원리와 구조적 틀은 경직해서는 곤란하고 유연함이 있어야 훨씬 유리하다. 유연한 사회에서는 개인과 집단의 적극성(initiative)과 진취적 자세를 장려하기 때문에 조직체와 사회 전체의 효율성을 높일 수 있다.

둘째, 유연한 사회는 의사결정의 성격에서도 탁월하다. 결정행사과정에 성원들의 자유로운 참여를 더욱 광범위하게 개방함으로써, 일부 성원에 대한 배제와 소외의 문제를 예방할 수 있으므로, 생산성과 효율성 제고에 긍정적이다. 또한, 쓸데없이 소모적인 사회의 분쟁, 갈등, 폭력 등을 피하고 사회적 통합과 협동을 유도할 수 있다. 특히, 삶의 기회 보장이라는 의미에서 자원 배분을 둘러싼 의사결정에 누구도 배제하지 않고 더 많은 사람이 참여할 기회를 제공하게 됨으로써 적극적 협조와 헌신몰입의 유인이 커진다.

셋째, 그러한 유인들을 제공함으로써, 유연한 사회에서는 목표하는 결과를 얻는 데 도움이 된다. 일단 결정한 사회적 목표는 수용하고 채택한 규칙은 서로 존중하려는 태도가 우세하게 되면 그만큼 일탈과 저항에 의한 낭비가 줄어들고 생산성이 높아지며 질서가 잡히고 사회통합을 이룩할 확률이 커질 수 있다. 더군다나, 목표 달성에 협조하고 규칙에 따르려 할 때 수반할지도 모르는 개인적 희생을 감수하고 자발적으로 공공이익에 공헌하려는 성향을 북돋아 줄 개연성도 커진다.

2) 분권적 다원적 공동체주의적 집합주의

유연한 사회의 구체적인 모습을 상세하게 묘사하기는 어렵지만, 적어도 그러한 조직체와 사회의 특성을 표상하는 이념형적인 조직원리는 일종의 분권적 다원적 공동체주의적 집합주의(Decentralized Plural Communitarian Collectivism) 또는 분권적인 공동체로 규정할 수 있다.[4] 권력과 자원의 분권화란 분배의 공정성을 기하려는 것이기 때문에, 사회 전체의 계층구조는 비교적 불평등 정도가 크지 않고 중간계층이 큰 비중을 차지하는 형태일 것이다. 국가나 민간 부문에서나 개별 조직체들도 마찬가지로 위계서열적 계층이 대폭 줄어든 모습일 것이다. 사회 내부의 지역들과 부문들은 각기 상대적으로 자율적인 분권적 공동체 단위로 운영될 것이고, 부분 조직단위들도 비교적 자율성이 큰 조직원리가 지배할 것이다.

다만 분권화하고 다원화하는 사회는 자칫 통합이 어려울 수 있고 지나친 자율은 개별단위의 자기중심적 성향을 부추길 여지가 있으므로 해체의 위험이 따른다. 이를 극복하기 위해서는 공동체주의적인 연대와 소속감, 일체감 및 공익추구의 가치를 강조해야 한다. 따라서 이러한 분권적, 자율적 사회에서는 지나치게 자기중심적 가치와 규범보다는 집합체 중심의 공동체적 가치와 규범을 중시하는 것도 필수다.

3) 자발적 복지사회

다음으로 생각할 수 있는 유연한 사회의 특징은 기본적으로 자발적 복지사회(Voluntary Welfare Society)의 이상을 추구한다. 이런 사회의 기본은, 공동체의 복리를 위한 집합적인 행위에 각자가 자발적으로 참여하고 공공복지의 목표에 자발적으로 봉사하는 원리가 우선한다. 어떤 이유나 명분으로든 개인과 집단의 행위를 강제하는 것은 발전의 가치 표준 자체에 어긋나는 비인간적인 일이다. 자발성의 가치는 인간이 권력의 강압이나 금전적 유인의 강제력에 따라 행동하는 일차원적 존재임을 거부한다. 분권적 다원적 공동체주의적 집합주의가 강조하는 자율성도 현실적으로는 자발적인 참여와 희생적 봉공의 정신이 없으면 성공할

---

4) 이 원리는 Gurvitch(1971)의 아이디어를 수정하여 새로이 규정한 것이다. 역시 김경동(1993) 참조.

수 없다. 실질적으로, 분권적인 사회에서 삶의 질적 향상에 필요한 자원을 확충하고 자원의 공정한 배분을 기하고자 할 때도, 국가의 집권적인 힘만으로는 벅차기 때문에 오히려 시민사회의 자발적 부문이 가진 무한정의 가용자원을 활용하고 협조를 얻는 것이 실질적이고 현명하다. 국가와 시민사회의 자발적 부문 간에 진정한 파트너십이 긴요하다.5)

다음으로 물어야 할 질문은 그러한 사회를 지향하여 발전을 이루고자 할 때 갖추어야 할 최소한의 요건이 무엇인가 하는 것이다. 위의 도식에는 이미 어느 정도 그러한 접근법이 수단적 가치의 범주에서 암시하고 있고 위의 조직원리 차원에서도 일부 함축하고 있으나 한층 더 구체적인 수준에서 발전의 전략을 구상하기 위한 새로운 화두가 필요하다. 따라서 여기에서는 흔히 언급하는 선진사회 또는 선진국이 되는 데 필수적인 요건을 중심으로 접근하고자 한다.

4. 성숙한 선진사회의 요건

선진사회를 지향할 때 사회가 구체적으로 구비하기를 요구하는 최소한의 요건은 무엇인가(김경동, 2000; 2002)?

1) 지속적 경제성장

일단 체계로서 사회가 존속하기 위해서는 환경에 적응하는 역량을 키우는 것이 진화 내지 성숙의 조건임을 이미 언급하였다. 그러한 적응력의 증대는 경제체계의 몫이다. 최소한도 구성원들이 먹고사는 데서 문제가 없어야 한다. 특히 시장경제체제를 근간으로 하는 지속적 경제성장은 선진사회가 되기 위한 기초적 필수조건이다. 그러나 시장경제의 방만함과 탐욕, 과잉경쟁의 제어는 반드시 동반해야 한다. 중용과 윤리적 책임의 원리다. 경제의 측면에서 볼 때 현 시점에서는 물론 장래에도 빈곤은 이미 가치가 아닌 극복의 대상이며 풍요를 지향하여 삶의 질적 측면의 향상에 대한 관심이 전반적으로 확대하고 있다. 특히 정보화 시대에는 외형적

---

5) 자발적 복지사회에 관한 논의는 김경동(2007)에 자세히 논의하므로 참조.

경성(硬性, hardware)자원보다 두뇌(programming)와 그 속에 담긴 독창적인 내용물인 연성(軟性, software)자원을 중시하므로, 정보 싸움에서는 두뇌, 창의력, 디자인의 승리가 관건이다. 이를 위해서는 ① 기술개발과 창의적 기업정신의 창달 ② 국제적 안목의 향상을 기초로 신장된 국제경쟁력을 전제로 한 경제성장 ③ 정부 규제의 대폭 완화 ④ 기업부문의 자구책으로서 기술개발, 경영혁신, 경영파괴, 구조조정, 노동시장 유연성 등의 강구는 물론 윤리경영과 사회적 책임(사회공헌) 경영 추구 ⑤ 직장생활을 하는 근로자에게는 3D 기피 지양, 생산성 향상에 대한 희생적인 헌신몰입(labor commitment), 노동운동의 과격화 · 이념화 탈피 ⑥ 소비자, 일반국민은 과소비 극복 등의 각성이 필수적이다.

2) 삶의 질적 향상을 위한 생태계의 보호와 생명존중

앞서 천지인 삼재나 체계의 준거틀에서 지적한 대로 인간의 사회적인 삶은 막연한 허공이 아니라 생동하는 자연생태계의 맥락에서 이루어진다. 그러므로 자연의 보존과 보호는 궁극적인 가치로서 그 자체 의미가 있다. 이는 곧 생명을 귀히 여기는 가치이기도 하다. 오늘날 자연보존과 생태계 보호는 경제성장보다 우선하는 가치로 인정받게 되었고 인간의 기술력으로 오히려 생태계를 보호하려는 노력이 경제적으로도 생산성이 높고 경쟁력이 있는 산업으로 발전하고 있다. 또한 생명존중과 생태계 중시의 가치는 일상의 관행(예: 자동차 운행, 식품관리 등)에서부터 정책과 제도 및 기업경영의 수준에 이르는 모든 삶의 영역에서 기본 지향으로 자리 잡아가고 있다. 특히 현대사회는 갖가지 생명을 위협하는 조건을 지닌 일종의 '위험사회'(risk society)이므로 안전에 대한 의식과 습관 함양이 긴요하다는 근대성의 성찰이 활발한 추세다.

3) 시민민주정치의 정착과 발전

경제성장과 생태계 보전에 발목을 잡는 큰 장애요인으로 정치가 떠오르는 현실은 하루속히 극복해야 한다. 여기서 요구하는 내용에는 다음과 같은 요소를 포함한다.

① 정치의 효율성 제고와 정상성 회복
② 민주정치의 기본인 삼권분립 원칙 실현
③ 의회정치의 기능 정상화
④ 정당의 전문성 확보
⑤ 이를 뒷받침하는 선거관행과 제도의 대폭적인 개선: 돈 안 드는 선거, 연고주의 지양, 전문가 우대, 정보 개발, 정책지향 등의 개혁이 급선무
⑥ 지역단위 주민자치의 신장(grassroot democracy) 및 자발적 참여의 확대에 의한 정상적이고 선진적인 지방자치의 정착
⑦ 정치지도자의 권위주의 청산과 정치인의 특권의식 불식
⑧ 국민의 선진적 시민의식 고취
⑨ 무엇보다도 사회를 갈기갈기 찢어놓는 각종 소모적 사회적 갈등 해소

이와 관련하여 아래에 '민주정치의 이념형적 조건'을 예시하는 내용을 소개한다. 순전히 관념만으로 그치지 않고 실천하는 민주정치의 실현을 위하여 표준이 될 수 있는 이념형적 조건은 다음과 같은 질문을 우리 자신에게 물어봄으로써 평가할 수 있을 것이기 때문이다(Dore, 1990; Kim, 1997).

- 정치인들은 헌법을 얼마나 진지하게 준수하며, 온 국민이 소중히 여기고 지키려 하는가?
- 사법부는 확실한 독립성, 자율성을 확보하고 있는가? 사법부의 독자성을 정치인들은 얼마나 진심으로 존중하고 보장하려 하는가?
- 국민의 시민적 자유, 결사와 표현의 자유와 같은 기본 인권은 어느 정도 실질적으로 보장하는가?
- 선거는 자유롭고 진실로 공정한가? 부정과 혼탁과 관권 · 금권 개입, 연고주의와 지역주의 등은 확실하게 청산하였는가?
- 선거에 의해서 국민은 대안적인 정부를 선택할 여지가 정말 있는가? 선거를 아무리 해봐야 진정한 의미의 정권교체 가능성은 희박한가?
- 국민의 대의기구는 진실로 국리민복을 중시하는 의사결정을 내리고 있는가, 아니면 아직도 정치인 자신의 이권과 특권 추구에 급급한가?
- 입법부는 과연 행정부로부터 확실하게 독립하여 행정부에 대한 견제기능을 제대로 수행할 수 있는가? 삼권분립의 균형을 제공할 만큼 입법부와 행정부가 다 같이 성숙한가?

- 입법부는 공중의 주요 토론장으로서 숙의(deliberation)의 기능을 제대로 수행하며, 민주적 과정을 정립・신장하는 중요한 제도적 장치로서 효율적인 기능을 하는가?
- 정당은 시민사회의 다양한 이해관심들을 명확하게 표현하여 구체적으로 정책에 반영할 수 있고 시민이 정치적 과정에 참여할 수 있도록 보장할 만큼 충분히 제도화되어 있으며, 카리스마적 개인의 인치(人治)나 소수 정치지도자의 과두정치가 아닌 진정한 법치주의와 민주적 정당의 원리로써 조직되어 있는가?
- 정부와 정당에서는 진정한 의미의 민주적 의사결정의 원칙을 잘 지키는가?
- 지방자치는 주민의 의견과 고충을 충분히 반영할 수 있는 체제를 갖추고 있으며 주민의 자발적 참여가 효율적으로 이루어질 수 있도록 풀뿌리 민주주의 정착을 성취하고 있는가?
- 시민사회는 국가와 시장에 대응하는 견제 및 저항과 동시에 협력과 동반자적 세력으로서 효과적으로 기능할 수 있을 정도로 충분히 성숙, 발전하였는가?
- 비정부기구들(NGO)은 어느 정도로 시민의 자발적 참여에 기초하여 활성화되어 있으며, 정부에 맞서서 민주적 제도관행들을 공고히 하는데 얼마나 효과적으로 활동하는가?
- 국가 이외의 사회 각 부문에서는 진정한 민주적 사회조직 원리가 어느 정도 확산되어 있는가?
- 사회의 제 부문, 계층, 이익집단들은 사회적 갈등을 합리적으로 해결할 자세와 제도적 기제를 갖추고 있으며, 국가는 효율적으로 갈등을 관리할 능력이 있는가?
- 국민 스스로는 어느 정도 실질적인 힘이 있는 완숙한 시민으로서 민주적 과정과 제도에 참여할 '준비태세'를 제대로 갖추고 있는가?
- 국민 각자는 민주적 시민으로서 갖추어야 할 소위 '시민문화'(civic culture) 혹은 시민적 정치문화의 요소인 중용, 관용, 신뢰, 개방적 의식, 탈권위주의, 소수의견과 권리의 존중, 정치적 효능, 적정 수준의 정보 확보, 여론형성, 정치적 토론과 과정과 조직체 참여 능력 등을 어느 정도 충분히 구비하고 있는가?

4) 정의롭고 푸근한 복지사회의 실현

경제 성장과 정치 혁신을 전제로 하여 비참하고 억울한 국민이 없는 정의로운 복지사회의 구현이 선진사회의 주요한 과제다.

① 분배정의 실현
② 계층 간 격차 축소
③ 공정한 경쟁원리 작동
④ 인정이 넘치고 서로 돕는 공동체 회복
⑤ 나누기와 베풀기(기부와 자원봉사) 문화의 확충

더구나 국가의 한정된 자원에 전적으로 의존하지 않으려면 시민사회의 자발적 부문(the Voluntary Sector)의 활성화가 절실하고 지역공동체 차원의 자원봉사운동 진흥에 의하여 궁극적으로는 자발적 복지사회 구현에 이르러야 한다.[6] 그런데 여기에는 인간으로서 존중하고 나누는 정서적 교류와 이타적 정감의 공유 같은 면을 중시해야 한다. 정의롭고 푸근한 복지사회라는 것이 단순히 사회정의라는 윤리적 기준만을 소중히 여기는 데 그치지 않고 인간으로서 서로 사랑하고 자비를 베풀며 측은지심(惻隱之心)으로 인정을 나누며 돕는 사회를 지향하자는 것이다.

5) 도덕사회의 건설

여기서 도덕사회라 함은 전인구가 도덕군자가 되는 그런 사회를 고집하려는 것이 아니다. 개인 수준에서 도덕적 성숙이 가능하다면 더 바랄 나위도 없지만 이를 구현하기는 현실적으로 쉽지 않다. 그러므로 우리가 기대할 수 있는 수준에서 성숙한 사회를 이룩하려면 최소한도 생활세계 속의 사회성 제고가 급선무라는 선에서 출발하는 것이 현실적이다.

① 정직과 성실(integrity) 실천
② 특히 규칙 준수나 기초질서 존중

---

6) 자발적 부문에 관해서는 Smith(1973) 및 김경동(2007) 참조.

③ 유치한 자기중심주의의 극복과 타인의식의 함양
④ 공익정신의 강조와 노블레스 오블리주(noblesse oblige) 정신의 생활화
⑤ 누구나 자신의 언행에 대해 책임지기
⑥ 서로를 믿을 수 있는 신뢰 제고
⑦ 만사에 감정을 앞세우기보다 감성을 적절하게 조절할 줄 알고 합리적으로 생각하며 행동하는 합리성 함양

이와 같은 것을 실천하는 수준에서 시작하여 전반적으로 사회윤리가 바로 서는 사회로 지향할 필요가 있다는 것이다(김경동 · 김여진, 2010).

6) 문화적으로 풍요한 사회

아무리 경제강국으로 알려졌다 해도 문화적으로 후진적인 사회는 성숙한 선진사회로 간주하기가 어렵다. 문화적으로 풍요한 사회는 아래의 조건을 충족해야 할 것이다.

① 독서하지 않는 국민이라는 오명을 하루속히 탈피하여 교양국민으로 발돋움
② 누구나 골고루 문화혜택을 누리는 문화복지사회 지향
③ 정보화 시대의 정보경쟁에서 우물 안 개구리의 위상 극복
④ 외래문화의 선별적 수용
⑤ 대중문화의 질적 향상
⑥ 전통문화와 이질적 문화의 조화
⑦ 과학기술과 문화의 융합에 의한 문화산업의 활성화
⑧ 그동안 일부 성취한 '한류'를 더욱 업그레이드시켜 우리 문화의 대외 전파 역량을 더욱 확충

7) 인간을 위한 창의성 · 도덕성 교육

선진사회로 발전하려면 무엇보다도 인간의 창의성을 크게 개발하고 장려하며 나아가서는 인간다운 삶을 제대로 가르치는 사회성과 도덕성 교육이 절대 필수적이다. 그것은 적어도 다음과 같은 노력을 요청한다(김경동, 1998).

① 가정교육의 복원, 개선

② 청소년에 대한 사회의 관심 고취
③ 학교교육의 정상화 (입시위주, 지식주입식 교육 지양, 교육현장의 부정비리 청산, 인간성 · 사회성 교육, 창의력 · 판단력 · 문제해결력 훈련 중시)
④ 대학교육 정상화 (출세주의 극복, 교양교육, 전문인 교육 중시, 국제경쟁력 강화, 기초과학의 발전 추구, 인문학의 기조 강화)
⑤ 교육의 자율화 신장

II. 성숙한 사회를 위한 발전의 원리

여기서 제안한 성숙사회의 비전은 그 자체로서 매우 추상적이고 일반적이며 또 이상적인 이념형임을 애초부터 밝혔다. 그에 비하여 성숙한 선진사회를 성취하기 위한 발전의 전략은 더 구체성을 띠어야 하는데 이 점에서는 주로 전략의 지침 내지 원리에 초점을 맞추고자 한다. 그 이유는 누가 이러한 이념형에 입각한 발전을 도모하느냐에 따라 변차가 있을 수 있다는 유연성과 개방성을 중시하기 때문이다. 그럼에도 불구하고 좀 더 현실적이고 구체적인 전략을 예시하라면 그것은 국가와 시민사회가 시장부문(기업부문)의 협조를 구해서 모두가 동참하여 시민이 프로그램을 구상하고 추진체를 구성하는 방식으로 접근하는 것이 가장 바람직하다는 대답으로 대신하고자 한다.

그런 제안을 하는 가장 큰 이유는 우리 사회가 아직까지 이런 방식의 소위 협치(協治, governance)를 본격적으로 시도해 본 적이 없기 때문이다. 이제 21세기의 통치원리는 국가 독주형이 아니고 시민사회가 동참하는 협력적 운영이어야 한다는 시대적 요청이 우리 앞에 있다. 실지로 서방 선진국에서는 시민의 정치참여 형태에 대한 적극적 비판과 아울러 새로운 형태의 참여 모형을 실험하기 시작하였다. 저들이 적어도 수백 년에 걸친 대표(의회)민주주의 정치에 대한 진지한 성찰의 필요성을 인식하게 되자 그러한 실험을 시도하고 있는 것이다. 우리도 반세기 이상의 실험을 해 본 경험을 살려 이제 새로운 협치의 모형을 스스로 개척해갈 준비가 필요하다고 본다. 더구나 우리의 미래비전이 담는 사회는 바로 성숙한 사회다. 그렇다면 더군다나 미숙한 어린아이와 같은 버릇을 고치지 못하고 헤매고 있는 우리의 정치현실과 시민사회 자체의 유치한 실정을 깊이 성찰하여 신선한 모형을 모색할 때도 되었다.

그리고 마지막으로 언급하려는 것은 여기에 제안한 비전 혹은 이념형 자체도 사실은 따지고 보면 서방세계의 근대성(modernity)이라는 준거틀을 크게 벗어나지 못하고 있음을 알 수 있다. 그러므로 이 한계를 극복하려면 문명론적인 시각에서 이 문제를 바라볼 필요가 생긴다. 이를 위해서 지금까지 자주 언급한 '선진문화사회'(Advanced 'Cultured' Society)의 이념형을 제안하고자 한다. 이 이념형에는 순전히 동방사상에서 추출한 '인의예악지신'(仁義禮樂智信)의 유덕(六德)을 새시대에 맞게 재해석하는 내용을 담고 있다(김경동, 2000; 2002).

우선 왜 하필이면 동방사상인가 하는 질문을 고찰한다. 근대화 과정에서 서양의 주요가치가 전 세계에 걸쳐 보편성을 획득했고 선진국의 기준도 저들이 개척한 글로벌 척도가 지배적이다. 그러나 21세기를 맞으면서 여러 징후로 말미암아 서방문명 자체에 대한 성찰의 움직임이 나타나기 시작하였다. 새 시대에 걸맞은 새로운 문명의 탐구에서 가령 유교적 문화전통과 같은 것의 보편성을 탐색하는 일에 시동이 걸린 것이다. 이런 뜻에서, 20세기말 미국의 일부 지성계에서 제기한 흥미로운 문제의식을 주목하고자 한다(Novak, 1994).

"서양 문명은 실패작이었는가?"(Was Western Civilization a Bad Idea?)라는 매우 도발적인 질문을 제기한 모임에서 노백(Michael Novak)이라는 보수계열 학자는 서양이 금세기의 위대한 이념적 투쟁에서 제기된 세 가지 중 두 가지 쟁점은 이미 해결하였다면서 이렇게 말했다.

> "우리는 민주주의가 독재보다 나은 정부 형태이며 자본주의가 사회주의보다 더 공정한 경제체제라는 결론을 얻었다. 이제 우리가 직면한 질문은 '우리가 과연 어떤 도덕률(morals)에 따라 살아가야 하는가?'이다. 이야말로 미래를 겨냥한 쟁점인 것이다."

이와 같은 서양 지성계의 질문을 우리는 하나의 도전으로 받아들일 수 있는가? 미래 세계의 인류가 의지하고 살아가야 할 도덕가치와 기준을 동방문명이 제공할 수는 없는가? 물론, 그것을 반드시 유교에만 국한시킬 필요는 없으나, 유교적 전통을 다른 동방사상과 아울러 창조적으로 재구성하는 피나는 노력의 중요성만은 가벼이 넘길 수 없다. 앞으로 세계가 희구하는 것에 대한 해답이 거기에서 나올 개연성이 매우 높기 때문이다.

다만, 이 자리에서 구체적인 논의를 자세하게 할 계제는 아니고 몇 가지 대표적인 문제의식만을 언급한다.

오늘날의 생태계 파괴와 환경오염 및 공해를 둘러싸고 제기되는 쟁점들을 돌아볼 때 인간과 자연의 관계를 재정립하는 데 있어서 앞에서 제시한 천지인 삼재관처럼 유교를 포함한 동방사상의 자연관과 인간관은 성찰의 바탕을 마련해 주고도 남음이 있다.

서양에서 크게 부각시키고 있는 사회문제로 눈을 돌리면, 지나친 개인중심주의가 자아낸 가족관계의 변질과 공동체의 와해 현상, 그리고 거기서 파생한 인간의 고독과 소외 등을 고려할 때, 인간관계의 정상화를 위해서도 유교를 중심으로 하는 동방사상의 인정주의적인 인간관계관과 사회관이 매우 중요한 지침이 될 수 있다. 비록 민주주의와 자본주의가 보편성을 확보했다고 해도, 그들이 지니는 약점과 그들이 일으키는 부작용을 감안하면 상당한 보완이 필요함을 쉽사리 간과할 수 없다. 여기에도 유교 등 동방사상의 기여 가능성을 무시하기 어렵다. 또한 최근에 일어난 전 지구적 차원의 금융대란이 궁극적으로는 자본시장의 작동에서 드러난 윤리관의 붕괴에서 연유함을 적시하고 있는 실정이다. 따라서 경영부문에서도 윤리의 중요성을 새삼 강조하고 있다(김경동 · 김여진, 2010).

이런 관점에서 비록 소박한 이념형적 그림에 불과하지만 유학의 '대동'(大同) 사회를 하나의 모델로 떠올릴만하다. 그리고 그와 같이 사람답게 살 수 있는 사회를 이루어 나가는 지침으로는 과거 유교에서 가르친 동방의 육덕을 새로이 해석하면서 다시금 음미할 필요가 있음을 제기하는 것이다.[7]

1. 대동사회의 이념형과 새로운 육덕(六德)

먼저 대동사회의 모습을 요약한 『예기』 '예운(禮運)편'에 담긴 글을 그대로 여기에 옮긴다(남만성, 1980: 160-161; 문화체육관광부 · 퇴계학연구원, 2011: 331-332).

7) 이에 관한 자세한 논의도 김경동(2000, 2002) 참조.

공자가 말씀하였다. "옛날 큰도(大道)가 행하여진 일과 3대의 영현한 인물들이 때를 만나 도를 행한 일을 내가 비록 눈으로 볼 수는 없으나 3대의 영현들의 한 일에 대하여는 기록이 있다." 큰 도가 행하여지자 천하를 공기(公器)로 생각하여 (사사로이 그 자손에게 세습하는 일이 없고) 지혜롭고 유능한 사람이 있으면 선택하여 일을 맡겼다. 성실과 신의를 배우고 익히며 화목함을 닦고 실행하였다. 그러므로 사람들은 홀로 자기의 어버이만을 친애하지 않았으며 홀로 자기의 아들만을 사랑하지는 않고 널리 남의 부모나 아들에게도 아낌을 넓혔다. 늙은이로 하여금 그 생을 편안히 마칠 수 있게 하고, 건장한 사람은 쓰일 곳이 있게 하며 어린이는 의지하여 성장할 곳이 있게 하고 과부나 외롭고 폐질에 걸린 사람은 다 부양받을 수 있게 하며, 남자는 분수에 맞게 일할 자리를 나누고 여자는 돌아가 지킬 가정을 얻었다. 생활에 쓰는 물품이 헛되게 땅에 버려져 낭비하는 것을 꺼리지만 반드시 자기 혼자 쓰려고 사사로이 감추어 쌓아 두지도 않았다. 일을 수행할 때는 자신의 몸으로 노력하지 않고 남이 힘들게 됨을 싫어하였으며 노력을 반드시 자기 자신의 사리를 위해서만 힘쓰지는 않았다. 그런 까닭에 음모, 도적, 난신적자와 같은 말이 생겨날 빌미조차 없고 바깥 문을 잠그는 일이 없는 이상적인 공동체가 온 세상에 이루어진다. 이를 일컬어 대동사회라 한다.

보시다시피 이것이 완벽한 가치신념체계를 포괄적으로 표상하는 형태로 정립한 사회의 모습은 아니지만 당시의 고대사회가 지향하고자 했던 '좋은 사회' 또는 모두가 '행복한 공동체'의 따뜻한 인간적인 모습을 읽기에는 충분하다. 그러한 동방사상의 틀 속에서 좀 더 현실적인 사회적 삶의 지침으로 새로운 육덕, 인의, 예악, 지신(仁義, 禮樂, 智信)을 재조명하는 내용을 소개하고자 한다.

1) '인의': 사회가 성립하고 바로 서는 바탕

'인의'는 사회가 성립하고 바로 서는 바탕이다. 인간에 대한 사랑과 측은한 마음과 자비로운 정감이 '인'이라면 이러한 정서가 구체적인 사회적 맥락에서 드러나는 모습을 유교에서는 육행(六行)으로 표현하고 있다.

① 부모에 대한 효(孝)
② 형제와 친구간의 우애(友)
③ 가족과 친족간의 화목(睦)

④ 인척들과 두터운 정분(姻)
⑤ 남을 위해 힘을 쓰는 생활(任)
⑥ 어려운 사람들을 도와주는 구휼(恤)

이 목록이 비록 낡은 가치를 표현하는 듯해도, 새로운 시각으로 이해하고 소화한다면 현대사회의 각박해지고 와해되어 가는 공동체를 되살리는 길에서 신중히 고려할 가치로서 충분히 자격이 있다.

한편, '의'란 인간이 마땅히 지켜야 할 바(義宜也)를 의미하므로, 사회의 질서와 규칙의 기준이며 공정하고 정의로움의 도(道)다. 그 마땅함의 근거는 바로 '인'이다. '인'에 합치하는 것이 마땅한 것이므로, '의'는 '인'에서 나온다.

이러한 조합에서 우리는 미묘한 변증법적 지혜를 읽는다. '인의'라는 두 가지 덕목은 서로 떨어지면 곁길로 가기가 쉬워진다. 정으로 흐르면 인정주의, 정실주의, 연고주의가 되고, 정의와 질서만 강조하면 경직하고 냉정해진다. 그러므로 이 둘이 함께 가면서 바르게 살되, 정을 잃지 말아야 한다는 요청이 담겨 있다.

2) '예악': '인의'의 생활 속 실천 원리

다음, '예악'은 '인의'가 생활 속에서 실현으로 나타나는 원리다.

'예'는 때에 따라 마땅한 바를 좇음(禮從宜)이며, 절도를 넘지 않음(禮不踰節)이고, 행동을 바르게 닦고 말을 '도'(道)에 맞게 하는 것이 '예'의 근본(行脩言道)이다. 길(道)이 아니면 가지도 말라는 공자의 말씀을 실천하는 지침이다. 앞에서, '마땅히 지켜야 할 바'를 '의'라 하고 '의'의 근거가 '인'이라 하였으니, 따라서, '도덕'과 '인의'도 예가 아니면 이루어지지 않는다. 아울러, 교화로써 풍속을 바로 잡는 일(교육), 분쟁 해결과 소송의 판결(법), 정치와 인간관계의 질서, 심지어 제사하고 신을 섬기는 일(종교) 등 모두가 '예'가 아니면 제대로 될 수가 없다. 특히 현대적인 문맥에서 가장 중요한 '예'의 특징은 인간관계에서 드러나는 염치(decency)와 타인에 대한 예절 및 일을 처리하는 바른 절차의 도리라 할 수 있다.

한편, '악'은 소리에서 말미암아 생겨난 것으로, 그 근본은 사람의 마음이 사물에 대하여 느끼는 바에 있다. 마음속에서 감정이 동하여 소리로 나타나는데 그 소리를 악기에 담아 즐거워하고 춤을 춘다든가 하는 식으로 감정 표현을 할 때 음악을 즐기는 것이다. 공자도 음악을 무척 좋아했다고 한다. 이런 뜻에서 인간이 천지만물을 대하여 그 아름다움을 느끼면 그것을 예술로 표현하는 현상을 가리키는 것이 '악'이라 할 만하다. 그러한 아름다움을 마음껏 즐기고 그 감상을 창조적으로 표현하여 심미적이고 예술적으로 풍요한 삶을 누리는 경지를 생각할 수 있다.

그런데 동방사상, 특히 유교의 『예기』(禮記)에 편입되어 있는 『악기』(樂記)에서 말하는 '악'은 즐거운 감정의 표현이지만 그것도 '인의'에 맞는 바른 도리로 인도하지 않으면 어지러워지지 않을 수 없다고 본다. 소리로써 즐거워하되 방탕으로 흐르지 않게 하고, 오히려 사람의 마음을 바르게 다스려 착한 마음을 계발하게 하여 사악한 기운이 범접하지 못하게 하려는 것이 '악'을 설정하는 방향이다. 그래서, 『악기』에서는 '악'은 윤리에 통하는 것이라 하고, '예악'을 함께 논하기를 즐겨 한다. '악'은 조화를, '예'는 질서를 표상하므로, 형벌을 다루는 '예악형정'(禮樂刑政)을 모두 치도(治道)로 삼았다. 그러므로 군자는 '예'와 '악'은 잠시도 몸에서 떠나서는 안 된다고 한다. 결국, '예악'의 도(道)는 천하를 올곧게 다스리는 기준이다. 그리고 이 점에서 '인의 예악'이 다 서로 통하고 이어진다.

3) '지신': 지식정보사회의 사회적 자본

마지막으로, '지신'은 바로 우리가 경험하고 있는 지식정보사회에서는 불가결한 정보와 사회적 자본인 신뢰의 덕목이다. 정보화로 인하여 정보가 폭주하고, 왜곡된 정보가 마구 흘러다니는 사회에서 이성적으로 슬기롭게 판단하는 지혜는 어떤 구체적인 정보 자체보다도 실은 더 중요하다. 그런데 단순한 지식을 넘어 지혜를 쌓는 것은 훈련과 통찰력의 함양을 필요로 하는 과업이다. 문화적 교양의 정수가 여기에 있다.

또한, 사회가 분화하고 문화가 다양화하면 할수록 사람들이 서로 믿고 살 수 있는 바탕이 필요하다. 이런 사회에서는 신뢰가 중요한 사회적 자본이 된다. 일상생활에서나 거래 관계에서 의리와 신용을 중시하기 때문이다. 더구나, 정보를 공유하는 디지털 시대의 열린사회에서는 신뢰가 없으면 무슨 일이 일어날지 아무도 모른다.

결국, '인의 예악 지신'의 덕목들은 문화적 교양으로 인간이 자신을 가다듬어 이상적인 사회를 지향하는 지침들 가운데서 가장 숭고한 것들을 집약한 것으로 이해할 수 있다. 우리가 바라는 성숙한 사회, '선진문화사회'의 초석이 될 덕목으로 간주하고자 한다. 그것이 구체적으로 어떤 모습을 띠든지 인간이 사회생활을 영위할 때 항상 염두에 두고 지키고자 하는 기본원칙을 이러한 새로운 육덕에서 찾는 것이 바람직하다는 뜻이다.

2. '문화로 다듬은 발전'

성숙한 선진사회가 되기 위해서는 분명히 발전이 필요하다. 그런데 선진문화사회의 이념형이 요구하는 사회를 만들자면 적어도 그 과정과 수단 역시 이념형의 원리에 걸맞은 성질의 것이어야 한다. 발전은 가치목표만이 중요한 것이 아니고 거기에 도달하는 과정 자체, 수단과 방법 모두에서 가장 인간주의적으로 완벽하고 도덕적으로 성숙한 것이어야 한다는 요구가 따르기 때문이다. 그러한 발전을 여기서는 '문화로 다듬은 발전'('cultured' development), 혹은 문화적으로 교양을 갖춘 방식의 발전으로 이해하려고 한다. 이런 특별한 이름을 달면서 발전의 과정과 수단을 특별히 강조하는 이유는 앞으로 추구하는 발전은 지금까지 우리가 경험한 것과 같은 경제제일주의, 물질지상주의, 황금만능주의, 윤리적 마비, 도덕적 해이 등 근대화의 부정적 결과를 자아내는 식의 '개발의 문화'(the culture of development)가 계속 주도하는 그런 변화는 지양해야 한다고 보기 때문이다. 그래서 이제부터 추구하는 발전은 '문화적 교양으로 다듬은' 방식으로 추진해야 한다는 것이다.

그러한 '문화로 다듬은' 발전의 기본원리는 앞에서 성숙한 사회의 조직원리로서 제시한 세 가지를 그대로 적용할 수 있다. 유연성을 가지고 접근해야 하고, 분권적이며 공동체주의적인 집합주의 원리에 따라 자발성을 강조하며 추진해야 한다는 것이다. 여기에서 장황한 해설은 불가능하지만 간략하게 말해서 문화로 다듬는다는 뜻은 문화적으로 교양한다, 혹은 문화로 교양을 쌓는다는 것을 가리킨다. 실은 문화라는 말 자체가 본시 배양이라는 의미를 담고 있듯이, 인간이 사회적인 삶 속에서 동물적인 야성(野性)을 다듬고 세련시키는 과정이다. 이때 문화적 교양, 즉 '다듬음'의 뜻은 다음과 같다.[8)]

① 이성적인 인간이 올바르게 생각하고 판단하며 서로 이해하고 의사소통을 자유롭게 할 수 있는 사회적 환경을 서로 만들어 가려는 자세는 문화적 교양으로 가능하다.
② 인간은 감정의 존재이기도 하다. 이성으로써 감정을 다스리는 일도 문화적 교양의 중요한 몫이며, 이 일은 도덕적 규범의 문화가 주로 감당한다.
③ 사회란 질서의 세계이므로 규범이 작용할 수밖에 없다. 이런 관점에서 '선진문화사회'는 서로 '책임지는 사회'(responsible society)다.
④ 사회가 성립하기 위해서는 인간관계의 정서적, 정의적(情誼的)인 요소도 필요로 한다. 서로 따뜻한 정을 나누고 정서적 유대를 같이하며 사랑하고 존중하며 도와주고 남을 위해 애쓰는 삶, 그 같은 삶도 문화의 교양으로 다듬어야 더욱 고양할 수 있다.
⑤ 도덕적 윤리와 사회적 규범으로 억누르고 통제하는 것만으로는 인생을 살찌게 하지 못한다. 신비한 초월적 존재와 우주와 자연과 인생과 인간관계의 아름다움을 심미적으로 감상하고 아름다운 예술로 표현하고, 그리하여 삶을 한결 아름답게 만드는 일, 또 한 문화적 교양의 산물이다.
⑥ 문화적 교양은 '중용'을 그 자체의 특장으로 한다. 무슨 일이나 한 쪽으로 편향, 편중되지 않고 지나침도 부족함도 없는 마음가짐, 생활태도, 행위유형이다. 인간과 자연, 질서와 창의, 도덕성과 융통성, 물질과 정신, 자유와 정의, 풍요와 절제 등이 양립할 수 있도록 조절하는 능력을 갖추는 것도 문화적 교양의 기능이다.
⑦ 문화적 교양의 특징에는 유연성도 포함한다. 경직함은 창의력과 자율성을 장려하기보다는 억제할 소지가 크다. 그런데 위에서 살펴본 바와 같은 문화로 다듬은 사회의 요소들은 창의와 자율 없이는 성취하기 어렵다.

요컨대 성숙한 선진문화사회를 추구하는 발전의 수단도 결국은 이러한 문화적 교양을 구비한 방식으로 추진해야 한다는 요청이 수반한다는 것이다. 이제 더 상세한 해설은 생략하고 여기서 마무리하기로 한다. 이러한 이념형과 조직원리와

---

8) 문화로 다듬은 발전에 관한 논의도 김경동(2000; 2002) 참조.

[그림 1-3] 성숙한 사회 비전의 기본틀(삼차원적 접근)

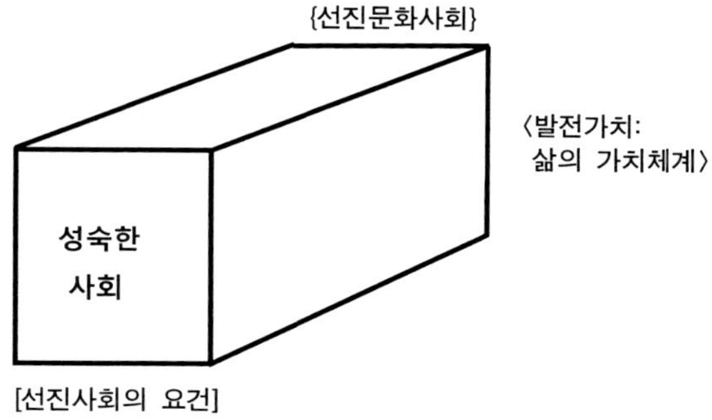

추진원칙에 기초하여 시민사회의 주역들이 국가부문과 함께 합의에 의한 구체적 정책들을 입안하는 것이 중요하다고 믿기 때문이다. 다시 말해서 구체적 처방 자체보다는 처방의 근거가 되는 원리를 제시하는 개방적 접근을 취하고자 함이다. 어떤 개인이나 집단이 독점적으로 이 과업을 수행하는 것은 삼가는 게 옳다는 생각이다.

이 장에서는 성숙사회의 비전을 탐구하는 데 일종의 삼차원적 접근을 시도한 셈이다[그림 1-3]. 먼저 한 축에서는 발전의 목표를 성숙한 사회로 간주하면 발전의 가치, 즉 삶의 가치를 실현하는 사회로 규정할 수 있고, 이를 위해서는 또 하나의 축이 필요한데 이는 선진사회의 요건을 충족시키는 전략적 비전이다. 그러나 이 모든 것은 한층 더 드높은 가치인 '신육덕'을 중심으로 하는 '선진문화사회'의 구현이라는 세 번째 축으로 마무리하는 그런 식 접근을 하려고 하였다. 이와 같은 삼차원적인 시각으로 성숙사회의 비전과 이를 달성하기 위한 전략을 구상하는 틀을 제공하고자 한 것이다.

III. 성숙한 사회 구축의 전략

위에서 간추린 미래사회의 비전이 모든 것을 포괄하는 모습이라고 할 수는 없을 것이다. 그러나 우리가 지향하는 미래는 최소한의 성숙함을 보장할 수 있어야 한다는 명제는 누구도 부인할 수 없다. 따라서 그와 같은 성숙한 사회를 이룩하기 위해서는 어떤 가치목표를 달성해야 할지도 보편타당성이 있는 체계로 정리할 필요가 있었다. 그리고 그러한 비전은 곧 선진사회의 요건으로 이어짐을 밝히려 하였다. 이제는 그처럼 선진사회를 이룩하는 데 긴요한 요건을 충족시키려면 어떤 전략적 접근이 필요할지를 고찰할 차례다. 다만 여기서는 구체적인 정책과제 수행의 차원에서 전략을 논의하기보다는 그러한 전략의 원칙을 중심으로 몇 가지 주요 쟁점을 시사하는 것에 한정하려고 한다. 기실 위에서 열거한 선진사회의 요건 속에는 어느 정도 구체적인 행동지침 같은 것이 이미 들어 있다.

1. 패러다임의 전환

위에서 제시한 발전가치의 이념형과 선진사회의 전제요건을 고려할 때 무엇보다도 시급한 것은 획기적인 패러다임의 전환임을 감지할 수 있다. 그러면 왜 그런 전환을 요청받고 있는지에 대한 성찰이 개략적으로나마 필요할 것 같다.

1) 패러다임 전환의 이유

현금의 정황에서 성숙한 사회를 겨냥한 선진사회의 성취를 위해서는 패러다임의 전환이 시급한 이유는 다음과 같은 과제를 해결할 시대적 요청이 있기 때문이다. 이 중에는 선진사회의 요건에서 이미 언급한 사항도 일부 포함한다.

첫째 우리에게는 부정부패를 극복해야 할 절체절명의 정상화가 시급하다. 규칙 준수, 권위 회복, 질서 정착으로 부정부패, 부조리, 비리, 편법주의를 극복하고 상식이 통하는 정상사회를 정립하는 것이다. 이는 사회윤리의 정상화와 정착의 과제라고 할 수 있다(無權威, 無規範, 無常識, 無原則, 無秩序 탈피의 과제).

둘째는 절실한 합리화다. 사고, 행동, 제도, 조직구성과 운영의 합리화가 절실하다(無涇渭, 無理, 無謀, 無分別, 無自覺, 無節制 극복). 특히 한국사회는 지나친 감성주의

(emotionalism)로 인한 폐해가 극심하다. 걸핏하면 충돌하고 집단적 흥분을 분출하는 행태는 선진사회를 위해서는 시급하게 극복해 마땅한 요소다.

셋째로는 불신의 시대, 이중성을 탈피하고 불신을 청산하며, '믿을 수 없는 사회'의 오명을 벗어야 하고, 신용사회로 정착하여 신의(信義)를 회복해야 한다(不信, 不正直 척결).

넷째는 도덕성의 회복이다. 진정한 선진사회의 요건으로 도덕성 회복(無道, 無廉, 無禮, 無恥 청산)을 이미 지적하였지만 이야말로 가장 고차적인 시대적 요청이다. 그러나 생활세계의 차원에서는 규칙과 질서를 중시하는 사회윤리의 회복이 급선무라 할 수 있다.

다섯째로는 유연성의 신장이다. 사고의 개방성, 의식의 유연성, 구조의 유연성, 국제적 개방성, 이념의 유연성 등을 구비해야 격변하는 국제환경에서 적응, 생존할 수 있다. 그뿐 아니라 다양한 인종과 민족이 계속 유입하여 다민족, 다문화 사회로 변질하는 상황에서 갈등을 줄이고 상호적응하며 평화롭고 건설적인 선진 사회로 이행할 태세도 시급히 갖추어야 한다.

여섯째는 사회의식, 공공의식의 강화다. 사회적 무감각증을 치유하고, 남을 먼저 생각하는 공동체적 사회의식의 강화가 필요하다. 가족이나 친족과 같은 혈연, 학연, 지연, 직연(職緣), 도당, 패거리 등 연고주의와 협소한 집단이기주의를 초월한 전체 사회의 공공복지 지향의 공동체 의식(communitarian)에 기초한 공익정신, 특히 노블레스 오블리주 정신의 정착이 필요하다.

일곱째는 공정한 사회 이룩하기다. 특권과 자원의 배분에서 불평불만이 없는 공정성이라든지, 경쟁에서 억울한 사람이 없는 정당성 확보가 급선무다.

여덟째, 아무도 책임지지 않는 사회는 모두가 남의 탓만 하며 사회를 결국은 망가뜨리게 마련이다. 적당주의 타파, 국가, 기업, 가정 모든 차원에서 개인과 집단이 자신과 사회에 대하여 각자 한 말과 행동에 대해서는 철저히 책임지는 사회가 절실하다(無責任, 無誠意, 不實, 不誠實, 不徹底 타파).

2) 패러다임 전환의 과제

성숙한 사회의 실현을 겨냥한 혁신과제와 추진전략은 사회적 패러다임의 일대

전환에서 시발할 수 있다. 이때 핵심은 선진적인 시스템과 사람(social system & human element), 즉 인간요소와 사회조직원리(principle of social organization)다. 시스템의 특징은 대외적으로 환경(자연, 국제사회 등)에 대한 적응력을 키우기 위하여, 대내적으로는 통합과 균형과 사회적 자본의 증대를 위하여, 유연성, 효율성, 투명성을 필요로 한다.

사회의 통합은 ① 기능적으로 분화하여 각양한 이해관심을 추구하는 부분집단이나 하위시스템을 조정(coordination)하고, ② 가치와 이념을 중심으로 전사회적인 수준의 상징적 통일(symbolic unification)을 촉진하며, ③ 계층적 갈등을 해소하는 정치적 역량 강화의 세 가지 차원에서 이루어진다.

균형과 조화는 ① 투입과 산출(input-output) 간의 균형, ② 사회적 에너지의 엔트로피(entropy) 방지, 그리고 ③ 여야, 노사, 국가와 시민사회, 시장과 시민사회, 정치와 경제, 경제와 문화 등 사회 각 부문 간의 음양변증법적 조화를 추구한다.

그리고 사회적 자본은 시스템의 인간요소로서 변화의 핵심은 투명성, 신뢰성, 사회적 안정, 집단 응집력, 포용과 자율성의 확보다. 후진사회의 특징은 부정부패가 문제이기 때문이며 양극화에 의한 배제와 소외로 분열과 갈등이 비등하고 권한집중에 의한 자율성의 억제 같은 사회의 질적 성격에서 하자가 크다는 점이다. 특히 선진적 투명성 실현의 전제조건에서 제일 중요한 덕목은 신뢰(trust)다.

패러다임의 전환에서 가장 핵심적인 것은 시스템의 합리화다. 현재까지도 우리는 어쩌면 1960년대 고도성장을 위하여 구축한 낡은 시스템을 근본적으로 개선하지 못한 채 21세기 격변의 시대를 살고 있는지도 모른다. 이제는 국제경쟁에서 살아남아야 생존이 가능하고 성숙한 선진사회도 꿈꾸어 볼 수 있다. 이를 위한 핵심적 화두는 '시스템의 합리화'다. 그리고 시스템의 합리화를 이루려면 다음의 조건을 충족해야 한다.

① 지금까지는 주로 인치(人治)에 의존해오던 시스템에서 법치(法治)로 변환하는 확실한 시스템 전환이 필수적이다.
② 여기에는 연고, 패거리를 탈피하고, 적재적소 원칙, 공정성과 전문성을 중시하는 합리적인 인사(人事)가 기본이다.
③ 가능하면 개별작업 시스템에서 공동작업, 팀워크 시스템으로 전환하여 효율성

을 높인다.

④ 모든 일에 책임행정, 책임경영의 정신이 투철하게 시스템을 정상화한다.

2. 유능한 민족에게 필요한 구심점

다만 그처럼 막중한 과업을 실현하려면 두 가지 인적 요소가 필수적인 조건으로 등장한다. 하나는 국민의 역량이고 다른 하나는 이런 국민적 역량을 조직하여 목표달성으로 인도할 힘의 구심점이다.

1) 국민의 저력

우리나라 사람들은 참으로 무서운 저력을 지닌 위대한 국민이다. 우리 민족이 유능하다는 사실은 전 세계가 인정한다. 다만 지도자를 잘못 만난 것이 한계다. 그러나 여기에 아이러니가 개입한다. 지도자는 과거 왕조시대가 아닌 이상 국민 스스로가 선택하는 존재다. 지도자가 잘못되었다면 그것은 곧 국민의 선택에 문제가 있다는 말이다. 앞으로 우리가 기대어야 할 언덕은 지도자가 아니라 우리 자신이라는 말이다. 그런데 우리 사회는 유능한 개인들로 가득 차 있지만, 집단과 조직 속에서 집합적으로 일할 때는 갈등이 격심하고 효율이 떨어지는 불합리가 자주 나타난다.

그러므로 공동체 회복을 위한 유인이 특별히 긴급히 필요하고, 가정교육에서 사회성을 생활화하고 감정을 적절하게 다스릴 줄 아는 훈련이 무엇보다도 시급한 과제다. 아울러 어릴 때부터 창의력 계발 교육에 더욱 관심을 가지고 개선에 노력해야 할 것이다. 다만 앞으로는 개인 수준의 창의성 발휘도 순전히 개별적인 맥락에서는 중요한 결과를 산출하지 못하게 되어 있다. 요즘 선진국에서 우리가 절실히 필요로 하는 과학기술 발전을 위한 기초이론의 개척과 기술혁신, 또는 사회적 개혁을 위한 새로운 아이디어의 창출이 대부분 공동체적 협동의 맥락에서 더 활발히 이루어지고 있다는 점에 주목할 필요가 있다. 결국, 우리는 유능한 개인을 한데 엮는 그 무엇이 필요한 사회다. 그것이 다름 아닌 사회의 구심점이다.

2) 절실한 구심점

그처럼 유능한 국민의 저력 즉 '기'(氣) 에너지를 다시 한 번 제대로 취합하여 이를 마음껏 발휘할 수 있도록 신바람을 일으키는 구심점, 그리하여 진정으로 실수 없는 성숙한 선진사회의 길로 나아가기 위해서 필요한 구심점은 과거 같으면 정치 지도자, 종교가, 교육자와 같은 인물 중심의 리더십으로 간주하였다.

그러나 현대사회와 미래사회는 그런 식의 인물에서 사회적 구심점을 기대하기가 어려운 변화가 계속 일어나고 있다. 오히려, 요즘 같으면 대중매체의 스타들에게 사람들의 시선이 더 집중하고 그들의 영향력이 더 클지도 모른다. 그렇다고 그들이 우리의 장래를 위한 구심점이 되기를 기대할 수는 없는 노릇이다.

결국은 우리가 모두 한데 힘을 모아 우리 사회가 나아갈 길을 보여 주고 그 길을 인도하는 구심점을 스스로 만들어 나가야 하는 처지가 되었다. 이야말로 바로 분권적 집합주의 원리에 입각한 자발적 사회의 특징인 셈이다. 그리고 미래지향적인 진정한 시민민주사회의 주역은 바로 우리 시민사회의 구성원 모두이기도 하다.

그러므로 지금부터는 올바른 시민민주사회를 어떻게 구축할지를 우리가 모두 함께 염려하고 구상하고 만들어 나갈 책무가 우리에게 주어졌음을 각성하고 이 일에 과감히 임할 준비를 해야 한다. 우리가 믿어야 할 구석은 바로 우리 자신이기 때문이다. 그만큼 우리의 변신의 각오가 또한 엄청나다 할 것이다. 여기에는 모든 시민의 자발적 참여가 필수요건임은 두말할 나위도 없다.

3) 제도적 환경의 조성

성숙한 선진사회를 지향한 발전을 제대로 이룩하기 위해서는 인간요소, 즉 사람이 가장 핵심적이라는 점은 더 말할 여지가 없다. 하지만 그 사람들이 움직일 수 있도록 동기부여의 환경을 조성해 주고, 생산성이 높아질 수 있도록 법과 제도와 사회적 여건을 합리화하고, 특히 유인체제를 개선하는 일도 함께 추진해야 한다. 일부 기업부문을 제외하고는 우선 경제적 보상에서 너무나 미흡했던 탓에 부정과 비리에 쉽사리 휘말리는 일이 일어났던 점은 인정하고 이에 대한 시정이 급선무다.

어차피 21세기의 사회는 다원화로 나아가고 있다. 그러므로 모든 부문과 지역과 집단은 각자 나름대로 전사회적인 발전에 기여할 바를 구상하고 다른 부문, 지역, 집단들과 긴밀한 협조 아래 목표달성을 위하여 제 몫을 할 태세를 갖출 필요가 있다. 그것은 어디까지나 자발성의 원칙에서 할 것이며, 국가는 오로지 불가피할 때 조정기능을 효율적으로 수행할 수 있으면 족하다. 여기에 유연한 사회구조와 조직 원리가 유효한 까닭이 있다. 그리고 이러한 유연성은 경직된 의식에서는 나올 수가 없고 창의력이 번득이는 유연한 의식에서라야 가능하다.

그러나 제도적 환경 조성에서 가장 중요한 핵심은 역시 교육체제다. 교육을 현재와 같은 입시위주체제로 유지한다면 아무리 다른 제도적 장치가 있다 해도 근원적으로 성숙한 시민을 양성하는 일에서는 부족하다. 교육은 앞에서도 지적한 대로 가정에서부터 바로 서야 하고 학교의 공교육을 비롯하여 일생에 걸쳐 재교육을 이어나가면서 시대적 변화에 적절하게 적응할 수 있도록 전사회적 차원에서 고민하고 혁신해야 한다.

3. 성숙한 사회의 성숙한 시민

성숙한 사회는 제도적 환경 못지않게 성숙한 시민이 있어야 한다. 그런 사회는 바로 이들이 구성하며 운용하는 사회다. 성숙한 시민의 요건은 다양하지만 적어도 삶에 임하는 자세와 생활 속의 행위에서 성숙한 시민다운 의식을 함양해야 한다. 그리고 성숙한 선진사회를 이룩하고자 하는 의지와 의욕이 넘쳐나는 시민이 가득해야 하고 그 의지를 발휘하는 데 필요한 기(氣) 에너지를 충분히 축적하고 있어야 한다. 이런 관점에서 먼저 사회의 지도층 혹은 엘리트가 솔선수범해야 할 것이고 아울러 일반시민도 이에 적극 동참하는 것이 중요하다. 거기에는 최소한도 다음과 같은 의식과 행동의 변화가 필수적이다(김경동, 2007).

1) 지도층의 자세

아무리 성숙한 사회라 할지라도 그 사회의 주요 결정을 내리고 시민의 힘을 집결하여 목표달성에 나서는 엘리트가 작용하게 마련이다. 그렇다면 이런 사회일

수록 다음과 같은 의식을 구비한 지도층을 요구할 수 있다.

- 올바른 역사의식 함양, 국가발전에 공헌하는 공인
- 사회의 엘리트로서 소명감, 살신성인(殺身成仁), 노블레스 오블리주 정신
- 성(誠)의 도덕 실천
- 민주시민 사회의 지도층다운 유연한 자세
- 국민의 불신과 비방 대신, 사랑과 존경의 대상이 되려는 노력
- 글로벌리제이션의 물결에서 뒤지지 않는 전문성과 실력을 갖추고자 노력
- 보람으로 가득 찬 즐거운 일터를 중시하는 지도층
- 자리보다 일, 감투보다 더 중요한 일 자체에 보람을 느끼는 풍토
- 소신으로 일하되, 더불어 일하는 지도층
- 합리와 법리를 존중하되, 유연하게 봉사하는 지도층
- 개방적이고 적극적인, 창의성을 발휘하는 지도층

2) 민주시민사회의 열린 시민의식

그리고 성숙한 사회는 시민 스스로 구심점을 형성하고 앞장서 선진사회 건설에 나서야 한다는 각오가 절실하다. 그러기 위해서는 시민 스스로 적어도 다음과 같은 의식의 변화를 기해야 한다.

- 올바른 시민됨(citizenship)의 의식, 시민적 정체의식의 자각이 필수
- 과거 농경사회의 폐쇄적 연고주의에 바탕한 집단이기주의를 넘어 국민적, 전지구적(全地球的) 시민의식 함양
- 권위주의 체제의 신민(臣民)의식 탈피, 진정한 시민의 정치적 효능(效能, efficacy) 발휘
- 정치권력을 족벌과 패거리의 사물화(私物化)하는 전근대적 의식을 버리고 합리적 권력관 함양
- 나의 인격과 이익만큼 다른 사람의 인격과 이익도 존중하는 양보와 협동의 자세
- 타인에 대한 관용의 태도 견지
- 결정행사를 위한 자유롭고 이성적인 의사소통
- 규칙준수 의식의 강화

- 시민의 자발적 참여
- 시민의 권리와 요구뿐만 아니라 시민의 책임과 의무 중시

IV. 소결: 미래사회와 자원봉사

이상의 논의는 허두에서 밝힌 대로 매우 추상적이고 이념형적이었다. 그런데 그것과 자원봉사 및 나눔과는 과연 어떤 관련이 있는가? 이 질문을 여기에서 전부 답할 필요는 없다. 이제부터 전개하는 논의에서 우리는 여러 각도에서 그 문제를 다루게 될 것이기 때문이다. 그러나 몇 가지 주요 사항에 대해서만은 언급을 해두고 진행하는 것이 좋을 것이다.

첫째, 우리가 지향하는 성숙한 사회에서는 성숙한 시민이 주인이다. 그러한 성숙한 시민에게서 가장 핵심적인 덕목이 바로 자발성이다. 성숙한 시민민주사회를 이룩하자면 시민의 자발적 참여는 절대적 요건이다. 동시에 시민의 책임과 의무를 수행하는 데서도 자발성은 필수다.

둘째, 성숙한 사회의 발전가치를 실현하기 위한 조직원리에서도 구조적 유연성, 분권적 다원적 공동체주의적 집합주의와 자발적 복지사회의 이념을 제시하였다. 공동체 복원의 필요성에 대한 논의는 곧이어 제시할 것이고 자발적 복지사회에서 시민의 상호책임을 논외로 한다면 의미가 없다.

셋째, 선진사회의 요건에서도 푸근한 복지사회, 도덕사회, 생태적 생명존중의 조건은 시민의 자발적 참여, 상호봉사 그리고 나눔이 핵심이다.

넷째, 선진문화사회의 신육덕에서도 '인의'의 실천은 곧 시민의 자발적 상호봉사와 나눔의 덕목을 내포하고 있다.

미래지향적 성숙사회의 꿈을 추구하려는 이 맥락에서 반드시 짚고 넘어가야 할 변화의 흐름이 있다. 지금은 어느 때보다도 전 세계적인 차원의 변동 속에 모든 사회가 존재하지 않을 수 없는 특징을 지니게 된 시대다. 이른바 전 지구화(globalization)는 이제 거스를 수 없는 변화의 추세다. 먼저 그 변화의 파도 속에서 살아남기 위한 무한경쟁의 소용돌이를 이겨나갈 수 있어야 하고 위에서

여러 각도로 살펴본 성숙한 선진문화사회로 제대로 발전할 수 있을 때 비로소 진정한 선진국의 브랜드 가치를 인정받을 수 있게 된 것이다.

그러기 위해서는 우선 전 지구화 자체의 성격을 정확하게 파악하고 그 물결에 적정하게 적응하는 소극적 접근이 있을 수 있다. 그러나 이제부터는 그러한 수동적 자세가 아니라 전 지구화를 주도하겠다는 각오로 전 지구화에 대처해야 할 것이다. 그러자면 무엇보다도 우리 스스로 '우물 안 개구리'에서 과감하게 탈피하여 소위 '촌티'를 벗고 어엿한 세계의 신사다운 면모를 갖출 수 있어야 한다. 국지주의적(parochial) 폐쇄성을 극복하고 진정한 의미의 '세계화' 즉 코스모폴리탄니제이션(consmopolitanization)을 성취하는 일이 시급하다. 그리하여 국제사회에서 세계시민의 품격을 갖추고 당당하게 다른 나라와 어깨를 겨누는 위치에 서야 한다.

이제 우리도 경제적으로는 세계의 10대 경제권에 근접해 왔다. 세계 제2차대전 종전 후 독립한 신생국가 중에서 고도경제성장과 민주주의 이행에 모두 성공한 나라는 아직 드물 뿐 아니라 과거에 대외 원조와 경제적 지원에 의존하던 소위 '수원국' 내지 '수여국'(receiver nation)의 위치에서 마침내 어려운 다른 나라에 원조를 제공하는 '공여국'(donor nation)의 자리에 설 수 있게 된 첫 사례라는 사실을 잊을 수가 없다. 그러나 거기에 머물지 않고 다음은 우리의 문화를 세계화하는 단계로 나아가야 한다.

그러는 과정에 우리의 내부에서 선진문화사회의 성숙한 모습을 갖추어 드디어 전 세계의 모본이 되는 문화적 교양을 갖춘 사회로 세계무대에 진출할 수 있는 준비를 철저히 할 필요가 있다. 요즘 유행하는 한류나 K-pops 수준의 대중문화에 그치지 않고 고급문화, 정신문화, 도덕성 등에서도 창의를 발휘하여 세계가 주목하는 사회로 세계 속에 우뚝 서고자 하는 열망을 품어야 한다. 그러한 세계적인 품격을 갖춘 선진문화사회라면 당연히 자원봉사와 나눔과 배려의 문화도 마땅히 꽃필 수 있어야 할 것이다. 지금도 전 세계 구석구석에는 재난재해, 빈곤, 질병, 분쟁과 갈등과 같은 온갖 문제가 산재해 있어서 국가차원의 원조와 지원뿐 아니라 시민사회의 봉사와 나눔의 손길이 아쉬운 실정이다. 그러므로 미래의 자원봉사와 나눔의 운동은 기필코 항상 이러한 전 지구적 차원의 문제의식에서 출발할 필요도 있는 것이다.

요컨대, 어떤 척도를 제시해도 미래의 성숙한 선진문화사회에서는 자원봉사와 나눔의 가치가 핵심적인 요소로 작동하게 될 것임을 다각도로 암시하고 있음을 알 수 있다. 그러한 대전제 아래 이제부터는 왜 이 시대에 자원봉사와 나눔운동이 더 절실해졌으며 그것이 실제로 어떤 의미와 가치를 띠는 것인지를 차례로 살펴보기로 한다. 다음 장에서는 주로 근대화와 시민사회의 전개라는 거시적 변동의 맥락에서 그러한 검토를 시도할 것이다.

제2장 사회변동 속의 자원봉사와 나눔운동

I. 근대화 과정에서 본 자원봉사와 나눔의 의미

자원봉사와 나눔의 의미와 중요성을 제대로 이해하기 위해서는 시 · 공간적 맥락 속에서 접근하는 것이 필요하다는 점을 전제하고 논의를 전개하겠다는 것이 이 책의 기본적인 자세임을 제1장 허두에서 밝힌 바 있다. 그리고 거기에서는 주로 미래지향적 자원봉사와 나눔운동이라는 본서의 주제에 비추어 먼저 우리가 추구하는 미래사회의 비전을 구상하는 일부터 시작하였다. 아무래도 미래의 그림이란 추상적이고 또 어느 정도는 이념형적일 수밖에 없다는 것은 불가피하다.

이제 제2장에서 시도하는 과업은 제1장에 비하여 두 가지 점에서 대조를 이룬다. 첫째는 시간을 과거로 거슬러 올라가 오늘에 이르는 사회변동의 큰 줄기를 짚어보면서 그러한 시간적 맥락에서 왜 이 시점에 우리 사회는 자원봉사와 나눔운동을 특별히 강조하지 않을 수 없게 되었는지를 분석하는 일이다. 따라서 둘째로, 여기에서는 서술의 내용이 대체로 한층 더 구체적이고 현실적이라는 특징을 띤다. 다만 사회변동이라 해도 그 범위가 워낙 넓기 때문에 모든 분야를 망라할 수는 없고, 특별히 자원봉사와 나눔에 관계가 깊은 측면의 변화에다 선별적으로 초점을 맞출 수밖에 없다. 그리고 변화의 성격 또한 추상성의 수준에서 일정하지 않다.

그렇다면 왜 우리는 자원봉사와 나눔을 논하기 위해 사회변동에 대한 이해를 전제해야 하는가? 이 질문부터 다루어 보기로 한다. 한 마디로 그 까닭은 시대적으로 자원봉사와 나눔운동이 하나의 계통적인 사회운동의 모습으로 등장한 역사적 맥락에서 출발해야 한다는 요청 때문인데, 그것이 다름 아닌 근대화라는 거대한 변화의 흐름인 것이다. 그러므로 먼저 근대화를 중심으로 자원봉사와 나눔의 역사적 생성을 살펴보게 된다.

자원봉사와 나눔운동은 근원적으로 사회문제와 사회적 욕구에 대응하려는 사회운동으로서 의미가 있는데, 사회문제는 주로 사회가 변할 때 많이 발생하고 특히 사회변동이 급격하고 광범위하게 일어나면 더욱 다양하고 심각해진다. 그러므로 사회가 변할 때는 그에 걸맞은 자원봉사와 나눔운동을 펼칠 수 있어야 더욱더 적절한 효과를 거둘 수가 있다. 그런 취지에서 이 장에서는 먼저 근대화라는 거대한 역사의 흐름 속에서 시민사회가 전개하는 과정에 자원봉사와 나눔의 운동이 어떤 양상으로 기능하게 되었는지, 왜 그런 과업이 필요하게 되었는지에 대한 기본적인 생각을 정리하는 일부터 시작하려고 한다.

물론 본서에서 '근대화'라는 인류문명사에서 지대한 영향을 미친 거시적인 변동을 본격적으로 논할 수는 없고, 특별히 우리의 주제와 관련하여 그 과정의 특성을 개략적으로 분석하는 수준에서만 다루게 될 것이다. 다만 이때 '시민사회'라는 문명사적으로 아주 특수한 또 하나의 현상을 함께 다루어야 의미가 있다. 근대적인 자원봉사와 나눔의 운동은 근대 시민사회의 전개라는 역사적 틀 속에서 형성발전해 왔다는 점도 유의해야 하기 때문이다. 그러한 관찰을 배경으로 하여 주로 다음에는 한국사회의 주요 변화를 좀 더 자세히 검토하는 데에 주안점을 두고자 한다. 그러한 변화의 배경 속에 자원봉사와 나눔의 중요성과 의미와 가치를 새로이 인식하는 계기를 마련하려는 것이다.

다만 근대화와 자원봉사 또는 나눔의 관계를 분석할 때 한 가지 염두에 둘 것이 있다. 그것은 봉사와 나눔을 필요로 하는 수요의 측면과 그에 대응하여 시민사회가 제공하는 공급의 차원을 동시에 검토해야 한다는 점이다.

첫째, 자원봉사와 나눔의 수요를 판단하는 데에는 사회변동이 자아내는 문제점에 대한 인식이 바탕이 되어야 한다. 자원봉사와 나눔의 운동도 변하는 사회환경에 대한 정확한 정보를 갖추어야 신속하게 판단하고 새로운 전략과 효율적인 방안을 고안하고 실천할 수가 있을 것이기 때문이다. 수요도 모른 채 무작정 운동에 나서는 것은 무모한 일이 될 수 있다.

둘째, 다른 한 편으로는 자원봉사와 나눔의 수요를 충족시키기 위해서 공급할 자원봉사 인력과 나눔의 자원을 동원하는 데서도 일정한 정보가 있어야 한다. 어떤 사람들이 자원봉사의 잠재적 자원으로 존재하는지, 누가 어떤 활동을 할 수 있으며 하고 싶어 하는지, 어떤 사람들이 나누기 활동에 동참하려 하고 할 수 있는지 등을 제대로 알고 이들을 충원 내지 동원해야 한다는 말이다. 그러자면 사회가 변함에 따라 어떤 사람들이 어떤 생각으로 살아가는지도 파악할 필요가 있다. 사회가 변하면서 봉사활동이나 나눔 행위를 할 인적자원의 성격에도 변화가 일어나기 때문이다.

근대화(modernization)에 대한 이론과 연구는 수없이 많지만 이를 여기서 자세히 거론할 필요는 없고 우리의 관심사에 집중해서 검토하면 족할 것이다.[9] 다만 가장 일반적인 수준에서 근대화가 자아낸 주요 변동을 요약하면 다음과 같이 정리할 수 있다(Martinelli, 2005: 10-11).

① 근대 자연과학과 기술공학(technology)의 발달
② 그에 기초한 공업화(industrialization)의 전개
③ 전 지구적 자본주의 시장 형성 및 경제적 상호의존성의 증대
④ 사회구조와 기능의 분화
⑤ 계층구조의 변용과 사회이동의 증대
⑥ 대표성을 강조하는 세속적 정치체제의 진전
⑦ 종교와 문화의 세속화
⑧ 개인주의, 합리주의, 공리주의 등 가치변화
⑨ 인구이동과 도시화
⑩ 핵가족화와 공동체적 사회통제로부터 가족의 유리
⑪ 교육의 민주와, 대중화
⑫ 대중을 아우르는 통신수단의 발달
⑬ 공업생산과 세계시장의 수요에 맞춘 시간/공간의 재조직

일단 근대화는 인류가 농경사회를 탈피하여 공업생산을 시작함으로써 경제적인 생활수준의 향상에 기여한 변화로 집약할 수 있고 그에 따른 사회문화 각 부문의 획기적인 질적 변동을 가져온 과정이다. 그러나 동시에 모든 인간사가 그러하듯이

9) 지금까지 근대화 이론과 연구를 집약해서 다룬 보기로 Kim(2008) 참조.

거기에는 양지가 있는 반면 음지도 생긴 것을 부인할 수 없다. 바로 그러한 특성에 주목하여 근대화의 다각적인 변동 가운데서도 특별히 자원봉사나 나눔에 직결되는 변화에 초점을 맞추면 공업화와 도시화라는 두 가지 거대한 사회변동이 주축을 이룬다고 할 수 있다. 근대 산업혁명이 자아낸 공장은 무기물(inanimate) 에너지 자원을 활용하여 기계를 돌려서 표준화한 물건을 대량으로 생산하는 조직체이므로 대규모의 인력이 필요했다. 이런 공장을 중심으로 생성하는 도시에 다수의 사람들이 한꺼번에 집중하는 것은 당연하다.

그 과정에 갖가지 어려움을 겪어야 하는 계층이 대거 생기는 동시에 이들을 둘러싸고 온갖 사회문제가 발생하게 되었다. 누군가 도와야 하고 문제를 풀어야 하는 상황이 벌어지기 시작한 것이다. 근대화가 일어나기 전의 전통적인 사회에서는 이런 성질의 사회문제가 발생하는 확률이나 빈도가 높지도 않았고 문제의 성격도 심각하지 않았을 뿐더러, 소규모 촌락 공동체는 물론 도시에서도 주민 스스로 나서서 힘든 지경의 친족이나 이웃과 나누고 도와주는 상부상조의 관행을 여러 형태로 실천하고 있었다. 그러나 근대 도시화 과정에서는 다음과 같은 새로운 문제점들이 대두하였다([그림 2-1] 참조).

- 농민의 대거 이농으로 발생한 도시 공장 노동력의 공급과잉은 실업과 저임금으로 인하여 빈민으로 전락하는 인구를 폭증시켰다.
- 도시에서는 인구의 급속한 팽창에 대응할 주거지 부족으로 빈민가가 생겨나고, 이런 곳은 굶주림, 질병, 비행, 범죄의 산실이 되기가 일쑤였다.
- 이처럼 인간에게 닥치는 난제에 대응할 준비가 어디에도 존재하지 않았다는 것이 근본적인 문제였다.

일단 이와 같은 변화가 나타난 근대화 초기에는 사회문제 해결과 복지수요의 책임을 국가가 감당할 태세를 갖춘 상태가 아니었을 뿐만 아니라, 가족이나 친족집단도 그 자체가 급속히 해체 내지 변질하는 상황이 벌어지고 있었으므로, 결국 어려운 이웃에게 도움을 주고 사회문제를 풀어줄 길은 새로이 생성하기 시작한 시민사회가 자발적인 봉사와 기여를 할 만한 인적 · 물적 자원을 동원 · 활용하는 길밖에 없었다. 그러나 시민사회 자체도 아직은 이를 감당할 준비태세가 부족하였다. 부득이 초기에는 종교단체가 부분적이고 미비한 대로 복지문제와

[그림 2-1] 사회변동과 시민사회, 자원봉사 및 공동체의 전개

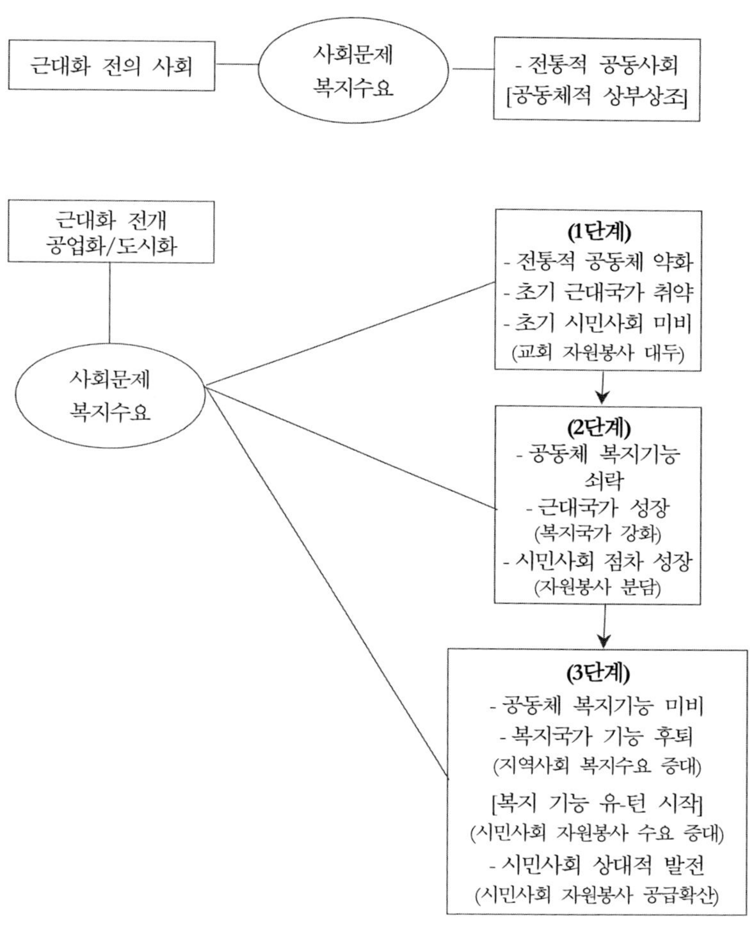

기타 사회문제 해결을 위한 자발적 봉사활동과 기타 나눔 활동에 나서게 되었다. 이것이 간단히 말해서 근대 민간 차원의 자원봉사 및 나눔활동이 발생한 배경이라 할 수 있다. 이 모습이 [그림 2-1]의 1단계에 해당한다.

하지만 대규모 도시를 기반으로 하여 근대 대중사회가 전개하면서 복지수요를 포함한 사회문제가 더욱 악화하는 동시에 공동체적인 관계와 집단구조가 약화·쇠퇴의 길로 들어서는 변화도 일고 있었다. 이런 상황에서는 가족이나 지역사회가

그 복지 기능을 더는 감당할 여력을 상실하게 됨으로써 아직도 미숙한 시민사회의 제한적인 역할만으로는 증대하는 복지문제 해결이 어려워졌다. 여기에 국가가 더 적극적으로 나서지 않을 수 없는 이유가 있었다. 그 과정에 점차 근대국민국가(modern nation-state)가 발전하면서 국가의 기능을 확대할 수 있는 역량을 갖추게 됨으로써 이제는 거의 전적으로 책임을 지는 이른바 복지국가체제가 성립하는 상황에까지 이르렀다. [그림 2-1]의 제2단계가 이 시기다.

시대는 다시 바뀌어 오히려 현 시점에서는 복지문제가 당연히 국가의 몫이라는 논리를 더는 보편적으로 수용하기가 어려워졌다. 복지국가의 시대는 지났다는 것이 일반적인 인식이다. 국가가 복지수요를 전적으로 충족시킬 역량이 한계에 이르렀다는 현실적 판단이 우세해졌다. 우리나라 옛말에도 "가난구제는 나라(님)도 못한다"는 속담이 있거니와 국가재정으로 모든 복지적 수요를 충족시키는 일은 불가능할 뿐 아니라 경제의 효율성을 떨어뜨려 결국은 경제 자체를 마비시킬 소지가 있다는 점이 드러난 것이다.

물론 국가가 계속 감당해야 할 역할도 존속하지만 이제는 시민사회의 민간부문이 더 적극적으로 참여해야 할 시대가 되었다고 할 수 있다. 오늘날 복지국가의 종언을 맞으면서 이제 복지수요 충족 기능의 상당부분이 다시 민간으로 넘어오게 되었다. 이를 두고 복지기능의 유턴(U-turn) 현상이라 일컫는다. 한 마디로 시민사회가 국가적 차원의 복지기능의 일부를 공유해야만 하는 위치에 서게 된 것이다. 비단 복지 수요만이 아니고 기타 각종의 사회문제도 전반적으로 호전되는 기미가 보이지 않는 것도 근대화가 자아낸 결과의 한 단면인데, 이러한 문제해결도 국가가 독자적으로 담당하는 데는 한계가 드러나고 있다. 결국 시민사회가 이에 동조해야만 하는 시대, 즉 국가와 시민사회의 공동대처가 필요한 새로운 협치(governance)의 시대가 도래한 것이다.

그런데 여기서 문제는 그 민간부문 자체도 그동안 변질해버렸다는 사실이다. 공동체적인 관계와 집단구조가 점차 허물어지는 사회변동이 빠르게 진행하면서 저들의 전통적인 복지기능은 물론 기타 사회가 맡아야 할 여러 기능도 거의 충족할 수 없는 상태가 되고 말았다. 가족은 이미 그 짐을 질 수 없을 만큼 구조와 기능이 축소해버렸고, 가치관과 태도에도 심각한 변화가 일어났다. 어떤 사회문제의 해결도 더는 이 전통적 부문에 기대하기 어려워진 것이다.

요는, 국가가 담당해야 할 복지 및 사회문제 해결 기능을 국가 혼자서만 수행할 수 없게 된 데다, 그 역할을 대신 맡아야 할 공동체 자체도 전통적인 기능을 감당할 역량을 상실하게 된 이중적인 문제가 발생했다는 말이다. 결국 남은 곳이라고는 지역사회밖에 없는 지경에 이름으로써 이 맥락에서 해결에 나서 주어야 할 주체가 이제는 시민사회라는 현실에 직면하게 된 것이다. 바로 거기에 자원봉사와 나눔의 수요가 기다리고 있으며, 시민사회는 스스로 성숙하여 이러한 수요를 채워주는 공급자로 거듭나야 하는 사명 앞에 서게 되었다.

요는 [그림 2-1]의 세 번째 단계에서는 시민사회가 성숙하여 자원봉사와 나눔의 기능을 수행해주기를 기대하는 상황에 이르게 되는데, 다른 한 편으로는 이 일을 제대로 해내기 위해서는 공동체의 형성과 복원이라는 또 하나의 과제가 앞에 놓이게 된 것도 아이러니컬한 현실이 되고 말았다. 다만 이 과정에는 자원봉사와 나눔의 공급 여지도 점차 넓어지는 변화도 수반한다는 희망적인 측면이 있다. 중산층을 중심으로 시간과 자원을 할애할 수 있는 인구가 증가하는 추세가 바로 그것이다.

지금 인류는 전 세계가 미증유의 복합적인 경제위기를 맞고 있는 암울한 현실 속에서 "인간이 과연 이렇게 살아가도 되는가?" 하는 근본적인 질문을 물어야 하는 절박한 상황에 직면하고 있다. 여기서 가장 핵심적인 쟁점은 사람들이 과연 이기적인 욕망을 어느 정도 자제하고 모두가 서로 보듬고 나누며 사는 공동체적인 가치를 얼마나 실현할 수 있는지 여부다. 오늘날과 같은 격변의 시대에 수많은 사람이 고통을 겪어야 하는 상황에서는 공동체 속에 어울려 사는 사람들이 누구도 외면받거나 따돌림당하지 않으면서 번영과 풍요를 더불어 누리며 살아갈 수 있는 길은 무엇인지를 물어야 하게 되었다.

여기에 대한 해답을 찾으려는 인간의 노력이 비록 미완성이기는 해도 그러한 노력의 대표적인 보기가 자원봉사와 나눔운동이라는 사실이 중요하다. 그리고 그 기능을 시민사회가 떠맡아야 한다는 시대적 요청이 따른다. 그러므로 이제는 시민사회가 무엇을 뜻하며 어떻게 그것이 자원봉사와 연관성을 갖게 되는지를 간략하게 고찰할 차례다.

II. 시민사회의 자원봉사와 나눔 기능

지금부터는 시민사회의 맥락에서 자원봉사와 나눔운동이 차지하는 위치와 기능이 무엇인지를 살펴보기로 한다. 이를 위해서는 우선 시민사회의 의미를 간략하게 되새기고 그 주요 기능이라는 관점에서 자원봉사와 나눔의 중요성부터 검토할 것이다. 그런 다음 시민사회의 자발적 부문에 대한 논의를 하고자 한다. 그 과정에서 하나의 사회운동으로서 자원봉사와 나눔운동이 일반적인 시민사회운동과 어떤 관련성을 지니는지를 밝히게 될 것이다.[10)]

1. 시민사회란 무엇인가?

먼저, 시민사회의 구조적 특징을 도식적으로 표현한 [그림 2-2]를 중심으로 간략한 해설만 곁들이기로 한다. 시민사회의 의미는 문명사적 관점에서 파악하는 것이 도움이 된다. 자연의 생태계를 사회문화적으로 조직하는 삶의 공간이 곧 도시다. 도시라는 생태적 공간의 틀 속에 국가와 시장이라는 사회제도가 성립함으로써 문명이 생성하였다. 적어도 역사적으로 볼 때 시민사회는 곧 문명화의 한 과정에서 도시, 시장, 국가라는 사회학적 범주를 포용하는 사회적 관계의 구조적 현상으로 발생했음을 알 수 있다. 그렇게 생겨난 시민사회는 문명사회에서 자연 생태계 속에 인간이 생존하기 위한 경제적 생산소비 활동을 펼치는 시장이라는 하부구조 위에 앉아 있고, 시장은 분업체계에 바탕한 사회경제적 계층 구조를 형성한다. 한편, 계층적 차이를 반영하는 각종의 이익집단이 표방하는 이해관심을 이념적으로 표상하면서 이를 정치적 역량으로 표출하는 국가는 시민사회의 상부구조를 이룬다.

이러한 구도 속에서 시민사회는 국가와 시장에 대하여 각기 대대적(待對的)인 관계 속에서 근원적으로 미묘한 변증법적 긴장을 표출하며 전개해왔다. 시민사회를 제3섹터의 범주로 이해하는 것이 가장 적절한 이유가 여기에 있다. 특히

10) 이 주제에 대한 자세한 논의는 김경동(2007) 참조.

[그림 2-2] 시민사회의 기본 구도

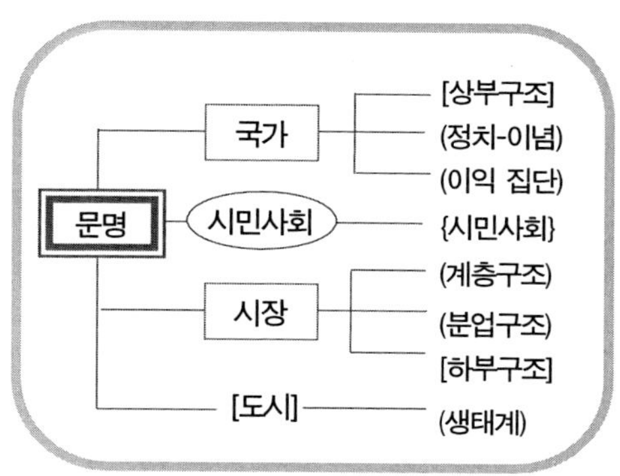

우리의 직접적인 관심사인 시민운동과 자원봉사의 관계를 규명하는 기본틀로서는 제3섹터론이 온당하다. 이 도식에서 보듯이 시민사회는 구조적 특성이 매우 복합적이므로 그 기능도 다각적임을 전제해야 이해가 쉽다(주성수, 2000; 2001; 김경동, 2007).

아울러 역사전개 과정에서 이 세 가지 부문의 상대적 위상에도 변화가 있었음을 검토할 수 있는 이점이 있다. 개략적으로 정리하면, 서양의 시민사회의 전개과정에서 시대의 흐름에 따라, 당시의 사회변동을 반영하면서, 다음과 같은 변천을 보여 왔다(김경동, 2007; Ehrenberg, 1999).

- 고대와 중세에는 '국가 우위/시장 미약/시민사회 종속'의 틀을 견지하였다.
- 근대화 이행기와 근대 초기에는 '국가 우위/시장 독립/시민사회 성장'의 과도기적 성격을 띠었다.
- 근대화 이후 현대에 이르는 동안 '국가 위축/시장 우위/시민사회 신장'의 구도를 띠기 시작하였다.
- 정보통신기술 혁명의 시대인 20세기 후반부터는 전 지구화의 영향 아래 '국가 위축/시장 지배/시민사회 과도기'의 방향으로 재구성의 움직임을 보이는 국면이다.

따라서 시민사회는 이 추세에 대처하여 새로이 위상을 정비해야 하는 진통기를 맞이하고 있다.

2. 시민사회의 두 가지 기능

시민사회의 존재양식은 자체 속에 국가와 시장을 이미 담고 있으면서도, 기능상으로는, 현실 정치나 국가권위와 차별해야 하는 한편, 또 다른 편으로는, 즉각적인 자기이익의 추구나 시장의 명령과도 구별해야 하는 일종의 회색영역으로서 그 두 부문 사이에 존재하면서 기능한다. 따라서 시민사회운동의 시각에서 보면 기본적으로 국가와 시장에 맞서 대립각을 세우는 세력으로서 두 가지 핵심적인 기능을 수행한다. 하나는 권익주창(advocacy, 혹은 옹호) 기능이요 다른 하나는 책무이행(responsibility-obligation) 기능이다([그림 2-3] 참조, 김경동, 2007).

국가와 시장을 상대로 시민의 '권리'옹호와 '이익'보장을 요구, 주창, 창도, 지지하고자 하는 것이 권익주창 기능이지만, 국가와 시장에 대하여 호응, 지지, 참여 하는 '책임'과 '의무'의 이행도 중요하다. 정상적인 시민사회는 권익과 책무를 항상 균형 있게 실현하는 것이 원칙이다. 다만 시민운동 차원에서는 이 두 기능이 별도로 이루어지기도 하지만 혼융하여 동시에 수행할 수도 있다. 그 보기는 다음과 같다.

첫째, 주로 지역적 이익집단이나 전문가와 산업분야의 결사체가 추진하는 시민사회운동은 순전히 특정 집단의 권익옹호가 주목적인 자기중심적 권익주창 옹호운동이다.

둘째는 오로지 공공복리만을 위한 책무수행이 목적인 자원봉사와 나눔운동이다. 여기에는 참여자의 권익보다도 봉사에 의한 나눔과 베풀기로 사회의 공익을 추구하고 사회의 전반적인 복지를 신장함으로써 행복한 공동체를 만들려는 것이 주목적이다.

셋째는 이 둘이 겹치는 형태로, 권익옹호가 일차적인 목표지만, 자신의 특수집단 이해관계보다는 공공의 이익이 앞서는 기능이다. 본래 누려야 할 권익을 향유하고 보호할 효능(efficacy)과 역량이 부족한 집단이나 계층을 위해 대신 해주려는 권익운동을 포함한다.

근대화 과정에서 이러한 시민사회의 기능도 시기별로 상대적인 비중에 변화가 일어나는 모습을 관찰할 수 있다. 대개 근대화 초기에는 시민사회 자체가 아직

[그림 2-3] 시민사회의 기능

미숙할 뿐 아니라 민주정치의 실현도 어려운 권위주의적 정치체제가 지배하기 쉽다. 이런 상황에서는 정치경제적 여건의 불비로 말미암아 국가나 시장이 시민의 권리와 이익을 충족시키기는커녕 오히려 억제하고 좌절시키는 성향이 강하다. 그런 환경에서 시민운동이 일어날 때는 자연히 권익주창 위주의 운동으로 흐르는 경향이 있다. 그리고 민주주의 공고화 내지 정착이 미비한 탓에 운동의 행태도 제도화하지 못하고 과격한 모습으로 표출할 확률이 높다. 물론 이 시기의 권익위주 운동은 자기집단 중심과 공익지향이 혼재하는 양상이 공존한다.

근대화가 어느 정도 진전한 뒤에 정치경제적 여건도 호전하고 민주적인 규칙과 절차가 비교적 합리화하는 단계에 이르면 시민사회운동의 외연도 훨씬 넓어지고 자발적 봉사운동 쪽으로 무게중심도 기울어지는 추세를 볼 수 있다. 권익주창 운동 자체가 사라지는 것은 아니나 국가와 시장부문의 제도적 · 정책적 대응도 성숙해지므로 그 필요성 자체가 감소할뿐더러 운동의 열기는 상대적으로 식고 표현방식도 합법적이며 제도적으로 규정하는 유형으로 정착해나가게 된다.

여기서 유의할 점 두 가지를 지적해둔다. 이 문제에 관해서는 추후에 다른 맥락에서 더 자세하게 논의할 기회가 있겠으나 일단 문제제기 차원에서 지적해두고 지나가려고 한다.

첫째, 전반적인 변화의 흐름 속에서 권익운동에 기울었던 시민사회운동은 점차 자원봉사 분야에서 더욱 활성화할 가능성이 커지는데, 이것은 시민사회의 건전도를 가리키는 현상으로 보아도 좋다. 권리와 이익만 챙기는 시민사회운동은 아직도 미숙한 민주주의 사회에서 필요하고 활발한 것이 마땅하지만, 성숙한 시민들은 이제 사회에 대한 시민적 책임의 중요성을 충분히 인식하고 자발적으로 사회참여에 나서는 것 또한 지극히 당연한 것이 되기 때문이다. 더구나 오늘날 전 세계적으로 정치를 필두로 하여 공공부문에 대한 불신이 팽배하고 있으므로 시민사회 스스로 문제해결과 복지증진에 나서야 하는 의무가 있다고 할 수 있다. 이러한 의식이 깬 사람들이 주로 자원봉사와 나눔운동에 앞장서는 것이다.

둘째는 모든 시민운동은 사실상 자원봉사로 이루어진다는 사실이다. 원칙적으로 모든 시민운동은 목적이 공익적인 것이든 이익집단의 차원에서든 제대로 정착하고 활성화하려면 반드시 시민의 자발적 참여를 동반해야 한다는 것이 철칙과 같은 선결조건이다. 시민민주주의 사회의 모든 시민사회운동은 그 목적 여하를 떠나서 무조건 시민의 자발적 참여, 즉 자원봉사를 근원적으로 요청한다는 말이다. 시민의 자발적 참여가 없는 시민운동은 성공하기도 어렵거니와 오래 지속할 수가 없다. 자발적인 운동이기에 참여하는 구성원들은 자원봉사를 하는 것이 당연하다.

3. 시민사회의 자발적 부문

이상의 일반론에 더하여 또 한 가지 시민사회의 성격에 대한 논의를 곁들일 필요가 있다. 이때 우리가 제기하는 핵심적인 쟁점은 앞서 근대화 과정에서 일어난 자원봉사의 전개를 살펴보는 대목에서 암시한 대로 새로이 대두한 사회복지적 수요를 "과연 누가 책임을 질 것인가?"라는 문제다. 그 대답을 찾기 위해서는 또 하나의 시민사회관을 도입할 필요가 있다는 말이다. 그것은 다름 아닌 시민사회의 '자발적 부문'(the Voluntary Sector)이다.

시민사회가 국가와 시장에 대비할 때는 제3섹터가 되지만 실재하는 시민사회는 다양한 구성요소로 복합적으로 이루어진 사회의 한 유형이다. 국가의 강제나 규제 또는 시장의 교환 메커니즘의 맥락 속에서 집단압력 · 규범적 제약 · 유혹과 유인이 작동하는 비자발적인 요소가 항상 내재하는 한편, 그러한 정치경제적 영향을 직접적으로 받지 않으면서 상대적으로 자율적인 기능을 수행하는 부문이 또 존재한다. 말하자면 시민사회 자체는 내재적으로 비자발적 부문과 자발적 부문이라는 두 가지 구성요소를 항상 동시에 내포한다는 뜻이다. 여기서 우리의 관심사는 바로 자율성을 특징으로 하는 시민사회의 '자발적 부문'으로 쏠린다 (Smith, 1973; 김경동, 2007).

이 자리에서는 '자발적'이라는 말의 개념정의를 하지는 않는다. 이제 곧이어 본격적으로 다룰 것이기 때문이다. 다만 자발적 부문이 어떤 성질의 것인지에 대한 기본적인 고찰을 먼저 시도하려고 한다. 우선 이해를 돕기 위해서 자발적 부문에서 자발적인 실천을 하는 사람들의 조직체를 살펴보면 이 부문의 조직 구성과 기능을 좀 더 쉽게 이해할 수 있다. 그런 다음 자발적 부문의 사회적 기능을 따로 정리하여 일별하기로 한다.

1) 자발적 부문의 조직체와 기능

가장 일반적인 수준에서 자발적 조직체는 크게 두 개의 범주로 분류한다. 하나는 비공식적으로 특수목적을 위해 수시로 조직하는 자발적 실천집단(informal ad hoc voluntary action groups)이요, 다른 하나는 공식적으로 조직한 자발적 결사체다. 이런 조직체를 가리키는 가장 흔한 용어는 NGO(비정부조직체, 비정부기구 non-governmental organizations), NPO(비영리 조직체, 비영리기구, 비영리민간단체 non-profit organizations), 자원단체(자발적 조직체 voluntary organizations), 자발적 결사체(voluntary associations), CSO(시민사회 단체 civil society organizations) 등이다.

좀 더 구체적으로 세분해서 분류할 때는 다음과 같은 자발적 조직체 내지 결사체들이 있다(김경동, 2007).

① 원초적 관계의 복원이나 새로운 공동체적 관계의 형성을 추구하는 각종 취미 클럽과 동호인집단 등이 있다.
② 노동조합과 기타 산업분야별 기업가들의 협회 등은 자신들의 권익추구를 일차적 목표로 삼는 이익집단(interest groups)이다.
③ 전문가집단(professional societies, associations)은 이익집단의 성격을 띠지만 전문가정신(professionalism)에 입각한 사회적 책임을 윤리강령 등에 담아 대사회 책임이행에도 적극적이다. 의사회, 변호사회, 각종 학회 등이 주된 보기다.
④ 권익주창 결사체(advocacy groups)는 생태환경, 소비자, 공명선거, 시민윤리, 기업 사회적 책임 등을 이슈로 자발적으로 공공권익을 증진하려는 결사체다.
⑤ 비영리조직체(NPO)는 육영사업을 하는 교육 등 사회적 사업을 추진하는

공익재단, 각종의 사회적 기능을 대행하는 사단법인, 교회 같은 기구들이다.

⑥ 순수한 자원봉사 결사체는 소외계층이나 장애 기타 사회적 차별로 불이익을 당하는 집단 · 난민 · 극빈층 · 고질적 질병환자 등 사회적으로 불리한 이들에 대한 봉사를 대의와 목적으로 삼아 활동하는 결사체 또는 기관이다. 오늘날에는 생활수준의 향상으로 사회적 약자에 대한 봉사 외에 교육 · 문화예술 · 의료 · 생태환경 · 근린집단 공동체 · 사회적 기업 등의 사회문화, 경제 등 다양한 분야에서도 자원봉사 수요가 발생하여 재능 나누기 활동이 이루어진다. 봉사의 수요증대와 함께 공급 측면에서도 참여할 의사나 여유가 있는 중산층 이상의 계층과 집단이 늘어나는 것도 현금의 추세다. 물론 하위계층이라고 자원봉사에서 제외한다는 것은 아니다.

⑦ 전쟁 · 천재지변 등 재난재해 · 사고 · 국책에 의한 불이익 발생, 시장의 횡포로 인한 손실 등을 쟁점 삼아 봉사와 애드보커시 활동을 펼치는 각종 임시결사체들은 특수목적 실천집단(ad hoc action groups)으로 분류할 수 있다.

여기서 모든 자발적 결사체의 기본적 전제조건이 무엇인지를 재확인할 필요가 있다. 어떤 시민사회 운동이든 그러한 자발적 결사체를 조직하여 움직일 때는, 그 목적과 기능에 상관없이 본래부터 시민사회의 자발적 부문에서 일어나는 운동이어야 하며, 따라서 그런 운동은 처음부터 시민이 자기 의사로 참여하는 자발적 운동이라는 명제가 성립해야 한다는 조건이다.

2) 자발적 부문의 사회적 기능

이러한 자발적 부문이 중요한 이유는 주로 국가와 시장이라는 상대적인 양대 부문을 상대로 하면서 아울러 시민사회 내부에서 다음과 같은 영향을 미칠 수 있는 기능을 수행하기 때문이다(Smith, 1973).

① 무언가 새로운 혁신이 필요하기는 한데 국가나 시장 부문이 선뜻 나서기에는 위험도가 높아 보일 때는 우선 시민사회가 자진해서 시도해보는 사회적 실험의 묘포(苗圃)가 될 수 있다.

② 국가와 시장을 항상 감시의 눈으로 지켜보다가 잘못된 길을 갈 때는 진상을 파악하고 공중에게 알리기 위한 폭로(debunking) 또는 가면을 벗겨 탈신비화(demystify)하는 방법 등의 수단으로 비판하고 시정을 촉구하는 기능을 한다.

③ 관료조직화한 사회의 제도 · 의식 · 행동양식 등이 지나치게 경직할 때는 거기에 유연성을 가미하게 함으로써 사회를 부드럽게 변화시키고 시민에게 내면적 만족을 제공하는 기능을 한다.
④ 자원봉사와 시민연대 등에 의하여 분열이 심한 사회의 통합에 기여할 수 있다.
⑤ 급박한 변동 속에서 국가나 시장이 관심을 기울일 여지가 없는 문화적인 측면에서 자칫 쉽사리 잊어버릴 수 있는 것에 대한 관심을 고취하여 온고지신(溫故知新)의 기능도 한다.
⑥ 물질문명, 소비문화, 쾌락주의 등에 대비하여 인생의 신비로움이라든지 영혼의 문제와 같은 인간의 내적인 삶의 영역의 구현과 표현에 도움을 준다.
⑦ 개인의 자아실현을 조장할 수 있다.
⑧ 국가, 시장 또는 시민사회 자체에서 잘못된 것에 대해서는 오히려 스스로 비판적으로 성찰하기 위한 '부정적 환류'(negative feedback)에 의한 교정(矯正)에 기여한다.
⑨ 경제체제에 대해서는 시민사회가 자원해서 지원도 할 수 있다. 가령 1997년의 금융위기 당시 온 국민이 자발적으로 금 모으기에 참여하여 경제회복을 돕고자 하는 운동 같은 것이 보기다.
⑩ 시민사회는 사실상 상당한 정도의 잠재적인 자원을 지니고 있는 부문이다. 따라서 어려운 위기가 닥치면 이를 동원하여 국가와 시장이 독자적으로는 성취하기 어려운 과업에 적극적인 도움을 제공할 수 있다.

요컨대, 국가와 시장과 시민사회의 자발적 부문은 상호작용 속에서 보완하고 견제하는 변증법적인 역동성의 관계 속에 상생하는 기능도 할 수 있다는 점을 올바로 인식하는 것이 중요하다.

4. 시민운동과 자원봉사

이상의 사회적 기능을 수행하기 위해서는 시민사회의 자발적 부문이 위에서 나열한 여러 형태의 자발적 결사체를 조직하여 시민운동에 나선다. 그러면 그와 같은 시민운동은 모두가 자원봉사운동인가를 묻게 된다. 왜냐하면 오늘날 우리나라에서는 자원봉사와 시민운동은 서로 다른 운동인 양 인식하는 것이 보편적인 현상이기 때문이다. 무릇 근대 시민사회가 전개하는 과정에서 시민운동의 주류는 권익옹호와 주창으로 흘러 왔음을 앞에서 지적하였다. 여기서 주목할 것은, 앞에서도 이미 강조한 바대로, 그러한 애드보커시 시민운동이라도 공익적 차원에서든 이익집단의 차원에서든 제대로 정착하고 활성화하려면 반드시 시민의 자발적 참여를 동반해야 한다는 철칙과 같은 선결조건이다.

이런 운동에 참여하는 자원봉사자도 몇 가지 유형이 있다(Rochester et al., 2010).

① 시민운동단체의 대표와 임원에 해당하는 인사들은 거의 모두 자발적 참여자들이고 보수를 받지 않는다.
② 프로그램과 봉사자들을 관리하는 전문직 종사자들은 보수를 받는 직원일 수 있지만 그런 종류의 관리 직무수행에도 무보수 자원봉사자가 동참할 길이 열려 있다.
③ 주요 행사가 있을 때 운동의 정신에 동감하는 시민운동 단체의 회원과 일반시민이 자발적으로 참여하기도 한다.
④ 운동이 필요하다고 요청이 있을 때 전문적인 자문에 응하되 보상을 받지 않고 무보수로 참여할 수 있다.
⑤ 그 외에 특정 시민운동단체의 대의에 찬동하는 뜻에서 후원회비 내지 기부를 제공하는 자발적 행위도 있다.

그러나 현실적으로는 이러한 전제조건을 충족하기가 쉽지 않다는 사실은 한국 사회의 시민사회운동의 발자취를 더듬어 보면 알게 된다.

1) 한국 시민운동의 문제점

돌이켜 보건대, 지난 한 세대에 걸친 한국 시민사회운동의 역사는 그러한 원칙을 제대로 준수하지 못한 측면이 있었다는 문제점이 극명하게 드러난다. 지난 1987년의 정치적 민주주의 이행(democratic transition)과 더불어 사회적 자유화(societal liberalization)가 일어남으로써 본격적인 시민운동의 개화를 경험하였다. 하지만 현실적으로 수많은 시민운동은 흔히 말하는 '시민 없는 시민운동'이라는 비아냥 비슷한 시중의 평가가 이를 대변해주듯이 통상 사회 명망가 중심의 지도층과

[그림 2-4] 시민사회의 구성원 범주

(1) 성숙한 시민층

(2) 일반 주민층

(3) 무관심 주민층

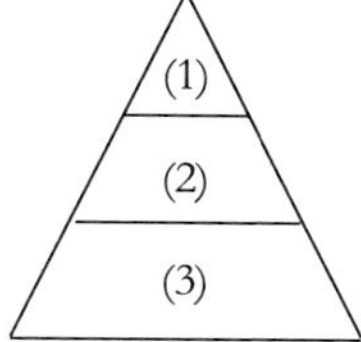

A. 미숙한 시민사회

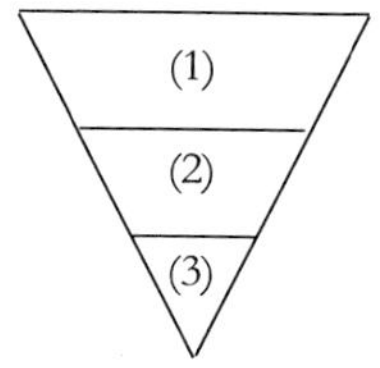

B. 성숙한 시민사회

유급 관리자들이 주축이 되어 운영해 온 것이 사실이다. 여기에는 그만한 이유가 있다(이효선, 1997; 볼런티어21, 1999; 김호기, 2001; 주성수 · 남정일, 2001; Yun, 2003; 임승빈, 2004; 박상필, 2004; 김경동, 2007; Cho, 2008; Lee, 2009).

첫째, 한국의 시민사회는 역사가 짧은 편이다. 따라서 여러 측면에서 아직도 성숙단계에는 크게 미치지 못했다는 현실적 조건이 있다. 가장 원초적으로 가령 시민의 범주를 [그림 2-4]와 같이 셋으로 분류할 때 우리 사회의 시민 대다수가 사회적 무관심 주민의 수준에 머물러 있음을 부인하기 어렵다(中瀨勳 · 林まゆみ, 2002; 이은진. 2006; 김경동, 2009b).

둘째, 권익추구가 주목적이든, 자발적 봉사가 주된 활동이든, 우리 국민의 사회참여 비율이 상대적으로 저조하다는 점에서 우선 미진하다. 가령 2008년 현재 조사에 의하면 우리나라 성인인구 중 자원봉사 활동 참가율은 20%대에 머물러 있다(Lee and Park, 2009).

셋째, 대다수 시민운동단체나 기관 종사자들의 전문성이 부족하다.
이 문제는 시민사회의 역사가 짧은 것과도 상관관계가 있다. 시민운동의 전문성 문제는 다시 언급하려니와, 거기에 참여하는 지도자, 관리자 및 시민 모두가 이런 종류의 운동에 참여해본 경력도 부족하고 실질적으로 필요한 교육과 훈련의 기회도 적었다.

넷째, 대다수 시민운동단체가 재정적으로 취약하다. 성숙한 시민사회에서는 시민과 회원의 회비나 찬조금을 운동의 재원으로 삼는 것이 원칙이다. 그러나 우리 사회에서는 이러한 자발적 부담의 정도가 매우 저조하므로 특히 공익적인 운동일 때는 정부나 기업체의 원조와 후원을 받는 것은 당연하다. 하지만 여기에는 이해상충(conflict of interests)이라는 쟁점을 피하기가 어려운 문제가 있다.

다섯째, 재정 부족뿐 아니라 일부 시민운동단체에서는 경영투명성에서 신뢰를 잃는 사례가 나타났다. 특히 외부의 후원이나 지원에 의한 자원을 제대로 관리하지 않았을 때는 이해충돌의 문제에 더하여 재정적 비리의 윤리적 문제까지 겹치는 어려움이 있다.

여섯째, 특히 권익위주 운동단체가 상당수 이념화, 정치화로 일반국민의 빈축의 대상이 되었다. 권익운동이 정부와 기업체를 상대로 때로는 격렬한 갈등을 빚게 되는 일은 불가피할 수도 있지만, 그것이 반정부 투쟁이든 친정부적 정치적 결탁이든 정치화는 금기다. 어떤 사회운동이든 일부분 이념적 색깔을 표출하는 것은 있을 수 있지만, 시민운동인 한에서는 권익운동 자체보다도 이념추구가 주목적이 되는 상황은 결코 바람직하지 않다.

일곱째, 이상의 여러 요인이 복합적으로 작용하면서 한국의 주요 시민운동단체가 생태환경, 소비자, 공명선거, 교육개혁, 시민안전, 경제정의 등 각자의 전담분야의 문제를 다루는 전문적인 운동을 표방함에도 불구하고 실제로는 그 분야에 전념하기보다는 경계를 넘어 정치적인 이슈를 둘러싸고 연합전선을 형성하여 투쟁에 임하는 방식으로 연대활동을 하는 문제가 발생하였다. 물론 우리 사회에서는 특정 이익집단이나 지역사회에 국한되는 범주를 넘어 국민 일반의 권익에 관련한 사안에 대하여 시민사회의 공중부문에서 숙의할 수 있는 공론의 장을 한 번도 제대로 조성해보지 않았기 때문이다. 또한 그런 이슈에 대한 정치권과 정부의 정책적 대처나 기업체의 대사회 행위에도 한계가 있었다. 특히 언론의 대응이 이슈의 전문성보다는 이념적, 정치적 측면에 치우치는 선정성과 편향성을 강조하는 자세를 보이기 일쑤였다. 따라서 시민운동단체가 복수로 연합하여 자기네가 국민의 목소리를 대신해야 한다는 명분을 얻을 여지를 만들어 준 셈이 되었다.

여덟째, 이런 권익추구 운동이 활발히 전개하면서 한편으로는 과격화, 급진화의 성향을 보이기도 하였다. 이 점은 한국사회 전반에서 드러나는 갈등의 특성을 반영하는 현상으로 해석할 수도 있지만, 일부 운동권에서는 내부적인 권력다툼의 표출을 이념적 강온의 명분으로 가리려 한다는 관측도 있다.

이와 같이 시민운동의 성격에 왜곡이 발생하는 사이 시민사회의 또 하나의 커다란 지주인 책임과 의무(책무) 기능이 상대적으로 소홀해진 면이 있었다. 책무기능의 핵심에는 자원봉사와 나눔의 운동이 자리한다. 나누고(기부, sharing, giving), 섬기고(봉사, serving), 돌보고(caring), 베푸는(rendering) 봉사운동은 1990년대 중반 이후에야 비로소 자발적 부문에서 생기를 얻어 싹트기 시작하였다. 다시 말해서 권익운동이 한창 번창하고 국민의 주목을 독점하다시피 하는 동안 자원봉사와 나눔운동은 눈에 뜨이지 않는 구석에서 겨우 서서히 불을 지피고 있었던 것이다.

2) 시민사회와 국가 간의 긴장관계

이런 문제점들은 우선 한국 시민사회 자체의 일천한 역사를 반영하는 현상으로 보아야 하는 것은 물론이다. 다만 여기에는 시민사회와 국가 및 시장 간의 삼각관계의 성격도 변수로 작용한 점이 있다. 특히 허두에서 밝힌 대로 시민사회의 생장과정 초기에는 국가 우위의 권력관계 속에 종속적인 위치에서 탈피하려는 시민사회 부문이 허약할 수밖에 없다. 일단 자유화가 일어나면서 시민사회가 점차 국가의 통제와 간섭에서 멀어지려 하나 현실은 그리 녹녹치가 않다. 이 과정에서 시민운동 단체가 아직은 시민사회 자체의 재정적 자립 능력의 한계로 말미암아 국가의 지원을 받아야 하는 위치에 놓이게 되는 데에 심각한 문제의 발단이 있다. 국가가 시민단체를 종속적인 기구로 관변화하여 이용하려는 시도가 일어나기 때문이다. 지원을 미끼로 간섭과 개입을 일삼고 협조하지 않을 때는 지원을 철회하거나 달리 불이익을 주는 수도 있다.

그러한 국가의 태도에 대하여 시민단체는 무조건 협조하든지 아니면 지원을 거부하든지 하는 선택의 여지가 많지 않은 게 현실적인 한계다. 이 문제와 관련하여 애드보커시 운동단체와 자원봉사 단체 사이에는 대처방법에서 차이를 드러낼 수 있다. 권익을 주창하는 운동단체 중에서 특수집단이나 계층의 이익을 추구하는 조직체라면 당연히 지원을 거부하고 자립적으로 국가와 대립각을 세우는 것이 정당하다. 여기에는 '이해상충'이라는 쟁점이 떠오를 수가 있다. 가령 국가의 주요 시책을 목숨을 걸다시피 극렬하게 반대하는 단체가 국가의 예산보조를 받아 운동을 전개하는 것은 윤리적 쟁점을 유발한다.

한편, 공익을 대변하는 권익운동단체는 지원을 받아 민관협조 아래 운동을 전개해도 무방하다. 자원봉사운동도 민관파트너십을 전제로 지원과 협력을 할 수 있다는 점에서는 공익차원의 권익운동과 다르지 않다. 하지만, 어떤 운동이든 국가의 일방적 간섭과 관변화에는 문제가 있다. 공익운동이나 자원봉사의 순수한 자발성과 시민사회의 자율성을 저해하는 국가의 간섭과 통제는 시민운동의 본질을 훼손하기 때문이다.

시장부문에서도 이해상충의 문제는 마찬가지다. 이 부문의 지원이나 후원도 아무런 이해관계를 따지지 않는(no strings attached) 기업체의 지원이라면 자원봉사나 공익운동은 기업체의 후원을 받아도 문제가 없다. 기업부문에서도 이제는 기업윤리 차원에서 사회적 책임(CSR, corporate social responsibility)을 다 하기 위한 사회공헌 내지 사회봉사와 나눔운동을 펼치기도 한다. 다만 권익운동체는 그 운동의 대상이 기업부문일 때는 역시 이해상충의 위험을 피하도록 해야 한다. 대표적인 예가 노동운동의 노조전임자 임금지급 문제다. 기업체를 상대로 쟁의를 벌여야 하는 노동조합의 노동운동 업무를 전담하는 조합원이 회사의 급여를 받고 노조 일을 본다는 것은 이치에 맞지도 않고 이해충돌의 윤리적 문제를 야기한다.

이러한 맥락에서 시민운동과 국가의 관계가 변천해온 역사적 흐름을 잠시 짚어볼 수 있다. 한 예로 시민에 의한 지역사회 공동체 운동에서 시민참여를 주된 관심사로 삼는 시각에서 볼 때, [표 2-1]에 요약한 것과 같은 세 가지 주요 모형이 떠오른다(김영정, 2006: 15). 지역사회 단위의 공동체 운동(community building)의 역사에서, 구미의 주민참여 유형이 대체로 관리형에서 파트너십형으로 그리고 마침내 주민자치형으로 변천해온 것을 보여준다(김경동, 2010a).

이에 비하여 최근 우리나라에서 실험하고 있는 '주민센터' 모형은 아직도 거의 관리형 모델의 수준에 머물고 있다. 현재 자원봉사 분야의 전문가들은 적어도 민관파트너십 구축이 절실하다는 점을 강조하고 있거니와 앞으로 진정한 주민중

[표 2-1] 주민참여형 지역사회 공동체 형성의 모형

구분	관리형 모형	파트너십 모형	주민자치형 모형
초점	서비스전달체계의 효율성	민관공동생산을 위한 주민의 참여	주민에게 동네 문제해결을 위한 실질적인 영향력 행사 권한(people power) 부여
주민의 위상	고객(customer)	동반자(partners), 공동생산자(co-producer)	협치자로서 시민 (citizens as governors)
행정의 기능	공급자(provider)	동반자(partners), 공동생산자(co-producer)	촉매자(catalyst), 촉진자(facilitator)
주민자치센터의 기능	문화여가 및 편의	민관협력 네트워크 구축, 지역복지	주민자치의 활성화
동네의 중요성	공간차원 - 시설 규모차원 - 규모경제	대의민주주의 실천장, 공동체의식 함양	참여민주주의 실천장, 공동체의식 함양
사례	한국의 주민자치센터, 일본의 공민관	일본의 마치즈쿠리, 영국의 근린 포럼	스위스의 준직접민주의(주민총회/주민투표제)

심의 지역사회 공동체 운동으로 나아가려면 파트너십형을 거쳐 주민자치형으로 진화하는 것이 진정한 발전이다. 이 명제는 공익지향의 권익추구 시민운동에도 해당한다. 국가의 힘을 빌려야 할 때는 마땅히 손을 벌리고, 국가에 힘을 보태야 할 때는 역시 당연히 손을 내밀어 주지만, 국가로부터 자율성을 지키고 시민사회의 자발성을 견지하는 궁극적 책임은 결국 시민사회의 자발적 부문과 시민 모두에게로 돌아온다.

문제는 시민사회의 자발적 부문이 과연 자립적으로 자치형 운동을 전개할 역량이 있느냐 하는 것이다. 원칙적으로 모든 시민사회의 자발적 부문의 자원은 마땅히 시민사회 자체가 감당하는 것이 정당하다. 그러나 시민사회의 성숙도가 미진한 맥락에서는 시민사회의 시장(기업)부문을 주목해야 한다. 적어도 집단이나 계층적 이해관계가 충돌하지 않는 공익운동이나 자원봉사운동에서는 시민사회가 국가의 간섭에서 벗어나 자율성을 확보하고 자발적 부문을 활성화하기 위해서라면 시장부문과 손잡고 기업체의 기부와 후원을 활용하는 것도 하나의 대안으로서 신중하게 고려할 의미가 있다. 기업의 사회적 책임이라는 시각에서 보면 기업체도 시민사회의 민간부문에 소속하는 사적 기관이지 공적 국가기관이 아니다. 마땅히 고유의 시장기능을 충실히 수행하면서도 그러한 경제행위의 일환으로 대사회적 윤리와 책임이라는 관점에서 시민사회의 자발적 부문과도 이해를 같이하는 측면이 분명히 있다. 기업체가 사회공헌 프로그램으로 나눔과 봉사에 참여할 때는 이미 시민사회의 자발적 부문으로서 자발적 사회의 봉사 이상에 동조하는 행동을 하는 것이 된다. 이 문제는 추후 별도의 장에서 자세히 다룰 것이다.

III. 사회변동과 자원봉사 및 나눔운동

근대화와 시민사회에 대한 지금까지의 논의는 대체로 일반론의 수준에서 펼쳐 왔지만, 이제부터는 자원봉사와 나눔운동을 필요로 하도록 만든 주요 사회변동의 특성을 좀 더 구체적으로 검토하기로 한다. 물론 주된 초점은 한국사회의 변동에 맞추게 될 것이다. 다만 한국사회의 변동이라 해도 봉사와 나눔에 직접적인 연관이 있는 변화를 검토할 필요도 있지만 그렇지 않은 시대적 배경으로서 영향을 미치는 변화도 파악해두는 것이 유익하므로 일단 일반적인 한국사회 변동의 흐름을 일별하는 데서 출발하고자 한다.[11)]

1. 한국사회변동의 특징과 주요 추세

먼저 한국사회의 변동을 개관하자면, 거시적으로 볼 때, 1960대부터 시작한 공업화와 도시화, 그리고 급속한 경제개발의 결과로 우리나라는 2천 년대 초에 경제규모(GDP, 국내총생산) 세계 제15위, 1인당 국민소득 2만 달러의 지위를 성취하였다. 이로 말미암은 생활수준의 향상은 두말할 나위도 없거니와 거기에 수반하는 사회문화적 변동은 가히 예상치 못한 모습으로 전개하였음을 주목해야 한다.

11) 이와 같은 전반적인 변화 추세에 관해서는 Kim and the Korea Herald(2008)과 김경동(2002; 2007; 2010a) 참조.

국민의 가치관과 생활양식 및 사회적 관계 등에서 매우 복잡한 변화가 일어남으로써 지난 반세기 우리 사회의 성격을 완전히 새로이 규정하기에 이른 것이다.

1) 사회변동의 특징

먼저 그와 같은 변화의 특색을 집약적으로 묘사하면 다음과 같다.

첫째는 변화를 초래한 사태가 매우 갑작스럽게 발생했다는 급격성이다. 식민지에서 광복하자마자 국토와 민족의 분단이 닥쳤고, 이어 신생국 독립을 이룩한 지 겨우 2년 만에 전쟁이 발발하였다. 간신히 전후회복에 안간힘쓰던 와중에 4 · 19, 5 · 16 등 연이은 정변을 겪었으며, 상상을 초월한 공업화와 도시화로 경제성장을 이룩하였다. 그러다 1970년대의 유신 시대와 그 비극적 종말, 1980년대의 쿠데타와 민주적 이행, 1990년대의 정보화 물결에 이은 국가부도 위기를 몰아온 금융위기와 그 후유증, 정권교체의 충격, 그리고 2천 년대의 전 지구적 불황 등, 이처럼 한 편의 거대한 파노라마를 이루는 모든 일들이 상상외로 갑자기 일어난 것이다.

둘째는 변화의 속도가 무척 빨랐다는 급속성이다. 특히 광복 후 우리나라의 인구성장은 무서운 속도로 진행하였고, 1960년대 초에 시작한 경제성장 속도는 세계에서 유래가 드물었다. 그 과정에서 일어난 기술혁신, 특히 정보통신 혁명의 속도는 상상을 초월할 정도로 계속 상승곡선을 그리고 있다. 역시 전혀 예상치 못한 일이 인구현상에서 나타나기 시작했는데, 우리나라는 현재 고령화의 속도가 세계에서 최고를 기록하는 한편, 이혼율의 증가, 가족규모의 축소 등이 급속하게 진행한 것을 볼 수 있다.

셋째, 변화의 속도와 맞물려 그 폭과 양이 폭발적이라는 특징이 있다. 이 현상은 긴 설명보다 [표 2-2]에 대표적인 보기 몇 가지만을 소개한다. 적어도 50배에서 차이가 큰 것은 17만 배에 이르는 엄청난 변화가 여러 부문에서 나타난 것을 관찰할 수 있다. 다만 특별히 속도가 빠른 사항들은 주로 기술혁신과 관련이 있는 항목들이지만 사회문화적인 측면에서는 추후에 곧 제시하려니와 인구현상이 예상보다 급속하게 변천하는 것을 주목할 필요가 있다.

넷째, 한쪽으로 치우친 편파성이 또 하나의 특징이다. 가령 이념적인 차원에서

[표 2-2] 주요 사회경제 지표의 성장 정도: 1945-2009

지표	단위	1945(A)	1997	2009(B)	성장비 (B/A)
GNP 규모	10억 $	1.4('53)	437.4	837.2	598배
1인당 GNP	$	67('53)	9,511	17,175(GNI)	256배
국가재정	10억원	99.6('61)	137.418.8	2,274,436('03)	22,835배
수출	백만 $	3.5('46)	136,164.2	363,534	103,867배
시멘트 생산	1,000 M/T	9	59,796	58,188('08)	6,465배
철강 생산	1,000 M/T	141.6('62)	45,449	48,572	343배
자동차 생산	1,000대	1.8('62)	2,818.4	3,512.9	1,951배
R & D 지출	10억원	1.2('63)	10,878.1('96)	17,325.1('02)	14,438배
전화가입자	1,000인	45	20,422	19,289('09)	428.6배
이동전화 가입자	1,000인	0.28('74)	6,828	47,944('09)	171,228배
PC 통신자	1,000인	0.23('87)	3,118	39,440('09)	171,478배
자동차 사고	인구 10만당	13.6('52)	535.9	922.0	67.8배
산업재해: 부상	인	1,489('64)	66,770	79,306('02)	53.3배

출처: 통계청(1995; 1997; 1998; 2003); 한국통계정보 서비스(2009c; www.kosis.kr)

대한민국은 광복 후 격렬한 사상투쟁과 전쟁을 겪으며 소위 '반공'이 국시가 된 나라다. 어떤 사상의 반대를 국가적 이념으로 책정하는 것은 정상이 아닌 편이다. 이런 것이 말하자면 편파적 사유에서 유래한다. 그러다가 한 번 물꼬를 트기 시작하니까 1980년대 이후에는 정반대의 극단으로 치우쳐 일부 학생운동권에서는 주체사상을 신봉하는 주사파가 등장하는 것도 또 다른 형태의 편파 현상이다. 경제성장을 촉진하기 위한 국가목표를 '경제제일주의'라는 캐치프레이스로 내세움으로써 사회의 여타 부문, 특히 민주정치 실현의 지연과 복지후퇴 등에서 퇴행을 초래하는 등 사회적 불균형이 나타난 것도 그러한 편파적 정책추구의 결과였다. 또한 수출지향적 경제정책을 추구하는 과정에서 공업화에 치중한 나머지 농업과 농촌 부문에, 그리고 대기업 주도의 정책으로 말미암은 중소기업 부문에 상대적 불이익 같은 것이 발생한 것도 편파성의 좋은 보기다.

다섯째, 그 과정에 나타난 과도한 목표추구와 과열경쟁 등이 두드러지게 드러난다. 경제 분야의 경쟁은 성장에는 기여했지만 이러한 경쟁문화의 확산은 교육 부문에서 심각한 부작용을 낳으며 사회의 다른 분야에까지 영향을 미치는 결과가 왔다. 결국 국민 모두가 자신의 이익, 자기 가족이나 특수관계 집단의 이해관심을 중심으로 과열경쟁을 벌이는 지극히 이기적인 사회를 자아내고 있으며 이로 인하여 사회통합에 장애를 초래하고 있는 것이다.

결국 전반적으로 보면 이 같은 사회변동의 특징으로 인하여 사회가 적응에 어려움을 겪고 혼란과 갈등에 휩싸여 온 것이다. 여기에 곁들여 특히 최근에 관찰할 수 있는 사회변동의 주요 추세 가운데 특별히 주목할 만한 내용을 몇 가지만 선별적으로 간략하게 개관하기로 한다(Kim and the Korea Herald, 2008; 김경동, 2010a).

2) 주목할 만한 변화

(1) 기술혁신의 충격

무엇보다도, 근대화의 결과로 전 인류의 삶에 획기적인 변혁을 초래하여 지대한 영향을 미친 변화를 한 가지만 지적하라면 아마도 정보통신기술혁명이라 일컫는 기술혁신이 가장 먼저 대상으로 떠오를 것이다. 이야말로 인간의 일상생활의 편의를 제공함은 물론 전 세계를 하나로 연결하는 전 지구화(globalization)를 가능케 한 요인이다. 그런데 인류문명사에서 기술혁신은 언제나 양면성를 띠는 요소임을 명심할 필요가 있다. 한 편으로는 인간의 선택가능성을 놀라울 정도로 확장해줌으로써 삶의 질적 향상에 긍정적인 효과를 자아내기도 하지만, 다른 한 편에서는 자칫 잘못 활용하면 생명과 생태계에 심각한 위협이 되는 다양한 위험사회의 요소도 내포하는 현상이다.

첫째, 기술혁신은 자가추진력(self-propelling tendency)을 가진 변화다. 하루가 다르게 눈부신 혁신을 누적적으로 시도하는 성향을 말한다. 순식간에 새로운 모델이 등장하여 소비자의 욕구를 자극함으로써 사람들이 새것에 적응하는 데 어려움을 겪고 의식, 생활양식, 행동유형은 물론 사회의 제도와 규범과 구조적 인프라가 미처 따라잡지 못하는 문화적, 구조적 지체현상(cultural-structural lag)을 초래하기도 한다.

둘째, 특히 정보통신혁명은 정보홍수를 쏟아내어 정보체증을 일으킬뿐더러 인터넷이 조성한 사이버 공간에서는 온갖 비윤리적인 일탈행위가 만연하여 사회적 안전을 위협하기도 한다.

셋째, 또한 정보격차로 인한 사회적 불평등의 조장도 중요한 문제로 등장한다. 특히 이 정보격차 현상은 단순히 정보불평등의 문제만이 아니라 세대간 격차와 갈등과도 밀접한 연관을 가지고 우리 사회의 통합과 규범의 교란에 기여하는 문제가 있다. 이러한 세대간 갈등은 지난 2002년 대통령 선거를 전후하여 더욱 극단적으로 표면화하였고 거기에서 나타난 신세대의 변화는 우리 사회의 성격을 규정하는 중요한 요인으로 부상하기 시작하였다(Kim, 2003).

사이버 공간의 인간관계는 성질상 일시적이고 감성적이며 합리성과 숙의(熟議)와 같은 차분한 사고와 소통을 결여하기가 쉽다. 그러므로 이 매체를 이용하여 정치인들은 군중심리를 자극하여 동원하는 현상이 두드러지기 시작하였다. 대중동원의 보기는 2002년의 월드컵 축구에서도 나타났지만 같은 해 연말의 선거에서도 드러났고, 2008년의 소위 광우병 촛불시위와 같은 군중동원에서도 여실히 그 위력을 발휘하였다. 다시 말해서 기술혁신의 양면성이 여기에 뚜렷하게 나타난 것이다. 그러나 아직까지는 대체로 부정적인 효과가 더욱 현저한 것이 문제다. 사이버 공간의 사회윤리에 대한 기초교육을 제공하지 못한 채 전 사회, 전 세대에 걸쳐 자유로이 교통하는 온라인 통신은 잘못된 방향으로 나아가기 시작하면 사회적 통합에 균열을 일으키고 공동체 붕괴도 부추기는 결과를 초래할 확률이 매우 크다. 그뿐 아니라 정신세계에서도 인터넷 세대의 개인주의와 찰라주의 같은 가치관의 고취 및 이념적 갈등의 격화 등은 더욱더 사회적 분열과 공동체 해제를 자극할 수 있다. 따라서 이런 문제에 대한 주의와 대처가 시급하다(김경동 · 김여진, 2010).

(2) 인구변동의 파도

인구변동의 특징은 [표 2-3]에 요약한 것과 같이 주로 저출산과 고령화가 심각한 현상으로 두드러진다.

첫째는 OECD(경제협력개발기구) 국가 중 최저의 출산율을 기록하는 나라가

[표 2-3] 주요 인구변동 추세

연도	합계출산율	고령자(%)	기대수명	
			남	여
1947		3.5		
1980		3.8		
1983	2.1		63.21	71.47
1990				
1993			68.76	76.80
1997		6.3		
2000		7.3		
2001	1.3			
2003			73.87	80.82
2005	1.08			
2007	1.26			
2008	1.79		76.5	83.3
2009	1.22			
2010			79.6(남녀평균)	
2018		14		

되었다. 지난 1983년의 합계출산율(total fertility rate, 한 여성이 가임 기간 중 출산 가능한 자녀 수)이 인구를 대체할 수 있는 2.1명이었으나 그 이후 계속 저하하여 2001년에 1.3명, 2005년에는 1.08이라는 최저수준으로 떨어졌다. 그러다가 2007년에 1.26명, 2008년에 1.19명으로 약간의 회복세를 보이기 시작하여 2009년에는 1.22명으로 다시 늘었다. 그러나 이 추세로 가면 2023년부터 총인구의 감소가 시작된다는 전망이다(통계청, 2006a; 「중앙일보」, 2006.5.9; 「국민일보」, 2008.11.12; 「조선일보」, 2009.11.19)

둘째는 인구의 가속적 노령화다. 우리나라는 2000년 현재 65세 이상 노인인구가 7.3%로서 고령화사회(aging society)로 진입했고, 현재 속도로 가면 2018년에는 14%의 고령사회(aged society), 2026년에는 20%의 초고령사회(super aged society)가 될 전망이다(통계청, 2006b; 「중앙일보」, 2006.5.26). 문제는 속도다.

가령 1947년의 노년인구는 겨우 3.5%였고, 50년 뒤인 1997에도 6.3%에 머물렀던 것이 불과 3년 사이에 갑자기 고령화 사회가 되어 버린 것이다. 이는 OECD 회원국 중 가장 빠른 속도다. 고령화 사회에서 고령사회로 이행하는 데 걸린 기간을 보면 프랑스가 115년, 세계 최고령사회인 일본조차도 26년 걸렸는데 비해 우리는 고작 18년(2000-2018)이면 가능하다는 추산이 나온 실정이다. 인구고령화는 평균수명의 연장과도 관계가 있다. 한국인의 평균수명은 1983년에 남자가 63.21세, 여자가 71.47세였고, 1993년에는 각각 68.76세, 76.80세, 2003년에 73.87세와 80.82세로 계속 상승하여 2008년의 남자 기대수명이 76.5세, 여자 83.3세로 높아졌고, 2010년에는 남녀 평균치가 79.6세에 다다랐다(통계청, 2009a; 「조선일보」 2008.12.10; 2009.12.10; 2011.1.3).

이처럼 저출산과 고령화가 조합을 이루면 고령자 인구는 늘어나는 반면 노동력을 제공하는 인구가 늘지 않으므로 경제 활력에 큰 장애가 됨은 물론, 경제적 의존인구의 증가로 노인부양비(65세 이상 인구/15~64세 인구 × 100)가 늘어난다. 게다가 고령자를 위한 보건의료비 지출이 커지고 사회경제적 부담이 증폭한다. 그 짐을 져야 할 생산 가능인구(15~64세)는 줄어들거나 늘지 않으므로 이를 감당하는 연령층에게는 고통스러운 상황이 전개한다. 그러나 더 심각한 것은 '소비와 생산이 동시에 위축하는' 악순환으로 경제의 잠재성장률이 급감하는 문제가 발생한다는 예측이다(「조선일보」, 2011.3.29).

한편, 인구의 9할이 도시지역에 살게 됨으로써 다음과 같은 도시의 문제가 대두하였다. 하나는 수도권 집중현상으로 2010년 현재 수도권 인구가 49.0%로 총인구의 절반에 육박하였다. 이 중 서울이 20.1%, 경기도가 21.4%를 차지하였다. 여기에는 전형적인 무직자, 저소득층, 장애인 등 어려운 형편의 인구를 다수 포함한다. 또 하나는 아직도 도시와 농촌 사이의 소득과 삶의 질에서 사회경제적 격차를 줄이지 못한 점이다. 특히 고령인구가 다수를 차지하는 농촌의 생활조건이나 노인의 삶의 질은 지극히 열악한 복지사각지대의 상태를 면치 못하고 있다.

아울러 외국인 노동자와 혼인 이주자의 급성장으로 2010년에는 국내 등록 외국인의 수가 91만 9천 명으로 전체 인구의 1.9% 수준에 이르렀으나, 실제 거주자는 이미 100만을 초과한 것으로 알려졌다(통계청, 2010). 한국사회도 이미

다민족, 다문화 사회를 이루기 시작한 것으로 보인다. 이들 다문화 가족의 대다수가 수도권과 농촌지역에 집중적으로 거주하는 특이성이 있는 데다, 가정폭력, 이혼, 청소년층의 부적응과 교육 문제 그리고 전반적으로 외국인을 대하는 한국인의 부정적이고 미숙한 태도의 문제 등으로 인하여 이 부문에서 또 하나의 복지사각지대가 생성하고 있다(「조선일보」, 2011.7.22).

(3) 혼인과 가족의 변질

혼인과 가족구조에도 변화가 뚜렷해졌다. 먼저, 혼인율 자체가 떨어지기 시작했다. 1992년만 해도 인구 1천 명당 혼인 건수가 9.6명이던 것이 2003년에는 6.3명으로 저하했다가 2010년에는 6.76명으로 상승하였다. 혼인연령도 1992년에 남자 28.1세, 여자 25세였으나 2003년에는 각각 30.1세, 27.3세, 2010년에는 각각 31.8세와 28.9세로 올라갔다(통계청, 2004; 「조선일보」, 2011.4.20). 보건복지부의 조사에 의하면(「조선일보」, 2009.12.11), 혼인을 하겠다는 미혼자는 남자가 75.7%, 여성이 73.1%로 2005년 조사보다도 줄어들었다. 혼인하지 않은 이유로는 소득부족과 실업 등 고용 불안이 가장 큰 비중을 차지하였다. 혼인을 해야 한다는 인식도 1998년의 73.9%에서 2008년에는 68.0%로 줄어들었다(「머니투데이」, 2009.12.21).

한편, 혼인 후에도 백년해로가 어려워진 세상이 되고 있다. 한 해 동안의 혼인에 대비한 이혼수도 1980년에 100쌍의 혼인 대 6.6쌍이던 것이 2003년에는 무려 54.8쌍으로 급증하였다(통계청, 2004). 절반 이상의 부부가 이혼을 경험한다는 말이 된다. 다만 2005년에는 다시 40.9%로 떨어졌다가 2009년에 43.2%로 다시 상승하였으나 2010년에 또 35.8%로 저하하는 추세다(통계청, 2009b; 2010). 여기에 50세 이상의 황혼이혼이 증가하여 2004년에는 18%에 이르렀다(통계청, 2004). 최근에는 남자가 14.1%, 여성 이혼자가 8.9%로 집계가 나왔다(통계청, 2010). [표 2-4]에 이와 같은 현상을 간추려 제시한다.

이와 같은 혼인과 출산에 관련한 변화는 가족의 규모와 구성에 영향을 미친다. 우선 혼인 후 자녀출산에 대한 태도를 조사한 복지부 보고서에서 자녀를 반드시 갖고 싶다는 응답을 한 사람은 남성 24.3%, 여자 24%로 비교적 저조하였고,

[표 2-4] 혼인 관련 통계 추이

연도	혼인건수	혼인연령		혼인의향(%)		혼인 대 이혼수 (같은 해의 %)	황혼이혼(%) (50세 이상)	
		남	여	남	여		남	여
1980						6.6		
1981	0.6							
1990	1.1					11.4		
1992	9.6	28.1	25.0					
2000		29.3	26.5			35.9	6.5	3.1
2003	6.3	30.1	27.3			54.8		
2005		3.06	27.5	82.5	73.8	40.9		
2007						36.2		
2008						35.6		
2009				75.7	73.1	43.2		
2010	6.8	31.8	28.9			35.8	14.1	8.9

자료: 통계청 각연도

이런 응답률은 2005년에 비해 절반 이상으로 떨어진 것이다. 자녀를 갖겠다면 원하는 자녀수는 남자 1.90명, 여성 1.81명이었고 이 또한 5년 전보다 감소하였다(「조선일보」, 2009.12.11). 이런 현상을 풍자하여 딩크족(DINK: Double Income No Kids)이니 띵커족(THINKER: Two Healthy Incomes, No Kids, Early Retirement) 같은 신용어도 등장하였다. 요컨대, 부부 중심의 가족을 선호하여 자녀를 원하지 않는 부부가 늘고 있다는 말이다. 물론 여기에는 자녀의 교육비 부담, 보육시설 부족과 비용 등을 염려하는 젊은 부모의 우려가 깔려 있다.

지난 1995년 가구당 평균 인원이 3.3명이었으나, 2000년에서 2005년 사이의 변화만 보면, 3.1명에서 2.88명으로 3명 선이 무너졌고, 이제는 2명의 가구가 대세라는 보도가 나오는 형편이다. 통계청이 발표한 '2010 센서스'의 가구 · 주택 부문 보고서에 의하면, 우리나라 전체 가구(1,733만 9천) 중에 2인 가구가 24.3%로 가장 많았고, 이어 23.9%를 차지한 1인 가구가 두 번째였다. 이 둘을 합치면 거의 전체 가구수의 절반이 2인 이하의 가구라는 말이다(「중앙일보」, 2011.7.8;

[표 2-5] 가족 규모 및 형태의 변화

연도	평균규모(인)	3대 가족(%)	3인 이상 가구(%)	1인 가구(%)	여성 가구주(%)
1955	5.5	28.5			
1980		14.1	84.7	4.8	14.7
1985		13.7	80.8	6.9	
1990		12.5	77.3	9.0	15.7
1995	3.3	10.0	70.4	12.7	
2000		8.2	65.4	15.5	18.5
2005	2.9	6.9	57.9	20.0	
2008					22.1
2010			51.9	23.9	

자료: 통계청 각 연도

「조선일보」, 2011.7.12). 홀로 사는 1인 가구의 비율이 1980년에만 해도 4.8%에 불과하던 것이 2000년 15.5%, 2005년에는 20%로 껑충 뛰었다가(통계청, 2006b; 「중앙일보」, 2006.7.27), 오늘에 이른 것이다. 특히 1인 가구는 고령화와 만혼이 주원인이라는 점에 주목할 필요가 있다. 연령별 1인 가구의 비중이 2005년에는 20대가 21.4%로 가장 높았으나 2010년에는 70세 이상이 19.2%로 으뜸을 차지하게 된 것이다. 이들 1, 2인 가구는 결국 저소득층이 다수를 이룬다는 사실과 2인 가구는 도시보다 농촌에서 더 많이 나타난다는 점도 중요한 것을 시사한다(「조선일보」, 2011.7.8).

가구 구성에서는 2000-2005년 사이에 3세대 즉 노부모가 조손과 함께 사는 집이 8.2%에서 6.9%로, 2세대 가구도 60.8%에서 55.4%로 줄어든 반면, 1세대 가구가 14.2%에서 16.2%로 증가하였다([표 2-5] 참조). 여기서 주목할 점은 1세대 (대개 부부만) 가구와 1인 가구의 상당 부분이 60 · 70대 노인, 그 중에도 여성 고령자, 소년소녀가장, 그리고 일부 독립적으로 살아가는 청년층이라는 사실이다. 물론 여기에는 갖가지 신체적, 정신적 장애를 가진 사람들도 포함한다(통계청, 2006b; 「중앙일보」, 2006.7.27).

그리고 편부, 편모와 미혼자녀가 함께 사는 한부모 가족, 부모 없이 조부모와 미혼 손자녀가 사는 조손 가구, 자녀 없이 부부 둘만 사는 가구 등 이른바 '반쪽 가구'의 비율이 2000-2010년 사이에 42.3%에서 55.7%로 증가하였다. 여성 가구주 비율도 1980년 14.7%에서 2008년에는 22.1%로 높아졌다(「연합뉴스」, 2009.12.21). 물론 그 주된 원인은 이혼이다. 이혼 후 재혼하지 않고 혼자 또는 자녀를 키우며 사는 사람도 같은 기간에 40.2% 증가하였다. 이혼 시 자녀들이 어머니와 사는 가구가 아버지와 동거하는 가구보다 3.6배였다(「조선일보」, 2011.7.12). 이들 한 부모 가구는 전체 가구의 9.4%에 이르렀고 대개 빈곤율(최저생계비 이하)이 2005년 기준, 전체 빈곤율(9%)에 비해 일하는 가구가 26%, 직업이 없는 가구는 29%로 월등히 높은 것을 볼 수 있다. 특히 여성 한부모 가구의 빈곤율(20.7%)이 남성 한부모 가구(13.7%)보다 높았다(2007년; 「조선일보」, 2010.1.5). 그리고 2006년 현재 조손 가구의 빈곤율은 63.7%, 모자 가구는 17.7%로 나타났다(「한국일보」, 2009.12.16).

요컨대 근대화 과정에서 전반적으로 보면 가족의 구성이 3세대 이상의 확대가족(extended family)에서 부모와 미혼자녀로 이루어진 핵가족(nuclear family)으로 변천하는 추세가 특징인데, 이제는 핵가족마저 무너지기 시작하여 신용어로 전자가족(electron family)이 대세를 이루는 시대가 되었다는 것을 알 수 있다(「중앙일보」, 2011.7.8). 그러한 변화는 곧 공동체의 붕괴와 그 속에서 사는 사람들의 인간관계에 심각한 변질을 수반한다는 사실을 암시하므로 이제부터는 이 문제를 살펴보기로 한다.

(4) 공동체 붕괴와 인간관계의 변질

공업화와 도시화를 포함하는 근대화 과정에서 나타난 무서운 사회변동 중에는 공동체의 붕괴와 인간관계의 변질을 놓칠 수 없다. 우선 사회의 기초단위인 가족에 예상치 못한 큰 변질이 생긴 점은 이미 일별한 대로다. 공간적으로는 도시뿐 아니라 이제는 시골마을에까지 아파트 단지와 같은 새로운 주거문화가 지배하게 되었고 그 영향으로 지역공동체의 모습도 전과는 판이해졌다. 공동체적 사회조직원리와 인간관계의 변질마저 우려하게 되는 지경에 이르렀다. 물질중심, 소비지향, 쾌락주의 등은 개인중심의 가치를 부추겼을 뿐 아니라 인간관계 자체에서 기쁨과 만족을 얻는 표출적이고 목적적인 상호작용보다는 이해관계를 따라 특수한 목적달성에 인간관계를 이용하는 사무적이고 수단적인 성향이 우세한 이익사회를 산출하고 있다.

게다가 자본주의적 시장경제가 내생적으로 조장하는 경쟁원리 때문에 교육을 비롯하여 사회 모든 분야에서 극렬한 경쟁에서 생존하기 위한 치열한 삶이 인간의 내면생활을 황폐하게 할뿐더러 인간관계도 각박하게 하는 결과를 초래한다. 결국 사회는 사무적이고, 경쟁적이며 고독한 사회로 변질하고 있는 것이다. 각박해진 사회적 환경 속에 경쟁에 시달리며 외로워진 사람들이 찾을 곳은 결국 소비와 쾌락 아니면 소외로 인한 정신적, 신체적 일탈과 우울증과 같은 정신적 질환으로 인한 자살로 까지 이어지는 현실이 전개하는 것이다. 우리나라는 2009년 현재 인구 10만 명 당 자살자 32.5명으로 OECD 회원국 중 자살률 1위를 기록하였다(「조선일보」, 2010.8.21-22). 그뿐 아니라 이처럼 모래알 같이 흩어진 인간관계는 자기중심적인 이기주의를 낳는다. 그것도 자유와 책임을 동시에 중시하는 이상형의 개인주의가 아니라 자기 자신과 아주 가까운 특수관계의 사람들의 이익밖에 모르는 극단적인 이기주의로 흐르면 공동체적 공익정신이 망가지고 사회 전체의 통합에도 지장이 있다.

이 같은 공동체 해체의 문제는 바로 도시화가 조성한 대중사회의 특징에서 더 자세히 찾을 수 있다. 그것은 주로 다음과 같은 근대도시의 독특한 사회문화적 특징인 도시성 혹은 도시문화(urbanism)와 관련이 있다(Wirth, 1938; 김경동, 2008; 2010a).

① 도시에는 인구의 집중현상(concentration)으로 많은 사람이 거주한다.
② 분업체계를 갖춘 근대도시의 인구는 촌락공동체의 동질성(homogeneity)과는 반대로 이질성(heterogeneity)이 중요 특성이다.
③ 사람은 많지만 '아는 사람'이 적고 '익명성'(匿名性, anonymity)이 만연하다.
④ 많은 사람들 사이의 상호작용은 주로 사무적, 비인격적(impersonal), '피상적,' '수단적'(instrumental), 타산적인 것이 특징이다. 다정한 인간적 정서적 관계는 가족, 친구, 이웃 등 가까운 사람들에게만 한정된다.
⑤ 도시화 과정에서는 빈번한 이동 때문에 핵가족(nuclear family) 혹은 부부중심 가족(conjugal family)이 지배적이 되고 가족의 해체를 비롯하여 친근한

상호작용의 빈도와 강도가 감소하여 가족, 친구, 이웃 등의 관계 자체도 변질한다.

⑥ 잦은 이동(이주) 때문에 정착과 안정이 결여하고 장기적인 인간관계나 헌신몰입(commitment)할 수 있는 관계정립이 어렵다.

⑦ 시간에 쫓겨 살다 보면 남의 일에 간여할 여지가 없어서 자기중심적이 될 수밖에 없는 측면도 있다.

⑧ 공업화 · 정보화로 인한 직업의 다양화, 정보의 홍수로 인한 문화적 다양성으로 다원주의적 사고방식과 생활양식이 번창한다. 이질성과 차이가 커지고 이로 인하여 사회의 세분화(segmentation)가 증대한다.

⑨ 인간관계에서나 국가와 공동체에 대해서나 개인의 장기적이고 영속적인 헌신몰입과 책임 의식이 약해지고, 주로 목전의 이해관계에 기초한 일시적 참여로 그치는 경향이 강해진다.

⑩ 일탈과 범죄가 성행해도 일반적 무관심 때문에 예방과 통제가 형식화한다.

⑪ 가정, 학교, 이웃, 교회, 회사, 정부 등 모든 사회의 주요제도들은 과거와 같은 수준에서 효율적으로 기능을 수행하지 못하게 되었다.

⑫ 결과적으로 뿌리 뽑힘(uprootedness), 고향 상실(homelessness), 연결망 상실(networkless), 분리(disconnectedness), 고립(isolation), 버성김(소외, alienation), 외로움(고독), 내면적 황폐화(wither inside)와 같은 사회심리적 결과가 나타난다.

⑬ 그러나 이러한 경험에 대한 반응도 오히려 사생활 보호라는 명목으로 스스로를 가두어 버리는 격리(seclusion)와 은둔(cocooning), 극단적으로 자기중심적인 개인주의 같은 형식을 띠기 쉽다.

⑭ 이는 개인 차원의 문제뿐 아니라 사회적 차원에서도 구심점의 상실과 공동가치의 쇠퇴로 인한 갈등, 반목, 혼란, 해체 등으로 이어진다.

⑮ 이런 전반적인 사회변동 속에서 개인의 권리 주장이 앞선 세계적인 추세로 말미암아 사회의 공동선(common goods)에 대한 관심을 소홀히 하는 결과를 초래하였다. 우리나라에서는 이른바 '님비'(NIMBY, Not In My Back Yard), 즉 우리 집, 우리 동네, 우리 학교만은 예외라는 식의 극단적인 '집단이기주의'(collective selfishness) 같은 폐쇄적 성향이 성행하게 되었다.

⑯ 결국 이러한 변화의 전개과정에서 공동체 상실 · 소멸 · 약화 · 붕괴 · 변질 등, 공동체의 변화에 대한 일말의 우려가 상당히 만연하게 되었다.

[표 2-6] 가족의 범위: 가족에서 제외한 비율(%)의 변화

관계	2005	2010
자녀	1	15
친부모	7	22
형제, 자매	19	37
조부모	36	77
배우자 부모	20	49
며느리	42	74
사위	50	76
친손자녀	42	75
외손자녀	52	73

특히 이러한 공동체 붕괴와 인간관계 변질의 전형적인 보기로서 가족관계의 의식이 변하는 모습을 몇 가지 자료를 가지고 예시하기로 한다.

첫째, 최근(2010년) 누가 '가족'인지 아닌지를 가려내는 기준으로 동거가 중요한 항목으로 떠오른다는 조사보고가 있었다(「조선일보」, 2011.1.25). 친족 중에서 함께 살지 않을 때는 가족의 범주에서 제외하는 사람들의 비율을 종류별로 보면, [표 2-6]과 같다.

먼저, 놀랍게도 15세 이상 조사대상자의 22%는 부모를 '가족'의 범주에서 제외하였다고 한다. 이는 5년 전(2005년)의 7%보다 3배나 되는 비율이다. 뒤집어서 이번에는 자신의 자녀를 가족으로 간주하지 않는 비율도 같은 기간에 불과 1%에서 15%로 껑충 뛰었다. 가족이 아니라는 비율은 조부모가 36%에서 77%로, 형제와 자매는 19%에서 37%로, 그리고 친손자녀나 외손자녀는 각각 41%에서 73%, 52%에서 75%로 대폭 늘었다. 한 편, 시부모안 장인, 장모를 제외한 비율도 20%에서 49%로, 사위와 며느리는 각기 50%에서 76%, 42%에서 74%로 증가하였다. 아울러, 노부모를 자녀가 모시고 경제적으로 부양하며 아들 · 딸 공히 부모 부양책임이 있다는 등의 질문에 대한 응답 수준은 5점 만점 척도에서 3.4~3.6점에 머물렀다.

이번에는 본격적으로 고령 부모를 부양하는 데 대한 의식을 구체적인 여론조사 결과를 가지고 살펴본다. 2001년 한국여성정책연구원 조사에 의하면, "노부모를 자식이 모셔야 한다"는 대답이 39.4%(남자)와 21.8%(여자)에 그쳤다. 통계청이

발표한 『2010 사회조사결과』에서는 부모의 노후생계를 가족이 돌봐야 한다는 응답자는 36.0%로 응답하였지만, 이 비율은 1998년의 89.9%, 2002년의 70.7%, 2006년의 63.4% 등과 비교할 때 날이 갈수록 줄어들고 있다. 최근 20~30대 성인 대상 조사에서는 "나이 든 부모를 모시겠다"고 답한 비율이 중국과 인도가 각기 94%, 92%인 데 비해, 한국, 호주, 일본은 각각 46%, 44%, 32%라는 보고가 있었다(「조선일보」, 2009.6.17). 그리고 2002년 인천시민자원봉사회의 조사에 의하면 고등학생 중 54%가 "노인부양의 책임이 가정보다는 사회에 있다"는 대답을 했고, "부모를 양로원이나 요양원에 보낼 의향이 있다"는 응답이 25%, 또한 "치매 전문시설에 보낼 의향이 있다"는 대답도 41%에 이르렀다. 2010년의 통계청 사회조사에서는 47.4%가 가족, 정부, 사회가 함께 돌봐야 한다는 응답을 했는데 이는 2002년에 비해 3배나 증가한 수치다.

한편, 노인들 자신도 자식들과 함께 살기를 원하지 않는 경향이 두드러지기 시작하였다. 통계청 조사에 의하면, 2000년 60세 이상을 대상으로 "향후 자녀와 같이 살고 싶은가?"라는 질문에 대해 45.8%가 "같이 살고 싶지 않다"라는 부정적인 대답을 했는데, 2005년에는 그 비율이 52.5%로 늘었다. 같은 조사에서 현재 자녀와 함께 거주하지 않는 노인의 비율이 59.1%였으나 2010년 통계청 사회조사에서는 71.7%로 늘어났다. 그 이유로는 2000년과 2010년 각각 38.3%, 33.1%가 "따로 사는 것이 편해서"라는 것이고 이어 "자녀의 직장, 학업 때문에" (20.6%, 19.6%), "독립생활(수입, 건강 등)이 가능하므로"(20.3%, 26.9%), 그리고 "자녀에게 부담될까 봐"(16.0%)의 순이었다. 「동아일보」의 전국 59~67세 대상 2006년 조사에서도 응답자의 51.0%가 자식이 혼인한 후에는 함께 살고 싶지 않다는 대답을 했으며, 심지어 배우자 사망 후(32.7%)나 자신의 건강이 나빠진 때도 (18.6%) 따로 살겠다는 의사를 표명한 것으로 나타났다. 「주간조선」의 조사에서도 50~59세 장년층의 79.5%가 은퇴 후나 노후에 자녀와 함께 살고 싶지 않다는 응답을 했고, 살고 싶다는 대답을 한 사람은 20.5%에 불과하였다.

실지로 현재 가족과 지역사회가 연대하여 노부모를 부양하는 비율은 중국이 78.0%, 일본이 63.7%, 한국이 가장 낮은 53.0%라는 통계가 있다. 이 말은 국가가 미처 고령화에 대처할 준비태세를 제대로 갖추지 못하고 있다는 것을 간접적으로 암시한다. 그러나 위에서 조사통계를 살펴본 대로 젊은 세대의 가치관과 의식은 빠른 속도로 변하고 있다. 자녀의 부모에 대한 태도나 부모가 자녀에 대하여 갖는 생각에서 일고 있는 변화는 여기에 그치지 않고 노부모 학대나 유기와 같은 매우 부정적인 행위로도 나타난다. 경제적인 어려움이 중요한 이유가 되리라고 보지만 그 배경에는 좀 더 복합적인 사회변동이 작용했다고 할 수 있다.

좀 더 끔찍한 사례만 한 가지 언급한다. 부모의 자녀 살해 사건이다. 근자의 한 조사에 의하면 2008년 1월부터 2009년 6월까지 밝혀진 자녀살해 사건은 총 35건인데, 그 이유가 과거 2천 년대 초반에만 해도 주로 생활고에 의한 동반자살 같은 유형이 주종을 이루었으나 현재는 화를 못 이기거나 자녀가 귀찮다는 이유가 두드러지기 시작하였다. 정신적으로 미성숙한 부모의 다량 출현이라는 하나의 사회적 현상으로 해석하는 것이다(「조선일보」, 2011.1.29-30).

(5) 경제위기와 사회변동

한편, 1997년 금융대란과 IMF 구제처방으로 기업과 금융부문의 구조조정이 전격적으로 한국사회는 그야말로 역사상 보기 드문 격변이 일어났다고 해도 과언이 아니다. 그 결과, 실업 폭증, 가계 붕괴, 가족해체, 중산층 위축과 부익부 빈익빈 심화, 부동산 투기, 증시 동요 등 사회불안 요소가 증폭하는 현상이 나타났다. 거기에다 2008년의 미국발 전 지구적 경제 불황과 금융위기가 한국경제의 침체를 더욱 악화시키고 있으며 이로 인한 사회적 불안도 심각한 상태다. 우선 일자리가 사라지고, 결과적으로 비정규직 우선의 퇴출로 실업이 다시 늘어나며 그중에서도 청년실업은 8~9%로 치닫고 있다. 영세 자영업자도 폐업으로 내몰리고 거기서도 실업이 발생한다. 문제는 이들이 가계를 이어갈 역량이나 안전판을 갖추지 못하고 있다는 점이다.

특히 글로벌 경제위기의 충격이 저소득층에게 가장 가혹하다는 것은 전혀 의외의 현상이 아니다. 한국사회보건연구원에 의하면 2009년도 1분기에 2인 이상 가구 중 하위 20% 소득계층의 월평균 소득은 1년 전보다 5.1% 줄어든 반면, 상위 20% 계층의 월 평균소득은 1.1% 늘었다. 빈부격차가 2000년 이래 가장 악화한 것이다. 실질 소득이 최저생계비(4인 가구 기준 133만 원)에도 못 미쳐 정부 지원을 받는 기초생활보장 수급자가 매달 1만 명씩 증가하여 4월 말 현재 2000년 이 제도 도입 이래 가장 많아졌다. 먹을거리를 기증받아 나누어 주는 푸드뱅크 이용자도 작년에 비해 23%가 늘었다. 만일 경제 성장률을 더 높이기 어려워지면 최저생계비에 미치지 못하는 '근로빈곤층'이 늘어나 빈부격차, 소득양극화가 더 심각해질 전망이다. 전체 가구(도시가구 기준) 중 소득이 중위 소득 대비 50% 미만인 가구 비중을 가리키는 빈곤층 비율은 1990년에 7.6%이던 것이 1998년 외환위기 경험 후에 12.4%로 증가하였다. 그 후 약간 감소했다가 2002년 이후 다시 상승세를 보인다고 한다. 소득 불평등 지수인 지니계수는 2005년에 0.312로 OECD 평균 수준인 0.311과 비슷했으나 빈곤층 비율(14.6%)은 OECD 평균치(10.6)보다 높았다(「매일경제」, 2009.7.14).

그동안 공식 통계상에 잘 잡히지 않던 노숙인 인구가 최근에 드러났는데, 2011년 1월 한국보건사회연구원이 발표한 바에 따르면 우리나라의 노숙인은 1만 7,815명으로 드러났다. 그 가운데서도 서울에만 1만 명이 넘는다고 한다(「조선일보」, 2011.7.22).

(6) 자연생태계의 변화

위에서는 주로 사회변동에 초점을 두고 주요 변화의 양상을 검토했으나 현대사회의 변화를 논의하면서 자연생태계의 변화를 제외할 수 없다. 생태계의 변화는 사회생활의 자연조건의 문제인 동시에 인간의 사회문화적인 삶이 자연의 생태계에 직접, 간접적으로 개입하여 변화를 야기하는 현상이기도 하기 때문이다. 사회변동은 자연에 충격을 주는 등 영향을 미치는 것이다. 특히 현대사회에서 이 문제는 단순한 자연의 문제만도 아니고 단위국가사회에 국한하는 문제도 아니라는 심각한 특징을 지닌다. 주로 공업화의 결과로 발생하는 생태계 파괴, 오염, 간섭 등은 인류의 건강한 삶을 방해하고 있으며 지구온난화, 생물다양성 감소, 에너지 자원의 고갈, 식량생산의 한계 등은 이제 전 지구적인 관심사로 떠올랐고 이 문제 역시 국가가 홀로 해결할 성질의 것이 아니라는 사실도 모두가 인식하고 있다. 따라서 국가차원에서나 전 지구적 차원에서나 이 문제를 소홀히 할 수 없게 되었다. 특히 시민사회부문에서 이에 대한 문제제기와 해결책 강구를 촉진

[표 2-7] 폐수, 폐기물 및 1인당 이산화탄소(CO2) 배출량

연도	오수(하수) 발생량 (1인당 l/일)	산업폐기물 방류량 (천m^2/일)	생활폐기물	1인당 CO_2 배출량 (1인당 kg/일)
1988	242	1,426		4.50
1998	334		0.96	7.58
2007	346	3,324	1.04	10.12
2008	352	3,007	1.07	10.31

하는 여러 형태의 사회운동이 필요하다는 생각은 널리 확산하고 있는 중이다.

더군다나 이 책의 취지가 미래지향적 자원봉사와 나눔운동인데다 이미 제1장에서 우리가 꿈꾸는 미래사회의 모습을 그릴 때에도 천지인 삼재의 긴밀한 상관성을 항상 염두에 두고 접근하는 것이 중요함을 강조한 바 있다. 그러므로 앞날의 세계는 언제나 사회문화적 문명의 맥락으로서 자연생태계의 변화에 민감하게 반응하고 문제에 대처해 나가는 자세가 필요하다. 우리나라도 아직은 이러한 생태계 훼손의 문제가 개선의 여지가 많은 방향으로 진행하는 추세임을 자각해야 한다. 여기에서는 [표 2-7]로써 간략하게 몇 가지 환경오염 지표만 소개한다(통계청, 2010).

(7) 책임지지 않는 사회

이같이 격렬하고 급속하고 폭증하고 과도하고 편파적인 사회변동이 일어날 때는 가치관과 규범, 행동유형과 생활양식, 인간관계와 조직생활 등 모든 영역에서 혼란이 만연하고 그러한 변화에 적응하는 데 큰 어려움을 겪는 문제가 발생한다. 개인과 가계는 물론 각 부문의 조직체들과 지역사회, 나아가 국가 전체의 차원에서 변화에 대한 적응의 고통과 혼란으로 인한 갈등이 속출한다. 이러한 복합적인 사회변동의 문제를 집약적으로 표현하자면 크게 네 가지로 정리할 수 있다.

① 풍요 속 사각지대의 존속과 악화
② 공동체 붕괴와 인간관계 변질로 인한 사회적 결속력 약화의 위험
③ 사회통합을 저해하는 갈등과 분쟁 빈발
④ 사회적 규범질서 교란과 부정비리, 부패 등 지속으로 도덕사회 건설 지연

그런데 이 모든 위협 앞에서 무엇보다도 안타까운 현실은 이처럼 사회 자체가 해체의 위험마저 느끼고 있는 위기적 상황을 맞았음에도 어느 누구 하나 앞장서서 책임을 인정하고 이를 시정하기 위하여 책임지려는 자세로 나서는 이가 없다는 점이다. 물론 정치인들과 국가기구의 공직자들은 공식적인 위치에서 문제해결을 시도한다고 국민 앞에 큰소리를 치지만, 실상은 국민의 욕구를 만족시키는 데 크게 미흡하다.

더구나 경제적인 고통이 반복하여 이어지면서 어려운 처지에 내몰린 인구가 급격히 증가는 매우 불안정한 현실이 전개하건만 이에 대해서도 뾰족한 대책을 가지고 책임지려는 모습이 쉽사리 눈에 띄지 않는다. 책임의식의 부재는 특히 사회의 지도층, 권력과 지위를 누리며 책임 있는 의사결정을 내려야 하는 위치에 있는 사람들에게서 더 심각하다. 지도층의 노블레스 오블리주(noblesse oblige)의 정신이 희박한 사회는 불신과 냉소가 팽배할 수밖에 없다. 문제는 이런 상황에서 과연 누가 구심점이 되어 책임지고 사회를 올바른 길로 인도하는 책무를 감당하고자 하며 할 수 있는가 하는 것이다. 이에 대한 단적인 응답은 시민사회 부문의 자원봉사가 그 역할을 감당해야 한다는 말로 대신할 수 있다. 이제는 시민 스스로 주인이 되어 사회의 어두운 곳에 손을 내밀어 나누고 베푸는 운동을 적극 전개해야 한다는 시대적 요청 앞에 서게 된 것이다.

(8) 시민사회의 시민자원

사회변동을 분석하는 논의에서 마지막으로 언급해야 할 사항이 한 가지 더 있다. 그처럼 사회가 요구하는 책임질 세력이 도대체 어디서 나오는가 하는 질문에 대한 대답이 필요하다. 비록 급속한 경제성장 과정에서 아직도 사각지대에 처한 빈곤층을 비롯한 각종의 계층과 집단이 있음을 확인했음에도 불구하고 우리가 마땅히 인정해야 할 사실은 우리 사회가 분명히 생활수준도 크게 향상되었을 뿐 아니라 제법 두터운 중간계급을 껴안고 있다는 점이다. 두 번의 전 지구적 금융위기와 경제 불황을 겪으면서 계층구조에 금이 간 것은 틀림없으나 앞에서 지적한 것처럼 우리 사회의 소득불평등 구조는 선진국 대열에서 결코 손색이 없는 수준이다.

그동안 중산층에 상당한 훼손이 발생한 것은 사실이지만 아직도 우리 사회는 '양극화'라는 표현이 적절치 않다는 전문가의 지적이 있을 정도로 계층 격차가 심하지 않다. 양극화란 중간이 공동화하고 소수를 제외한 다수가 하위 계층으로 전락하는 구도를 가리키기 때문이다. 다만 한국인들의 평준화 의식이 강하고 상대적 박탈감을 민감하게 느끼는 면을 감안하면 주관적인 불평불만은 있지만 객관적으로는 상대적으로 건전한 구조라고 할 수 있다(「조선일보」, 2010.1.20).

바로 거기에서 우리는 시민사회 스스로 조금 더 성숙하기만 하면 사회의 어두운 구석을 밝게 할 수 있는 자원을 찾을 수 있기 때문이다. 우리가 희망을 걸어볼 만한 근거가 거기 있다.

2. 사회를 변화시키는 자원봉사운동과 나눔 문화

『변화 만들기: 변동하는 세계의 NGO와 개발』(Making a Difference: NGOs and Development in a Changing World). 이것은 국제개발 자원봉사를 주제로 삼은 저서의 이름이다(Edwards and Hulme, 1992). 이 제목에서 주의할 대목은 변화를 두 번씩이나 언급한다는 사실이다. 먼저 주제로 내세운 'Making a difference'라는 어귀는 직역하면 무언가 '달라지게 한다'는 뜻인데, 바꾸어서 변화가 일어나게 한다고 의역할 수 있다. 여기서 말하는 '변화 만들기'란 세상이 어딘가 잘못되어 가고 있다는 자각에서 이런 상태를 바꿔서 시정해야 한다는 목적론적 의지를 반영하는 변화다.

그런데 그와 같은 변화 시도를 하는 맥락을 두 번째 변화가 표현하고 있다. 어떤 세상에서 변화를 시도하려 하는가를 물을 때 '현재 변동이 있는 세상'(a changing world)을 지목하는 것이다. 이때 변화는 과거에서 현재까지 진행 중인 사회변동을 가리킨다. 그리하여 이 두 가지 변화를 동시에 생각해보면 우리는 지금 어떤 중대한 변동 속에 살아가고 있는데, 그 변화의 결과가 인간에게 별로 달갑지 않거나 부정적인 성질의 것임을 암시하고 있고, 따라서 그런 세상이라면 바꿔야 한다는 필요성의 각성과 변화를 해야 한다는 의지가 거기에 수반하는 그런 표현이 된다. 그와 같은 사회변동을 지금까지 비교적 상세하게 검토해

보았다.

다음으로 제기할 수 있는 질문은 그럼 누가 그 변화를 어떻게 시도하고 추진할 것이냐 하는 것이 된다. 허두에 밝힌 대로 여기 소개하는 이 책은 곧 자원봉사운동과 나눔 문화에 관한 서적이라고 했다. 그렇다면 자원봉사와 나눔운동이 심각한 변동을 겪고 있는 이 세상을 변화시키려는 노력의 주체로 떠오른다는 점을 암시하는 셈이다. 결국 자원봉사와 나눔운동을 왜 전개, 촉진해야 하는가를 물을 때 대답은 세상을 변화시키기 위해서라는 것으로 귀결한다. 봉사와 나눔의 운동은 세상을 변화시키려는 사회운동이라는 것을 알 수 있다.

사회변동에는 크게 두 종류가 있다는 것이 사회학적 관점의 요체다(김경동, 2008). 하나는 사회란 본래 저절로 항상 스스로 변화를 하고 있다는 내재적(innate, immanent), 자연발생적(spontaneous) 변화이고 다른 하나는 필요에 따라 인간의 의지로써 의도적(deliberate), 계획적(planned)으로 일으키는 변동이다. 위에서 언급한 두 가지 변화는 여기서도 차이를 드러낸다. 비록 과거 어느 시점에 인간이 의식적으로 변화를 일으켰든지, 아니면 저절로 내생적인 변화였든지 간에, 현재 우리가 경험하는 변화는 이미 있는 것이고, 그 결과로 인간에게 불행이 닥쳤으므로 이를 시정하고자 변화를 만들어야 한다는 의지를 가지고 일으킨 것은 곧 의도적, 계획적 변동에 해당한다.

이와 같이 의식적으로 추진하는 계획변동에는 반드시 변화를 주관하고 추진하는 세력(change agent)과 이를 촉진하는 데 기여하는 세력(change facilitator)이 있게 마련이다. 대개는 국가기구나 기업체와 같은 공식적 제도 기관과 조직체가 이런 기능을 하게 되는데, 시민사회 부문에서는 자원봉사와 나눔운동이 이러한 역할을 감당하는 주된 세력으로 등장한다. 특히 시민사회의 자발적 부문이 그러한 변화의 추진자, 촉진자를 제공하는 마당이라 할 수 있다. 이미 일어나고 있는 변동으로 문제가 발생하고 있으므로 이에 대처하려는 의도로 일으키려는 변화를 자원봉사와 나눔의 운동이 주관 내지 촉진해야 한다. 물론 이런 시민운동만이 유일하게 그러한 문제 해결을 위한 변화를 시도하는 세력은 아니다. 사회에는 여러 부문에서 다각적인 문제의식을 가지고 변화를 추구하기도 하며 또 마땅히 그래야만 한다. 다만 우리의 관심사는 그 중에도 자원봉사와 나눔의 운동이 반드시 관여한다는 점이고 그러한 시민사회운동으로 세상을 바꿀 수 있다는 신념이다. 이런 뜻에서 우리의 주제인 자원봉사와 나눔은 사회변동과 직접적인 관련을 갖게 되는 것이다.

IV. 소결

변화무쌍한 세상에 살면서 세상을 변화시키고자 하는 인간의 노력은 간단없이 이루어져야만 하는 것인데 거기에 자원봉사와 나눔의 운동이 중심이 되어 움직임이 마땅하다는 것을 새삼 강조하면서 앞서 제1장의 말미에 언급한 전 지구적 차원의 변화까지도 여기에 포함시켜야 한다는 점을 다시 한 번 언급하고자 한다. 온 세계가 하나의 공동체로 이어지고 엮이는 현대의 흐름 속에서 자원봉사와 나눔을 필요로 하는 사람들은 우리나라에만 존재하지 않는다는 사실을 잊어서는 곤란하다. 세계 곳곳에 도움의 손길로 함께해야 할 사람들은 아직도 허다할 뿐 더러, 실제로 우리의 삶에 직접 간접으로 영향을 미치는 사건과 재난과 분쟁 등은 단순히 한국이라는 테두리 속에서만 일어나지 않고 전 세계적인 틀 속에서 지속적으로 발생하고 있다.

그러므로 자원봉사와 나눔의 운동은 이제 각각의 단위 사회나 국가의 경계 안에서만 전개하는 것으로는 본래의 사명을 다 하는 것으로 간주하기 어려운 현실을 직시할 필요가 있다. 특히 생태계의 변화는 인류 모두가 수시로 일으키는 문제이며 그 여파도 세계의 모든 나라 사람들의 삶에 엄청난 파문을 남기는 현상이다. 더욱 빈번해지고 강력해진 각종의 재난과 재해가 이러한 생태계의 변화에 기인함은 두말할 여지가 없기 때문에 당연히 이 방면의 문제해결은 전 지구적인 참여를 필수로 요구한다. 또한 지구 곳곳에서는 크고 작은 분쟁과 갈등과 전쟁으로 수많은 인명이 희생당하고 있으며, 인류문명사에서 오늘날처럼 풍요한 물질생활을 영위하던 시대가 전무할 만큼 경제가 괄목할 만한 성장을 지속해 왔음에도 불구하고 아직도 세계 구석구석에는 빈곤과 그로 인한 질병으로 생명이 위협받는 인구가 수를 헤아릴 수 없다.

다른 한 편으로는 전 지구적인 경제성장의 열매를 향유하는 인구도 삶의 질적인 향상을 향한 갈증을 제대로 채우지 못하는 측면이 있다. 비록 삶의 기회가 불균등한 상황을 완전히 해소하지는 못한 처지이지만 이러한 욕구를 충족하는 것도 결코 가벼이 넘길 요소가 아니다. 이들이야말로 자기네보다 불우한 인구집단에게 나눔의 손길을 내밀 수 있는 범주의 사람들이다. 결국 자원봉사와 나눔의 운동은 이처럼 전 지구적 차원의 문제를 겨냥한 것으로 그 범위를 확장해나가야 할 책무 앞에 서게 되었음을 항상 염두에 두고 추진해야 할 것이다. 그러기 위해서는 이 운동 자체도 전 지구적 네트워크 속에서 국제적 파트너십을 형성, 강화해나가는 노력을 절실히 요한다.

제3장 자원봉사의 철학과 가치

지금까지 우리는 자원봉사와 나눔이라는 단어의 의미에 대한 공식적인 개념규정을 하지 않은 채로 이 말을 사용해왔다. 미래지향적 자원봉사와 나눔운동이 추구하는 미래사회의 모습에 대한 구상에서 출발하여 그 운동이 이루어지는 사회적 맥락에 대한 기본적인 이해가 우선하는 것이 바람직하다는 이유에서다. 특히 근대화와 시민사회의 전개 과정에서 일어나는 사회변동의 성격을 파악하면서 자원봉사와 나눔의 필요성과 중요성을 부각시키기 위해서다. 그뿐 아니라 개념에 대한 논의를 본격적으로 하려면 상당한 지면과 시간을 요하는 과업이므로 별개의 장을 할애하기 위하여 잠시 유예한 것이다. 이제 그 일에 착수하려고 한다. 이를 위해서 '자원봉사'와 '나눔'을 구분하여 각각 제3장과 제4장에서 말뜻에 대한 해설을 위시하여 그 말의 의미를 더욱 심도 있게 천착하기 위한 철학과 가치 등에 대한 비교적 자세한 고찰을 시도하고자 한다.

I. 자원봉사의 의미

1. 개념의 용법

우리가 흔히 쓰고 있는 '자원봉사'라는 말은 역시 서방세계의 철학사상과 사회적 실천의 전통에서 유래한 것임을 먼저 인정할 필요가 있다. 가령 우리나라의 전통적 이념이나 관행에서는 우리가 현재 알고 있는 자원(自願)이라든지 자발성(自

發性)과 같은 관념보다는 공동체적 상호부조의 정신을 강조하는 점이 두드러진 것이었음을 알 수 있다. 가령 한국 고유의 공동체적 나눔 문화의 대표적인 예는 '두레'와 '품앗이'다. 두레는 주로 농경공동체에서 각자의 이해관계를 초월하여 반대급부를 기대하지 않고 상호간에 농사에 필요한 인력을 제공하는 관습이고, 품앗이는 일단 각자가 제공하는 기여에 대한 계산에 기초하여 상호 교환하는 노동력 상호제공의 관행이지만 여기에도 공동체적 상부상조의 정신이 근간을 이룬다(신용하, 장경섭, 1996). 그뿐 아니라 '계'(契)라는 조직도 있다. 이는 주로 금융협동조합 형식의 나눔이지만 이 역시 그 기저에는 공동체적 상호부조의 정신이 깃들어 있다.

특히 조선조에는 퇴계, 율곡을 비롯한 유학의 대가들이 장려하고 실천한 '향약'(鄕約)이라는 지역공동체 운영지침 같은 것이 있었다. 여기에는 마을공동체를 평화롭고 격조 있게 이끌어 가기 위한 풀뿌리 민주주의적 규범을 담는 동시에 상부상조의 실천을 강조하는 요소를 포함하였다. 향약의 4대강령은 덕업상권(德業相勸), 과실상규(過失相規), 예속상교(禮俗相交), 환란상휼(患難相恤)인데, 이는 인격도야, 예속함양으로 질서유지 및 일탈방지, 그리고 협동정신과 공동체의식 앙양이라는 사회적 기능을 수행하는 원칙에 해당한다. 나눔의 문화라는 관점에서는 급란의 구제, 질병의 구조, 법률적 형사구조, 미혼자의 부조(嫁資補給), 빈궁의 진휼(賑恤), 외로운 사회적 약자(孤弱)의 부양, 장례의 조위, 사창(社倉)의 경영, 산업상조, 청결과 보건을 위한 위생상호(衛生相護) 등 실로 다양한 분야의 나눔 문화 실천을 적시하고 있다(진교헌 외, 1991). 물론 동아시아적 가치로서 임금된 자(王者)가 세상의 즐거움을 독차지하지 아니하고 백성과 더불어 즐긴다는 여민동락(與民同樂)의 정신을 빼놓을 수 없다. 노블레스 오블리주의 유교적 표현이라 할 수 있다.

1) 어원

요컨대 자원봉사라는 말의 문화적 근거는 일단 서방문화의 전통에서 찾게 된다. 먼저 자원봉사를 가리키는 단어, 'volunteering'을 예로 들어 그 말의 어원부터 살펴보자. 라틴어의 voluntarius, voluntas에서 유래하는 이 말은 무엇인가를 자진해서 자발적으로 하고 싶어서 기꺼이 할 용의가 있다(willingness)든지 무엇을 좋아해서 저절로 마음이 기울어지는 성향(inclination)을 뜻한다(시사영어사, 1992: 2605). 다만 자원봉사를 영어로 직역하면 'voluntary service'가 되는데, 서방의 자원봉사계에서는 이런 표현을 일반적으로 쓰지는 않는다. 오히려 'volunteerism,' 'voluntary action,' 'volunteering' 또는 간접적으로 'community service'와 같은 용법이 더 보편적이다. 그러면 우리가 쓰고 있는 '자원봉사'의 대칭개념은 그중에서 어느 것이 가장 적합할지를 물을 수 있다. 이런 용어들을 두고 우리말 사용에 대한 의견에도 차이가 있으므로 이 책에서는 가장 일반적인 용법을 일단 수용하고 그런 접근의 정당성을 밝히는 방식으로 정리하고자 한다(김범수 외, 2008; 김동배 외, 2009; 조휘일 외, 2009).

2) 철학적 배경

그러기 전에 우선 그 개념의 철학적 원류를 검토할 필요가 있다. 그것은 주로 'voluntarism'에서 찾을 수 있다. 이 말을 철학에서는 주의주의(主意主義) 또는 주의설(主意說)이라고 번역한다. 인간의 의지(意志), 즉 뜻하는 바(will)가 아는 것(지성, 知性)보다 상위에 있는 행위의 근본원리라고 주장하는 학설이다. 지성과 의지 중 어느 것이 더 유력한가에 대한 논쟁은 중세 스콜라철학에서 유래하였고 13~14세기의 스코투스(Duns Scotus)를 비롯하여 데카르트(Rene Descartes), 쇼펜하우어(Arthur Schopenhauer), 심리학자 분트(Wilhelm Wunt) 그리고 미국의 실용주의(pragmatism) 철학자들에 이르는 일련의 학자들이 주창한 철학적 관점이다(램프레히트, 김태길 외 역, 1989).

철학에서는 또 'voluntaryism'이라는 표현을 가끔 쓰는 수가 있는데, 이 말은 기본적으로 인간 간의 상호작용이 정당성을 확보하려면 반드시 당사자들의 자유로운 동의를 전제하지 않으면 무효라는 뜻으로, '자발적 동의주의'라고 할 수 있다. 그러므로 국가 없는 '자발적 사회'(voluntary society)를 이룩하려는 운동으로서 무정부주의와도 유사하다. 이것을 사회적 실천의 장에서 사용할 때는 국가의 보조 등에 의지하지 않고 자유로운 개인의 집합체인 사회에서 기부나 자발적 원조로 학교나 교회와 같은 기관을 운영하는 제도와 그를 뒷받침하는 사상(주의)을 가리키는 것으로 이해하기도 한다(http://en.wikipedia.org/wiki).

자원봉사계에서 'voluntarism'이라는 말을 쓸 때도 인간의 자유의지와 자유재량에 의한 선택적 행위를 중시하는 사상에 바탕을 두고 사회적 실천을 한다는 자원봉사의 철학이라는 뜻으로 '자원주의,' '자원정신'(voluntary spirit), 혹은 '자발성'(自發性)으로 표현하기도 하고, 아예 자원봉사운동 전체를 표상하는 뜻으로 사용하기도 한다. 다만 이 책에서는 '자원봉사 정신' 혹은 '사회봉사의 자발성'을 가리키는 철학적 관점이라고 하는 것이 적절하다고 본다.

그에 비해서 실천적인 자원봉사운동의 정신 또는 철학을 지칭할 때는 오히려 'volunteerism'(자원봉사주의)라는 말이 더 적합하다. 이 말은 대개 다른 사람들 혹은 공익을 위해 자발적으로 봉사활동을 하거나 기부행위를 하는 정신적 기초 내지 이념적 체계로 이해하는 것이 적당할 것이다. 여하간 이 두 가지 단어(voluntarism과 volunteerism)는 자원봉사의 정신적 바탕을 다루는 것으로 간주하여 실제 자원봉사운동이나 활동을 가리키는 말과 구별하는 것이 더 타당하다고 보려는 취지다.

3) Volunteering

실제 자원봉사계에서 가장 광범위하게 자주 언급하는 단어는 아무래도 'voluntary action'과 'volunteering'이다. 그렇더라도 우선 voluntary action(자발적 행위)이라는 말은 하나의 일반적 개념으로서 다양한 의미를 내포한다.

① 자유의지로 자진해서 스스로 선택하여 행하는 행위
② 스스로 지원하여 참여하는 일(지원병)
③ 기부와 같은 지원
④ 법률상으로 강제가 아닌 임의 행동이나 대가 없는 무상의 행위
⑤ 자연히 일어나는 동작, 심지어는 생리적으로 아무런 자극 없이 일어나는 수의(隨意)의 움직임 같은 뜻을 지닌다.

물론 우리의 직접적인 관심사는 생물의 생리적 반응을 제외하고 기본적으로 자유의지에 의한 자유재량의 실천으로 초점이 모인다. 그러니까 자원봉사는 이처럼 광의를 지니는 자발적 행위의 한 양태로 이해하면 되는 것이다(시사영어사,

1992: 2605).

다음, volunteering은 실제 행동으로 실천하는 자원봉사 활동 내지 운동을 직접 지칭하므로 여기에 더 토를 달 필요가 없다. 다시 말해서 우리가 자원봉사라는 말을 쓰면서 굳이 그에 해당하는 서방용어를 대라면 어떤 말보다 volunteering이 가장 뜻이 가깝고 명확한 표현이라 할 것이다. 이 단어는 무엇보다 첫째, 자원봉사를 실행한다는 뜻으로 쓰는 volunteer라는 동사 둘째, 동시에 자원봉사자를 가리키는 명사, 그리고 셋째, 자발적인, 지원자의 등과 같이 형용사로도 사용하기 때문이다.

물론 volunteer의 사전적 의미는 아래와 같이 그보다 더 다양하다.

① 자진해서 지원하는 사람(지원병, 의용소방대원)
② 자진해서 일을 떠맡는 사람(지역 유지)
③ 법률상의 임의 행위자
④ 무상 취득자
⑤ 자생식물

우리의 관심사는 자원봉사이고 그런 관점에서는 아무래도 volunteer와 volunteering이 두 단어가 가장 직접적 연관이 있다고 보는 것이다(시사영어사, 1992: 2605).

다만, 현재 여러 나라에서 통용하는 관행에 따르면 volunteering이 실제로는 자원봉사(활동, 운동)를 지칭하는 더 보편적인 용어지만 동시에 volunteerism이라는 단어와 혼용하는 사례도 자주 보인다. 이 책에서는 전자를 활동, 후자를 정신으로 구별하여 이해하는 것이 더 타당하다는 관점을 제안한 것이다.

말의 뜻풀이와 관련하여 한 가지만 더 지적해 둘 것이 있다. 서방의 용어인 volunteering, voluntary action 등은 직역하면 자발적 활동, 자원행위라 표현하게 되는데, 거기에 '봉사'라는 의미를 분명하게 적시하지 않는다는 사실이다. 그런데 우리나라에서는 이 말을 곧 자원봉사 활동으로 번역 사용한다. 여기에 대한 저자의 견해는 앞으로 다른 맥락에서 다시 밝히기로 한다.

4) 기타 유사개념

널리 통용하는 개념으로 자원봉사와 유사한 기능을 하는 것도 있다. 가령 지역사회를 위해서 일정한 봉사를 하는 지역사회 봉사(community service)라든지 자선행위(philanthropy), 기부(giving, donation)와 같은 사례다. 자선이나 기부는 자신의 것을 대가 없이 자유의지로 나누는 행위이므로 비록 직접 노력을 투입하지는 않는다 해도 넓은 의미로 볼 때 이런 것은 자원봉사의 범주에 포함하는 것도 무리는 없다. 다만 지역사회 봉사에 대한 견해는 나라마다 다르기 때문에 여기에서 문제가 되는 쟁점에 대한 약간의 검토가 필요하다(Rochester et al, 2010: 211-212).

첫 번째 쟁점은 청소년 학생들에게 학교나 당국이 학생들의 봉사체험학습(service learning 혹은 Learn and Serve)의 형식으로 지역사회에서 시민적 책임과 공동체 강화의 봉사의식을 제고하는 프로그램을 운영하는 데서 대두한다. 이것을 학점 이수의 일환으로 간주하거나 심지어 졸업을 위한 필수교과로 인정하는 등의 조처가 수반하므로 보기에 따라서는 '강제성'이 개입하기 때문이다. 이런 관행은 영국과 같은 유럽국가보다는 북미지역 국가에서 보편적인 편이다. 이런 문제는 물론 나라마다 혹은 교육기관마다 자율적으로 결정할 여지가 있는 것이지만, 일단 청소년의 교육, 공동체성 함양, 자원봉사 실습경험에 의한 학습과 같은 공익적 요소를 감안하면 약간의 강제성도 무방하다고 보아서 무리는 아닐 듯하다.

둘째는 영국에서 이슈가 되고 있는 구직자에게 의무적으로 상시 전업(full-time) 조건의 지역사회 봉사활동을 하면 취업에 반영하는 제도라든지 또는 법조부문에서 특정 형벌의 대안으로 지역사회 봉사 시간으로 형을 충족시키는 제도 같은 것 역시 자원봉사로 간주할 수 있느냐 하는 논란이 있다. 여기서 핵심적인 쟁점은 강제성의 형식이나 정도보다는 국가의 개입으로 초점이 모여진다. 그로 인하여 자원봉사의 자발성과 자율성을 훼손하는 문제가 발생하기 때문이다. 따라서 이 문제는 신중하게 다룰 필요가 있다. 특히 우리나라와 같이 관료주의가 뿌리 깊은 사회에서는 국가의 입김에 대해서 매우 조심스러운 접근을 요한다는 점도 유념하지 않을 수 없다.

2. 개념의 구성요소

이제부터는 좀 더 본격적으로 자원봉사라는 개념이 담고 있는 핵심적인 구성요소를 중심으로 그 말의 의미를 따져보려고 한다. 먼저 간략하게 일반적인 개념규정 몇 가지를 소개하고 거기서 유추하여 그 개념을 구성하는 내용에 대한 검토를 체계적으로 시도할 것이다. 실상 이 말의 정의는 규정하는 사람의 수만큼 많을 수 있고 하나의 통일적인 개념정의는 찾기 어려운 것이 현실이다(Voicu and Voicu, 2003:144). 그럼에도 불구하고 역시 가장 보편적으로 학자와 실천가들이 흔히 쓰는 보기를 한두 가지 예시한다. 일종의 공식적인 개념정의로 유엔이 '2001 세계 자원봉사자의 해'(IYV, International Year of Volunteers) 선포에 즈음하여 제시한 것을 먼저 소개한다(이강현, 2011: 79; UNV, 1999). "자원봉사활동이란 강제가 아닌 자유 의지에 의한 선택으로 대가를 바라지 않고 자신 이외의 개인이나 공동체에 혜택을 주기 위하여 자신의 시간과 재능, 에너지를 제공하는 일이다."

다음은 영국의 학자들이 대체로 공감하는 정의의 한 보기다(Kearney, 2007; Rochester et al, 2010: 19). "자원봉사란 사회와 지역공동체의 공익을 위하여 자유로운 선택에 의해서 아무런 금전적 이득을 바라지 않고 시간과 노력을 헌신적으로 제공하는 행위로서, 여러 가지 모습을 띨 수 있는 활동이다."[12]

또 한 예는 호주의 자원봉사계가 소개하는 개념규정이다(Oppenheimer, 2008: 6). "강제 없이 자의로 시간, 서비스, 또는 재능 등 형식의 도움을 조직체나 단체활동의 일환으로 무상으로 제공하는 활동이라 규정한다."[13]

마지막으로 로마니아의 학술원 회원들이 발표한 연구논문에서 제시한 개념정의 하나만 덧붙인다(Voicu and Voicu, 2003: 144). "우리는 자원봉사란 개인이 다른 사람들 혹은 전체 공동체의 이익을 위하여, 관련 조직체의 공식적 절차를 밟아,

---

12) It(volunteering) is the commitment of time and energy for the benefit of society and the community and can take many forms. It is undertaken freely and by choice, without concern for financial gain

13) Defined as 'unpaid help, in the form of time, service or skills, through an organization or group,' and carried out willingly without coercion.

아무 급여도 받지 않고, 자유로운 선택으로, 그의 시간의 일부를 제공하는 것으로 이해한다."[14]

여기서 한 가지만 더 살펴보기로 하는데, 앞서 제2장에서 시민사회의 자발적 부문을 자발적 행위 또는 실천(voluntary action)을 목표로 하는 모든 개인과 집단과 조직체와 제도를 포괄하는 시민사회의 구성부분이라 규정하고, '자발적'이라는 말이 의미하는 바를 다음과 같이 정리한 일이 있다(Smith, 1973). 즉 개인이나 집합체의 행위 동기가 첫째, 일차적으로 순전히 직접적인 경제적 혜택(돈 · 보수 기타 물질적 보상 등), 자아보존의 욕구, 생리적인 욕구와 심리적, 사회적인 강박, 신체적인 힘에 의한 강제, 법적인 제재 같은 것이 아니고, 둘째, 오히려 정신적인 혜택에 대한 기대, 가치, 이상, 공공선, 공익, 공통의 이해관심, 특정 집단의 취향 등에 대해 헌신하겠다는 결단(commitment)에서 우러나오는 행위를 뜻한다고 하였다.

같은 맥락에서 자원봉사의 의미를 자발적 결사체에 참여하는 행위의 특징으로 다시 해석하면, '자발적'으로 조직체에 가입하고 참여한다는 뜻은 다음과 같은 속성을 지닌다(김경동, 2007).

① 비강제성, 비귀속성(자신이 태어난 사회적 지위 때문이 아니고 스스로 선택에 의해서 소속한다는 뜻)
② 비이윤추구성, 비영리성, 무보수성, 비생계성(생계를 좌우하지 않는 참여)
③ 시간 차원에서 비정규성(part-time) 등이 특징이다.
④ 거기에다 한 가지 덧붙이면 정부에서 하는 공적인 일이나 행정적인 절차로 이루어지는 조직행위가 아닌 민간 차원의 조직체를 가리킨다.

그러면 지금부터는 그러한 일반적 개념규정을 넘어 말뜻을 좀 더 정확하게 파악하기 위한 주요 쟁점 사항들을 중심으로 한층 더 심층적인 논의를 시도하기로 한다.

---

14) We understand volunteering to be an activity through which the individual spends a part of his time, without any wage, by free choice, in a formal way, within an organization, working for the benefit of others or of the entire community].

1) 자발성의 의미와 한계

자원봉사의 개념규정에서 핵심이 되는 것은 역시 '자원성' 즉 '자발성'이다. 여기서 자발성의 뜻은 다음과 같은 요소를 내포한다.

① 강제(coercion, 국가, 법률, 물리적인 힘)에 의하여 억지로 하지 않고
② 자유의지(voluntary will, free will, willing)에 기초하여
③ 자유재량(discretion, free choice)을 발동하여
④ 물질적 보상, 금전적 이득(financial gain, wage, 돈, 급여)을 대가로 받지 않고(non-profit, absence of remuneration)
⑤ 생계유지 수단으로서 직업적 활동이 아닌
⑥ 정부의 정책적 활동이 아닌(non-governmental)
⑦ 사회적 공익에 기여하는 행위

여기서 우리는 위의 기본 요소들이 요구하는 조건을 완벽하고 명쾌하게 충족시킬 수 있는 행위가 있는지를 묻고 지나가야 할 측면이 있음을 간파해야 한다. 그것은 ① 자유의지 내지 자유선택의 문제, ② 보상의 문제, ③ 참가형식의 문제, 그리고 ④ 누구의 혜택을 겨냥하는지의 문제다.

(1) 자유의지와 강제성의 문제

일상생활에서 우리는 완전히 어떤 외부의 압력도 받지 않고 100% 자신의 의지와 자유재량으로 행동할 수 있을지를 물어보면 상당 정도 그렇지 않다는 답을 얻게 된다. 자원봉사가 아무리 자발적인 것이라 해도 상황에 따라서는 약간의 외부 영향으로 강제성이 개입할 여지는 있다. 꽤 많은 사람들은 주위의 권고라든지 이웃들이 하니까 휩쓸려 한다는 식으로 자원봉사 활동에 참여하는 수가 있는가 하면, 직장에서 자원봉사 프로그램을 시행하는데 나만 빠지기가 눈치 보이므로 동참하기도 하고, 또는 학생생활부 기록용이나 졸업 필수과목으로 자원봉사를 요구하는 학교가 있을 수 있다.

이런 여러 가능성을 고려할 때, 비록 자원봉사라 할지라도 완벽한 자유선택을 요구하기는 어려울 수 있다는 사실을 유념할 필요는 있다. 그리고 약속, 인습 혹은 상황의 여건 때문에 강제는 아니지만 '의무적'으로 자원봉사를 할 수도

있는 것이다. 오늘날 사회의 분위기가 '사회적 책임'을 강조하는 차원에서 자원봉사를 장려하는 추세이므로 사람들은 그러한 기풍에 휩쓸려 봉사활동에 동참하기도 한다. 하여간, 이런 종류의 의무라 하더라도 그것이 기분 나쁘고 반사회적인 것이 아니라 공공의 이익과 관련이 있는 것이라면 어느 정도는 허용하는 수가 있다(Meijs et al., 2003; Rochester et al, 2010: 20-21).

이런 문제를 염두에 두고 9개국(캐나다, 독일, 이스라엘, 미국, 인도, 이탈리아, 벨기에, 네덜란드)에서 '자원봉사' 여부에 관한 사람들의 인식을 실제로 조사하여 비교분석한 연구가 있다(Meijs et al., 2003: 22-25). 이 조사에서 이용한 질문서의 항목들 중에서 '자원봉사'로 인식하는 점수가 100점 만점에 대하여 50점 미만인 항목들의 보기를 몇 가지만 소개하면 이 쟁점의 성격을 이해하는 데 약간의 도움이 될 것이다. 순서는 점수가 낮은 항목, 즉 자원봉사로 간주하기 어렵다고 하는 것부터 높은 점수를 얻은 것의 방향으로 나열하였다. 괄호 안 숫자는 9개국 평균 점수다.

- 회사 직원이 비영리기구의 자기 회사 몫 이사직을 수행한다(24점).
- 연수생이 회사의 마케팅 시책의 일환으로 개최하는 워크숍에서 무보수로 봉사한다(30점).
- 재혼한 남자가 현재 부인의 전남편 소생 아이들을 돌봐준다(32점).
- 고등학교 졸업 필수 과제로 지역사회 봉사활동을 수행한다(39점).
- 의사, 교사, 회사 간부가 자기 애인에게 잘 보이려고 노숙자 급식소에서 봉사한다(39~40점).
- 회사 최고경영자 비서가 공동모금회의 자원봉사 위원장인 자신의 상사 대신에 위원장 활동을 한다(42점).
- 회사 관리자가 초과수당을 받지 않고 야간작업을 스스로 한다(43).

이 문제가 쟁점이 되는 이유는 사람들로 하여금 자원봉사에 참여하도록 하는 맥락에서 주된 관심사로 떠오를 수 있기 때문이다. 강제성이 개입하지 않거나 필수적이라는 인식을 주지 않고 스스로 선택하도록 하는 동기부여의 문제라 할 수 있다. 이와 관련하여 심리학에서 제시한 마음의 '프레임'(frame)이라는 개념을 적용할 여지가 있다는 점을 여기서 시사하고자 한다. 다만 이 주제는 추후 제5장에서 곧 소개하려 하므로 자세한 해설은 생략하고 한 가지만 간략하게 예시한다. 프레임이 중요한 까닭은 "어떤 프레임으로 세상을 접근하느냐에 따라 우리가 삶으로부터 얻어내는 결과물들은 결정적으로 달라"지기 때문이다(최인철, 2007: 20).

프레임의 원리를 자원봉사에다 적용할 때 소위 '탈퇴프레임'이라는 것을 적용함으로써 강제성의 문제를 얼마간은 해소할 여지를 만들 수가 있다. 가령, 국가나 시민단체가 시민들로 하여금 사회적인 공헌지향의 프로그램에 동참하도록 장려하는 정책으로 자발적으로 '가입'을 신청하게 하고 싫으면 참여하지 않아도 되는 방법과, 누구나 자동적으로 하는 것으로 약속해 놓고 싫은 사람만 '탈퇴'를 신청하도록 하는 방법을 쓰는 식이다. '가입하기'에서 좋은 일에 참여하기 위하여 가입을 신청하도록 하는 방법은 아무리 좋은 뜻의 일이라 해도 의식적으로 가입 절차를 밟는 것이 아무래도 번거롭다. 그러나 '탈퇴하기' 프레임이 제공하는 프로그램에서는 실제 탈퇴하기 위해서는 그럴싸한 이유를 찾아야 하는 궁색함이 따른다. 결국 실제 참여율은 가입 프레임보다는 탈퇴 프레임에서 더 높게 나타났다는 연구결과가 있다. 탈퇴해야 할 이유를 찾아서 자신의 행동을 정당화하기는 가입할 이유를 찾기보다는 더 어렵다는 원리다. 자원봉사를 이처럼 국가의 반강제 규정으로 묶을 수는 없지만, 적어도 일반시민의 참여를 유도하는 데 가입 프레임보다는 탈퇴 프레임의 원리를 적용하여 새로운 프로그램을 개발할 가치는 있다(Kim and Kim, 2011).

사회생활을 영위하는 인간이 완벽하게 자유의지에 기초한 자유재량만으로 행동하면서 살아가기란 그리 쉬운 일이 아니라는 사회적 실존을 인정하고 보면 자원봉사 참여가 얼마간의 강제성 내지 주위의 압력 같은 것이 개입한다고 해서 자발성의 훼손이라는 이유를 걸어 이를 거부하기 어려울 수도 있다는 말이다.

(2) 무보수의 문제

자원봉사자가 어떤 사람인지를 규정할 때 일반적으로 떠올리는 상념은 봉사하는 사람들은 남을 위해서 모종의 희생을 한다는 생각이다. 한 마디로 비용과 보상이라는 측면에서 생각하게 된다는 말이다. 그리고 보상이 비용을 초과하지 않으면 인간의 행동은 일어나지 않는다고 가정한다. 그런 의미에서 자원봉사는 이러한 가정을 정면으로 거부하는 행위가 된다(Musick and Wilson, 2008: 14).

자원봉사계에서는 봉사활동에 대한 최소한의 보수 또는 보상을 하는 것이 마땅하다고 보는 견해가 없지 않다. 이 문제에 대해서는 나라마다 신념과 관행에 차이가 있는 것도 사실이다. 자원봉사라고 해서 자신의 쌈짓돈까지 써가면서 해야 하는가, 아니면 교통비, 식비 등 최소한의 경비는 보조하는 것이 옳은가? 지역사회의 사업에 참여하는데 정부가 약간의 수당을 제공하는 것은 무방한가? 생일이나 크리스마스카드 같은 선물, 영화 관람권이나 공연 초대권 등, 지방 출장 봉사 때에 편안한 숙소를 마련해 주는 일, 수고했다고 파티를 열어주는 것, 일정한 시간의 봉사에 대해서 장학금 또는 취업의 기회를 보장하는 등의 보상은 어떤가(Dekker and Halman, 2003: 2-3)?

이런 문제에 대해서 비교적 엄격한 사회에서는 아무리 적은 보상이라 해도 그것은 근본적인 자원봉사의 정신을 훼손하므로 일절 금지해야 한다고 보기도 한다. 실지로 경험적 조사를 해보면 자원봉사자들은 자신의 봉사활동에 대해 보수를 지급하는 것을 불편하게 여기는 경향이 있다(Musick and Wilson, 2008: 14). 그리고 객관적으로도 그런 식의 어정쩡한 보수 내지 보상은 오히려 자원봉사자들의 자존심만 상하게 하고 자원봉사의 실용적 공리적 가치를 가지고 규범적 이상적 가치를 오히려 떨어뜨리는 처사가 된다고도 한다. 이 문제도 사실은 간단한 것이 아니다(Rochester et al, 2010: 21-22).

다시 위에서 인용한 9개국 비교연구 결과에서 구체적인 보기를 살펴볼 수 있다(Meijs et al., 2003: 22-25). 역시 평균점수 50점 미만의 항목 중 대표적인 것 몇 가지만 열거한다.

- 회사 최고경영자, 의사, 교사. 학생이 음악회 무료 티켓을 받는다는 조건으로 음악회에서 봉사활동을 펼친다((28-29점).
- 대기업체 최고경영자가 비영리 단체에서 근무하기 위해 1년간 유급으로 사회봉사 휴가를 냈다(29점).
- 국가에서 시행하는 사회봉사 프로그램에 참여하는 대학생이 일정액의 수당과

일부 학비 면제를 받았다(32점).

- 변호사가 자신의 시간의 절반을 할애하여 비영리 기구의 법률서비스를 제공한다(35점).

실례를 들면, 미국에서는 여비, 식대 기타 봉사활동 시에 지출한 액수 정도는 환불을 받든지 추후에 세금공제 신청에 적시하는 것은 용납하고 있다. 대표적인 자원봉사단체인 아메리코(AmeriCorps)에서는 일 년간 봉사한 데 대한 보상으로 장학금을 지급한다. 미국도 그렇지만 영국에서도 고령자 단체(Age Concern)에서는 인근 지역사회에 사는 노인들을 돌보아 주는 자원봉사자들에게 최소한의 비용을 수당으로 지급한다. 그 이유는 재정적으로 제약이 있는 고령자들이 봉사운동에 참여하기가 어려울 수 있으므로 약간의 수당은 그러한 장애를 극복하는 데 도움이 될 수 있다는 것이다(Musick and Wilson, 2008: 15).

그러나 대다수 자원봉사 단체나 비영리기구에서는 참여를 유도하기 위하여 수당을 제공할 여력이 없는 것도 현실이다. 게다가 이런 금전적 보상은 심리적, 윤리적 쟁점을 내포할 수가 있다. 사람들이 볼 때 자원봉사란 연민과 측은지심 같은 가치를 표현하는 기회기 때문에 거기서 어떤 물질적 이득을 취하는 것은 비윤리적이라고 생각하기도 한다. 그러니까 외적인 보상은 오히려 심리적으로 느끼는 만족감, 자부심 같은 내면적인 동기유발에 장애가 될 수 있다는 것이다. 심지어는 그러한 내면적인 보상은 자신에게 득이 되는 일로서 실지로는 '이기적인' 동기 요인으로 간주할 수 있는 것인데 그러한 자원봉사를 두고 뭐 그리 대단한 명예로운 일로 자랑하고 보상해야 하느냐는 반문을 하는 젊은 봉사자들도 있다는 연구결과도 보인다(Musick and Wilson, 2008: 15).

자원봉사라 하더라도 최소한의 인센티브를 제공하는 것은 필요할 때가 있다. 더구나 사람들의 행위에 대해서 칭찬하고 영웅을 만드는 마음의 프레임을 권장하는 것도 중요한 인센티브가 된다는 점은 제7장에서 자세히 설명할 것이다(Kim and Kim, 2011). 그러나 현재 우리나라에서는 이것이 지나치게 형식화되어 가는 문제가 있고 사람들이 시초부터 그 무엇인가 가시적 보상을 바라고 봉사활동에 참여하는 문제가 있는 것은 사실이다. 그러므로 봉사활동에 대한 일정한 평가를 하고 포상을 하는 관행은 널리 행해지고 있지만 이때의 보상이나 칭찬은 어디까지나 비가시적으로 규범적이고 정신적인 것이어야지 가시적인 물질적이고 재정적인 것으로 일관하게 되면 문제가 있다는 생각이 중요하다.

이런 쟁점에 대한 한 가지 해답으로 이른바 자원봉사 '순비용'의 개념(net-cost definition)을 제안하는 학자도 있다(Meijs et al., 2003; Musick and Wilson, 2008: 14-16; Rochester et al, 2010: 120). 순비용의 관점에서는 자원봉사란 애초에 어떤 물질적 보상을 바라고 하지는 않지만 혹시 보상을 수령하더라도 그것은 자신이 투입한 비용을 초과해서는 아니 된다는 원칙을 중시한다. 그러니까, 보상과 비용 사이에 마이너스가 나든지 아니면 최소한도 보상이 비용을 초과하지 말아야 한다는 원리를 일컫는다.

여기서 논의한 강제성과 보상 문제를 다룰 때에 주의할 원칙이 하나 있기는 하다. 말하자면 처음부터 불순한 동기가 개입하거나 두드러지게 자기중심적인 인센티브를 바라고 시작한다면 이는 경계해야 할 일이다. 하지만 공익을 중시하는 봉사활동인 한에서는 어느 정도 보상은 그것이 비록 물질적, 재정적인 것이라 해도 수용 내지 허용해도 무관하다는 견해가 대체로 타당하다고 보아도 좋을 것이다. 또 그렇게 함으로써 자원봉사에 처음 동참한 사람이 지속성을 유지할 수 있도록 하는 데 유리하게 작용할 수도 있는 것이다.

2) 봉사의 뜻

앞에서 서방의 언어표현에서는 자원봉사라는 개념에 특정적으로 '봉사'라는 용어를 사용하지 않음을 지적하였다. 그냥 자발성, 자발적 행위, 자원활동 속에 암시만 할 뿐이다. 그러나 봉사는 자발적 행위에서 매우 중요한 내재적 요소다. 기본적으로 자발적 행위로서 자원봉사는 이미 누군가를 위한 것이다. 그 '위하는 행위'는 그럼 어떤 속성을 지니는가? 이를 위해 영어의 service라는 단어의 다양한 의미를 추적해보면 다음과 같은 함의를 지니고 있음을 알게 된다.

① 재화나 서비스의 무상 제공
② 남을 위해 베풀기(giving), 나누기(sharing), 돌보기(caring) 등 도움 활동
③ 하인, 공무원(servant)처럼 섬기는 행위
④ 손님 접대

⑤ 지속적 관심과 돌보기(애프터 서비스)
⑥ 신을 섬기는 예배(기독교의 용법)

여기서 이런 예시를 하는 데는 그만한 이유가 있다. 흔히 자원봉사는 지위가 높든지 형편이나 처지가 유리하고 우세한 쪽에서 그렇지 못한 쪽에다 일방적으로 '시혜'를 베푸는 것으로 인식하기가 쉽다. 그런 점에서 위에 열거한 말뜻 풀이는 중요한 시사점을 제공한다. 단순한 시혜가 아니라 거기에는 돌봄과 아울러 섬김과 접대라는 매우 중요한 요소가 들어 있기 때문이다. 심지어 종교적 의미의 예배도 포함한다. 이것은 자원봉사의 겸허한 자세를 내포하는 속성이다. 더구나 서비스를 예배라는 뜻으로 사용하는 기독교에서도 예배를 단순히 교회의 건물과 같은 특정 공간에서 행하는 의식으로만 보지 않고 일상적인 삶의 현장과 동일시하여 항상 봉사하는 삶에서 신에게 예배한다는 정신을 강조하는 원리가 있다. 이처럼 봉사는 일상 속에서 자연스럽게 지속적으로 이루어지는 행위로 인식하는 것이 중요하다.

이런 뜻에서 보면, 자원봉사라는 말에서 서방세계의 용어에 없는 봉사라는 표현은 사용하지 않고 단순히 자원활동이라 일컫는 것을 주장하는 사람들이 있는데, 이러한 관점에는 문제가 있다. 자원봉사는 단순히 어떤 종류든 상관없이 무조건 자발적으로 하는 행동, 자원해서 하는 활동에 그치지 않고, 어디까지나 봉사하는 정신이 깃들어 있는 행위를 가리키는 데 참된 의의가 있기 때문이다. 이 문제는 다시 공익성의 요소를 논하는 문맥에서도 상기할 필요가 있다.

(1) 봉사의 중요성

이와 같은 견해를 뒷받침해주는 생각을 앞서 제시한 바 있는 시민사회의 자발적 부문이라는 개념에서 다시 떠올려 보고자 한다. 자발적 부문의 철학적 근거랄까 그 개념의 진정한 가치의 기초가 되는 또 하나의 이념형으로서 '자발적 사회'(the Voluntary Society)를 소개하려는 것이다(Shultz, 1972; 김경동, 2007).

자발적 사회란 높은 수준의 사회적 통합을 지향하지만 그를 위해 힘(강제)과 돈(물질적 보상)에 의존하는 정도를 되도록 최소화하려는 조직 원리로 구성하는 사회다. 자발적 사회는 상대적으로 비폭력적이고 비강제적이며 비물질적인 사회로서 자발성(voluntarism)이 중요한 목표가 되는 동시에 사회적 우선순위의 설정과 달성 및 사회문제의 해결에 주요 수단이 되기도 하는 것이 특징이다. 더 나아가 한층 더 적극적인 의미에서 자발적 사회는 "모든 개인과 조직단위들이 자율적으로 사회에 공헌해야 한다"는 '봉사의 이상'을 깨우치고 장려함을 조직원리로 삼는 사회다.

이처럼 봉사의 이상이 높은 자발적 사회나 조직체의 특징은 1) 자율성(autonomous) 2) 공헌 지향성(contributive) 3) 높은 뜻(대의, cause)의 추구라는 것이다. 자발적 사회나 조직체는 친사회적인(pro-social) 성격을 띠고서 사회변동에 적응함과 동시에 사회변동의 와중에 허물어져 가는 사회의 주요가치를 되살리고 드높이는 일에 앞장서서 사회가 바른길로 나아갈 수 있도록 바람직한 변화를 추진하려는 성향인 도덕적 기업가정신(moral entrepreneurship)으로 무장하여 사회변동을 창출하는 데 이바지한다. 이런 사회의 구성원에게는 각 개인의 내면에도 그러한 이념과 맥을 같이하는 '자유재량에 의한 봉사지향'(discretionary service orientation)이 필요하다. 사회가 강제력과 돈으로 개인의 봉사를 유도하려는 확률을 대폭 줄여 주는 정신을 각자가 함양할 것을 요구한다는 말이다.

이러한 자발적 사회의 이념형에서 '봉사'의 가치를 얼마나 강조하는지를 주목해야 한다. 따라서 자원봉사는 단순한 자원활동 이상의 이상과 가치를 지니는 행위요 운동이라는 인식이 중요해진다. 자발성과 봉사가 한데 어우러질 때 비로소 자원봉사의 진정한 의미가 살아난다는 말이다. 다만 이런 맥락에서도 봉사의 대상과 방식에 관련한 쟁점사항이 있다.

(2) 봉사의 대상

크게 심각한 문제는 아니지만 자원봉사의 개념을 체계적으로 정의하려 할 때 사람들이 일상생활에서 수시로 친척, 이웃, 친지를 도와주는 행위를 자원봉사로 간주할 수 있느냐 하는 쟁점도 한 번쯤은 고려해야 할 때가 생긴다. 대체로 우리가 말하는 자원봉사 활동은 일정한 형태의 조직체나 기관의 맥락에서 이루어진다. 자원봉사 활동을 위한 봉사자를 모집하고 훈련시키고 프로그램을 개발하여 제공하고 수요처에 배치하고 관리하고 평가하는 등의 조직체 차원의 관리 행위가 수반한다는 말이다.

그러나 사람들은 일상적으로 친척과 이웃이나 친지가 필요할 때 갖가지 도움의 손길을 베풀면서 살아간다. 위에서 예시한 베풀기, 나누기, 돌보기와 같은 형식으로 행하는 봉사활동은 대개 상호부조의 형식으로 진행하기도 한다. 그러므로 이런 종류의 행위도 자원봉사인가 아닌가를 결정해야 한다. 이런 도움은 필요에 의해 불가피하게 제공하지 않으면 안 되는 필수적인 것으로 대개 기대를 하는 것으로서 그런 행동을 자원봉사와 구분하는 기준이 세 가지 정도 있다(Musick and Wilson, 2008: 23-25; Rochester et al, 2010: 22).

첫째, 돌보기식 도움은 이미 존재하는 사회적 관계에서 연유하며 특정성이 없는 데 비해, 자원봉사는 대체로 모르는 사람들에게 특정한 목적과 방식으로 행해진다.

둘째, 돌보기 활동을 하는 사람들은 강한 의무감, 피할 수 없는 책임감에서 도움을 주지만 자원봉사는 기본적으로 의무적이기보다는 자발적인 행위다. 그래서 직업, 학점, 가족의무 등을 배경으로 자원봉사를 한다면 순수한 자원봉사로 간주하지 않을 수 있다.

셋째, 돌보기 도움에는 도움을 주는 사람들과 받는 사람들 사이에 정서적인 유대가 개입하고 행위 자체도 수단적이기보다는 표출적, 목적적이다. 이에 반해, 자원봉사는 반드시 감정을 개입하지 않아도 활동을 하는 데 지장이 없을 수 있다.

그런데 여기에서도 구분을 지나치게 엄격하게 할 수 없는 상황이 있을 수 있다. 의무감이 개입하지 않는다지만 자원봉사도 일종의 종교적, 사회적 의무로 간주하고 참여하는 사람들이 허다하다. 그리고 자원봉사에서도 봉사자와 수혜자 사이에 정서적 관계가 생성하고 사회적 유대가 지속할 수도 있기 때문이다.

(3) 봉사의 형식

봉사활동이 얼마나 공식적인 것인지를 두고 구분을 할 때가 있다(Musick and Wilson, 2008: 13; 17-23).

첫째는 국회의원을 면담해서 민원을 제기한다든지 집회 또는 시위에 참여하든지 진정서에 서명을 하는 등의 시민참여 활동(civic participation)이 한 가지다.

둘째는 단순히 개인적으로 친족이 아닌 사람들에게 무보수 도움을 제공하는 비공식적인(informal) 자원봉사 활동이 다음이다.

셋째는 공익을 위해 무보수로 다른 사람들이나 생태환경 등에 혜택을 주는 일을 하되 일정한 집단, 클럽 같은 조직체에 참여하거나 조직체를 거쳐서 활동하는 공식적(formal) 자원봉사가 있다.

이 쟁점에 대해서도 시민참여는 일종의 정치사회적 실천행동에 해당하며 비공식적 자원봉사는 개인적인 활동이라 자원봉사로 간주하지 않을 수도 있다는 견해도 있다. 이 문제는 곧이어 다른 각도에서 다시 언급할 것이다(Rochester et al, 2010: 19-20).

다음은 구체적으로 개인이 봉사에 참여하는 종류가 있다. 전통적으로 흔히 해오던 상호부조나 자조행위를 비롯하여, 자선과 재난 구조나 복지긍휼의 형식으로 베푸는 사회적인 서비스 제공, 각종 시민기구나 봉사단체의 자문역이나 임원으로서 전문성을 중심으로 하는 재능나누기, 시민사회 차원에서 애드보커시 운동이나 공익적 사업을 진작시키려는 캠페인 참여 같은 형식을 띨 수도 있다.

3) 공익성의 쟁점

일반적으로 자원봉사는 나 자신이 아닌 다른 사람을 위한, 이타적 행위로 간주한다. 그리고 그 혜택은 공익적인 것이라고 본다. 그러나 이 문제도 그리 단순하지만은 않다. 여기에도 과연 누구를 위한 봉사인지를 물을 수 있고 또 일반적으로 권익옹호를 주축으로 하는 사회정치적 실천행동의 의미를 두고 논의를 할 여지가 있다.

(1) 누구를 위한 봉사인가?

후에 자원봉사 참여 동기와 관련하여 다시 논의하겠지만 자원봉사는 반드시 남을 위해서만 하는 것이 아닐 수도 있다. 그리고 타인이라 할 때 자신의 가족이나 친족처럼 나와는 특수 관계가 없는 타인이어야 한다는 원칙도 반드시 정당한가라는 문제제기가 있을 수 있다. 또한 어떤 자발적 결사체(voluntary associations)에 참여하여 자원활동을 하는 것이 그 결사체 소속 구성원 자신들을 위한 것이면 그것을 자원봉사로 간주해야 하는가라는 것도 쟁점사항으로 떠오른다. 만일 봉사를 주로 하는 단체에 가입하기만 하면 그것이 곧 자원봉사인가 하는 것도 문제시하게 된다. 실제 그런 단체에서도 정말 봉사활동을 열심히 하는 사람들은 소수일 개연성은 상당히 있다. 일단 이와 같은 단체에 속한 사람들이 자원봉사를 많이 하는 것은 사실이지만 단체에 참여하지 않고도 자발적 봉사를 잘할 수도 있다. 어떤 상황이든, 중요한 것은 자원봉사란 원칙적으로 공익에 기여하는 행위를 일컫는다는 점이다. 거기서 어떤 개인적인 혜택이나 만족을 얻는 일은 별개 문제다. 그러므로 공익적 활동의 대상이 누구인지를 합리적으로 규정할 수 있기만 하면 이 문제에 대한 해답은 그리 어렵지 않을 수도 있다(Musick and Wilson, 2008: 13; Rochester et al, 2010: 22).

(2) 자원봉사와 사회정치적 실천행동의 문제

앞에서 시민사회의 기능을 논의할 때 권익주창 위주의 애드보커시 기능과 자원봉사 중심의 책무이행 기능이 있음을 지적한 바 있다. 그러므로 넓은 의미의 시민운동을 말할 때는 이 두 가지 종류의 기능을 하는 운동을 모두 포함한다. 그러나 현실적으로 자원봉사 활동을 주로 하는 사람들의 동기나 의식을 살펴보면 저들은 그러한 활동을 애드보커시와는 구별하는 경향이 있다. 자신들은 어디까지나 이타적 행위로서 자원봉사를 하는 것이지 무슨 권리를 옹호하고 이익을 추구하는 행동을 하는 게 아니라고 생각한다는 말이다. 일반적으로 자원봉사는 사회문제에 대한 단기적이고 즉각적인 해소에 집중하는 데 비해 사회정치적 실천행동(social activism)으로 표출하는 애드보커시 활동은 사회의 구조적인 문제에 대하여 장기적이고 근본적인 해결을 겨냥한다는 견해가 지배적이다. 말하자면 애드보커시 운동은 증상의 예방에 초점이 있는 대신 자원봉사 활동은 일시적 증세완화나 고통경감이 주된 기능이라는 생각이다(Musick and Wilson, 2008: 117-23; Rochester et al, 2010: 22).

그러나 자세히 고찰해보면 둘 사이에는 중복하는 측면도 있음을 알 수 있다. 우선 권익추구를 위한 사회정치적 실천행동도 자원봉사자들이 하는 것이 원칙이다. 그리고 사회적인 맥락에 따라서는 동일한 활동이라도 자원봉사로 또는 실천행동으로 해석할 여지가 있다. 예컨대 사회 전체가 정치적, 사회적 격랑 속에서 사회운동이 활발한 상황에서는 두 가지 활동을 서로 다르게 해석할 여지가 있지만 비교적 안정적인 사회 환경에서는 자원봉사가 곧 상당히 눈에 뜨이게 권익옹호를 위한 장기적인 애드보커시 운동으로 비칠 수도 있다.

또한 자원봉사는 개인적인 활동인 데 비해 애드보커시 운동은 정치적이라는 구분도 때로는 의미가 없을 수가 있다. 처음에는 개인의 관심사로 시작한 자원봉사 활동이었는데 참여하는 과정에 사회가 변하거나 아니면 봉사의 대상이 되는 현상이 심각한 사회정치적 문제로 부상하여 결국 애드보커시 성격의 활동으로 이전할 수도 있다. 그뿐 아니라 자원봉사는 동정심에서 우러나는 봉사가 우선이라면 사회정치적 실천행동의 주된 동기는 사회정의라는 주장도 반드시 정확한 것은 아닐 때가 있다. 이 둘의 구분을 지나치게 명확히 하기보다는 두 가지 활동 모두가 궁극적으로는 이타적 관심에서 우러나는 공익적 행위라고 보는 것이 온당할 것이다.

4) 세 가지 관점의 종합

이제 위에서 논의한 내용을 정리하는 뜻에서 자원봉사의 의미를 이해하는 세 가지 약간씩 다른 관점과 그것을 종합하는 시각을 잠시 고찰하기로 한다. 첫째는 현재 실질적으로 지배적인 관점, 둘째는 시민사회의 실천행동의 시각, 그리고 셋째는 진지한 여가활동의 견해가 그것이다(Rochester et al, 2010: 10-16).

(1) 지배적인 관점

영미권을 중심으로 하는 서방세계나 우리나라에서도 마찬가지지만 자원봉사의 의미를 규정할 때 현재의 지배적인 관점은 이타적 봉사활동으로 보는 것이다. 기본적으로 사람들이 자신의 시간과 재능 및 노력을 자선행위처럼 남을 위해 무상으로 선사한다는 관념이 주종을 이루는 견해다. 따라서 이들의 활동은 주로 사회복지 차원에서 이루어지며 일정한 봉사기관을 거점으로 행해진다고 이해한다. 이를 두고 이타적 관점 혹은 비영리주의 관점이라 하기도 한다.

(2) 시민사회 패러다임: 사회적 실천행동의 시각

주로 시민사회의 구성원들이 공통의 사회문제에 대응하여 공유하는 욕구를 충족시키고자 하는 자조적(自助的), 상부상조의 활동을 자원봉사로 간주하는 견해다. 이들은 사회복지 분야에만 국한하지 않을뿐더러 복지문제라도 단기적 보조를 넘어 장기적 해결에 초점을 두며 기타 다양한 사회경제적 문제의 근원적 해결에 더 관심을 가지고 결사체의 형식으로 조직적인 정치 활동도 한다.

(3) 진지한 여가활동(serious leisure)

세상이 변하면서 생활수준도 향상하고 사람들의 의식이나 욕구체계가 달라짐에 따라 자원봉사도 이제는 여유시간을 이용하여 사회적 공익에도 기여하지만 자아의 내면적인 만족도 추구하려는 일종의 여가활동으로 생각하는 사람들이 늘고 있다. 이들은 주로 문화, 예술, 스포츠, 여가활동 등에서 의미 있는 행동으로 봉사활동을 하면서 여가를 즐기는 유형에 해당한다. 심지어 요즘은 자원봉사도 재미있게 해야만 참여율이 높아질 수 있다는 생각으로 volunteering과 즐겁게 한다는 뜻의 entertainment라는 두 단어를 조합하여 신조어로 볼런테인먼트(voluntainment)라는 말을 쓰기도 한다.

물론 현실적으로는 이 세 가지가 상호 배타적으로 일어나는 수도 있지만 제2장에서 이미 검토한 대로 시민사회의 두 가지 기능인 권익 옹호추구 운동과 책무이행운동으로서 자원봉사는 서로 맞물려서 조합을 이루며 펼치기도 하므로 중복 기능을 수행할 수도 있다고 본다는 점을 상기시키고자 한다.

5) 사회운동으로서 자원봉사

지금까지 개념에 대한 논의에서 주종을 이루는 관념은 자원봉사는 마치 개인이 하는 활동으로만 생각하는 듯한 인상을 주는 경향이 있다. 하지만, 실은 자원봉사는 하나의 중요한 사회운동이라는 신념이 중요하다. 개인이 참여하기는 하지만 궁극적으로는 사회의 변화와 개선을 추구하는 거시적인 목적과 가치가 그 이면에 도사리고 있는 활동이며 그러한 활동을 하는 과정에는 대개 조직적 체계를 갖추는 것이 상례다. 특히 민주시민사회를 육성하고 공동체적인 삶을 복원하려는 노력이라는 시각에서는 더욱이나 자원봉사와 같은 범사회적인 운동이 절실해지고 있는 시대다.

6) 자원봉사에 임하는 자세

자원봉사가 대의를 위한 자발적인 봉사활동이라면 적어도 그에 임하는 자세나 태도가 중요하다. 비록 봉사활동이 몸이 고단하거나 시간을 많이 요하거나 부담스러울 수가 있더라도 기본적으로 긍정적인 태도로 즐거운 마음을 가지고 참여하는 것이 마땅하다. 아직은 많은 사람들이 의무감이나 떠밀려서 억지로 활동하면서 자원봉사라고 하는 관행이 있는데, 이것은 원칙상 피하는 것이 마땅하다. 그리고 한 번 시도해보고 그만두는 것이 아니라 반복해서 규칙적으로 지속적으로 참여하는 것을 원칙으로 한다. 연구 결과에 의하면 어릴 때부터 자원봉사 경험이 있는 사람들은 성인이 된 후에도 봉사활동을 지속하며, 한 번 봉사에 참여한 사람들은 일반적으로 다시 반복하는 경향이 있다고 한다.

그런데 최근에는 사람들이 그처럼 지속적이고 규칙적인 참여보다도 자신의 형편에 따라, 시간이 날 때, 자신이 선택하는 종류나 성격의 활동에 일회적으로 가담하는 방식을 선호하는 사람들이 증가하는 추세다. 이런 범주의 사람들을 위해서 이른바 핸즈온(hands on)이라는 이름으로 수시 봉사 프로그램을 개발하여 참여케 하는 움직임도 생겨났다(Sagawa, 2010). 물론 이런 프로그램도 같은 사람들이 수시로 편리할 때 계속, 반복해서 참여하는 것은 가능하다. 여하간에 가장 긴요한 것은 어릴 때부터 마음의 프레임을 자원봉사로 자리잡아 놓아서 일상적으로 '가슴에서 우러나는 습관'(habits of the heart)처럼 저절로 봉사활동에 나서는 태도를 형성하는 것이다. 그렇게만 되면 즐기면서 반복적, 규칙적으로 지속적 참여를 하게 될 것이다. 이것이 성숙한 시민사회의 성숙한 시민다운 자세다(Rochester et al, 2010).

II. 자원봉사의 가치

1. 자원봉사의 가치

1) 가치와 자원봉사

지금까지는 주로 자원봉사의 개념 풀이를 중심으로 그 의미를 추적하는 작업을 했거니와 자원봉사의 이해를 위한 철학과 가치를 이제 본격적으로 다룰 차례가 왔다. 여기서 철학이라는 용어는 비교적 상식적인 수준에서 사용한다는 점을 밝혀둔다. 쉽게 말해서 자원봉사라는 현상을 하나의 사실로 간주하고 객관적인 관점에서 서술하고 설명하는 데 그치지 않고 그것의 중요한 의미(significance)에 대하여 추상적인 수준에서 사실과는 직접적인 관계없이 전개하는 담론을 두고 철학적이라고 생각하려는 것이다. 그런 접근에서는 가치의 문제도 현상적 사실의 차원이 아니라 담론적 차원에서 논의하게 된다. 그러므로 우선 가치가 무엇을 뜻하는지에 대한 고찰부터 시작해야 할 것이다.

일반적인 의미로 해석할 때 가치란 무엇이 옳고 그른지, 좋고 나쁜지, 인간이 마땅히 해야 할 일인지 아닌지, 정당한지 아닌지, 바람직한지 아닌지, 중요한지 아닌지, 어떤 것을 선호하는지 등 인간 행위의 목표와 표준의 선택에 입각한 판단과 결정을 좌우하는 요인으로서 인간이 품고 있는 관념으로 이해할 수 있다. 물론 가치관이 곧 직접적으로 행위를 결정하지는 않지만 하나의 심층적인 심리적 요소로서 우리가 왜 사회적 규범을 따라야 하고 왜 어떤 특정 행동을 해야 하는지에 대한 지침을 제공하는 기능을 한다고 본다(김경동, 2008: 47). 실지로 자원봉사 연구분야에서도 이 가치 개념을 적용하여 자원봉사의 가치를 여러모로 고찰하고 분석하고 있다(Dekker and Halman, 2003: 6-8; Musick and Wilson, 2008: 82-85; Rochester et al, 2010: 16-18).

이러한 가치는 개인의 마음속에 있는 가치관 내지 가치의식으로도 존재하고 사회의 집합적 가치지향(value orientations) 혹은 가치체계(value systems)로도 작동한다. 그 어느 쪽이 먼저냐 하는 문제는 사회에 대한 이론적 시각에 따라 다르게 해석하지만 둘은 서로 밀접한 관련성이 있는 것만은 틀림없다. 이러한 구분이 필요한 이유는 자원봉사의 가치라고 할 때 봉사자 개인의 가치관을 가리킬 수도 있고 사회적 가치지향과 가치체계를 지칭할 수도 있기 때문이다. 우리의 관심사는 일단 자원봉사자 개인의 가치관 여하라기보다는 한 사회의 가치지향이나 가치체계라는 집합적, 추상적 차원의 가치다. 그와 같은 사회 전반의 집합적인 가치지향, 가치체계의 영향 아래 개인 봉사자들은 자신의 가치관을 형성하고 그에 좇아 행동한다고 보는 것이다. 이제부터는 그처럼 사람들이 자원봉사를 왜 하는가라는 질문을 다룰 때 일정한 가치지향의 영향으로 품게 된 가치관의 지침에 따라 참여한다는 전제를 한다는 말이다.

2) 자원봉사의 가치지향

(1) 철학적 가치지향

그러면 사회의 어떤 가치지향에 의해서 사람들은 자원봉사라는 행위를 서슴없이 하는가? 학계에서 지목하는 주요 가치항목들을 먼저 개관해보자(Dekker and Halman, 2003; Musick and Wilson, 2008: 85-97; Rochester et al, 2010: 16-18).

첫째는 이타주의(altruism) 내지 선행(beneficence)의 가치다. 이는 다른 사람들에 대한 측은지심(compassion)이나 돌봄(care)을 지시하는 도덕적 명령(moral imperative)에 기초한다. 이러한 이타성이란 자유재량에 의한 봉사지향의 뿌리로서 다음과 같은 네 가지 유형의 인간이 지닌 '이타적 충동'(altruistic impulse)의 소산으로 이해한다(Warriner, 1972).

① 감정이입(empathy): 공통한 느낌과 태도를 지닐 줄 아는 인간이 남의 일도 내 일처럼 기뻐하고 슬퍼할 때 감정이입을 경험한다.
② 동정심(sympathy): 타인과 함께 공통의 상황을 공유하고 함께 느낄 수 있는 협동적 이타심의 바탕이 동정심이다.
③ 인간적 연민(anthropopathy): 서로 다르지만 함께 괴로워할 능력이 있음을 인정할 때 타인을 위해 슬퍼하는 이타적 충동의 발현이다.
③ 자선(philanthropy): 다른 사람들의 고통을 인식하고 인정하여 이제는 그들을 위해 무엇인가를 해야겠다는 이타적 충동이다.

둘째는 연대(solidarity)의 가치다. 함께 사는 사회나 집단에 대한 일체감, 정체의식의 표출인 동시에 그 집단과 사회 및 구성원들의 복리에 공헌해야 한다는 책임감의 표현이기도 하다.

셋째는 상호성(reciprocity)의 가치다. 내가 남을 도우면 언제, 어디선가는 내가 필요할 때 도움의 손길을 기대할 수 있다는 이해를 내포한다.

넷째는 공평성(equity)과 사회정의(social justice)의 가치다. 불평등과 불의는 도덕적으로나 사회적으로나 잘못된 것이므로 힘을 기울여 해소해야 한다는 신념에 기초한다.

이 모두를 한데 아우르면 '인도주의'(humanitarianism)라고도 할 수 있다. 그리고 그런 가치는 대개 종교적 신념에서 연유한다. 어느 종교나 이런 가치는 거의 공통으로 강조한다. 그런데 이와 같은 가치항목들을 열거해놓고 보면 현실적으로 존재하는 사회적 가치지향 중에서 이런 것과는 서로 배치되거나 반대되는 것들도 있다는 사실이 떠오른다. 그리고 그런 가치지향들은 자원봉사운동에도 영향을 미칠 수 있는 것들이다.

하나는 이념적 스펙트럼과 관련이 있다. 주로 집합주의적 가치냐 개인주의적 가치냐 하는 것이다. 전자는 사회차원에서 국가의 제도로써 출생부터 사망까지 보살펴 주어야 한다는 이념인 데 반해 후자는 어디까지나 각자의 복리는 스스로 책임져야 한다는 이념이다. 물론 이 둘이 극단적으로 배치하는 모습으로 존재하기보다는 이 두 극 사이 어느 지점에 해당하는 관점이 실제 사회의 이념적 지향으로 작동한다고 보아야 할 것이다. 자원봉사의 가치나 철학은 그러한 문맥에서 다양한 사회적 가치지향의 영향 아래 정립하게 되어 있다.

또 한 가지는 소위 '복지이념'(welfare ideologies)의 지향이다. 가령 가족과 친척이나 친구가 시행하는 '비공식적 보살핌'이 감당할 수 없는 사회적 필요나 욕구가 발생할 때는 과연 어떻게 대처할 것인가 하는 문제와 관련이 있다. 이에 대한 대답은 세 가지가 가능하다.

① 시장논리에 기초한 대응이다. 필요한 것은 돈으로 사서 해결하되, 국가나 자원봉사의 도움은 시장에서 구매할 능력이 없으므로 그러한 욕구나 필요를 충족시키지 못하는 상황에서만 시행해야 한다.

② 그 책임은 전적으로 국가에 있고 세금으로 충당해야 한다.
③ 회원으로 참여하든 돈과 시간을 기부해서 참여하든 주된 역할은 자발적 부문이 실천으로 감당해야 한다.

철학적인 가치지향의 문제는 거기서 끝나지 않고 현대사회의 사회적 가치지향 중에서 어떤 것은 자원봉사의 기본적인 가치지향과 정면으로 배치될 수 있는 것도 존재한다는 데 있다. 특히 개인주의와 물질주의가 주의해야 할 것들이다. 개인주의는 일단 자기중심성을 하나의 특징으로 하기 때문이고, 물질주의는 자본주의 정신의 주된 지향을 대표하기 때문이다. 물질에 대한 관심이 강하면 아무런 대가나 보수를 받지 않고 행하는 자원봉사 같은 일은 하찮은 것으로 간주할 수가 있다. 다만 개인주의의 자기중심적 이해관심은 자원봉사에 의해서도 충족할 수 있다는 점에 유의할 필요는 있다. 봉사를 함으로써 자아실현이라든지 자아만족 혹은 직업적 기능 습득, 사람들과 사귈 기회, 지역사회 공헌과 사회적 책임 다하기와 같은 자기중심적 결과를 얻어 보람을 느낄 수 있어서 그것이 다음번에도 거듭 봉사활동에 참여할 동기가 될 수도 있다.

이 대목에서 우리는 개인주의가 극단으로 흐름으로써 자아내는 고독과 격리의 문제를 해소하고 푸근하고 따뜻한 인정이 넘치는 사회를 이룩하고자 하는 가치지향으로서 '공동체주의적' 가치에 관심을 가질 필요가 있다. 따라서 공동체 운동과 자원봉사의 관계를 곧이어 따로 검토하려 하거니와 그전에 한 가지 사항만 더 고려하고자 한다. 이에 대해서는 자원봉사의 과정에서 중시해야 하는 가치를 중심으로 접근하게 된다. 그 내용을 요약하면 다음과 같다(Kearney, 2007; Rochester et al, 2010: 17-18).

① 자원봉사는 포용적인(inclusive) 운동이다. 보통 자주 거론하는 인종, 종교, 성별, 나이, 학력, 계층 등 어떤 인구학적, 사회경제적 특성이든 차별 없이 자원봉사에 참여할 권리(right to volunteer)를 중시한다는 원리다.
② 자원봉사는 자유의지에 의한 선택(choice)으로 행한다. 자원봉사는 개인적인 가치관과 신념에 입각하여 참여할 뿐 아니라 참여하지 않을 권리도 선택적 대안이며, 언제, 어디서, 어떤 봉사활동을, 얼마나 길게 혹은 단시간에 할지 등에 관한 선택도 본인의 자유다.

③ 자원봉사는 양방통행 과정(two-way process)이다. 위에서 잠시 언급한 것처럼 자원봉사는 시혜자와 수혜자 사이의 일방적 행위가 아니고 봉사자 자신에게도 혜택이 있다는 것과 봉사자들 사이에도 상호교환적 활동이 가능하다는 원리다.

④ 자원봉사는 특유의 기여(distinctive contribution)를 하는 행위다. 보수를 받고 하는 일 대신에 하는 일 정도가 아니고 그 나름으로 가치를 창출하는 일임을 인정해야 한다.

⑤ 자원봉사는 봉사자에게 힘을 실어주는(권한부여, empowering) 기능을 수행한다. 보통 말하는 기능 축적이나 지식 획득의 기능을 넘어 자기가 하는 일에 대해서 자신감을 얻고 공동체나 사회에 대하여 창의적인 공헌을 할 수 있다는 원리다.

⑥ 자원봉사는 어떤 효과(impact)를 자아낸다. 자원봉사로써 공동체와 사회에 대하여 경제, 사회, 문화, 생태적 변화를 초래하는 효과를 거둘 수 있다.

(2) 봉사의 인간주의적 가치

이 대목에서 우리는 '봉사'의 가치가 자원봉사운동에서 갖는 특별한 철학적, 사회학적 의미를 한 번 다시 새겨볼 필요가 있다. 이미 앞에서 자원봉사의 말뜻 풀이를 하는 계제에 봉사의 의미와 중요성에 관한 기본적인 검토를 시도하였으나 이 자리에서는 특별히 인간주의적인(humanistic) 관점에서 봉사의 가치를 더욱 부각시키려는 취지에서다(Butcher, 2003).

먼저 흥미있는 정보가 하나 있다. 미국적십자사(the American Red Cross, 1989)에서는 자원봉사자의 개념정의에 '봉사'(service)라는 단어를 특정적으로 적시하고 있다는 사실이다. "자원봉사자란 급여를 받는 직업적 활동과 통상적인 책임의 영역을 넘어 자신의 활동이 스스로에게 만족스러울 뿐 아니라 다른 사람들에게 이롭다는 신념으로 비영리 목적의 사업에 시간과 봉사를 기여하는 개인들을 일컫는다."[15]물론 앞서 개념규정의 보기를 들 때 호주의 사례에서도 봉사라는 단어를 포함하였음을 알고 있다. 말하자면 자원봉사란 비록 서방식

---

15) Volunteers are individuals who reach out beyond the confines of their paid employment and of their normal responsibilities to contribute time and service to a non-for-profit cause in the belief that their activity is beneficial to others as well as satisfying to themselves.

표현에서는 단순한 자발적 행동으로 보이지만 내용상으로는 결국 봉사를 내포한다는 점을 이런 보기에서 다시 확인할 수 있으므로 volunteering은 반드시 자원봉사로 번역 사용하는 것이 온당하다는 점을 재차 분명히 해둔다.

그런 점을 염두에 두고 여기서 인간주의적 해석을 거론하는 것은 봉사라는 개념이 지니는 특수한 가치를 부각시키려는 데 목적이 있다. 위에서 자원봉사란 일방적인 시혜가 아니라 상호작용이 일어나는 양방향적 관계성을 중시하는 활동임을 지적하였다. 이 점을 강조하기 위해서 봉사(serving)와 도움(helping)이라는 태도를 대비하여 그 차이를 부각시키는 접근을 취한다.[16)]

흔히 자원봉사를 언급할 때 '누구를 도와준다'는 표현과 '누구를 위해 봉사한다'는 말을 혼용하는 수가 있다. 그러나 그러한 두 가지 표현에서 눈여겨봐야 할 요소는 그 말들이 내포하는 태도의 성격이다. 이 두 가지 모두 무엇인가를 주는, 제공하는(giving, offering) 행위지만 그 성격에 차이가 있다는 말이다. 주되 무엇을 어떻게 주며 그 결과는 무엇인지를 잘 따져봐야 한다는 뜻이다.

보통 도움을 줄 때는 재화와 서비스가 그 대상이 되고 거기에는 주는 사람과 받는 사람이 있지만 필연적으로 상호성(reciprocity)의 기회를 요하지는 않는다. 이에 반해, 봉사는 제공자와 수용자 사이의 상호성은 물론 동격 혹은 평등의 기회도 내포한다. 도움이란 자신의 소유를 일부 타인에게 선물로 공유(share)하는 행위를 함축하지만 봉사는 나의 소유를 공유하는 데 그치지 않고 나 자신(what we are)의 일부를 제공하는 것도 포함한다. 그러니까 자원봉사는 자신을 무상으로 내어 놓고 수혜자와 동등한 지위에서 나의 참여와 공유를 선물로 제공하면 수혜자는 그것을 자기 마음대로 이용할 수 있는 관계를 함축한다. 이처럼 자신을 거저 준다는 말의 철학적 함의는 곧 사랑이며 자기초월이다. 동서양의 종교에서는 이와 같은 자기초월적 주기(giving)의 가치를 사랑, 자비, 인(仁), 연민 등 여러 가지로 표현하지만 실상 근본은 하나다. 사랑이다.

구체적으로 도움 주기와 봉사의 차이를 대비해보면 다음과 같다(Butcher, 2003: 117-119).

---

16) 여기 소개하는 내용은 주로 Butcher(2003)을 간추린 것임을 밝혀 둔다.

① 도움 주기의 관계는 비동격, 불평등이고 위계서열적이다. 이런 관계는 통제 혹은 단순한 교환의 분위기 속에서 이루어진다. 대체로 봉사자와 수혜자 중 한쪽에서만 모종의 혜택을 인식한다. 이런 관계에서는 인간적인 성장과 진정성 있는 만남(encounter)을 형성하기가 어렵다. 자원봉사자의 이러한 '도움 주기' 태도는 자칫하면 온정주의적(paternalistic) 의존을 조장하기 쉽고 도움을 받는 사람은 도움이 종결하면 평상시의 태도로 회귀해 버리기 때문에 단기적인 관계로 끝나기 일쑤다.

② 봉사의 인간주의적 이해는 우선 개인의 선택과 행위의 자유를 존중하는 태도를 전제한다. 따라서 봉사의 관계는 수평적이며 대화와 진솔한 만남의 기회를 제공하며 개방성을 증진하며 상호간의 선택을 존중하는 관계다. 이런 관계에서는 대체로 봉사의 경험으로부터 쌍방이 모두 혜택을 입는다. 봉사는 자율성과 독립성을 조장하는 과정을 촉진함으로써 양방 모두의 변화와 장기적이고 영속적인 결과를 초래할 가능성을 제공한다. 이런 봉사의 태도를 표출하는 관계를 만들어가는 자원봉사자는 신뢰를 조성하고 봉사자와 수혜자는 모두 상호간에 한층 더 생산적인 관계를 형성할 수 있게 된다.

물론 현실 세계의 자원봉사 활동은 이러한 이상적 이념형의 완벽한 실현을 고집하기는 쉽지 않다. 그러한 이념형을 한 극으로 하고 다른 한 극은 단순한 도움 주기로 설정할 때, 그 둘 사이의 연속선상의 어느 한 지점에 해당하는 태도로 봉사활동에 임하게 될 것이다. 하지만 이와 같은 이상적인 그림을 염두에 두고 봉사활동에 임하는 것과 그런 의식이 없이 무작정 참여하는 것과는 자신의 삶과 수혜자의 삶에 분명히 어떤 차이를 자아낼 것이라는 점을 부인하기가 어렵다. 이 논의에서 눈여겨볼 사항은 봉사정신이 중요한 이유의 하나가 거기에는 특별한 성격의 인간관계가 생성할 수 있다는 사실이다. 그러한 인간관계의 특성을 이제는 공동체적 관계로 재해석하는 시도를 하고자 한다. 다시 말해서 자원봉사의 가치가 단순한 도움 주기의 일방적 관계로 끝나지 않고 쌍방향적이며 개방적이고 진정성 있는 평등한 관계를 조장하는 것과 관련이 있다면 이는 분명히 공동체주의와도 밀접한 연관성이 있는 가치로 보아도 좋을 것이라는 말이다.

그런 취지에서 이제부터는 공동체 운동으로서 자원봉사에 관한 논의를 시작하기로 한다.

2. 공동체 운동으로서 자원봉사

여기에 자원봉사의 철학과 가치를 바라보는 또 하나의 새로운 관점을 제시하려고 한다. 자원봉사란 곧 일종의 공동체 운동이라는 명제다. 이러한 시각에서 자원봉사를 재규정하면 "인간사회의 공동체적 나눔의 삶을 진작시키려는 숭고한 이타적 봉사의 이상을 자발적으로 추구하는 사회운동"이라고 할 수 있다. 다만 이 문제는 길게 해설할 수 없고 요체만을 정리하겠다.[17]

1) 왜 공동체인가?

앞서 제2장에서 한국사회의 변동을 분석할 때 우리 사회도 공동체가 망가지고 있어서 인간관계가 모래알처럼 뿔뿔이 흩어져 외롭고 쓸쓸한 사람들이 날로 늘어나고 있음을 지적한 바 있다. 그런데 인간의 행복연구에서 한결같이 발견하는 행복과 삶의 만족감의 조건 또는 장수하는 사람들의 특징은 돈이나 건강보다도 사람들과 의미 있는 관계를 맺고 사는 것, 특히 가족과 같은 공동체적 관계 유지가 가장 중요하다는 것이다. 하지만 안타깝게도 현대사회의 생활은 고독을 조장하는 징후들이 허다하다. 몇 가지 대표적인 예만 들어보자(김경동, 2010a: 178-181).

- 고속도로를 주행하는 운전자의 자세처럼 홀로 앞만 보고 달려야 하는 '상호작용의 진공상태'
- 아파트 같은 대단위 공동주거 형태에서 사생활(privacy)과 격리(seclusion)를 강조하는 공간배치 설계
- 바쁘고 피곤한 일에서 집으로 오면 현관문을 닫는 순간 TV나 게임 등으로 '도피'를 시작하는 생활습관
- 한 마디로 인간은 누에 번데기처럼 '고치 속으로 몸을 숨기는' 은둔(cocooning)의 자폐적 성향 조장
- 붐비는 사람들 속에 진짜 잘 아는 사람은 적고 같은 아파트 바로 옆집

17) 공동체 운동에 관해서는 다른 저서(김경동, 2010a)에서 자세한 논의를 하고 있으므로 여기에는 되풀이하지 않으려 한다.

이웃의 이름도 얼굴도 모르는 익명성

- TV 시청 등 수동적 자세에 머물러 진정한 상호작용이 일어나기 어려운 '구경꾼 문화'(spectator culture)의 만연
- 직장에서도 일과 직업에 대해 자신을 전적으로 바치는 헌신몰입(commitment) 약화와 직업윤리 쇠퇴
- 모든 사회생활에서 일시적, 피상적 관계의 연속 속에 상호작용을 하므로 장기적으로 누구에게 깊이 빠지는 관계의 형성이 어려움

그와 같은 외로운 삶은 갖가지 문제를 초래한다. 혼자 살면 질병에 걸릴 위험도가 더 높고 자살의 주요인 우울증도 상당 부분 고독에서 유래하며 암의 치유도 가족 등 인간관계가 중요하다는 연구결과가 있다. 그런가 하면, 어려움 당할 때 혼자서는 이겨내기가 어려운 안전의 위험도가 높고, 의미있는 관계를 경험하지 않을 때는 친근함에 대한 두려움, 어색함, 거추장스러움을 품게 되며, 자칫 균형 잡힌 시각(perspective)을 상실하고 관점의 균형을 잃어서 극단적으로 생각하며 판단하여 잘못된 결정을 내리고 충동적으로 행동하기 십상이며, 자기중심성이 강화되고 결국 영혼의 번영마저 기대하기 곤란해진다.

게다가 현대사회의 변질한 극단적 개인주의는 사회나 공동체 관념이 결여하는 공허한 개인주의로서 개인은 자기 속에 몰입하여 고립과 고독을 부추기므로 쉽게 대중문화의 규범(유행)에 동조하고 권위주의적 정치나 매체의 대중조작에 굴복하도록 만들 수 있다. 그리고 자기중심적 권익 주창에 치우쳐 사회나 공동체에 대한 책무(responsibility-obligation)를 망각하는 개인주의가 되었다.

공동체는 이러한 문제를 치유하는 특장을 지닌다. 왜냐하면 본래 인간의 여러 심리적 욕구 중에는 특히 사랑(애정), 소속, 용납, 인정(認定), 성취 등의 기본 욕구(욕망, 추동)가 있고, '의미를 찾으려는 존재'('meaning-seeking' being)로서 의미를 향한 의지(will to meaning)가 있는데, 바로 공동체에 대한 욕망은 이러한 기본욕구들의 표출이라고 할 수 있기 때문이다(Khatchadourian, 1999: 5).

(1) 생태학적 관점

먼저 생태학적으로 인간에게는 다른 모든 생명체와 마찬가지로 '공동체 본능'(the instinct of community)이 있다(Hesselbein et al., 1998). 공동체는 곧 인간 본성의

필수요건의 하나(a requirement of our nature)다. 모든 생명체는 '체계추구'(systems-seeking)의 성향이 있으며 다른 생명체들과 관계를 맺어 연관성을 가지려는 욕구가 있다. 따라서 생명체에게는 '독립'이라는 개념이 적절치 않다. 생명체는 결코 홀로 생존할 수가 없으며 오로지 관계 속에서만이 스스로의 완성을 기할 수 있는 존재다. 요는 생명체의 기본적인 역설은 자유(자결권)를 향한 절대적 욕구와 동시에 관계, 연고, 관련성을 향한 부정할 수 없는 욕구도 있다는 점이다.

(2) 사회학적 해석

사회학에서 볼 때 인간은 거의 모두 공동체라는 집단(가족)에 태어나며 어린 시절 정상적인 인간이 되기 위한 양육과 교화를 해주는 원초적 사회화를 주로 공동체에서 경험한다. 그리고 이 사회화 과정에 집합적 자아관, 집합의식, 즉 '우리 의식'(we-feeling)을 함양하고, 개인의 '자아'도 근원적으로 사회적으로 형성하는 것이다. "나는 누구인가?"라는 '자아정체의식'(self-identity)도 "내가 어디에 속한 존재냐?"에서 비롯한다. 공동체와 같은 집단에 소속함으로써 사회적 지위도 획득하고 사회적 정체도 생겨난다. 사람은 집단, 특히 공동체에 소속해서 다른 사람들과 의미 있는 관계를 맺을 때 소속감과 안정감을 경험한다. 인간은 공동체 안에서 잠재력의 계발과 발휘가 가능하며 타고난 재능을 신장할 수 있다. 공동체는 구성원들이 개인적으로 해낼 수 없는 성과를 거둘 수 있도록 동기 부여와 재능 발휘 추동의 힘을 지닌다.

반대로, 공동체에 속하지 않거나 배척당했을 때는 외로움과 버성김(소외)을 느낄뿐더러 정체의식의 상실, 연고의 소멸, 사회적 지위의 박탈 등 일생을 좌우할 만큼 무서운 부정적 결과를 경험한다. 그리고 공동체는 사회의 가치와 윤리적 규범을 조성하고 유지시키는 원천으로 기능하는 사회의 기본단위다(김경동, 2010a: 93- 95).

(3) 공동체주의의 관점

철학의 공동체주의(communitarianism)에서는 공동체란 어떤 공통의 가치와 규범과 목표를 공유하는 사람들의 사회조직체를 가리키며 구성원 각자는 이러한 공통의 목표 등을 자신의 것으로 동일시하고 개인의 자아도 공동체적 유대에 의하여 성립한다고 본다. 중요한 것은 이러한 공동체는 그 자체로서 도덕적으로 '좋은 것'(善, a good)이라고 규정한다는 점이다. 공동체의 가치는 그것이 인간의 삶에 도덕적 의미를 부여하므로 구성원이 됨으로써 자신의 도덕적 신념에 대한 깊은 의미와 내용을 발견하는 데 있다.

좋은 양질의 공동체가 요구하는 인간관계는 다음과 같은 특징을 지닌다(Khatchadourian, 1999: 21-34).

① 사려 깊고, 온화하고, 친절하고, 따뜻하고, 자신의 이익을 기꺼이 양보하고, 희생하는 관계가 특징이며
② 신뢰할 수 있는 형제애적 협동을 추구하고, 서로 의지하고 싶은 욕망을 충족시키는 데 최적인 환경 제공하고
③ 구성원들 간의 연대, 충성심, 협동, 일반적 화합, 상호책임 등을 요청하며
④ 도덕적인 공동체는 공정하고 정의로우며, 애착과 인자함과 사랑으로 돌보아 주고, 관용하는 건전한 마음가짐을 장려하며, 동정심을 강조한다.

(4) 공동체의 가치

공동체가 중요한 이유를 소극적으로 공동체에 속하지 않거나 배척당했을 때를 가정해서 고찰하면 외로움과 버성김(소외)을 느낄뿐더러 정체의식의 상실, 연고의 소멸, 사회적 지위의 박탈 등 일생을 좌우할 만큼 무서운 부정적 결과를 경험하게 된다. 그리고 공동체는 사회의 가치와 윤리적. 규범을 조성하고 유지시키는 원천으로 기능하는 사회의 기본단위다. 따라서 세상이 변하면서 공동체의 약화 내지 상실이 문제가 되자 사람들은 '공동체의 탐색'(search for community), '공동체에 대한 동경'(a longing for community), '관계를 갈망하는 문화'(a culture craving relationship), 혹은 '우리 모두는 의미 있는 관계에 주리고 있다'(we all hunger for meaningful relationships) 등 언명을 자주 듣게 되었다(김경동, 2010a: 95).

그리하여 예컨대 미국의 기독교계에서는 공동체 짓기(community building) 운동이 활발하게 진행 중인데, 이런 운동이 강조하는 것은 진정한 의미의(genuine)

‘진품’(authentic) 공동체 만들기이며 그 핵심은 깊이 있는(deep), 의미 있는 (meaningful), 친근한(intimate), 건전한(healthy), 그리고 지속적인(sustained) 관계의 형성이다. 말하자면 이런 것이 우리가 공동체를 지향하는 가치를 중시해야 할 철학적 근거라고 할 수 있다. 그런데 이런 공동체 운동은 바로 자원봉사운동의 원리를 제공하는 원천이라는 것을 강조하려는 것이다(김경동, 2010a).

2) 지역사회 공동체 운동

일반적으로 공동체 운동은 사회운동의 한 형태인데 모든 사회운동은 무엇보다 시민의 자발적 참여가 필수다. 다시 말해서 시민의 자발적 참여, 즉 자원봉사가 없이는 공동체 운동이 성립하지 않는 필요조건이라는 것이다.

통상 지역사회 운동으로 알려진 여러 형태의 공동체 운동은 그 핵심이 지역주민의 자발적 참여다. 이런 종류의 지역사회 운동의 예를 들면, 다음과 같은 것이 대표적이다(김경동, 2010a: 122-168).

① 지역사회개발(Community Development): 주로 유엔이 주도한 후진국 농촌지역사회 개발 프로그램과 같은 것이다.
② 지역사회 조직(Community Organization): 이는 조직사회사업(social organization work), 사회복지계획(social welfare planning), 사회복지조직(social welfare organization), 사회공학(social engineering), 중간집단사업(social intergroup work) 등 사회사업 분야의 지역사회 운동을 포함한다.
③ 지역사회 역량 구축(Community Capacity Building): 강력한 관계를 개발·유지하는 역량, 문제해결을 위한 집단적 의사결정 역량, 목표달성을 위해 효과적으로 협력하는 역량 등을 신장하려는 운동이다.
④ 자산활용 지역사회개발(Asset-Based Community Development): 지역사회 공동체의 황폐화를 우려하여 문제해결에 나서는 운동으로 지역사회 주민의 개인적 역량, 결사체의 역량 및 제도 부문의 역량을 총동원하여 추진한다.
⑤ 지역사회 공동체 형성(Community Building): 지역사회의 사회적 역량을 증대시키려는 목적이 뚜렷한 지역사회의 공동체적 활동으로 알려진 운동이다. 구체적으로는 일종의 마을 만들기라고 할 수 있는 지역주민들의 집합적 활동의 형식을 띤다. 가령, 미국에서는 농산물 직거래 모임, 근린지구 공원

만들기 모임, 필요한 이웃 돕기 모임, 재난 예방 및 상부상조 교육 모임, 생태계 오염 방지 운동 모임과 같은 것으로 수십 가지 형태의 지역공동체 모임활동이 있다. 일본에서는 아예 '동네 거리 만들기'(마치즈쿠리)라는 이름으로 전개해온 지역사회 공동체 운동이 있는데, 공해에 찌든 동네의 재생, 낡은 고장지대를 노인생활 중심의 새로운 도시로 재생시킨 프로젝트, 역사와 전통적 놀이문화를 되살려 활기를 찾은 마을 만들기, 도심에서 물놀이를 할 수 있는 거리 만들기, 누구나 편하게 다닐 수 있는 도로정비 등이 좋은 보기다.

우리나라에서도 1970년대 새마을 운동을 위시하여 '마을 만들기'라는 명목의 지역사회 중심의 공동체 운동이 주거, 환경, 경제, 문화, 자치공동체 운동 등의 여러 모양으로 전개하고 있다. 그중에서 열린사회 시민연합 같은 모임은 매우 신선한 시도로서 학습 자원봉사를 통한 나눔과 봉사의 마을 만들기, 친환경 마을 만들기, 문화재 사랑 자원봉사운동, 사랑의 자매결연 맺어 사랑과 나눔으로 함께 웃는 마을 만들기, 결혼이민자 사회적응 프로그램, 아동과 어머니가 동참하여 지역사회 통합을 추구하는 운동 등 다양한 활동을 추진하고 있다.

⑥ 사회적 기업(Social Enterprise) 운동: 일종의 공동체자본주의 이념을 실천하는 매개체로서 새로이 활발해지고 있는 사회적 기업도 공동체 운동의 한 형식으로 중요한 보기가 될 수 있다. 기본적으로 창의적인 시장경제 원리에 의존하는 수단을 계발하여 효과적으로 이윤을 창출하되 그 목적은 개인의 부의 축적이 아니라 사회구성원 모두의 인간다운 삶의 질을 향상시키는 것이며 이를 위해서 정직하고 투명한 기업 활동을 전개하는 운동이다. 거기서 나오는 이윤을 다시 사회에 환원하는 것이 주된 목표다. 이 사회적 기업은 제5장에서 다시 상세하게 거론할 것이다.

중요한 것은 이러한 여러 형태의 지역사회 중심의 공동체 운동이 시민의 자발적 참여에 의존해야 한다는 원리다. 따라서 여기에는 자원봉사가 공동체 운동의 근간이 될 수밖에 없다.

3) 자원봉사와 공동체 운동

그렇다면 자원봉사가 곧 공동체 운동의 일환인 동시에 공동체 운동의 핵이 또한 자원봉사라는 특수한 연관성을 갖게 되는 논리적 근거는 무엇인가? 좀 더 구체적으로 지적하면 다음의 몇 가지 차원에서 관계성을 내포하는 것으로 볼 수 있다.

첫째, 위에서 개관한 각종의 지역사회 공동체 운동이 곧 자원봉사운동이라는 원칙은 다시 강조할 필요가 있다. 여기에 참여할 때는 의사결정을 위시하여 운동의 실행, 종료와 평가 및 결과에서 얻는 환류(feedback)에 이르는 모든 과정에 동참하는 공동체적 관계 형성이 핵심이 되는 가치다.

둘째, 자원봉사 활동에 참여하는 자원봉사자들은 단순히 개인 차원의 활동으로 그칠 것이 아니라 가족이나 친구, 친지들을 독려하여 함께 활동에 참가하고 그러는 과정에 자기들끼리도 위에서 강조한 공동체적 관계를 형성하고 조장할 수 있고 또 하는 것이 바람직하다. 그러므로 앞으로는 자원봉사에 참여하는 사람들은 물론이고 자원봉사를 관리하는 전문직 종사자들도 봉사자들을 모집하고 교육할 때에 이와 같은 집합적 참여와 거기서 형성 가능한 공동체적 관계의 추구를 강조할 필요가 있다.

셋째, 자원봉사에는 봉사자도 있지만 그들의 활동을 지원하는 관리자도 필요하다. 그러므로 이들 사이에도 마찬가지로 공동체적 관계를 만들고 강화할 수 있고 그것이 좋을 것이다. 관리자들 스스로 솔선하여 공동체적 관계형성에 앞장섬으로써 봉사자들에게도 영향을 미칠 수 있다.

넷째, 자원봉사관리자와 봉사자들도 상호간에 공동체적 관계를 조성하는 것이 또한 바람직하다. 그냥 전문가와 참가자라는 공식적, 사무적 관계를 넘어 인간적이고 친밀한 관계를 형성하는 것 자체가 중요할뿐더러 그런 연고를 쌓음으로써 봉사자들의 지속적 참여를 유지할 수도 있다.

다섯째, 자원봉사자와 봉사를 받는 수혜자들 사이에서도 공동체적 관계를 맺어서 이어가는 것이 중요하다. 위에서 봉사의 가치를 논의하면서 대개 아직까지는 자원봉사를 하는 사람과 받는 사람 사이에는 일종의 위계적인 상하관계 아니면 시혜자와 수혜자라는 일방적 관계가 지배적인 경향이 있다. 앞에서도 이미 강조한 대로 봉사자와 수혜자의 관계는 평등하고 상호적이어야 한다. 그렇다면 지금과 같은 관행을 불식하기 위해서라도 바로 저들 사이에 평등하고 인간적인 공동체적 관계를 조성하는 것을 의도적으로 시도해야 한다. 특별히 이 측면이 중요하기 때문에 한 가지 비근하나 의미심장한 예를 한 가지만 소개한다.

서울시에서는 2009년부터 시내와 인근 수도권 소재 대학의 학생들을 모집해서 시교육청 산하 초중등학교에 파견하여 어린 학동들의 멘토 봉사를 하는 이른바 '동행'(동생행복도우미) 프로젝트를 실시해오고 있다. 첫해 연말에 성과를 점검하는 의견조사를 한 결과 중에서 한 가지 주목할 만한 것을 발견하였다. 해당 학교에서 운영책임을 맡은 교사들의 관찰에 의하면 동행 프로젝트에 참여한 대학생과 초중등 학생들, 즉 멘토와 멘티 사이에 진짜 형 · 아우와 같은 끈끈한 관계가 생기기 시작하더라는 것이다. 이야말로 자원봉사 활동에서 봉사자와 수혜자 사이에 자연발생적으로 생겨나는 공동체적 관계의 좋은 보기가 아닐 수 없다.

여섯째, 물론 자원봉사의 수혜자 자신들도 서로 돕는 공동체적 관계를 구축한다면 더할 나위 없이 좋은 일이다. 서로의 처지도 잘 이해하고 감정이입도 용이할 것이므로 이를 더 권장하는 것이 바람직하다 하겠다.

요컨대, 자원봉사는 그 자체로서 이미 매우 가치 있는 사회운동인 동시에 그것을 계기로 망가져 가는 공동체를 복원하거나 새로운 시대에 맞는 공동체 운동을 진작시킬 수 있다면 더욱 값진 일이라 하지 않을 수 없다. 변화의 시대에 새로운 변화를 가져오는 자원봉사의 특별한 가치를 여기서 찾아야 할 것이다.

3. 사회발전과 자원봉사

자원봉사의 가치를 제대로 정립하는 데 반드시 짚어두어야 할 또 한 가지 사항은 그것이 과연 궁극적으로 무엇을 겨냥한 운동인가 하는 질문이다. 그것을 우리는 '자발적 복지사회'(Voluntary Welfare Society)라는 이념으로 잠정적으로 규정하고자 한다. 이 개념은 제1장 우리가 지향하는 미래사회의 비전의 일환으로 이미 상론한 바 있다. 여기서 그것을 다시 거론하는 맥락은 자원봉사가 왜 그처럼 가치 있는 일인가 하는 질문에 대한 대답을 미래지향적 비전에서 찾으려 하는 데 있다.

그런 뜻에서 제시한 자발적 복지사회의 기본은, 공동체의 복리를 위한 집합적인 행위에 각자가 자발적으로 참여하고 공공복지의 목표에 자발적으로 봉사하는 원리다. 어떤 이유나 명분으로든 개인과 집단의 행위를 강제하는 것은 비인간적인 일이다. 자발성의 가치는 인간이 권력의 강제나 금전적 유인의 강제력에 따라 행동하는 일차원적 존재임을 거부한다. 그리고 이러한 사회의 조직 원리는 기본적으로 '분권적 다원적 공동체주의적 집합주의'(Decentralized Plural Communitarian Collectivism)로 규정할 수 있다고도 하였다. 그러므로 자원봉사도 이런 이념형적 사회를 지향하는 운동이 된다.

나아가 그러한 사회의 성격을 규정하는 것을 발전의 가치 내지 인간의 삶의 가치로 설정하였다. 그것은 곧 우리 사회가 국가적으로는 고상한 품격을 갖춘 선진적인 성숙한 사회로 발전하고, 그 안에 사는 시민은 격조 있는 인격을 갖춘 성숙한 시민으로서 모두가 더불어 향상된 삶의 질을 향유하며 살아가는 행복한 공동체의 행복한 개인이 될 수 있도록 하자는 가치체계임을 밝혔다. 결국 자원봉사도 우리가 지향하는 미래사회를 이룩하기 위한 사회발전의 가치를 떠받들어 주는 국민적 운동임을 재확인하고자 한다.

III. 자원봉사의 중요성

이제 마지막으로 추상적인 논의를 떠나 좀 더 구체적인 차원에서 왜 자원봉사가 중요한지, 그 의미를 다른 각도에서 검토하고자 한다. 이때 제기하는 질문은 "왜 사람들이 자원봉사에 참여하는가?"라든지, "자원봉사는 개인과 사회에 어떤 도움이 되는가?"라는 것이 주제가 될 것이다. 이런 시각에서 자원봉사의 의미를 이해하기 위해서는 먼저 기본적으로 개인과 사회의 차원을 구분하여 별도로 접근하면서, ① 개인 수준에서는 자원봉사에 참여하는 동기 내지 이유의 분석, ② 그 결과로 개인에게 돌아오는 혜택이나 이득의 파악, ③ 사회의 수준에서는 봉사활동이 필요해진 요인의 분석 그리고 ④ 그 결과로 성취하는 사회적 기능 내지 효과에 대한 고찰을 하는 방식으로 접근한다.

1. 자원봉사의 동기: 방법론적 쟁점

"왜 사람들은 자원봉사 활동에 참여하는가?"라는 질문은 그런 행동의 동기, 이유, 의도, 목적, 목표 등을 추적하려는 것인데, 이것은 주로 동기이론에서 다룬다. 여기에서는 이 문제를 보는 관점과 거기에서 제기하는 쟁점을 중심으로 논의를 전개하고 동기이론을 개관하고자 한다(Dekker and Halman, 2003; Musick and Wilson, 2008: 54-80; Rochester et al, 2010: 119-130).

사람이 어떤 행동을 할 때는 이유가 있거나 무슨 동기에서 실행하게 된다. 그런데 동기를 파악하는 데에는 두 가지 종류로 나누어 접근할 수 있다. 하나는 '…때문에'(because) 동기라 하고 다른 하나는 '…를 하기 위하여'(in order to) 동기라 한다. 이것은 인간의 사회적 행위에 대한 현상학적 사회학의 이론에서 제시하는 생각이다(김경동, 1989). 인간의 행위가 어떤 추동하는 심리적, 사회적 요인 '때문에' 일어날 수도 있고 개인이 무엇인가를 '얻고자, 이루고자' 하는 목적으로 행동할 수도 있다는 말이다. 다만 이것은 이론적인 구분이지, 실제 상황에서는 같은 이유인데 보기에 따라서, 시점에 따라서, 상황에 따라서, '때문에' 동기가 될 수도 있고 '위하여' 동기가 되기도 한다. 예를 들어, 처음에는 주위에서 동료들이 좋다고 권하기 '때문에' 자원봉사에 참여하게 되었는데 하다 보니 이제는 거기서 얻는 자기 만족감 '때문에' 하게 되고 또 그 뒤에는 그 만족감을 얻기 '위하여' 자원봉사 활동을 하게 되기도 한다는 말이다. 따라서 구체적인 동기요인은 그냥 나열하는 것만으로는 불충분하고 더 자세히 분석적으로 따져봐야 한다.

다음, 이유나 동기가 내면적인 요인 또는 욕구와 같은 것일 수도 있는가 하면, 오히려 어떤 외부의 영향력이나 자극에 떠밀려 행동하게 하는 맥락적인 조건이 작용하는 것일 수도 있다. 예를 들어 종교적 신념이라든지 가치관 때문에 혹은 타인을 돕는 데서 오는 만족을 위하여 자원봉사를 할 때는 내면적인 이유나 동기라 할 것이고, 친구가 권유하기 때문에 또는 직업에 도움이 될 만한 사람들과 인연을 맺기 위하여 참여하는 것은 외적 맥락의 조건에 의한 동기라 할 것이다.

그리고 자원봉사가 주로 타인을 위한 행동이라고 생각하지만 실제로는 봉사자 자신을 위한 것일 수도 있다. 공익이 중요하다는 것을 알고 믿기 때문에 봉사하기도

하지만, 하고 보니 즐겁고 흐뭇한 만족감을 얻으므로 다음부터는 그 기분을 즐기기 위하여 하기도 한다는 말이다. 그뿐 아니라 자원봉사의 동기가 목적적이고 표출적인(expressive) 것이 있는가 하면 수단적인(instrumental) 것도 있다. 가령 봉사를 하는 것 자체가 가치 있고 보람되기 때문에라는 이유가 있는 한편, 취업에 도움이 되기 위해서라든지 대학진학에 유리한 조건을 갖추기 위해서라는 것도 있다.

여기서 우리는 이와 같은 동기라든지 개인의 이득 같은 것을 알아내는 방법에 대한 성찰의 필요성에 주목해야 한다. 우선 사람들이 자원봉사를 하는 이유는 그들의 내면을 들여다볼 수 없으므로 직접 물어보는 수밖에 없다는 근원적인 한계가 있기 때문이다. 그런데 일반적으로 사람들은 그런 종류의 질문에 대해서는 사회가 기대하는, 보편적으로 수용할 만하다고 사회가 인정하는 그런 응답을 하는 경향이 있다. 결국 우리가 알아내는 것은 진정한 의미의 동기라기보다 응답자들이 자신의 행동을 어떻게 설명하고 정당화하려는지를 파악하는 정도에 만족해야 한다는 것이 된다. 다시 말해서 동기라고 하면 행동을 유발하는 원인적 요소가 되는 셈인데 정말 사람들이 대답하는 그 요인이 원인으로 작용하여 그런 행동을 하게 되는지는 알 길이 없다는 말이다. 오히려 사람들이 직접 간접으로 경험한 것에 기초하여 상황을 규정하고 자신의 행위를 설명 내지 합리화하게 된다. 그러므로 실제 자원봉사를 해본 사람은 체험한 후에 태도가 긍정 혹은 부정적인 것으로 바뀔 수 있다는 점을 염두에 두어야 한다.

2. 자원봉사 동기의 이론적 접근

이상과 같은 방법론상의 문제를 감안하여 연구자들은 자원봉사의 동기에 대한 이론적 접근을 시도하게 되었다.[18] 과거의 경험적 연구에서는 자원봉사의 동기를 파악하려는 조사에서 특별한 체계적 근거 없이 몇 가지 상식적인 질문들을 제시하고 응답을 받되, 그들 항목의 순위를 적시하게 하는 방식으로 접근하는

18) 여기에 요약하는 내용은 주로 Musick and Wilson(2008: 54-80) 및 Rochester et al(2010: 119-130) 참조.

것이 상례였다. 예를 들어 이타적, 이념적, 물질적, 사회적 지위, 사회적 관계, 여가시간 활용 및 개인적인 성장 동기 등을 나열하였다. 아니면, 경험 욕구, 사회적 책임감, 타인의 기대에 부응, 사회적 인정, 미래 보상 기대, 또는 성취 욕구 등을 주된 동기 항목으로 제시하였다. 실제 노인들에 대한 자원봉사자들의 경험적 연구에서도 각양각색의 이유나 동기를 응답자들이 보고하였다. 가령, 가장 빈도가 높은 이유는 주로 사회정의의 관점에서 무방비 상태의 노인들의 권리를 보호하기를 희망해서 참여하였다는 것이었고, 다음은 지역사회에 보답하고 싶어서, 자기가 사랑하는 사람이 비슷한 도움을 받았기 때문에라는 등의 이유를 들었다. 이에 비해서 노인에 대한 연민이라든가 자신의 직업적 기능을 계발할 수 있는 일이어서라는 등의 응답률은 매우 저조한 편이었다.

1) 심리학적 접근(I): 자원봉사기능론

이처럼 체계적이지 못한 접근 대신에 이론적 틀을 가지고 연구에 임하려는 시도가 심리학의 기능이론이다. 기능이론이란 주로 행동의 저변에 있다고 가정하는 이유와 목적의 분석을 위하여 인간은 자원봉사라는 행동이 자신들의 일정한 심리적 욕구를 충족시킨다고 믿으면 봉사활동을 시작한다는 논리를 제시한다. 거기서 추출한 자원봉사의 동기 여섯 가지를 식별하여 자원봉사 기능 목록(Volunteer Functions Inventory, VFI)을 작성하였다. 이 목록에서 확인한 여섯 가지 기능이 동기로 작용한다는 것을 경험적 연구로 상당히 일관되게 검증받은 편이라 여기에 그 요점을 소개한다(Clary and Snyder, 1991; Snyder et al., 2000; Musick and Wilson, 2008: 56-63; Rochester et al, 2010: 123).

① 가치(Values) 실현 기능: 자원봉사는 이타적 가치라든지 다른 사람들에게 혜택을 줄 수 있다는 가치, 또는 더 좋은 지역사회를 만드는 데 기여한다는 가치, 세계의 기아를 줄이고 싶다는 가치와 같은 중요한 것을 표출하고 실현할 수 있는 기회를 주기 때문에 거기에 참여한다. 소위 가치지향적 동기라 할 수 있다.

② 강화(Enhancement, 또는 고양) 기능: 자원봉사의 두 번째 기능은 학습에 의하여 자신의 기량과 능력을 강화함으로써 자아성장과 자아개발을 가능케

하고 자아존중심을 고양시킬 수 있다는 믿음과 관련이 있다. 자원봉사는 다양한 사람, 장소, 기량 등에 대한 학습을 제공하기 때문이다.

③ 사회적(Social) 기능: 자원봉사는 마음에 맞고 친하고 중요한 사람들과 만나고 친교하고 함께 소속하고 싶은 욕구를 충족시키는 기능을 한다. 이러한 사회적 동기는 중요한 사람들의 기대에 부응하고 인정과 칭찬을 받고 싶은 욕구와도 관련이 있는 한편, 반대로 이런 활동에 참여하지 않음으로써 바로 그 중요한 이들이 인정을 하지 않을까 두려워 이를 피하기 위하여 봉사활동을 할 수도 있다.

④ 직업적 경력(Career) 관련 기능: 자원봉사에 참여함으로써 자신의 직업적인 경력을 쌓는 데 도움이 될 만한 기량을 습득하는 경험이나 사업상 인맥을 구축하는 기능도 있다. 물론 이런 식으로 직업적 경력 쌓기의 일환으로 자원봉사를 한다든지 직장의 직무나 어떤 자원단체의 구성원 자격과 관련해서 일종의 의무사항으로 하든지 또는 학교의 학점 이수 등의 이유로 참여하는 것은 엄격한 의미에서 자원봉사라 할 수 있는가 하는 의문을 제기할 여지가 없지 않다. 이처럼 학교 진학이나 취업용 경력과 같은 소위 스펙 쌓기는 미국과 같은 사회의 자원봉사계에서는 비교적 보편적으로 용납하는 관행이다.

⑤ 보호(Protective) 기능: 다섯 번째 기능은 주로 자신을 어떤 부정적인 요소로부터 스스로 '보호'할 수 있는 기회를 준다는 데 의미가 있다. 내면의 갈등, 무능하다는 느낌, 자신의 사회적 정체나 정서적 욕구에 대해 불안하고 불확실하다는 느낌, 심지어는 다른 사람들보다 유복하고 유리한 조건을 향유한다는 데 대한 죄의식 같은 것에서 '도피'함으로써 자신을 보호하려는 욕구를 자원봉사에 의해서 충족시킬 수 있다는 논리다.

⑥ 이해(Understanding) 기능: 마지막으로 자원봉사는 개인적인 성장과 자기존중감 고양이라는 심리적 만족을 제고시키는 기능을 한다. 이것이 두 번째 강화 기능과는 다른 점이 여기서는 어떤 특별한 객관적 기량의 신장보다도 주관적으로 자신의 자아관, 정체의식, 자신이 중요하다는 느낌의 확보 등을 강조한다는 것이다.

2) 심리학적 접근(II): 동기의 종류

그 밖에 심리학적 동기 이론들은 자원봉사를 하는 이유로서 동기가 VFI 목록에서 제시하는 것처럼 반드시 여섯 가지라는 가정이 타당하지 않을 수도 있다는 관점을 제시한다. 이들은 실제 경험조사에서 요인분석과 같은 기법으로 여러 가지 동기를 추출해내고 있다(Musick and Wilson, 2008: 65-68; Rochester et al, 2010: 123-124).

(1) 두 가지 동기론

자원봉사의 동기에는 기본적으로 이타적인 것과 이기적인 것, 두 가지로만 설명해도 충분하다는 이론이다.

(2) 세 가지 동기론

세 가지 동기를 요인분석에서 추론한 이론이다.

첫째는 자기중심의 이해관심(self-interest)이다. 이러한 동기에는 자원봉사를 함으로써 사람들을 만나고, 배우고, 성취하고, 고용을 위한 연고를 형성하고, 자신의 기능을 활용하고, 자유시간을 이용하고, 나에게 혜택이 돌아온다는 항목 등이 등장한다.

둘째 요인은 의무(obligation)다. 종교적 신앙, 자기 가문의 유산, 지역사회에 무엇인가 기여하겠다는 욕망, 또는 특정한 조직체에 가담하는 데서 오는 의무 같은 것이 동인으로 작용한다.

셋째 이타적 동기는 타인을 도우려는 욕망이나 어떤 숭고한 대의에 동참하고 싶다는 동기다.

(3) 네 가지 동기론

이 이론은 기능론에서처럼 인간의 동기를 고정적인 것으로 보지 않고 맥락에 따라 변할 수 있는 마음의 상태로 가정한다. 그리하여 자원봉사를 추동하는 네 가지 범주의 동기를 제시한다(Batson et al., 2002).

첫째는 이기주의(egoism)다. 자원봉사와 같은 행위도 궁극적으로는 자신의 복리를 증진시키려는 것이다. 자신에게 돌아오는 혜택에는 물질적 복지, 사회의 인정, 칭찬, 죄의식이나 수치의 기피 등을 포함하며, 이러한 자기중심적 동기로 행동한 의도하지 않은 결과가 다른 사람들에게 혜택을 주는 일일 수도 있다.

이런 동기로 자원봉사를 할 때는 자신에게 더 유리한 효과가 있는 일이 있으면 언제든지 봉사활동을 중지할 수 있다는 문제가 있다.

둘째는 이타주의적 동기다. 이에 대해서는 여러 번 해설을 했으므로 생략한다.

셋째는 집합주의(collectivism)다. 어떤 집단적 복지를 증진하기 위한 자원봉사 참여가 여기에 해당한다. 결국은 이것도 일종의 이타적 동기라고 할 수도 있다.

넷째는 원리주의(principlism)다. 자원봉사를 의무, 정의 등의 도덕적 원리를 제고하려는 동기에서 할 수도 있다. 이는 기능론의 가치기능에 해당하는 것이기도 하다.

3) 정치 · 경제적 동기 이론

정치학에서도 자원봉사, 특히 정치적 애드보커시 운동에 대한 참여 동기를 연구하는데, 이때는 주로 특정한 정치관련 이슈에 대한 '관심'(interest, concern)이 주된 동인으로 작용한다고 설명한다. 물론 정치학에서도 이와 같은 관심이 유일한 동기라고는 생각하지 않고 기능론자들의 견해에도 동의한다.

한편, 경제학에서도 관심이 주요인으로 떠오르지만, 여기서는 그러한 관심을 유도하는 유인(incentives, inducements)이 더 중요하다. 특히 자원봉사 단체에서는 봉사자들을 모집하고자 할 때 이러한 유인을 적절하게 제공하는 것이 결정적이라고 주장한다.

4) 사회학적 접근[19)]

사회학의 관점에서는 개인적인 내면의 동기로써 사회적 행위를 설명하는 심리학적 접근에 대해서 비교적 회의적인 편이다. 특정 행위를 인간 심리의 내면에 있는 어떤 특정 추동, 욕구, 충동 등과 정확하게 연계할 수 있을 것이라는 논리를 별로 신뢰하지 못한다. 특히 앞에서도 언급했지만, 경험적인 연구 과정에서 응답자들이 스스로 '동기'라고 언명한 것을 근거로 그것이 곧 그들의 동기라고 단정하는 절차에는 문제가 있다는 생각이다. 이 과정에는 온갖 사회문화적 요인이 작용하여

---

19) 이 부분의 논의는 주로 Musick and Wilson(2008: 69-73); Rochester et al(2010: 124-125) 참조.

사람들로 하여금 사회적으로 용납할 만한 대답을 하게 만들 수 있기 때문이다.

그렇다고 사회학은 동기라는 개념 자체를 부정하거나 동기에 의한 인간행동의 설명을 무의미한 것으로 간주하지는 않는다. 다만 연구자가 사람들의 동기를 그들의 내면의 심리적인 현상으로 임의로 발견할 수 있다고 주장하기보다는 사람들이 자신들의 행위에 대한 이유나 의도를 언급하고 설명이나 정당화, 합리화를 시도할 때 주어진 사회적 상호작용의 맥락, 즉 사회적 상황에 따라서 자신들의 행위가 어떤 의미를 갖는지를 스스로 판단하고 인식하는 과정에 대한 이해가 더 실제에 가깝고 중요한 접근이라고 보는 것이다.

특히 자원봉사의 동기나 이유에 대한 연구에서 마치 동기가 행위에 선행하는 특정 심리적 요인으로 간주하는 문제를 이런 보기에서 포착할 수 있음을 예시한다. 어떤 사람이 처음 자원봉사에 참여할 때는 사람들과 만나서 알고 지내고 싶다는 욕구에서 시작했는데, 실지로 봉사활동을 경험하는 동안에 세상 보는 눈이 변해서 이제는 그저 사람들과 친해지고 싶다는 생각보다는 사람들을 돕고 섬겨야 한다는 사회적인 책임의식이 더 중요해서 계속 봉사를 하게 되었다고 실토를 하게 되었다는 일화다.

한 마디로 사회학적 접근에서는 사람들이 사회적 상호작용을 하는 과정에서 끊임없이 자신들의 동기를 규정하고 재규정하고 있다는 사실에 주목한다. 자원봉사의 동기는 개인적인 욕구의 직접적인 결과라기보다는 참여자들의 이념, 세계관, 이해의 틀(framework)을 구성하는 요소로 인식하려는 것이 사회학적 관점의 요체다. 이런 생각 내지 이해의 틀은 대략 네 가지로 구분할 수 있다는 이론을 제시한 학자도 있다(Wuthnow, 1995).

① 인도주의 틀(Humanitarianism framework): 연민, 동정심, 평등, 관용 및 연관성 등의 가치를 내포하는 인식 내지 사고의 틀이다.

② 행복의 틀(Happiness framework): 남을 돕는 일이 자신의 만족감과 같은 내면적, 외형적 보상을 가져다준다는 자기중심적 이해의 틀이다.

③ 상호성의 틀(Reciprocity framework): 내가 받은 것을 돌려주어야 한다는 상호성, 남보다 유리한 위치에 있는 자신의 처지에서 부정의나 불공정한 처우를 받는 이들에게 무엇인가를 제공함으로써 세상을 개선하려는 동기를 함축한다.

④ 자아실현의 틀(Self-realization framework): 자원봉사에 의해서 각자의 잠재력을 충분히 발휘할 수 있도록 할 수 있다는 마음의 틀이다.

마지막으로 사회학적 관점에서 강조하는 것은 사람들이 여론조사 같은 데서 자신의 자원봉사 활동의 이유나 동기에 대한 질문에 응답하는 내용은 사회구조적 변이가 있다는 점이다. 나이, 성별, 학력, 고용상태, 소득수준, 혼인 상태, 종교 등 인구사회학적 변수에 따라 동기 사항이 체계적인 차이를 나타낸다는 것이다. 동시에 자원봉사 활동의 영역과 내용에서도 그러한 변수별로 차이를 드러낸다는 점을 중시한다.

3. 자원봉사의 개인적 혜택과 사회적 결과

1) 개인적 혜택과 이득

자원봉사의 이유가 자신이 얻을 수 있는 혜택이나 이득 때문에, 혹은 그런 것을 얻기 위해서라는 설명도 가능하다. 이것은 어디까지나 행위의 결과에서 유추할 수 있는 이유라고 할 수 있는데, 그런 지식이나 정보를 습득하는 경로는 독서나 대중매체, 학교 교육, 주위의 관찰, 또는 자신의 직접 경험 등 다양할 것이다. 이때도 그 혜택의 성격이나 종류가 내면적 욕구 충족이나 만족감일 수도 있고 가시적인 이득일 수도 있다. 그리고 기분이 좋다든지 보람을 느낀다는 등의 표출적인 혜택이 있는가 하면 직장에서 요구하니까 아니면 장학금 수령의 조건을 갖추기 위해서 자원봉사에 임하기도 한다.

이 문제에 대해서는 몇 가지 예시만 하고 지나가겠다. 가령 우리가 자원봉사의 혜택을 개인 차원에서 고찰하고자 하면 그 이득의 성격이 자신에게 유리한 수단적, 공리적인 것인지 아니면 최소한도 자원봉사 자체가 중요하다는 대의를 중시하는 목적적이고 내면적인 혜택인지를 가려서 생각할 수 있을 것이고, 거기에는 사회에 대한 개인의 공헌이라는 측면도 함께 고려할 수 있다. 이런 틀에서 보면 다음과 같이 열거할 만한 혜택 내지 이득이 있을 것이다. 이것은 어디까지나 예시라고 생각하는 것이 좋은 이유는 이런 것을 나열하자면 상당히 많은 항목이 있을 수 있기 때문이다(Musick and Wilson, 2008).

(1) 개인을 위한 공리적 이득

자원봉사에 참여하는 개인에게 유리한 수단적, 공리적인 이득은 아래와 같은 것이 될 것이다.

- 일상에서 해방되어 생활의 변화를 추구할 수 있다.
- 자신의 특기나 취미를 살리는 여가선용의 기회가 된다.
- 가족이나 동료들과 함께 즐거운 시간을 향유한다.
- 자신의 기술 활용이나 새로운 기술 습득의 기회가 된다.
- 새로운 경험 획득이나 새로운 경력 축적하는 데 도움이 된다.
- 인맥 형성, 전문가와 교류, 유망고객 확보 등 장래 진로 개척에 유리하다.
- 정신적, 신체적 건강에 도움이 된다.
- 직장의 상사나 동료 등 관계기관의 인정을 받는 데 유용하다.
- 가족, 이웃, 지역사회 등으로부터 쓸모 있는 사람, 좋은 일 하는 사람이라는 인정을 받을 수 있다.

(2) 개인의 내면적 혜택

다음으로 자원봉사 자체가 중요하다는 대의에 부합하는 행위로서 개인에게 오는 내면적인 혜택도 있다. 이는 개인 자신에게 좋은 결과와 사회에 기여하는 의미에서 보람 있는 결과로 구분할 수 있다.

첫째, 먼저 개인적으로 소중한 경험이 되는 사항으로는 다음과 같은 것이 있다.

- 자원봉사로써 자기 존재와 인생의 의미를 찾는 보람을 느낀다.
- 사회참여로써 사회 속의 자아의 의미를 발견하고, 사회적 인격체로 변모하며, 새로운 자아관 형성에 도움이 된다.
- 쉽게 접할 수 없는 넓은 사회관계를 경험한다.
- 지역사회 일에 참여함으로써 지역사회에 대한 이해를 증진한다.
- 지역과 이웃을 위해 의미 있는 일을 하는 데서 보람과 자긍심(pride)을

얻는다.

- 사회에는 나를 필요로 하는 일이 생각보다 많다는 자각과 보람이 있다.
- 사회로부터 혜택을 받은 데 대한 감사와 보답으로 봉사하는 의미가 있다.
- 사회에 대한 책임의 중요성을 인정하고, 참여로써 인생의 승리자가 되고자 한다.
- 만족스런 일을 할 기회와 새로운 일의 경험에서 얻는 즐거움이 있다.
- 천부의 능력을 발휘할 기회와 자신의 행동에 대한 자신감이 생긴다.
- 이질적인 삶의 경험으로 자신에 대한 신뢰감을 키울 수 있다.
- 봉사활동으로 새로운 능력 개발이 가능하다.
- 뜻이 같은 사람들을 만날 호기를 제공한다.
- 사회참여와 봉사 활동으로 리더십을 함양, 제고할 수 있다.
- 봉사의 생활로 자녀와 새 세대에게 귀감이 된다.
- 새로운 생활경험에서 자기성찰에 의한 삶의 재조명 기회가 생긴다.
- 외로움의 극복과 같은 정신건강에 도움이 된다.
- 긍정적 태도로 삶에 대한 적극적 자세 형성에 기여한다.
- 자아실현, 자아완성의 충족감을 경험할 수 있다.

둘째, 자원봉사에 의하여 사회에 공헌할 수 있다는 보람으로 예시할 수 있는 것은 이러하다.

- 시민으로서 전체사회와 지역사회에 직접 공헌한다.
- 사회에 대한 책임 이행의 일환으로 참여한다.
- 지역사회의 욕구 충족과 지역사회개발에 기여하고, 지역사회의 자구노력을 촉진하는 데 도움을 준다.
- 좋은 이웃으로서 지역사회와 공동체적 관계 육성에 기여한다.
- 지역사회의 당면문제 해결에 동참하고 지원한다.

이상의 개인적 혜택의 항목들을 좀 더 체계적으로 묶으면 대략 다음과 같은 범주로 정리할 수도 있다.

- 도덕적 책임(가치지향, 인간의 책무)
- 사회적 의무(가치지향, 인간의 책무)
- 타인에 대한 도움(가치지향, 이타심)

- 사회에 유용한 존재(집합주의, 집단지향)
- 친교와 사회적 관계 형성(집합주의, 집단지향)
- 학습과 기능 습득, 능력개발(개인적 이해관심, 이기적 지향)
- 여가시간 활용(개인적 이해관심, 이기적 지향)
- 정신적, 신체적 건강(개인적 이해관심, 이기적 지향)
- 자아실현, 자아존중(개인적 이해관심, 이기적 지향)

2) 사회적 수요 내지 필요성

왜 자원봉사를 하는지를 묻고자 할 때 개인 수준의 이유를 파악하는 것이 중요하면서도 한계가 있다는 것을 위에서 설명하였다. 그러면 사회의 차원으로 가면 어떤 분석의 접근이 필요한가? 우선 사회가 왜 자원봉사를 필요로 하게 되었는지 그 사회적 욕구 내지 수요를 묻는 데서 시작할 수 있다. 이 문제는 일차적으로는 이 책의 제2장 사회변동과 시민사회의 맥락에서 이미 자세한 논의를 한 셈이다. 그러므로 여기에서는 전 세계적으로 보편적인 주요 사회변동의 추세만 간추려 열거하는 것으로 대신한다. 자원봉사의 의미를 이해하는 데 필요한 틀에서는 이 문제를 다루어야 한다는 점만 강조하려는 것이다.

이런 관점에서 현대사회의 주요 변동 추세 가운데 특별히 지적할 만한 것은 다음과 같이 집약할 수 있다. 이런 현상은 오늘날 글로벌 시대에 활발하게 진전하는 전 지구화(globalization)의 영향을 볼 때는 어느 지역이든 예외가 될 수 없는 것이므로 한국사회의 변동과도 유사함을 알 수 있다(Rochester et al., 2010:69-83).

- 인구의 구조와 성격: 주로 출산율과 고령화 문제가 관심의 대상이다.
- 가족의 변질: 가족구성의 축소, 가족 해체, 비정상 가족의 증가 등이 현저하다.
- 고용상태의 변화: 특히 실업과 비정규직 등 고용안정의 문제가 심각하다.
- 경제성장에 의한 국가적인 부의 증가에도 불구하고 불평등 구조의 양극화와 빈곤의 문제가 여전하다.
- 대중사회의 다수인이 빈번한 접촉에도 불구하고 도시생활의 성격으로 인한 개인의 고립과 공동체의 붕괴, 해제에 대한 우려가 크다.
- 정치과정에 대한 신뢰의 상실이 광범위하게 나타나고 있다.

- 국가에서 상대적인 독립적 위상을 유지하고 시장과도 의미 있는 거리를 두는 시민사회의 전개가 심상치 않다.
- 정보통신기술 발달에 기인한 가상의 의사 공간(virtual space, 疑似空間)에서도 새로이 생성하는 온라인 공동체의 문제에도 관심을 기울여야 하게 되었다.
- 가치관의 변화: 극단적 개인주의, 개인적 선택가능성의 증가와 다양화, 소비문화의 창궐, 열망수준의 상승과 다극화, 종교의 변질과 세속화 등이 주목의 대상이다.
- 경제, 사회, 문화적 변화는 시민의 집합적 신념체계를 파괴하고 개인의 책임의식을 마비시키면서 위험사회에 노출되고 있다는 불안감과 아울러 책임을 다른 사람들, 정부, 기업체 등에 돌리려는 의식을 조장하고 있는 한편, 이러한 무질서의 위험에 대처하기 위한 국가의 규제를 증가시키고 있다.

이와 같은 변화가 자아내는 각종 문제점들은 결국 누군가 도움의 손길을 내밀지 않으면 해결할 수 없는 것들인데, 국가가 독자적으로 다루기에는 벅차고 재정부담이 지나칠 수 있으므로 결국 시민사회의 자발적 부문이 나설 수밖에 없다. 이런 것이 말하자면 사회적 수요라고 할 것이다.

3) 자원봉사의 사회적 결과

우리가 지금 자원봉사의 중요성에 대한 논의를 하고 있지만 그중에서도 자원봉사가 과연 사회에 어떤 결과를 가져다주는가라는 문제는 특별히 비중이 큰 사항이므로 항목을 달리하여 따로 고찰할 필요가 있다.

이 문제는 이미 제2장에서 언급한 바지만, 사실 인류는 현재 그 어느 때보다도 변화가 절실한 시대를 살고 있다. 변동이 격심한 가운데 변하지 말아야 할 것도 변하고 있음이다. 따라서 어쩌면 지금은 산적한 인간적, 사회적 문제 해결의 엄청난 도전에 직면하여 실질적 변화가 진정으로 필요한 절체절명(絶體絶命)의 순간인지도 모른다. 요컨대 자원봉사의 사회적 결과에서 핵심은 변화라는 말이다.

자원봉사의 사회적 결과(social consequences)란 달리 표현해서 사회적 효과(effects), 영향(influence), 혹은 충격(impact)과 같은 말로 이해하기도 한다. 영어권 국가에서는 자원봉사를 가리킬 때 실제로 "Make a Difference!"라는 평상시 말을 흔히 쓴다. 구체적으로 이 표현을 자원봉사에 관한 책 이름에 쓴 예도 있을 정도다(Blaustein, 2003). 세상을 바꾸겠다는 의지를 이렇게 표현한 것이고 그러한 변화의 구상, 기획, 추진을 담당할 주관자 혹은 대행자(change agent)요 변화 촉진자(change facilitator)는 바로 자원봉사자라는 말이다. 그리고 그러한 변화는 개인의 삶, 지역사회, 나라와 전 세계의 문제 해결을 위한 인간 노력의 산물이 될 것이다.

다만 개인의 삶에 대한 변화는 이미 위에서 자원봉사의 중요성을 다룰 때 개인적 혜택과 이득이라는 시각에서 정리한 바 있다. 그 내용을 결과적인 효과로 바꾸어 생각하면 될 성질의 항목들을 열거하였다. 물론 그런 변화 내지 혜택은 자원봉사에 참여하는 사람들에 해당하는 것이었다. 사실 더 중요한 개인은 봉사의 수혜자라고 할 수 있다. 그러므로 지금부터는 주로 사회적 결과에 논의의 초점을 맞추되 서비스 수혜자도 사회적 혜택을 받는 집단으로 간주하여 여기에 포함시킨다. 기타 개인 차원의 변화라도 사회적 맥락의 중요성을 고려해서 언급할 것이다. 그 순서는 자원봉사 수혜자, 조직체, 지역사회 그리고 국가사회와 나아가 전 세계사회의 차례로 고찰한다(Musick and Wilson, 2008; Rochester et al, 2010).

(1) 자원봉사 수혜자의 변화

자원봉사의 효과에 관해서는 여러 가지 성과의 평가를 위한 측정 기법들을 개발해 이용하고 있지만 특별히 봉사 수혜자를 연구대상으로 삼는 사례는 흔치 않다. 우선 어떤 특정 자원봉사 활동과 서비스 이용자의 혜택이나 이득 사이의 상관관계를 정확하게 파악하는 일이 쉽지가 않은 것이 사실이다. 그리고 봉사의 종류나 성격에 따라서는 누가 수혜자인지를 적시하기가 곤란한 것도 있다. 가령 나무를 심고 생태환경정비 운동을 벌였는데 그 혜택은 누가 어떻게 얼마만큼 받았는지를 꼬집어 제시하기가 만만치 않을 것이다. 그러므로 여기서는 몇 가지 단순한 보기만을 소개하는 것으로 그친다.

먼저, 그런 자원봉사의 혜택을 받았다는 사실 자체가 혜택이라는 점은 흔히 놓치기 쉬운 사례다. 세상에는 사각지대가 있어서 그런 봉사를 꿈도 꿔보지 못하고 지내는 이들이 얼마든지 있을 것이다. 다음은, 다른 사람들과 사회적인 접촉의 기회를 갖는다는 것도 크게 도움이 되는 사람들도 허다하다. 실지로 서울시에서 시행하고 서울시자원봉사센터가 주관하는 '동행'(동생행복) 프로그램에서는 초중등학교 학동들에게 멘토링으로 도와주는 대학생들과 수혜자 동생들 사이에 정말 형제와 같은 돈독한 공동체적 관계가 성립하는 것이 매우 흡족하다는 현장 지도교사들의 보고가 있었다는 것을 앞서 소개하였다. 그뿐 아니라 중앙일보의 '위스타트' 운동 같은 데서는 거의 자폐적 성향을 띤 어린이가 자원봉사에 가담함으로써 동네의 또래 어린이들의 봉사 리더로 변신하는 사례를 보고하는 적도 있다. 그런저런 인간관계는 또한 서비스 이용자들의 정신적, 신체적 건강에 유리하다는 연구결과는 찾기 어렵지 않다(Rochester et al, 2010, 164).

(2) 자원봉사 조직체의 변화

자원봉사 조직체는 각종 봉사 및 복지센터, 민간 NGO 유형의 단체, 기타 자원봉사를 하는 기관을 포함하는데, 이 방면의 연구는 비교적 희소한 편이다. 주로 그런 조직체들이 성과 평가를 받기 위해 하는 조사 정도인데 그것도 주로 경제적 효과에 집중하는 경향이 강하다. 따라서 아주 일반적인 것만 언급하면, 자원봉사자들이 그런 단체, 기관이 시행하는 활동에 참여함으로써 봉사인력의 규모와 서비스의 다양한 종류를 제공함으로써 조직체의 역량을 강화하고 더 다기적인 프로그램을 실시하도록 기여하는 면이 있다. 그것이 결과적으로는 서비스 수혜자들에게 혜택으로 돌아가게 되는 것이다(Rochester et al, 2010, 163).

(3) 공동체에 대한 효과

여기서 공동체란 지역사회를 포함하여 여러 가지 동질적인 가치와 이해관심 등을 공유하는 사람들의 집합체를 모두 가리키는 말이다. 이런 맥락에서 자원봉사가 제공하는 혜택은 (1) 서비스 제공 그 자체, (2) 사회적 결속, (3) 사회적 자본의 증대(곧 다시 논의함), (4) 범죄율 저하, (5) 건강증진, (6) 학력 신장, (7) 삶의 만족도 상승, 그리고 (8) 전반적인 복지의 증진 등이다. 그뿐 아니라 민주주의를 강화하고 공동체적 자가규제력을 키우며, 시민의식과 민주시민적 정치력을 향상시키는 등의 효과가 있다. 특히 시민의식과 정치적 관심 및 실천력의 향상이 자원봉사 활동과 밀접한 관련이 있다는 연구결과는 비교적 다양한 편이다(Musick and Wilson, 2008: 459-485).

특별히 공동체와 관련하여 한 가지 강조하고 싶은 사항이 있다. 그것은 바로 공동체 짓기 혹은 형성(community building)의 문제다. 이 주제도 앞에서 언급한 것이지만, 이제는 과거 우리나라처럼 공동체적 상부상조의 미풍양속이 존재하던 사회에서조차 공동체 상실, 붕괴 또는 공동체적 인간관계의 소멸, 약화와 같은 문제점이 노출하고 있는 시대가 되었으므로 공동체를 되살리거나 새로이 세우는 운동이 더욱 절실해졌다. 따라서 자원봉사도 단순히 봉사활동에 의해서 사회적 결속을 강화하게 된다든지 신뢰를 쌓을 수 있다든지 하는 단편적인 차원의 사안으로 그칠 것이 아니라 좀 더 본격적인 공동체 짓기 운동의 차원으로 접근할 필요가 있다(김경동, 2009; 2010a).

(4) 일반적인 사회적 효과

그 밖에 여러 연구에서 얻은 결과를 집약적으로 정리하면 자원봉사의 일반적인 사회적 결과는 다음과 같은 다섯 가지가 있다(Musick and Wilson, 2008: 486-515; Rochester et al, 2010, 165-166).

① 자원봉사는 사회적인 개발에 기여한다. 주로 경제성장과 자연생태환경을 포함하는 지속가능한 개발을 촉진시킬 수 있다.

② 지역사회의 공동체성 내지 공동체정신의 강화에 도움이 된다. 사회적 신뢰를 증진하거나 범죄를 줄여서 안전한 지역사회를 이룬다. 요는 자원봉사에 참여하는 사람들이 일반적으로 지역사회에 대하여 긍정적인 인식을 갖게 된다.

③ 자원봉사는 사람들과 접촉할 기회를 늘여 주므로 친구를 사귈 기회를 제공하여 사회적 고립을 해소하고 사회적 포용을 장려함으로써 사회통합을 이룩하는 데 기여한다. 특히 고령자들의 고독을 덜어주고 심지어 고용기회도 제공하는 이득도 생긴다.

④ 자원봉사에 참여함으로써 사회 구성원들의 건강을 증진하는 데 도움이 되어 삶의 질적 향상을 도모할 수 있다.

⑤ 자원봉사는 평생교육의 기회를 제공함으로써 기능(skills) 향상을 도와준다.

[표 3-1] 자원봉사의 효과 확인을 위한 틀

대상 집단	물리적 자본	경제적 자본	인간적 자본	사회적 자본	문화적 자본
자원 봉사자	가시적 이득 (훈련, 자격, 사회적행사 참여 등)	자원봉사의 비용, 기회비용, 개인적 가치 (훈련 등)	개인적 발전 자신감, 자존팀 훈련 IT 고용 기회	신뢰증진, 공공참여 신장 등	문화적 정체의식, 타문화 이해 증진
조직체	가시적 결과 (식사제공, 식목 등 수량) 기타 양과 질 향상	비용대비 경제적 가치	인력개발 직원 다양성	평판과 지위 봉사자 및 관리자 채용 및 유지 유리	문화반영 서비스 증가
수혜자	서비스의 양과 질 향상	서비스 이용 비용 절감	개인적 성장, 기능 향상	연락망 확장 신뢰, 참여 증대	자문화, 타문화 이해증진
공동체	서비스의 양과 질 향상	공공서비스 비용 절감	행복한 공동체 시민역량 강화	연결망 확장 신뢰, 참여증대	자문화, 타문화 이해증진

근자에는 영국의 자원봉사연구소(IVR, Institute for Volunteering Research)에서 자원봉사활동 효과 평가도구(VIAT, Volunteering Impact Assessment Toolkit)를 개발하였다. 여기에서는 그 사회적 결과를 일종의 '자본'(capital)이라는 개념으로 파악하고 있다. 물론 학계에서는 이러한 접근에 대해서 의견이 일치하지는 않지만 참고할 만한 집약적 틀이라 여겨 소개하는 것이다(Rochester et al, 2010, 166-173).

이와 같은 자본의 개념으로 접근하는 틀에서는 다섯 가지 범주로 자본을 구분하고 각각의 범주에서 볼 때 자원봉사의 효과를 경험하는 네 가지 부문의 변화가 어떤 것인지를 밝히고 있다. 자본의 종류는 (1) 물리적(physical), (2) 경제적(economic), (3) 인간적(human), (4) 사회적(social), 그리고 (5) 문화적(cultural) 자본이다. 효과를 보는 대상 집단은 크게 (1) 자원봉사자 자신, (2) 자원봉사 관련 조직체, (3) 자원봉사 수혜자 및 (4) 지역공동체로 나누었다. 이러한 성과를 객관적으로 확인하기 위한 각종 측정도구도 개발해서 쓰고 있다. 여기에는 이 내용을 자세히 해설하지 않고 그러한 견해를 요약한 [표 3-1] 만을 소개한다.

4. 자원봉사에 대한 사회적 인식

자원봉사의 의미와 중요성을 논하는 마지막 주제로 한 가지만 더 고찰할 것은 자원봉사에 대해서 사회는 어떤 눈으로 바라보는가 하는 문제다. 쉽게 말해서 자원봉사의 사회적 이미지라고 할 수 있다. 이는 자원봉사운동의 확산과 진흥 및 질적 향상을 생각할 때 한 번쯤은 성찰해봐야 할 가치가 있는 사항이다. 사회가 어떤 인상을 받는지에 따가 참여와 지속적 활동에 영향을 줄 수 있기 때문이다. 다시 말해서 자원봉사운동에 참여하는 모든 사람들은 자신의 행동과 말이 이와 같은 사회 일반의 인식을 좌우할 수 있다는 점에 유의하여 신중하게 임해야 한다는 뜻이다. 이를 위해서는 크게 다섯 가지 형태의 봉사활동을 중심으로 주요 보기를 드는 수준에서 다루고자 하며 각각에 대해서 공중의 인식을 긍정적인 면과 부정적인 것으로 나누어 개관할 것이다(Hankinson and Rochester, 2005; Rochester et al, 2010, 185).

1) 일반적 자원봉사 활동

(1) 긍정적 이미지

- 다른 사람들을 돕는다.
- 새로운 기능을 획득한다.
- 자유재량으로 자유 시간을 무상으로 제공한다.
- 주민들에게 혜택이 가는 공동체 형성에 기여한다.
- 활동에 융통성 있게 참여한다.
- 기회의 다양성이 풍부하다.

(2) 부정적 이미지

- 사회적 지위를 별로 인정하지 않는다.
- '남 좋은 일 하는 공상적 사회개혁가?'(do-gooders라는 인상을 줄 수 있다.
- '외톨이'(closet) 봉사자라는 인식을 갖기 쉽다.

2) 사회적 서비스 활동가

대표적인 보기: 구급차 근무자

(1) 긍정적 이미지

- 제복에 대한 긍지가 있다.
- 공중으로부터 존경을 받는다.
- 전문성이 있다.
- 전국적인 조직체의 일원이다.
- 특별 서비스를 제공한다.
- 사회의 순탄한 운영에 기여한다.

(2) 부정적 이미지

- 보수를 받는 직업을 대치한다.
- 진짜 전문가를 지망하는 사람이다.

3) 상호부조적 자조 활동가

대표적인 보기: 다발성 경화증 협회 회원

(1) 긍정적 이미지

- 실질적, 정서적 상호보조를 한다.
- 돌봄을 베푼다.
- 타인의 삶의 질 향상에 기여한다.

(2) 부정적 이미지

- 과도한 요구를 한다.
- 눈에 띄게 빛이 나는 일은 아니다.
- 때로는 지나치게 외골수다.

4) 캠페인 활동가

대표적인 보기: 택지개발자에 반대하는 운동가

(1) 긍정적 이미지

- 사회적 쟁점에 대한 관심이 있다.
- 열정이 있다.
- 헌신적으로 몰입한다.
- 사회와 공동체의 변화를 초래한다.
- 시민으로서 책임의식이 있다.

(2) 부정적 이미지

- 투쟁적, 전투적이다.
- 부정적 언론의 대상이다.
- 할 일 없는 좌파다.
- 분노를 드러낸다.

5) 단체 운영활동 참가자

대표적인 보기: 제3섹터 조직체의 이사

(1) 긍정적 이미지

- 전문적 식견이 있다.
- 세상을 더 낫게 만든다.
- 개발도상지역에 기여한다.
- 책임 있는 시민의식의 소유자다.

(2) 부정적 이미지

- 사회 전체를 대표하지는 않는다.
- 때로는 조직이 느슨하다.
- 엄격한 자원봉사자는 아니다.

이와 같은 자원봉사 내지 봉사자의 이미지 문제는 추후에 자원봉사 홍보와 개발의 차원에서 다시 다루게 될 것이나, 결국 자원봉사가 사회에서 어떤 위상과 평판을 누리느냐는 운동의 성패와 효율에 큰 영향을 미칠 수 있음을 명심할 필요가 있다.

IV. 소결

이 장에서는 자원봉사의 의미를 철학적 어원과 일반적 용례 등을 중심으로 먼저 살펴본 다음, 자원봉사의 가치를 역시 철학적인 차원과 사회학적인 측면에서 검토하였다. 그리고 한층 더 구체적인 수준에서 자원봉사의 중요성을 고찰하였다. 사람들이 자원봉사에 동참하는 동기, 의도, 이유 등을 다루는 이론에 대한 간략한 해명과 함께 왜 자원봉사를 중요한 것으로 볼 수 있는지, 그 개인적 혜택과 사회적 효과를 중심으로 정리하였다. 그리고 마지막으로 자원봉사를 사람들은 어떻게 인식하는지를 연구하려고 할 때 참고가 될 만한 내용도 소개하는 것으로 마무리하였다.

이러한 논의가 필요한 이유는 우리가 자원봉사 활동에 참여하든지 또는 자원봉사운동을 관리하고자 할 때 무엇보다도 먼저 왜 우리가 이런 활동, 운동을 하는지, 그 의미와 가치와 중요성이 어떤 것인지를 인지하고 임할 때와 그렇지 않을 때는 상당한 차이가 있다고 보기 때문이다. 일상생활에서도 어떤 일을 하든지 '왜'라는 질문을 하는 마음가짐은 한 단계 높은 수준의 접근이라고 볼 수 있는 법이다. 이런 문제는 곧이어 제7장에서도 마음의 프레임이라는 개념으로 설명을 하게 될 것이다. 특히 자원봉사 관리자들에게는 이런 지식으로 무장해서 일에 임할 때 봉사자들의 모집이나 지속적 참여 유도의 측면에서 더욱 설득력을 드높일 수가 있다. 그러므로 자원봉사 교육에서나, 배치 및 관리의 차원에서도 항상 이러한 지적 자원을 활용하는 것이 유용하다.

그리고 앞의 두 장에서도 이미 언급한 대로 우리는 지금 전 지구화의 거센 물결 속에서 생존과 번영을 위한 안간힘을 쓰는 형국에 놓여 있는 셈이다. 그러므로 나눔과 봉사를 생각할 때도 우리 사회라는 한정적인 민족국가 내지 국민국가의 울타리 안에 국한시켜서 무슨 문제든 다룰 처지에 있지를 않다. 전 세계의 전 인류가 공유하는 갖가지 정치경제, 사회문화적 차원의 문제를 해결하고 모든 인간의 삶을 위한 사회의 발전을 기하고자 하면 필수적으로 전 지구적 범위의 관심을 갖고 접근하는 것이 정답이다. 특히 국가 단위로는 대처하기 힘든 문제점들을 해결하자면 자원봉사운동이 국제적 네트워크를 바탕으로 모두가 하나 되는 파트너십을 형성하지 않고서는 유익한 결과를 기대하기 어렵다. 이와 같은 연대와 협력은 국가 간의 공식적 관계를 넘어 시민사회의 자발적 부문끼리 한데 힘을 모아 추진하는 것이 미래지향적 자원봉사와 나눔운동이 나아갈 길이다.

제4장 나눔의 사회학: 기부문화를 중심으로

이제까지 자원봉사의 의미와 가치를 고찰하고자 우리가 바라는 미래사회의 비전을 그려보고 현재 우리가 경험하고 있는 사회변동의 성격을 일별한 다음 본격적으로 자원봉사의 철학과 의미와 가치를 음미해보았다. 이제 주제를 '나눔'으로 변환시켜 놓고 자원봉사의 함의를 다시 검토하고자 한다. 물론 통상 나눔을 말할 때는 주로 '기부'를 가리키는 것으로 이해한다. 기부도 여러 형태로 행해질 수 있거니와 나눈다는 행위도 다양한 모습으로 나타날 수 있다. 이미 앞에서도 지적했지만 자원봉사도 일종의 나눔 행위에 해당한다. 다만 여기에서는 그러한 일반개념으로서 나눔보다는 역시 기부라는 특수한 봉사행위에 초점을 맞추고 논의를 전개할 것이다.

그런데 나눔에 관한 일반적인 담론에서는 나눔이란 "좋은 일이다," "바람직하다," "해야만 한다"는 식의 선언적 표현과 당위적 주장은 현란하지만 정작 왜 나눔이 중요하고 가치 있는지에 대한 체계적인 해명은 보기 드물다. 또한 나눔에 관한 문헌은 대개 기부자의 특성, 기부행위의 유형, 기금의 관리와 같은 나눔실천의 기술적인 측면에 집중하는 경향이 지배적이고 이 문제에 대한 사회학적인 접근은 비교적 희귀한 편이다. 그러므로 이글에서는 이 분야에서 미진하다고 할 수 있는 사회학의 관점에서 나눔의 의미와 나눔문화의 성격 그리고 나눔의 사회적 역학과 메커니즘에 관하여 논의하려고 한다.

여기서 사회학적 고찰이란 처음부터 나눔이 무엇을 의미하느냐 라는 질문에서 시작하는 것이 아니다. 그러한 나눔이 왜 중요한지를 사회학적으로 검토하기 위해서는 그 행위가 인간의 사회적인 삶에 대하여 지니는 가치함축부터 물어야 한다는 지점에서 논의를 출발해야 한다는 접근이다. 그러한 거대담론의 문맥

속에서 비로소 나눔이라는 행위가 무엇을 의미하는지, 나눈다면 무엇을 나누는지에 대한 사회학적 분석이 따를 것이다. 이는 주로 사회적 자원(social resources)을 중심으로 논의를 전개하게 되고 사회적 불평등구조의 맥락에서 그 의미를 찾게 된다. 여기까지가 일반론에 해당한다면 이제 나눔의 행위를 주제로 삼게 되는데, 그것 또한 사회학적 관점에서는 나눔의 행위가 일어나는 문화적 틀에 대한 이해를 요구한다. 그 틀 속에서 비로소 나눔의 사회적 역학과 메커니즘에 대한 분석을 시도함으로써 앞으로 나눔문화를 진작시키기 위해 필요한 실천적 제도적 방안을 시사하는 것으로 마무리할 것이다.

I. 나눔의 사회학적 의미

1. 삶의 가치체계와 나눔

왜 우리가 나눔의 중요성을 논하게 되는지를 고찰하기 위해서는 우선 인간이 추구하는 삶의 가치체계를 상고할 필요가 있다. 인간의 사회적 행위는 무작정 일어나는 것이 아니고 반드시 거기에는 의식, 무의식 간에, 인간을 위해 어떤 의미와 가치가 있다는 전제가 따른다. 물론 현실의 생활세계에서는 비인간적이고 반사회적인 행태가 끊임없이 벌어지고 있다. 그렇더라도 모든 구성원들이 처음부터 그와 같은 부정적 동기에서 행동하지는 않는다. 자기 나름으로 어떤 가치를 추구하는 행위로 보아야 한다. 그것을 이 책에서는 '삶의 가치'의 체계(the system of Life Values)로 인식하려 하였다. 이 같은 삶의 가치는 나아가 사회의 발전을 도모하는 사람들이 추구하는 것이므로 이를 달리 일컬어 '발전의 핵심가치'(the Core Development Values)라고 명명할 수 있다고도 하였다. 이 주제는 이미 제1장에서 소상하게 다루었으므로 이 자리에서는 그러한 가치함축만을 전제하고 논의를 전개하려고 한다.

여기서 말하는 삶의 가치란 사회생활을 영위하는 사람들의 삶이 가치 있는 삶이 되어야 한다는 명제를 전제한다. 그리고 사회적 존재로서 인간의 목표는 자신의 개인적인 삶의 가치 실현은 물론이지만 그것을 넘어 당연히 집합적인 유익을 추구하는 것도 포함하므로 사회의 구성원 모두가 그처럼 가치 있는 삶을 살 수 있도록 서로 돕는 일이 중요해진다(Gilman, 2004). 나눔도 그러한 인간의 시도 중 일환인 셈이다. 그러한 가치 있는 삶이란 궁극적으로는 인간중심의 가치로서, 개인차원에서는 행복한 개인을, 사회차원에서는 행복한 공동체를 성취하고자 하는 것이 될 것이다.

요컨대 나눔이 중요한 근거를 삶의 가치에서 찾는 것은 슈바이처(Albert Schwitzer) 박사와 같은 특출한 나눔의 실천가가 지녔던 '삶에 대한 외경(畏敬)'의 자세에서 인간의 삶을 조명하면 삶이란 두려움과 경의를 품고 바라봐야 하는 소중한 것임을 깨닫게 되기 때문이다. 더 나아가 제1장에서 여러 각도로 살펴보았듯이 인간에게 가치 있고 좋은 것이란 인간이 지닌 특유의 능력을 더욱더 펼쳐주고 삶을 더욱 증진시켜 주는 데 기여하는 것인 데 반해, 인간에게 부정적이고 나쁜 것이란 삶을 목 조르고 인간의 활동을 마비시키는 모든 것이라고 말한 프롬(Eric Fromm)의 혜안을 되새기게 한다(김경동, 1979: 99). 다시 말해서 우리가 나눔의 중요성과 의미를 탐구하려 할 때는 이처럼 인간이 추구하는 삶의 가치 체계를 기준으로 생각하면 더욱더 그 행위가 무게와 깊이를 더하게 된다는 점을 이해할 수 있다. 그러므로 이제 나눔의 사회학이 시사하는 바를 삶의 가치체계와 연계하여 논의하는 이유를 더 분명히 하기 위해서 나누는 행위의 의미와 무엇을 나누는지에 대하여 사회학적인 검토를 할 차례다.

2. 무엇을 나누는가?

나눔이라면 나누는 그 무엇이 있음을 내포한다. 한 마디로 인간이 살아가며 스스로의 자아실현과 사회의 발전을 기하고자 할 때 필요한 자원(resources)을 가리킨다. 보통 자원이라는 단어는 물질적인 것 아니면 인간자원을 지목할 때 자주 쓰는데, 사회학적으로는 좀 더 광범위한 내용을 담는다(Schermorhorn, 1961; Lenski, 1966; 김경동, 1979; 2008).

첫째는 물질적, 경제적, 기술적인 것처럼 외형적으로 가시적인(tangible) 것이 있다. 천연자원, 생태계의 각종 자원, 동산과 부동산을 포함한 화폐자본, 경제적 목적으로 생산 · 유통 · 소비하는 자원, 생산활동에 필요한 기술 등을 모두 가리킨다. 심지어는 신체의 일부와 같은 자원도 나눈다.

둘째, 그러나 인간사회의 활용 가능하고 필요한 자원은 그처럼 가시적인 것만이 아니다. 비가시적인(intangible) 자원도 허다하고 중요하다. 이러한 비가시적 내지 비물질적 자원은 다음과 같은 다양한 것을 포함한다(Lin, 2001).

① 우선 사회생활을 영위하자면 불가결하면서 동시에 인간관계와 사회조직에 대단히 큰 영향을 미치는 사회적 자원이 있다. 힘(force), 권력, 권위와 같은 영향력 행사와 의사결정 및 사회적 통제(control)에 관여하는 자원이 있고, 요즘 흔히 입에 오르내리는 사회적 자본(social capital)이라는 자원이 있다. 여기에는 서로 지키기로 약속한 규범과 사회적 질서, 신뢰, 연고 같은 것을 포함한다.

② 또한 교육, 지식, 정보와 같은 문화적 자본(cultural capital)이 있는가 하면,

③ 위광(혹은 위신, 위세, prestige), 영예(honor), 존경, 애정과 같은 심리적이고 상징적인 자본(symbolic)도 있다.

④ 그뿐 아니라 자신의 시간, 재능, 전문적 소양, 기술적 기량(skills)과 같은 개인적인 자원도 있고 이를 나눌 수도 있다.

다만 사회구조적 측면에서 사람들이 가장 중시하는 자원은 크게 세 가지로 집약한다. 베버(Weber, 1946)는 이를 계급, 사회적 지위(status) 및 권력으로 요약하였다. 이것을 달리 계층의 3P라고도 별칭하는데, 경제적인 자산(property)이 많은 부유층이 상류계급에 속하고, 다른 사람들이 존경할만한 사회적 지위를 차지할 때는 그에 걸맞은 위광을 누릴 것이며, 정치적으로 영향력을 미칠 수 있는 정당(party)에 참여하면 권력(power)을 행사할 수 있다. 여기서 3P는 property, prestige, power를 가리킨다(김경동, 2008).

문제는 이처럼 인간의 삶의 질을 좌우하는 여러 가지 자원이 충분하지 않다는 데 있고 따라서 각 자원의 희소가치가 상대적으로 다르다는 점이다. 이로써 한 사회의 조직원리와 구조적 특징이 달라질 수 있다. 사회적 불평등의 시작이

여기에 있는 셈이다.

3. 자원 나눔의 의미

우리말의 '나눔' 혹은 '나누기'가 뜻하는 바를 외국어에서 찾자면 크게 두 가지 해석이 나온다. 하나는 공유(share)라는 의미고 다른 하나는 분배(distribute)라는 뜻이다.

1) 공유로 나누기: 자원봉사와 기부의 의의

공유란 일반적으로 어떤 특정 개인이나 집단이 가진 자원을 갖지 못한 다른 사람들과 함께 누리고자 나누어 갖고 활용하도록 한다는 것이다. 비록 영어의 share라는 단어는 우리말로 '몫'이라는 뜻을 담지만, 그 몫은 처음부터 주어진 몫, 권리가 있는 몫이라기보다는 누가 자기 것을 나누어 주면 누리게 되는 몫을 가리킨다고 보아야 한다. 여기서는 자원의 소유 여부가 나눔의 주체 및 객체를 갈라놓는다는 의미가 확연하기 때문이다. 다시 말해서 자원이 있는 사람(들)과 없는 사람(들)의 구분이 분명하고 있는 쪽이 없는 쪽에게 자기의 것을 떼어서 나누어 준다는 행위가 반드시 따른다. 이런 공유의 나눔이 일어나려면 반드시 누가 누구에게 무엇을 주는 행위가 따른다. 분명히 나의 소유지만 다른 사람들에게 줄 수 있고 줌으로써 그들과 공유한다는 뜻으로 기부, 기여, 양여, 수여의 형식을 띤다. 주는 주체와 받는 객체가 따로 있음을 암시한다. 요즘은 기부를 가리켜 아예 '기빙'(giving)이라는 영어 표현법을 그대로 사용하는 예도 생겨났다. 이 말은 영어권에서는 보통 금품과 같이 무엇인가 가시적인 것을 주는 뜻으로 사용하므로 주로 기부행위를 떠올리지만 자신의 시간과 재능을 나누어 준다는 형식의 자원봉사 활동을 기빙이라고도 한다. 그러므로 나눔을 광의로 해석하면 모든 형태의 자발적 봉사활동을 포괄하는 개념으로 이해할 수도 있다.[20]

---

20) 실지로 미국에서 발행한 저서의 제목에서 그런 용법을 쉽게 읽을 수 있다. 그러한 저서의 대표적인 보기 한 가지를 소개한다. *Giving from Your Heart: A Guide to Volunteering* (Rosenberg and Lampard, 2005) 참조.

일반적으로 자원봉사는 위에서 열거한 각종 자원을 공동체 구성원들을 위해 공유하는 행위를 가리키는데, 주로 시간, 노력, 재능, 전문성과 같은 종류의 자원을 나눈다. 이미 앞장(제3장)에서 자세하게 살펴본 대로 이런 형태의 공유에서 중요한 요건은 그러한 나눔행위가 자발성, 무보수성, 공익성의 원칙을 수반한다는 점이다. 어떤 강제적 요구에 의한 행동이 아니라 자유의지에 의하여 자유재량으로 수행하는 것이 자발성이며, 어떤 물질적 · 경제적 이익이나 생계를 위한 보상을 기대해서 하는 행위가 아니므로 무보수성을 중시하고, 자신의 행동이 자신을 위해서가 아니고 사회 전체나 공동체 구성원들의 공공이익을 신장하는 목적에 기여하고자 하는 것이므로 공익적인 행위다(Musick and Wilson, 2008; Oppenheimer, 2008; 김동배 외, 2009; Rochester et al, 2010).

요컨대 나눔을 포괄하는 자발적 행위란 그 동기가

① 일차적으로 순전히 직접적인 경제적 혜택 (돈 · 보수 기타 물질적 보상 등), 자아보존의 욕구, 생리적인 욕구가 아니고,
② 심리적이고 사회적인 강박, 신체적인 힘에 의한 강제, 법적인 제재 같은 것이 아니며,
③ 오히려 정신적인 혜택에 대한 기대, 가치, 이상, 공공선, 공익, 공통의 이해관심, 특정 집단의 취향 등에 대해 헌신하겠다는 결단(commitment)에서 우러나오는 행위다.

이것이 소위 앞장(제3장)에서 소개한 '자발적 사회'(the Voluntary Society)의 이념이 적시하는 자유재량에 의한 봉사지향이라는 자발적 사회의 구성요소의 요체다(Shultz, 1972).

그런데 통상 기부라는 나눔행위도 이와 같은 자원봉사의 일환으로 간주하지만, 여기에는 약간의 조건이 따를 수가 있다. 기부도 기본적으로는 자유의지와 자유재량으로 자발적으로 하는 행위지만 특정 개인이나 단체, 기관이 어떤 목적을 위해서 특별히 요청하든가 설득하는 데 응해서 기부를 하는 예는 얼마든지 있다. 그리고 기부한 자원에 대한 직접적인 대가를 요구하지는 않지만 기부행위에 대한 상징적이고 사회적인 인정은 어떤 형태로든 기대하는 것이 상례다. 때로는 증여자가 수증자로 하여금 증여자, 제3자 또는 공공기관이나 사회에 대하여

일정한 의무를 이행하도록 요구할 수도 있다(Greenfield, 2002; 박훈 · 이상신, 2009).

2) 나눔의 사회구조적 성격: 배분과 사회계층

다음으로 그와 같은 소유 · 무소유나 기여자와 수취자의 구별이 명백하지 않더라도, 아니면 소유와 기여의 주체가 사회적 구성원의 일부가 아니라 사회 전체가 어떤 자원을 소유한다 하더라도, 자원을 '나누는' 방식이 있다. 다른 말로, 어떤 자원은 특정 개인이나 집단의 소유가 아니라 사회 전체에게 속해 있는 것인데 그 자원을 구성원들에게 어떤 식으로든 일정한 비율로 갈라준다는 분배(또는 비분)의 의미로 나누기다. 여기서는 사회의 구성원 모두가 그 자원을 차지할 몫이 있다는 믿음이 사회의식의 저변에 깔려 있다. 누구는 갖고 누구는 갖지 못하는 자원이 아니라는 것이다. 그러므로 누구나 자기 몫을 누릴 권리가 있다고 생각한다. 이런 때의 나눔 즉 분배는 사회에 존재하는 자원을 모든 구성원들에게 배당해서 나누어 갖고 누릴 수 있게 한다는 뜻을 내포한다. 따라서 여기에는 희소한 자원을 서로 더 많이 차지하기 위한 경쟁이 치열해질 소지가 크다. 공유식 나눔에서는 그러한 경쟁이 있을 수 없지만 배분하는 나눔에는 경쟁이 따른다. 다만 배분 식 나눔도 일종의 공유로 볼 수 있는 측면이 있다. 자원을 남보다 더 많이 가진 자가 적게 가졌거나 무소유인 자에게 자기 자원을 적당히 나누어 줄 때도 분할 배당한다는 의미로 분배가 될 수 있다. 일종의 자원재분배의 형식이다.

앞에서 이미 언급한 대로 개인이나 집단이 자신의 자산을 공유하기 위해 다른 사람들에게 나누어 줄 때는 누구의 강제보다도 자유의지에 기초한 자유재량으로 행동하는 것이 바람직하다. 그러나 현실적으로는 그러한 자율적 공유에 대한 의지가 없든지 아니면 원하지 않을 수도 있다. 사회 전체의 복리를 추구하는 사회라면 이런 상황을 그대로 두지는 않을 터인데 그렇다고 국가의 힘으로 강제하는 것은 민주적인 사회에서는 금물이다. 다만 민주적이고 합법적인 의사결정 과정을 거쳐 일부 개인(집단)으로 하여금 자신들의 자원을 공유하도록 법적으로 제도화하는 방식은 가능하다. 세금제도라든지 기업부문의 사회적 책임 내지 사회적 공헌 차원에서 공유에 참여하게 할 수도 있다. 결국 이러한 공유는 구조적인 차원의 자원배분의 한 형식에 해당하게 된다.

자원배분의 구조는 대체로 사회가 진화하는 과정에서 자연스럽게 형성되어 온 것이므로 한 번 굳어버린 분배구조는 쉽게 바꿀 성질의 것이 못된다. 그러한 구조적인 특성의 핵심은 다름 아닌 자원배분의 불평등이다. 어느 시대 어느 사회나 일단 자원의 사적인 소유, 즉 자산의 사유권(private property rights)을 인정하는 한에 있어서는 중요한 자원은 항상 희소하게 존재하고 따라서 모든 구성원이 완벽하게 균등한 소유를 누릴 수는 없다는 것이 사회학적 관찰이 얻은 결론이다. 물론 모든 사람들이 어떤 자원이든 반드시 소유하는 것은 아니고 소유권이 없이도 사용하고 자원의 소유와 이용권을 통제하기도 한다. 이와 같은 자원의 이용과 통제에도 불균등은 일어나는 것이 사회이며 이로써 사회에 불평등으로 인한 계층구조가 발생하는 것이다(김경동, 2008). 그래도 사회적 불평등의 심화는 바람직하지 못하다는 일반적인 의식으로 말미암아 사회마다 일종의 자원 재분배의 제도를 정립하고 정책을 펴려는 시도를 하게 된다.

이때 모든 자원을 일단 사회 또는 국가의 소유로 간주하고 이를 다시 필요에 따라 재분배하거나 자원의 활용으로 얻은 소득을 공평하게 배분하려는 제도를 채택하는 사회주의적 소유구조가 생겨나기도 하였다. 그러나 문제는 이러한 사회적 소유가 경제의 생산성 향상에 부정적인 효과를 초래했으므로 결국 극단적인 국가주도의 사회주의 체제는 유지하기가 어려워진 것이 역사의 현실이다. 따라서 사유재산의 소유와 통제를 허용하되 거기에 독과점 등에 의한 지나친 불평등이 불공정하게 발생하는 것은 피해야 한다는 이념이 힘을 얻게 됨으로써 세제를 포함하여 각종의 사회보장제도 등으로 자원배분의 불평등구조가 자아내는 문제점들을 조금이라도 해소하고자 노력하는 것이다. 이런 관점에서 보아서도 나눔운동 자체가 사회의 구조적 문제에 대응하는 하나의 방편이라고 볼 수 있고, 공유나 기여나 분배나 자원의 희소성이 야기하는 구조적인 문제로 귀착한다.

불평등한 사회계층구조 자체는 완전히 극복하고 소멸시킬 방법이 없다. 사회주의적 평등개념으로 사회를 조직하고 운영하려 했던 일부 국가에서조차 불평등한 자원의 배분구조를 완전히 무너뜨리는 데는 실패하였다. 오히려 정치적 권력과 그에 수반하는 특권과 같은 일부 자원에서는 그전의 체제보다도 격차가 더 큰 불평등구조를 형성하는 우를 피하지 못하였다. 우리가 할 수 있는 일은 그처럼 불평등한 자원 배분구조에서 상대적으로 불리한 처지에 놓인 사회의 구성원들에게도 그들이 행복한 개인으로서 자아실현을 이룩하고 나아가 사회 전체의 문화적 개화에 기여할 수 있도록 하는 데 필요하고 원하는 자원을 나누는 방법을 찾는 일에 불과하다. 그 나눔의 방식은 공유일 수도 있고 분배일 수도 있으며, 그 절차와 방법은 되도록 공정하고 정당해야 한다.

3) 나눔의 필요성에 대한 사회학적 해석

우리가 나눔의 문화를 확산시키려는 운동을 진작하고자 함은 이러한 사회의 불평등 구조 속에서 자원의 배분 문제를 둘러싸고 발생하는 문제점에서 연유한다는 사실에 주의를 기울일 필요가 있다. 비록 사회의 자원배분 구조는 사회의 본질상 거의 불가피하게 불평등성을 띨 수밖에 없다 하더라도 구성원들이 보는 시각에서는 그 불균등 자체가 불만스러울 수 있고 그에 대한 불평과 울분이 생길 수 있다. 특히 불평등의 정도가 심하여 자원 독과점과 같은 현상이 만연하다면 구성원의 반응은 더욱 부정적일 소지가 크다. 인간에게는 다른 사람의 처지와 자신의 위치를 비교하는 준거집단(reference groups)이 있게 마련인데, 자기보다 유리한 조건에 있는 사람들을 준거 삼아 비교를 함으로써 심리적 박탈감이나 불만감을 갖게 될 수 있고 이는 사회의 안정과 통합에 장애가 될 수도 있다. 이와 같은 불만의 원천은 사람이 자신과 처지가 다른 사람(집단)과 비교를 할 때 자기에게는 만족스럽지 못하고 불공정하다는 생각이 들게 하는 배분정의(distributive justice)의 정서라 할 수 있다. 다시 말해서 사람들은 되도록 자원의 배분이 공정해야 한다고 믿는다는 말이다(김경동, 2008).

배분정의가 실생활 속에서 드러날 때는 공평성(equity)의 원리가 작동한다. 이는 주로 사람들이 하는 일에 대한 보상(reward)과 관련이 있지만 일상적인 삶의 조건에서도 자원의 소유와 통제의 정도를 비교하는 데서도 작용한다. 가령 어떤 조직체나 집단에 소속한 상황에서라면 다음과 같은 비교가 일어난다(Robbins and Judge, 2007).

① 같은 집단(조직체) 내에서 자신이 차지했던 지위에 따라 상대적으로 불공정한 차이가 있을 때(동일 집단 내 자신과 자신 비교)

② 같은 집단 안에서 자신과 유사한 지위의 다른 사람과 비교해서 차이가 용납하기 어려울 때(동일 집단 내 자신과 타인의 비교)

③ 다른 집단(조직체)과 비교해서 자기가 과거에 위치했던 지위와 현재 자신의 지위와 직무에 대한 보상이 불공정할 때(타 집단에 소속한 자신의 과거 지위와 현재 자신의 지위 비교)

④ 다른 집단에 속한 자신과 유사한 지위의 다른 사람과 비교하여 공정성에 문제가 있다고 인식할 때(타 집단의 타인과 현재의 자신 비교)

이상의 비교 틀은 다양한 집단, 조직체, 계층 등을 맥락으로 해서 비단 보상만이 아니라 자원의 배분 또는 공유와 같은 메커니즘에서도 동일한 원리를 적용할 수 있다는 점을 주목할 필요가 있다.

어차피 자원은 희소하고 따라서 배분에 불균형이 있음을 인정하더라도 그것이 최소한도 비교의 정서에서 공평하다는 것을 인정하고 정의에 어긋나지 않는 공정한 배분 원칙에 기초한 것이라는 의식을 대다수 구성원이 갖게 되면 문제가 별로 없을 것이다. 하지만 현실은 항상 완벽한 공정분배에 의한 자원의 소유와 통제가 이루어지지 않는 것이 보통이다. 그러므로 불공정한 자원배분 구조에 대한 불만이 생기게 마련이다. 나눔의 운동은 바로 이와 같은 배분정의라는 정서에 기초한 불만에 대응하는 하나의 수단이라고 볼 수 있다. 다른 말로, 나눔은 사회정의, 특히 배분정의를 최대한 확보하려는 사회 구성원들의 의지의 표출이며 노력의 일환이라는 해석이다. 그 이유는 다수의 구성원이 이러한 이유로 불만과 울분을 품게 되면 기존의 체제와 제도에 반기를 들고 저항하며 변혁을 꾀하려는 움직임이 발생할 수 있고, 이로 말미암아 사회는 불안정해지고 갈등과 분쟁으로 사회통합에 금이 가는 결과를 초래할 수 있기 때문이다.

그런데 이러한 쟁점이 사회구조적 차원의 문제의식을 묘사하는 것이라면 약간 다른 각도에서 바라봄으로써 다음과 같은 해석도 가능해진다. 불평등한 자원배분에 불만을 품는 사람들이 많아지고 그 불만족의 정도가 심화하면 불리한 위치에 있는 사람들이 더 가진 사람들에게 부정적인 반응을 나타냄으로써 있는 사람들이 도리어 불안해지고 불리해질 소지가 없지 않다. 사회가 불안해지고 갈등이 격렬하면 자원을 더 가진 사람들이라도 편안하게 삶을 영위하기가 쉽지 않게 되는 법이다. 반대로 유리한 위치의 사람들이 없는 사람들에게 평소에 잘 해주고 자원을 나누는 삶을 보여주면 수혜자들로부터 칭송받기도 하고 존경의 대상이 되기도 함으로써 오히려 긍정적인 결과를 가져오기도 한다. 모두가 대체로 만족스럽게 여기며 사는 사회는 안정되고 갈등이 적어 더 가진 사람들도 마음 놓고 살 수 있는 환경을 이룰 수가 있다. 이런 현상은 나눈 만큼 돌아온다는 일종의 긍정적, 부정적 부메랑 효과(boomerang effect)라고 풀이할 수도 있다. 특히 우리 사회에서 부유층이나 대기업체에 대한 국민 일반의 부정적 인식이 자주 입에 오르내리는데, 이에 대한 대응에 문제가 있음을 암시한다.

또한 희소한 자원을 분배하는 구조 속에서는 각자 서로 더 많이 차지하려는 경쟁이 발생한다는 점을 앞에서 지적하였다. 그런데 이와 같은 경쟁 자체가 역시 구조적인 불평등으로 말미암아 어떤 계층이나 집단에게 불리한 조건에서 이루어질 수 있다는 문제가 생긴다. 경쟁의 공정성에 대한 불만이 발생할 여지가 사회의 구조적 조건 안에 이미 내재한다는 말이다. 자원의 소유나 통제의 불평등뿐 아니라 그러한 자원 획득을 위한 경쟁 과정에서도 기회의 불균등이라는 문제가 도사리고 있는 것이다. 이러한 경쟁의 기회구조 자체에 대한 불만 역시 사회적 불안과 갈등의 요인으로 작동할 소지가 있다는 점을 주시해야 한다.

나눔은 그와 같은 자원배분의 불평등구조와 경쟁 기회의 불균등에 대한 불만 표출을 예방 또는 저지하기 위한 동기에서 출발하기는 하지만 단순히 그러한 소극적 대처에 그치지는 않는다. 나눔은 불평등한 계층구조 속에서 불리한 위치에 놓친 구성원 집단에게 자원을 나누고 공유하고자 하는 이타적 충동의 소산이기도 하다는 점에 또한 주목할 필요가 있다. 이러한 이타적 충동에 관해서는 이미 앞에서 언급했거니와 일반적으로는 인간이 지니는 일종의 측은지심(惻隱之心) 같은 것으로 볼 수 있다. 이 같은 정서는 어려운 사람들을 돕는 행위로 표출하기도 한다. 무엇을 바라고 하는 것이 아니라 자유의지와 자유재량으로 이타적 행위를 할 수 있는 존재가 인간이다.

그러나 무엇보다도 중요한 이유는 인간이 누리고자 하는 공동체의 성격에서 찾을 수 있다. 공동체란 일종의 유기적인 생태체계(organic ecosystem)의 특징을 띠는 것이라고 할 수 있다. 이러한 공동체의 생태론적 이론에 관해서는 이미 앞장(제3장)에서 밝힌 바 있다. 생태계의 모든 생물체는 상호관련성 속에 상호의존적인 관계를 맺으며 생존 · 번영한다. 서로에게는 서로가 필요한 존재라는 말이다. 한쪽에 문제가 생기면 반드시 다른 쪽에도 영향을 미치게 되어 있다. 그리고 체계란 하나의 전체를 이루는 구성부분으로 이루어져 있으므로 부분 간의 상호의존뿐 아니라 부분과 전체 사이에도 상호의존적 관계가 작동한다. 따라서 부분의 어느 곳에서 고장이 나거나 변화가 일면 전체도 변고나 변동이 발생하기 마련이다. 인간의 사회적 공동체도 결국은 이와 같은 생태적 공동체의 하나에 불과하다. 여기에서는 개인이나 집단이 고립상태에서 살아가는 것이 무의미하다. 서로서로 얽히고설킨 관계 속에서 상호영향을 미치며 살고 있다(Hesselbein et al., 1998). 이러한 원초적, 공동체적 삶의 실존적 조건 때문에라도 인간이 누리는 자원은 서로 나누어 공유하는 것이 생태체계의 본질에 걸맞은 특성이라는 해석이 가능하다.

II. 나눔의 철학: 음양변증법적 상생의 원리와 나눔

1. 음양변증법과 오행의 원리

이제는 시각을 달리하여 나눔문화를 진작해야 할 철학적 의의를 간략하게나마 되새겨 보기로 한다. 이 장에서는 특별히 동방사상의 음양변증법적 원리를 중심으로 왜 우리가 나눔문화를 일구고 나눔을 실천해야 하는지에 대한 새로운 깨달음을 얻고자 하는 시도를 할 것이다. 여기에서 동방사상 중에서도 가장 오래되고 깊이 있는 철학적 이론으로 알려진 음양변증법과 오행설의 오묘하고 심오한 철리를 세세하게 설명하는 일은 불가능할뿐더러 사실상 그럴 필요도 없다. 우리의 주제와 관련하여 도움이 될 만한 수준의 간략한 이해에 머물러도 무방할 것이다. 그에 앞서 일찍이 서양에서 동방의 음양사상을 음미하고 이해했던 소수의 사상가라고 할 만한 19세기 미국의 철학자, 시인, 수필가, 평론가인 에머슨(Ralph Waldo Emerson, 1803-82)의 말을 인용한다(Marker, 1998).

> 자연의 모든 사상(事象)은 둘로 나뉘어 있어서 하나는 다른 것으로 완성시켜야만 하는 반쪽에 불과하다. 영혼과 물질, 남자와 여자, 주관과 객관, 안과 밖, 위와 아래, 예와 아니오 등등 … 만상의 전체적인 시스템은 각각의 구성요소가 모두 표상하고 있다. 모든 피조물에서 우리는 조수의 간만과 같은 부침, 낮과 밤 등을 떠올리게 된다.

이어 역시 서방에서 이해하는 『역경』(易經)의 음양변증법 원리에 대한 해설을 간략하게 소개하고 본격적인 논의를 시작하려고 한다(Marker, 1998). 이 해설자에 의하면 『역경』은 음양의 양극관에 기초하고 있다. 이 책은 우리가 흔히 낮과 밤, 하늘과 땅, 해와 달, 몸과 마음, 이성과 직관, 의식과 무의식, 남성과 여성 등으로 인식하는 두 가지의 우주적인 세력(氣) 사이의 변화무쌍한 관계를 묘사하고 있다. 그런데 이 두 가지 음과 양의 기는 동등한 중요성을 지니며, 상호간에 보완하고 보강하는 것으로 간주한다. 이 둘이 서로 조화로운 관계로 있을 때는 선하고 좋은 세력이 되지만, 일단 이 조화를 상실하는 순간 저들은 사악한 모습을 드러낸다. 그러므로 우리의 삶의 목표는 이 두 가지 요소 어느 하나를 억제하거나 타파하는 것이 아니고, 그 둘 모두가 지닌 최선의 것을 현실화시키려고 노력하는 것이어야 한다. 좀 더 실질적인 차원에서 이러한 『역경』(易經)의 사상은 얼핏 보기에 갈등하고 모순적인 관점과 성질들을 화해시키는 능력을 갖췄다는 것이다.

여기까지가 서방의 음양사상 이해의 기본이다. 이제 동방의 원본으로 돌아가서 잠시 이 철학을 음미하기로 한다.21) 주지하다시피, 중국 사상에서 가장 보편적이면서 한자 문화권에서 제일 큰 영향을 미친 것이 '음양설'이고 여기에 '오행설'이 첨가되어 소위 '음양오행설'이 나온 셈이다. 본래 음양이란 정다산(丁茶山)의 해설처럼 음(陰)은 일광이 구름에 가려서 그늘진 것을 가리키고 양(陽)은 해가 빛을 비춰 언덕 위로 펄럭이는 깃발을 볼 수 있다는 형상에서 유래하는 개념이다. 거기에 공자를 위시하여 후세 사상가들이 형이상학적, 우주론적, 그리고 도덕철학

21) 이것을 쉽게 요약정리한 내용은 김경동(1993), 제1장 참조.

적 의미부여를 한 것이다. 이것을 우리는 음양변증법이라는 이론적 틀로 재해석하려는 것이다. 그 내용을 요약하면 이러하다.

첫째, 우주만상을 양분하여 파악하며, 여기에 우주는 음과 양의 두 가지 '기'(氣)로써 이루어져 있다는 우주론이 깃들어 있다.

둘째, 이 둘은 상대성의 관계 속에서 의미가 있다. 하나가 없이는 다른 하나도 의미가 없으므로 둘이 반드시 있어야 둘 다 존재의미가 성립한다. 음과 양은 반드시 서로를 필요로 하며, 음 속에는 양이, 양 속에는 음이 들어 있다. 또한 상대방과 대상의 종류에 따라 한 쌍의 사상(事象)이 각각 양이 될 수도 음이 될 수도 있는 역동적 개념이다.

셋째, 둘의 상대적 관계는 오행설에서 유래한 '상생'(相生) 또는 '상승'(相勝)과 '상극'(相剋)의 역학으로 규정한다. 바꾸어 말하면, 원래 이 둘은 성질상 차이, 모순, 대치의 상대적 개념이지만, 동시에 서로가 보완, 호혜, 조화의 관계를 띤다. 이 점에서 단순히 모순으로만 파악하는 서양 변증법 논리와는 근본적으로 차이가 나는 관점이라 할 수 있다.

넷째, '기'로서 음양은 우주만상을 생성변화시키는 힘, 요소다. 이때 양기는 만물을 생성케 하는 생산적 요소이고, 음기는 그 생산이 이루어질 수 있는 바탕으로 상호작용함으로써 만물의 생성변화가 가능하다. 양이 씨라면 음은 밭이다. 양이 만물을 시작하는 힘(氣)이라면 음은 만물을 완성시키는 요소다. 생산적인 상호작용이면 상생관계가 되고 상극의 상호작용은 변화를 초래한다.

다섯째, 여기에 오행설을 부가하면 금수목화토(金水木火土)의 다섯 가지 자연을 형성하는 요소는 서로 상생(상승)상극의 관계에서 역동적인 변화를 일으킨다. 이 다섯 가지의 배열 순서에도 철학적, 우주론적 의미를 부여하여, 가령 금수목화토는 상생관계의 순서로서 쇠(金)는 물(水)을 낳고 물은 나무(木)를 키우며 나무는 불(火)을 일으키고 불은 흙(土)을 낳는다. 한편 수화금목토는 상극관계의 배열순이다. 물은 불을 끄고 불은 쇠를 녹이며 쇠는 나무를 파괴하고 나무는 흙을 능가한다. 이와 같은 순환논리는 비단 계절 등 우주자연의 현상에만 적용하지 않고 인간의 역사와 정치(국가)의 흥망성쇠를 묘사, 설명하는 데에도 광범위하게 응용하였다.

여섯째, 음양 상호작용의 양태는 순환적이며 변증법적이다. 원래 음과 양의 양의(兩儀), 즉 두 가지 모습은 태극에서 유래한다. 여기서 한두 가지 태극설의 해설을 예시한다. 가령 중국 송나라의 염계(濂溪) 주돈이(周敦頤)는 그의 유명한 『태극도설』에서 음양 상호작용의 성격을 이렇게 밝혔다(배종호, 1984: 79).[22]

> 태극의 움직임이 '양'을 낳고 움직임이 극에 달하면 고요함이 되고 … 고요함이 '음'을 낳는다. 고요함이 극에 달하면 다시 움직임으로 돌아간다. 한 번 움직이고 한 번 고요함이 서로 그 뿌리가 된다. … 두 가지 '기'가 서로 감응하여 작용하면 만물을 낳고 변화시키며, 만물이 생성발전하여 변화가 무궁하다.

우리나라의 유학자 율곡(栗谷) 이이(李珥)도 "대저 음양의 두 가지 극단의 요소들은 순환함이 본디 시작이 없다. 음이 다하면 양이 생성하고 양이 다하면 음이 생겨난다. 한 번은 음이 되고 한 번은 양이 되는 태극은 없는 곳이 없다"라고 이를 풀이하였다(배종호, 1984: 102). 이런 사상을 도식으로 표현하면 [그림 4-1]과 같다(김석진, 1999: 67). 그림의 왼쪽 흰색으로 된 절반을 양, 오른쪽 어두운 반을 음으로 표시하고 원의 주위에 화살표가 시계방향으로 움직임을 보여준다.

[그림 4-1] 태극도

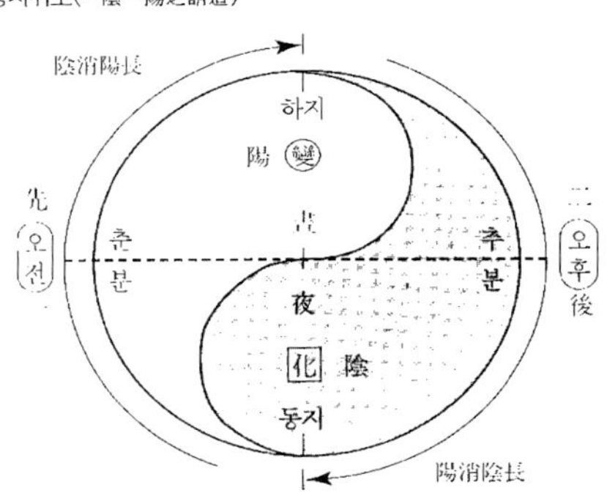

22) "太極動而生陽 動極而靜...靜而生陰 靜極復動 一動一靜 互爲其根...二氣交感化生萬物 萬物生生而變化無窮焉."

왼쪽 화살표에 대한 설명이 음소양장(陰消陽長)이다. 원 안에 있는 흰색 부분이 아래에서 위로 갈수록 커지는 형국이므로 음이 쇠해지는 반면 양이 세진다는 것이다. 한 편 오른쪽 화살표가 움직이는 아래에 이번에는 양소음장(陽消陰長), 즉 양이 쇠하는 대신 음이 신장한다는 것을 가리킨다.

이 그림이 시사하는 바를 시스템 이론으로 풀이하면, 원으로 형상화한 태극은 일종의 닫힌 시스템이다. 거기에 양과 음의 두 세력이 서로 밀고 당기며 시스템의 역학을 형성해간다. 양이 커져서 왕성해지면 자연히 음은 축소할 수밖에 없지만, 밀려서 졸아드는 음은 다시 양의 뒤에서 커지면서 밀기 때문에 이번에는 불가피하게 양이 줄어든다. 이 같은 역학에서 오전과 오후, 춘하추동의 사계절과 같은 자연현상의 오고 감이 이루어지는 변화의 이치를 알 수 있다. 위에서 인용한 주염계나 이율곡의 풀이를 다시 한 번 되새기면 이해가 갈 것이다.

그리고 이 그림의 제목처럼 맨 위에 적힌 글귀 "한 번은 음이 되고 한 번은 양이 되는 것, 이를 일컬어 '도'라 한다"(一陰一陽之謂道)는 『주역』(周易) 계사전(繫辭傳) 상(上) 제7장에서 따온 말이다. 음양의 상호작용은 결국 우주적인 원리이며 이를 인간사에 적용하면 역사의 순환원리가 된다(이가원, 1980: 448).

그러면 이와 같은 음양변증법의 이론에 기초하여 이제는 사회변동의 원리를 유추하기로 한다. 거기에는 다음과 같은 세 가지가 있다. 1) 한계와 '반'(反)의 원리, 2) '중'(中) 또는 균형의 원리, 그리고 3) '유'(柔) 또는 적응성의 원리다.[23]

1) 한계 및 반의 원리

위에서 개관한 음양변증법의 순환론적 논리에는 음과 양이 서로 밀어서 변화를 일으키지만 음이 다하면 양이 생기고 양이 다하면 음이 생기는 한계의 현상을 상정한다. 해가 지면 달이 뜨고 겨울이 가면 여름이 오는 자연의 순환적 변화처럼 만상을 구성하는 양분의 상대요소들은 각각 끝이 있고 하나가 끝나면 다른 하나가 나타난다는 관념을 읽을 수 있다. 그리하여 한 번 한계에 도달하면 반드시 되돌아온다는 '반'(反)의 원리가 깃들어 있다. 이러한 '반'과 '복'(또는 부, 復)의 원리는 노장사상에서도 엿보인다. 가령, 노자(老子)의 『도덕경』 제40장에는 "근본

23) 이에 대한 설명은 김경동(1993) 참조.

으로 돌아간다는 것은 '도'의 움직이는 법칙이다"(反者道之動)라는 구절이 있다(김경탁, 1970: 200-201).

『역경』의 '역'(易)은 변화를 가리키는데, 계사전 하 제2장에 의하면 그 역(변화)의 원리는 무엇이나 극단적인 한계에 이르면 막다른 길의 정체와 난국에 이르나 "그렇게 궁핍해지면 변화가 온다. 변화는 결국 해결로 통하고 통하면 오래가는 것이다"(이가원, 1980: 461).24)

흥미롭게도 이와 같은 한계의 원리는 서방의 사회학자 소로킨(Pitirim A. Sorokin)의 문화변동론에서도 찾아볼 수 있다. 그는 문화의 유형을 '관념형'(Ideational type)과 '감각형'(Sensate type)으로 나누고 한 시대의 문화가 지나치게 한쪽으로 쏠려 번창하다 보면 결국 한계에 도달하여 쇠퇴하고 다른 유형이 번성하게 된다고 하였다. 다만 이 두 가지 극단적인 유형으로 흐르지 않고 규형잡힌 문화를 이룩할 때가 가끔 있는데 이런 문화를 그는 '이상형'(Idealistic type)이라 간주하였다(김경동, 2008: 478-479).

2) 중용의 원리

소로킨의 마지막 유형이 이상적이라 했을 때 그가 암시한 것은 두 가지 극단이 아닌 균형을 강조했음을 상기할 필요가 있다. 이러한 균형개념은 실상 위에서 개관한 시스템 이론에서도 중요한 것이다. 하나의 시스템에 변화가 생기는 것은 그 체계의 여러 요소들 사이에 적정한 균형(optimum equilibrium)이 무너질 때 일어난다는 생각이다. 어느 한 쪽 극단으로 힘이 집중하든지 한 가지 요소가 지나치게 강력해지든지 하는 현상은 결국 균형을 깨뜨리므로 변화가 일지 않을 수 없다는 이치다.

그러한 균형개념의 백미는 역시 동방사상의 '중'(中)의 원리다. 한계와 반의 원리에 따르면 무엇이나 과도하게 한쪽으로 치우치면 한계에 이르게 되고 마침내 다시 제자리로 돌아올 수밖에 없으므로, 가능하면 그 둘의 균형을 찾는 것이 현명하다는 것이다. 이때 '중'은 서양식으로는 아리스토텔레스의 황금률(golden mean)과 비슷하다고도 하지만, 동방사상에서는 유학의 『중용』(中庸)에서 개진한

24) "易窮則變 變則通 通則久."

사상에 뿌리를 둔 것이다. 『중용』에서 말하는 '중'은 "어느 한 쪽으로 기울지도 않고 지나치거나 부족함이 없는 상태로서 … 천하의 바른길이다."[25] 그런데 이 '중'의 개념은 '화'(和)와도 맞물려 인간의 행위와 사회의 질서에 도덕적 완성을 추구하는 원리가 된다(이민수 · 장기근, 1980: 203). 다시 『중용』을 상고하면, 다음과 같다(이민수 · 장기근, 1980: 212-214).

> 사람의 희로애락과 같은 정감이 미처 발동하지 않은 상태를 '중'이라 하고, 그러한 감정이 발하면서도 저마다 마디마디 제자리를 옳게 차지하는 것을 '화'라고 한다. '중'은 천하의 큰 근본이며, '화'는 천하에 달통하여 도에 이른 것이다. 한 번 '중화'에 이르면 천하가 자리를 제대로 잡으며 만물이 육성된다.

여기서 또 한 가지 원리와 만난다. 이른바 '정'(正)의 사상이다. 위의 한계의 원리에서 제시하는 교훈은 사람이 무슨 일을 성공적으로 하려면 지나치게 성공하지 않도록 조심할 것이며, 무언가를 잃어버리지 않으려면 반드시 그 반대의 것으로 보완할 필요가 있다는 것이 『역경』이나 『도덕경』의 충고다. 왜냐하면, 모든 것은 처해야 할 바른 자리(正位)가 있고, 행함에 있어 바른 때(正時)가 있기 때문이다. 이때 '정'의 뜻을 가장 간략하면서도 압축적으로 표현한 것이 공자(孔子)의 '정명론'(正名論)이다. "임금은 임금, 신하는 신하, 아버지는 아버지, 아들은 아들 노릇을 제대로 해야 한다." 『논어』(論語) 안연편(顔淵篇)의 글귀다(김학주, 2009: 200).[26] 마찬가지로 『역경』의 서른일곱 번째 가인괘(家人卦)의 해설문인 '단사'(彖辭)에도 이런 말이 있다(이가원, 1980: 251).[27]

> 남녀가 바른 자리에 위치하는 것은 천지의 큰 뜻이다. … 아버지는 아버지, 아들은 아들, 형은 형, 아우는 아우, 남편은 남편, 아내는 아내의 자리에 자리하고 있을 때 집안의 도리가 바르게 서고 가도가 바르게 서면 천하의 모든 것이 자리를 제대로 잡아 안정된다.

---

25) "中者不偏不倚無過不足之名…天下之道."

26) "君君臣臣父父子子."

27) "男女正 天地之大義也…父父 子子 兄兄 弟弟 夫夫 婦婦 而家道正 正家而天下定矣."

역시 『도덕경』 제29장과 제44장에도, "성인은 결코 지나치지 않고 사치하지 않으며 극단을 취하지 않는다. … 만족할 줄 알면 욕심이 없고 그칠 줄 알면 위태롭지 않다"(김경탁, 1970: 169, 212).[28] 이처럼 '중'은 '정'과 조합하여 균형을 잃지 않으면서 제자리를 잘 지키는 것을 권유하는 사상이다. 그런데 흥미로운 것은 이러한 사상 역시 변증법적인 역설적 논리로 설득하려 한다는 점이다. 가령 『역경』을 다시 상고하면, 이런 충고가 있다(이가원, 1980: 469-470).[29]

> 위태로움을 생각하는 사람은 자리가 안전하며, 멸망을 생각하는 사람이 생존을 지키고, 혼란을 생각하면 다스림을 얻는다. 그러므로 군자는 안전할 때 위험을 잊지 않고 생존을 영위할 때 멸망을 잊지 않으며 세상이 잘 다스려져 질서가 있을 때 무질서의 혼란을 잊지 않는다. 이렇게 함으로써 자신도 안정되고 국가도 가히 보존할 수가 있다.

그런데 '중'에도 '정중'(正中)이 있고 '시중'(時中)이 있다. '정'에도 바른 자리(正位)를 알아서 잘 지키는 것과 때를 제대로 알아서 행하는 것(正時)이 있기 때문이다. 중용에도 모든 양극의 것을 선(善)이라는 정당성으로 지향시키려는 이념적인 중용(정중)과 시대와 사회의 현실 속에서 적절한 적응방법을 확보하는 상황적 중용(시중)이 있다는 것이다. 이 둘은 대립적인 것이 아니고 서로 간에 변증법적인 상호성을 지닌다. 예컨대, 율곡은 사회변혁의 방법으로 근본주의적인 접근(從本而言)과 현실주의적인 관점(從事而言)을 구별하여, 때에 따라서는 원칙론으로 혹은 실질적인 데 착안하여 문제해결을 시도하거나 개혁을 꾀할 수 있음을 시사하였다. 이때에도 근본주의라도 시의를 저버리면 효력이 떨어질 것이고 현실주의라도 근본에서 벗어나면 올바름을 얻을 수 없다는 점에서 변증법적 상호성이 깃들어 있는 것이다(금장태, 1984: 87, 90).

이런 맥락에서 우리는 적응성이라는 개념과 만난다. 시스템은 한 번 균형이 깨지면 이를 회복하려는 성향이 있고 균형교란으로 변화가 일어나면 체계가 분화하므로 다시 통합하려는 성향이 있다는 것이 진화론적 사회변동론의 생각이

---

28) "聖人去甚 去奢 去泰…知足不辱 知止不殆."

29) "危者安其位者也 亡者保其存者也 亂者有其治者也 是故君子安而不忘危 存而不忘亡 治而不忘亂 是以身安而國 家可保也."

다. 여기서 사회체계가 환경의 변화에 얼마나 잘 적응하여 시스템 자체의 생존을 지탱하느냐가 관건이 된다. 따라서 적응력의 향상을 진화라고 보는 것이다. 이런 관념은 음양변증법의 세 번째 원리와도 직결된다.

3) 유연성의 원리

적응력이라는 것은 인간의 의식수준이나, 사회조직원리 및 사회구조의 차원에서 모두 신축성과 유연성을 요구한다. 생각이 굳어버린 사람, 경직된 조직체, 유동성이 결여한 구조는 변화에 적응하기가 어렵다. 여기에 '시의'(時宜)라는 적응력의 원리가 관계한다. 율곡은 "무릇 시의라고 하는 것은 수시로 법을 고치고 만드는 변통을 함으로써 백성을 구하는 것을 말한다"고 하였다. 대개 법이란 시대에 따라 알맞게 제정하는 것이므로 시대가 바뀌면 법은 오늘의 상황에 일치하지 않는 것이 될 수 있다. 성인이 법을 고치려는 것은 변역(變易)하기를 즐겨서가 아니라 시대의 필요에 부응하고자 하였을 따름이라고 설파하고 있다. 중용을 하되 정중과 시중을 적절히 교차할 필요가 있음을 강조하였다. 이 또한 유연성을 요한다(조남국, 1985).

이러한 적응력의 개념은 유연성으로 이해할 수 있다. 이러한 유연성을 특별히 강조한 것이 노자의 사상이다. 노자 특유의 역설적 표현이지만 유약함이 굳고 강함을 능가한다는 사상을 담은 대표적인 구절 하나만 옮기면 『도덕경』 제76장이 있다(김학주, 2000: 286).[30)]

> 사람이 살아 있을 적에는 부드럽고 약하지만 죽고 나서는 굳고 강해진다. 만물이나 초목도 살아 있을 적에는 부드럽고 여리지만 죽고 나서는 말라서 뻣뻣해진다. 그러므로 굳고 강한 것은 죽음의 무리이고 부드럽고 약한 것은 삶의 무리이다. 그래서 군대가 강하면 승리하지 못하고 나무가 강하면 꺾여지는 것이다.

음양의 조화가 수시로 변화를 창출하는 환경 속에서 어느 한 극단으로 쏠리지

---

30) "人之生也柔弱 其死也堅强 萬物草木之生也柔脆 其死也枯槁 故堅强者 死之道 柔弱者 生之道 是以兵强則不勝 木强則兵."

않고, 지나침이나 모자람이 없는 '중용'을 유지하면서 계속 번역을 추구하려면, 경직된 의식, 굳어버린 조직원리, 융통성 없는 구조로는 감당하기 어렵다. 한 번 기울어져 한계에 도달할 때, 부드러운 것은 용수철처럼 다시 튕겨 나와 제자리로 돌아오는 진동(振動)을 할 수 있지만, 굳고 딱딱한 것은 벽에 부딪히면 부서지든지 벽에 손상을 입히는 결과만 올 뿐이다. 그러므로 이제는 유연성으로 적응력을 높이는 노력이 필수적이다.

2. 나눔의 의의: 음양변증법적 상생협력

위에서 시스템 이론과 동방사상의 음양변증법을 개략적으로 개관하였거니와, 이제는 그러한 사상을 우리의 주제인 나눔의 문제를 상생협력이라는 관점에서 재해석하는 데 적용하기를 시도할 차례다.

대체로 사회경제적 계층 또는 자원 소유와 이용의 상대적 유불리에서 차이가 나는 사람들을 사회학에서는 '상대적으로 특권을 누리는 층'(the relatively privileged)과 '상대적으로 박탈당한 층'(the relatively deprived)으로 나누기도 한다(Dahrendorf, 1959; Kim 1973). 말하자면 이 둘은 양과 음의 상대적 관계에서 이해하는 데서 출발할 수 있다. 우선, 이 둘은 어떤 다른 명분으로 해명하려 해도, 상호의존적으로 존재하면서 하나가 없으면 다른 하나의 존재의미가 없는, 따라서 서로를 필요로 하는 음양관계 속에 있는 사회경제 시스템의 부분체계임을 부정할 도리가 없다. 현실적으로 자원이나 기능, 권력, 영향력 등의 관점에서 볼 때, 특권층은 적극적이고 동적이며 생명의 원천을 제공하는 '양'의 세력으로, 박탈층은 그 '양'의 동적인 힘을 받아 그것을 양생하고 육성하여 생산적인 결실을 맺게 하는 '음'의 세력으로 상정할 수가 있다. 그러므로 이 둘은 서로 맡아 감당해야 할 기능에서 차이가 분명하면서도 서로가 없어서는 아니 되는 상호보완적인 존재들임을 명백히 인식하고 이를 인정하는 것이 마땅하다.

그러한 관계의 맥락에서 협력하는 과정에서는 어느 한 편으로 치우치거나 힘과 자원과 영향력에서 지나친 편중과 양극화가 일어나는 것을 경계해야 할 것이다. 힘의 독점과 일방적 행사에서 지나치면 반드시 한계에 이르고 그에 대한 반작용이 나타나서 돌아오는 것은 갈등일 수 있기 때문이다. 여기에 중용의 원리를 존중해야 할 이유가 있다. 이 중용의 사상에는 균형의 개념도 있지만 정위, 즉 자기가 있어야 할 마땅한 자리를 올바로 지키고 제 기능을 효과적으로 수행하는 의무가 있다.

그러면서도 시의에 따라 유연한 대처를 할 역량을 갖추는 것도 중요하다. 자신의 이해관심에만 치우쳐 상대방을 대할 때 경직하고 융통성을 결여하면 양보나 타협이 없고 갈등을 부추기며, 일단 갈등이 발발하면 우리 사회에서 흔히 보듯이 노사분규든, 정치적 충돌이든, 죽기 살기로 끝을 보자는 식의 극단적이고 경직한 기(氣)싸움으로 흐를 수밖에 없다. 이런 접근의 결과는 양방이 모두 손해 보는 루즈-루즈(lose-lose)가 필연이다.

어차피 서로를 필요로 하는 관계라면 쌍방이 모두 지는 게임이 아니라 둘 다 이기는 게임을 하는 것이 당연한 이치다. 이러한 관계에서 상호간에 도움이 되고 더 큰 시스템의 발전에도 기여하려면 상생, 상승의 관계로 서로를 도움으로써 함께 성취하는 윈-윈의 협력을 요구하게 되는 것이다. 앞에서 지적한 대로 오행설에서는 상생을 달리 상승(相勝), 즉 서로가 이기는 윈-윈으로 표현하기도 한다는 점을 상기할 필요가 있다. 혹 맥락에 따라 경쟁을 하는 상황이 전개하더라도 상대방을 중시하고 규칙을 존중해야지 갈등을 예방할 수 있으므로 협조에 동참하는 것이 필수조건이다. 또한 어쩌다가 갈등이 발생하더라도 이를 해소하기 위한 협상의 접근에서도 통합적 교섭(integrative bargaining)의 방식으로 임함으로써 서로 윈-윈하는 결과를 거두려고 노력해야지 일방적 독점이나 갈라 먹는 식 배분적 교섭(distributive bargaining)은 결국 쌍방 모두가 지는 게임이 되고 마는 것이다(Robbins and Judge, 2007). 이 모든 것을 정당화하는 철학적 근거가 다름 아닌 음양변증법과 오행설의 원리다. 물을 끄는 불, 나무를 부수는 쇠와 같은 상극관계가 아니라 나무를 자라게 하는 물, 불을 피우는 나무의 상생관계로 생산적이고 유익한 성과를 얻으려고 노력하는 자세가 긴요하다.

그러자면 특히 상대적으로 유리한 위치에 있는 상류층이 그 특권을 독점하려 하지 말고 상대적 박탈층에 나누는 공유와 재분배의 노력이 필요하다. 이것이 나눔의 철학적 근거의 하나라고 보아도 좋을 것이다.

III. 나눔의 문화

1. 나눔의 문명사적 의의

지금까지의 논의는 주로 나눔의 사회학적 의미와 철학적 의의에 대한 여러 각도의 생각을 정리하였다. 그러면 이제부터는 그러한 일종의 메타이론적 바탕 위에 나눔의 실천을 위한 현실적 조건에 관한 고찰을 시작하기로 한다. 그것을 우리는 '나눔의 문화'라는 개념 틀에 의해서 접근할 것이다. 나눔의 문화란 한 사회 안에서 일어나고 있는 나눔의 행위를 둘러싼 가치관, 규범, 태도, 관행, 사회적 인프라로서 제도와 조직체 같은 현상적인 문제를 총칭한다. 그중에서 여기에 다루려는 나눔문화의 내용은 주로 주관적인 의식과 객관적인 행위에 국한하고 외형적 인프라 부문은 별도로 취급할 것이다.

나눔운동을 확산하고 진흥코자 할 때 가장 긴요한 요소 한 가지는 그 사회의 문화 속에 나눔의 의식과 행위관습이 어느 정도 자연스러운 행동속성으로 이미 배태(embedded)해 있느냐 하는 것이다. 가령 19세기 미국의 민주주의에 대한 고전적인 대작을 남긴 토크빌(Alexis de Tocqueville)은 미국의 시민들이 자발적으로 참여하여 문제해결과 공동체 형성에 봉사하고 기여하는 행위를 일상적으로 행함으로써 풀뿌리 민주주의가 살아 움직이고 사회 전체의 민주적인 기틀을 지탱해나간다는 점을 예의 주시하고 이런 행위의 특성을 '가슴에서 우러나는 습관'(habits of the heart)과 같은 것이라는 말로 집약하였다(Bellah et al., 1985).

나눔의 행위도 이처럼 마음속에서 저절로 우러나와서 자연스럽게 행동으로 나타나게끔 특히 어릴 적 가정의 맥락에서부터 학교나 교회와 같은 제도의 틀 속에서 몸에 익히고 실천하는 '문화'가 있기 때문에 가능하다는 논리를 시사한다. 그래서 미국을 위시한 서방세계의 선진국에서는 기부가 영향력 있는 제삼자라든지 힘이 센 국가 같은 기구의 강제나 종용에 의해 일어나는 것이 아니라 자연스러운 행위로 표출하는 것이다. 물론 여기에는 이웃을 위한 선행을 강조하는 기독교적 교리와 윤리의식이 기저에 자리한다는 점도 문화적 특성이다.[31)]

이와 같은 문화의 뿌리는 서방세계에서는 주로 기독교 문명에서 찾을 수 있거니와, 동방문명, 특히 우리나라의 문화적 전통에서는 유교적 영향이 강하게 작용했다고 볼 수 있다. 물론 불교에서도 자비를 중시하고 이웃과 나누는 관습을 장려하였지만 그런 것이 문화적 지향으로 체계화하고 제도화한 틀 속에서 이루어진 점에서는 역시 조선조의 지배적인 사상과 실천이념이었던 유교가 대표적이라 할 수 있다. 여기에 자세한 내용을 담을 필요는 없지만 유교적인 이념과 제도적 관행의 요체만을 간추리기로 한다.

첫째, 유교의 사상적 근간에서 나눔과 베풀기의 문화의 요체는 인(仁)으로 집약할 수 있다. 인은 곧 사람을 사랑하는 것이라(愛人)고 한 공자의 말씀을 맹자는 인간이 곤경에 처한 사람들에 대하여 갖는 측은지심의 단서라고 해석하였다. 여기서 나누어 빈궁을 구제하는 일을 분산이라 일컫고 이는 인의 실천으로 보고 있다(分散者仁之施也, 『예기』). 또한 구체적인 사회생활에서 드러나는 행위의 규율을 교육하는 기준인 육행(六行)의 마지막 덕목이 어려운 사람들을 도와주는 구휼(恤)이다.

둘째, 조선조 공동체 상부상조의 전범으로 제정하여 실천을 독려한 향약은 원래 송나라에서 시작한 것으로 우리나라에서는 퇴계, 율곡향약이 대표적인데, 그 기본지향은 유교적 이념의 자발적 실천 규범 제공과 공동체 화민성속(化民成俗)을 지향한 것이었다(지교헌 외. 1991). 그 향약의 4대강령이 덕업상권(德業相勸), 과실상규(過失相規), 예속상교(禮俗相交), 환란상휼(患難相恤)인데 바로 이 마지막 항목 곧 나눔관행과 상부상조의 덕목을 표상한다. 그러한 나눔 문화의 예는 다음과 같이 자세히 적시하고 있다.

① 급란 구제: 재난재해(수재, 화재, 도난, 환난) 구조
② 질병 구조: 유력자가 약으로 구료, 전가족 질병 시 농사 대행 등
③ 법률적 형사구조: 억울한 혐의 밝히게 진정, 구조
④ 미혼자의 부조(嫁資補給): 과년한 처녀 혼인 곤란시 자금제공 부조

---

31) 한 보기로 2010년 8월 5일자 일간지(「조선일보」)에는 1면 기사에서 미국 제일의 갑부의 대표들인 빌 게이츠(Bill Gates)와 워런 버핏(Warren Buffet)이 이끄는 '기부약속'(The Giving Pledge)이라는 기구에서 "재산 절반 기부운동을 시작한 지 6주 만에 미국의 40명 부자들과 그 가족이 적어도 50%의 재산을 사회에 환원하겠다고 밝혔다"며 명단을 발표했다는 보도를 하였다. 여기에는 영화감독 루카스(George Lucas), 뉴욕시장 블룸버그(Michael Bloomberg), CNN의 터너(Ted Turner) 등의 이름이 들어 있다.

⑤ 빈궁 진휼(賑恤): 절식자 음식 제공 등 적절히 진휼
⑥ 외로운 약자(孤弱) 부양: 고아의 자산후견, 혼인, 부양, 법적 보호
⑦ 장례 조위: 장례시 부조와 조문
⑧ 사창(社倉) 경영: 평상시 곡물 비축 환난 구제, 이식 붙여 회수
⑨ 산업상조: 자조정신으로 공동조합(생산, 소비, 구매, 판매 등)활동
⑩ 청결보건의 위생상호(衛生相護): 주택, 축사, 화장실, 치묵, 우물, 의복, 도랑, 하수도 등 청소, 파리 박멸, 식중독 방지 등 보건위생

셋째로, 한국 고유의 공동체적 나눔 문화의 대표적 예가 두레, 품앗이 및 계이다(신용하 · 장경섭, 1996).

① 두레는 삶에서 발생하는 다양한 문제 해결에, 이해관계를 초월하여, 반대급부에 대한 기대 없이, 공동부조하는 관습으로서 삼한 이래 조선조 말까지 실시하고 있었던 풍습이다. 특히 농경사회에서는 과부, 병약자 가족, 장정의 수가 부족한 가족 등 불리한 이웃에게 대가 계산 없이 노력을 제공하였다.
② 품앗이는 상호협동과 부조를 하되, 기여에 대한 반대급부의 정확한 계산에 기초하여 서비스를 상호교환하는 상부상조 형식으로서 주로 조선조 중, 후기의 풍습이다. 주로 농사에 적용했으나 여타 분야에서도 응용한 예가 없지는 않다.
③ 계는 일종의 품앗이지만 금융 또는 물질적인 상호부조와 나눔을 위해 신용협동조합 형식의 일정한 조직을 갖춘 상부상조 관행이다. 주로 관혼상제 등 비용부담이 과도한 행사비, 기타 급전이 필요한 때에 돌아가면서 활용하기 위한 것이었다.

넷째는 일종의 동방형, 유교형 노블레스 오브리주(noblesses oblige) 정신의 보기로 여민동락(與民同樂)의 이념이 있다. 중국 제나라의 선왕이 화려하게 새로 지은 설궁이라는 별궁에 맹자를 초대하여 맹자에게 “선생님 같은 현자도 이런 즐거움을 아십니까?”라고 물었다. 이에 맹자는 그렇다는 대답과 아울러 충고 한마디를 남겼다.

“사람들은 그 즐김에 참여를 못하게 되면 그들의 임금을 비난하는데 잘못입니다. 백성들의 임금이 되어 가지고 백성들과 더불어 즐기지 않는 것도 잘못입니다. 백성들의 즐김을 함께 즐기면(樂民之樂), 백성들도 역시 임금의 즐김을 함께 즐기게

됩니다. 백성들의 걱정을 함께 걱정하면(憂民之憂) 백성들도 임금의 걱정을 함께 걱정하게 됩니다. 즐김도 천하와 더불어 하고, 걱정도 천하와 더불어 한다면, 그러고도 왕자(王者) 노릇을 제대로 하지 못하는 사람은 있을 수가 없습니다."[32]

서방세계의 노블레스 오블리주는 다음 장(제5장)에서 자세히 고찰할 터이므로 이 자리에서는 개요만 소개한다. 로마시대 왕과 귀족의 차별성을 사회적 책임 이행 차원에서 확보하려는 노력으로 솔선수범하는 관행에서 유래한 것으로 이해한다. 기독교에서도 성서에서 많이 받은 자는 많이 주기를 요구한다는 정신을 지적하기도 한다. 물론 노블레스 오블리주라는 용어의 공식적 등장은 19세기로 간주하기도 하지만 내용인즉 지위가 높은 사람은 자신의 품격에 맞게 처신해야 한다는 의미로 나눔의 중요성을 강조했던 데서 찾을 수 있다는 것이 정설이다. 실지로 로마 귀족들이 비록 자신들의 지위와 부를 확보하기 위한 정복전쟁의 필요성 때문이었다는 설도 있기는 하지만 전쟁시에 솔선하여 재산을 기부한 것이나 영국의 왕실과 총리가문에서 역시 전쟁에 직접 참여하여 전사하기도 하는 등의 구체적인 보기도 허다하다. 우리의 역사에서도 신라의 화랑을 비롯하여 수많은 조선조 선비들이 국란을 당하여 의병을 일으키고 망국의 상황에서 목숨을 내놓은 사례가 얼마든지 있다. 또한 경주의 최부자 가문이라든지 일제강점기에 기업을 일으켜 국민경제에 이바지함은 물론 사회적 공헌에도 앞장섰던 유일한 선생과 같은 적선과 공익추구의 행적은 모두가 노블레스 오블리주의 실천이라 할 수 있다(예종석, 2009).

다만 지난 한 세기에 걸친 격변의 와중에 이러한 문화적 정신과 전통이 제대로 지켜지지 못하고 상당 정도 소멸했거나 잔영만 남아 있는 현 세태가 아쉬울 따름이다. 실제로 현재 한국사회의 문화적 지향 속에는 과거 우리의 전통시대나 서방세계에서 볼 수 있는 것과 같은 나눔의 문화를 쉽사리 발견하기는 어려울 정도로 미약한 편이라 할 수밖에 없기 때문이다. 그 사이에 공동체 자체가 변질, 붕괴를 경험했고, 서방의 새로운 문명이 범람하여 고유의 전통을 거의 대치했지만 나눔의 문화에서는 아직도 서양의 전형을 제대로 수용한 상태도 아닌 것이

---

32) 齊宣王 見 孟子 於雪宮 王曰 賢者亦有此樂乎 孟子 對曰 有 人 不得則 非其上矣 不得而 非其上者 非也 爲民上而 不與民同樂者 亦 非也 樂民之樂者 民亦樂其樂 憂民之憂者 民亦憂其憂 樂以天下 憂以天下 然而不王者 未之有也, 『맹자』「梁惠王下篇」.

현실이다. 따라서 오늘날의 맥락에서 다시금 우리의 전통적 미풍양속의 정신과 관행을 새로운 시각에서 재해석하고 실천규범을 재구성하는 노력이 필요하게 된 것이다.

2. 나눔 행위의 사회심리학: 기부의 동기를 중심으로

그러한 나눔의 문화는 위에서 개관한 제도적인 차원도 있지만 제도를 만들고 운영하는 주체는 역시 인간이다. 따라서 사람들이 왜 나눔 행위에 동참하려 하는지에 대한 이해도 나눔문화의 주요소가 된다. 또한 그러한 나눔의 동기나 나눔에 대하여 지니는 의식과 태도에 관한 이해는 더 많은 사람이 나눔에 동참하도록 유도하는 데에도 유용한 참고가 될 수 있다. 다만 자발적 행위의 동기나 이유에 대해서는 사회학, 심리학, 정치학, 경제학, 경영학 등 여러 사회과학 분과에서 논의하고 있거니와 이들 학문분야에 따라서는 강조점이 다를 수 있고, 또한 경쟁적인 차원에서 의견을 달리하는 수도 허다하다. 앞장(제3장)에서는 주로 자원봉사의 동기에 관한 이론들을 개괄적으로 소개했거니와, 여기서는 그러한 논의를 배경으로 삼고 초점을 나눔의 전형이라 할 수 있는 기부라는 특수한 행위의 동기에 맞추어 그 이론적인 관점을 개관하고자 한다(Greenfield, 2002: 14).

가령 어떤 사람들은 기부를 할 때 충동적으로 할 수도 있는 반면 아주 진솔한 관심에서 기부를 할 수도 있다. 어떤 이들은 처음부터 상당히 조직적으로 생각을 해서 자신의 마음속에 체계적인 계획을 세워 기부하기도 한다. 어쨌든, 나눔의 한 형태로서 기부행위의 동기는 기부 행위에 대한 결정을 내릴 때마다 매우 복합적으로 작용한다고 보는 것이 합리적이다. 다만 이러한 동기에 대한 이해는 기부문화를 진작시키고 모금운동 같은 것을 기획할 때 매우 중요한 핵심 고려사항에 해당한다. 대체로 기부의 동기를 열거할 때는 다음과 같은 이유를 언급하게 된다(Greenfield, 2002: 14).

- 자선을 베풀어 남을 돕고 싶어서 한다.
- 기부함으로써 얻게 되는 자기만족감을 즐긴다.
- 사람들의 인정을 받고 싶어 한다.
- 사람들은 자선가를 존경한다.
- 종교적인 지침이 자선행위를 요구하거나 내세의 보상을 기약한다.
- 의미 있는 목적에 동참하고 싶어 한다.
- 공통의 목적사업에 다른 사람들과 동참하고 싶어 한다.
- 기부하는 대상 조직체나 기관, 단체의 공적인 평판이 좋다.
- 기부하는 대상 조직체 등에 대한 신뢰가 있고 기부한 자원을 유용하게 사용하리라 믿는다.
- 그런 조직체 등을 이끌고 있는 지도급 인사들이 훌륭한 사람들이다.
- 그런 조직체 등은 재정적으로 건전하고 경영관리를 썩 잘한다.
- 누군가 요청하므로 그에 응해서 기부한다.

다만 이런 요인들을 좀 더 체계적으로 이해하기 위한 틀을 집약적으로 정리한 보기를 [표 4-1]에 제시한다(Greenfield, 2002: 16). 그러한 일반적인 틀을 염두에 두고 우리나라의 몇 가지 조사연구 결과를 참고로 소개한다.

먼저, 아름다운재단(2006: 34-36)이 2005년에 전국(제주도 제외) 19세 이상 성인 표본 689명에 대한 조사에서 밝힌 바에 의하면, 기부를 하는 가장 큰 이유는 '동정심 때문에'(60.29%)였고, 이어 '나눔을 실천하는 가족의 전통과 문화가 있어서'가 41.9%로 두 번째 중요한 이유였다(중복응답 허용). 기부하는 이유(기부동기) 외에 기부행위에 영향을 주는 요인으로는 '특별한 이유는 없어도, 요청을 받는 경우'가 74.5%로 가장 높은 비율을 차지했으며, '내가 중요하게 생각하는 사람으로부터의 자극'이 65.0%로 두 번째로 높았다(중복응답 허용). 그리고 기부경험이 없다는 316명에 한정하여 기부하지 않은 이유를 물은 결과, 이유를 밝히지 않은 채 그냥 '모르겠다'는 응답을 한 사람이 53.8%로 과반을 차지하였으며, '기부에 대해 관심이 없어서'라는 응답의 비율이 다음으로 24.6%, 이어서 '소득의 감소 등 현재 경제적 여유가 없어서'가 19.0%였다(중복응답 허용).

다음, 2007년의 연구(강철희, 2008: 30-31)도 전국(제주 제외)의 20세 이상 성인 표본 1,016명을 대상으로 조사했는데, 이중 순수한 기부자(559명)에만 국한해

[표 4-1] 기부 동기 결정요인 틀(Framework for Determining Why People Give)

내면적 동기	외부의 영향
개인('자아')의 요인(Personal or 'I' Factors) 자아존중(Acceptance of self or self-esteem) 성취감(Achievement) 인지적 관심(Cognitive interest) 성장(Growth) 죄의식 감소, 회피(Guilt reduction or avoidance) 삶의 의미, 목적(Meaning or purpose of life) 개인적 이득, 혜택(Personal gain or benefit) 영적인 성장(Spirituality) 불후의 명성(Immortality) 생존(Survival)	**보상(Rewards)의 영향** 타인의 인정(Recognition) 개인적 보상(Personal) 사회적 보상(Social) **자극(Stimulations)의 영향** 인간의 욕구(Human needs) 개인적 요청(Personal request) 비전(Vision) 개인의 독자적 행동(Private initiative) 효율과 효력(Efficiency and effectiveness) 세금감면(Tax deduction)
사회('우리')의 요인(Social or 'We' Factors) 사회적 지위(Status) 제휴(Affiliation) 집단노력(Group endeavor) 상호의존(Interdepedence) 이타심(Altruism) 가족과 자손(Family and progeny) 권력(Power)	**상황(Situations)의 영향** 개인적 참여(Personal involvement) 계획과 의사결정(Planning and decision-making) 동료의 압력(Peer pressure) 연결망(Networks) 가족의 참여(Family involvement) 문화(Culture) 전통(Tradition) 역할정체의식(Role identity) 가용소득(Disposable income)
부정적('저들') 요인(Negative or 'They' Factors) 좌절과 불만(Frustration) 미지의 상황(Unknown situations) 불안정(Insecurity) 두려움과 불안감(Fear and anxiety) 복잡성(Complexity)	

서 보고한 응답만 보면 기부의 내적 동기 중 가장 큰 비중을 차지한 것은 사회적 책임(26.8%)이었고 다음이 나눔을 실천하는 가족문화(24.7%)와 동정심(20.8%), 개인의 행복감(15.9%) 등이었다. 한 가지 주목할 것은 2005년 조사에서는 동정심이 34.7%로 가장 큰 비중을 점했고 사회적 책임감은 23.3%로 두 번째 이유였다는 사실이다. 기부의 외적 요인으로는 요청받아서(46.0%)가 역시 가장 많고, 중요한

사람의 자극(23.4%), 주변에서 하기 때문이라는 응답(17.4%)의 순이었다. 또한 기부를 기피하는 이유 중 가장 많은 응답은 무관심(40.1%)이었고, 자신의 경제상황을 몰라서(22.2%) 및 기부대상에 대한 불신(14.5%) 등이 뒤를 이었다.

한편, 한국의 부유층에 국한시킨 연구(강철희, 김미옥, 2007)에서는 11명의 부유층 기부자에 대한 심층면접에서 161가지의 '개념'을 추출하였는데, 이를 다시 범주화한 결과를 두고 기부의 내면적 이유(인과적 요인)와 기부행위와 관련한 외부의 맥락적 조건으로 나누어 분석한 결과는 다음과 같이 요약하고 있다. 우선 부유층의 기부행위에서 중심적인 '현상'은 누린 자로서 나눔을 실천한다는 인식이라고 한다. 기부의 동기에서 내적 요인으로 지적한 것은 크게 세 가지다.

① 가족이 나누는 모습을 기억하거나, 선진기부문화를 경험하거나, 주변의 기부활동을 보는 등 기억과 관찰
② 종교적 신념, 사회적 의무감, 혜택의 소중함 기억, 인생을 돌아보는 등 자신의 도리를 자각하는 것
③ 그저 마음이 동해서 기부를 한다는 것이다.

한편, 외부적인 조건은 크게 네 가지다.

① 부자에 대한 곱지 않은 시선
② 내놓고 쓰지 못하는 상황조건 등의 남들의 평판에 대한 의식
③ 요청받은 일이 없든지 정보가 부족하다는 제한된 기부정보
④ 기부대상 기관의 불신, 전문성의 부족 및 기부문화의 미성숙과 같은 기부환경의 문제점 등이 이에 해당한다.

지금까지 제시한 일반적 동기나 한국의 사례들을 살펴보면 기부행위에는 내면적인 심리적 동기와 아울러 외부의 맥락적인 조건이 작용한다는 관념이 주종을 이룬다는 점을 확인할 수 있다. 여기서 우리는 같은 내용이지만 인센티브(유인)라는 관점에서 접근하는 것도 고려할 수 있다. 인간의 행동에는 어떤 유인이 있어야지 무작정 일어나는 것은 아니라는 말이다. 그러한 유인의 유형은 외형적으로 유용한 것으로 간주하는 실용적 유인과 인간의 내면적 만족감과 행복감을 누린다는 주관적이고 실용과는 관련이 적은 것으로 나누어 볼 수 있다. 또한 각자의 자유의지

와 자유재량에 의한 자발적으로 하는 기부와 어떤 외적 조건이나 압력에 떠밀려 하는 기부가 있을 수 있다.

이와 같은 접근이 중요한 이유는 나눔문화의 진작이나 기부제도의 인프라 구축과 운영에서나 그런 인센티브의 유형에 따라 조정과 적응 또는 혁신을 도모할 수 있기 때문이다. 그러면 이제 먼저 나눔문화의 진흥을 위해서는 어떤 접근이 있는지를 생각해보기로 한다.

3. 나눔문화의 진흥: 제도적 측면

나눔의 문화는 저절로 생기는 것이 아니다. 어느 시대 어떤 사회든 이를 위한 사회화 즉 교육이 필수다. 앞에서 가슴에서 우러나는 습관이라는 개념을 소개하였다. 그것이 바로 사회화의 결과라는 말이다. 한 사회의 문화 속에 그런 습관이 배태하고 있을 때 나눔이 행위로 쉽게 나타난다고 했는데, 그처럼 문화 속에 배태하자면 사회화가 반드시 일어나야 한다. 기부문화 전문가들이 이처럼 사회화를 중시하는 것도 그러한 근원적인 이유에서다(강철희, 김미옥, 2007). 그리고 그러한 교육이 어릴 적 가정에서부터 시작하면 가장 효과적임은 두말할 나위도 없다. 그것은 부모를 위시한 가족 구성원들의 자연스러운 일상의 행위 속에서 일어나는 학습의 영향이 역시 가장 강력하기 때문이다. 그것이 모자라면 하는 수없이 학교나 기타 공적 교육기관에서 사회화를 해야 한다. 현대는 다중매체의 시대일뿐더러 그 매체들의 위력이 또한 막강한 시대다. 그러므로 이러한 매체를 적극 활용하는 것도 중요하다는 것은 상식이다.

그러나 단순히 어떤 방식의 교육과 어떤 매체를 이용하는지의 문제를 떠나 나눔의 문화를 진작하는 데 참고할 만한 접근방식에 대한 논의는 많지 않다. 그러므로 여기서는 그와 같은 접근에 대한 논의를 제시하고자 한다. 그것은 바로 '마음의 프레임'(the frame of mind)이라는 심리학적 개념이다. 사람들에게 어떤 인센티브를 제공하는 데 있어서 이 마음의 프레임을 바꾸도록 하는 데로 집중하는 것이 가장 효율적일 수 있다는 논리다. 다만 이 주제는 다음 제7장에서 이어 논의할 터이므로 여기에서는 이 개념을 자원봉사나 나눔의 문화 진작에 적절히 활용할 필요가 있다는 점만 지적하고 바로 나눔문화의 제도적 측면에 관한 고찰을 시작하기로 한다.

기부와 같은 나눔에는 주는 주체와 받는 주체가 있다. 우리나라에서 기부를 주는 주체는 아직도 개인보다는 기업체 단위로 쏠리는 경향이 있고 받는 주체도 자선복지기관과 대학으로 집중되어 있다(한동우, 2009; 강철희, 2008). 개인의 기부도 증가추세에 있지만 매우 즉흥적이고 비정규적인 것이 특징이다(한동우, 2010). 그리고 앞에서 기부 동기에 관한 자료가 시사하는 대로 우리나라 사람들의 기부 동기는 대체로 감성적이며 기부문화에 푹 젖어 있는 자연스러운 행위가 아닌 것이 특징이다. 이는 우리의 나눔문화가 아직도 미숙하고 뿌리를 내리지 못한 탓이며 이를 진작하기 위한 제도적 틀이 미비한 것도 한 이유가 될 것이다. 그러므로 나눔문화의 진흥을 위한 제도적 개선을 시급히 요구한다.

이 장에서는 그러한 제도의 구체적인 내용을 다루기보다 제도화의 방향과 개선의 지향점을 거시사회적 관점에서 언급하는 것으로 마무리하고자 한다.

1) 동기부여의 제도적 측면

기부문화를 주축으로 하는 나눔문화의 진흥에서 첫째 조건은 기부하는 사람들의 수가 늘어야 하고 그들의 나눔유형도 다양해져야 하며 나아가 기부행위의 질이 더욱 향상하도록 유도하는 일일 것이다. 이를 위해서는 우선 개인의 측면에서는 나눔과 기부의 마음의 프레임이 바뀌어야 한다. 프레임의 교정을 위한 방안에 관해서는 곧이어 논의하겠지만 역시 여기에는 가정에서 시작하는 사회화와 실제 경험, 학교 및 사회교육 그리고 매체의 홍보 등이 필요하다. 특히 그 과정에서 나눔의 의미, 가치, 중요성, 혜택 등의 인센티브에 관한 이해를 제고해야 하는데, 이때에는 나눔의 결과로 나타나는 자기 자신과 공동체, 사회 등의 변화를 설명하는 일이 매우 중요하다. 이와 관련하여 또한 일종의 영웅모델, 즉 유명인사, 부유층의 모범적 기부사례를 더 늘일뿐더러 이를 널리 홍보하는 일도 좋은 프로그램이다. 그리고 나눔의 경험 내지 나눔문화와 접촉할 기회를 확충하는 일을 권장한다. 좋은 경험이 추후의 행동으로 이어지는 것은 프레임론에서도 논할거니와 경험처럼 효과적인 교육방법도 없을 것이다(강철희, 김미옥, 2007).

이런 모든 과정을 제도적 관점에서 보면 사회는 먼저 나눔의 제도와 관행에 대한 정보를 풍부히 제공해야 하고, 기부를 받는 시민사회부문의 기구는 나눔의 반대급부를 적절히 제시하여 설득하는 작업이 중요하다. 위에서 기부자의 동기에 대해서 자세히 열거하였거니와, 상대에 따라서 그러한 동기에 자극을 줄 만한 인센티브를 중심으로 설득 프로그램을 개발하여 실시하는 것을 추구해야 할 것이다. 아울러 조세정책의 측면에서 유인을 제공할 만한 제도적 개선을 서둘러야 한다(박훈, 이상신, 2009).

그와 같은 일반적인 접근 외에도 특별히 기부를 많이 하고 사람들의 주목을 받음으로써 영웅모델로 대두하는 사례가 부유층에서 나타나는데, 이들에게는 그들 나름의 독특한 동기 내지 조건을 염두에 두고 설득과 종용에 임해야 할 것이다. 특히 우리나라에서는 부유층이면 인색하고 자기밖에 모르는 이기적인 부류이며 돈은 과시소비에만 낭비하는 성향이 있다는 인식이 일반 국민의 의식에 상당히 널리 퍼져 있다. 한편 부유층은 바로 이와 같은 국민의 평판에 대해서 대단히 민감하게 반응하는 면이 있다. 그러므로 저들의 나눔문화를 진작시키려면 저들이 보기에 사회가 좋은 평가를 내린다는 인식을 심어주도록 사회적인 분위기 변화와 조성이 필요하다. 물론 그러한 인식변화를 촉진하자면 부유층 스스로 더 많이 나누는 모습을 보여 주는 것이 첩경이다. 아울러 제도적인 측면에서는 부유층의 기부 과정에서 기부의 용도나 목적을 자기가 지정할 수 있는 재량권 또는 권한을 부여하는 제도적 조처도 따라야 할 것이다(Greenfield, 2002).

기업체 단위의 나눔문화에서도 소위 기업사회공헌 프로그램의 테두리에서 기부행위가 일어나는 것이 상례인데, 이때 하나의 인센티브로서 기업의 사회환경과 평판을 우호적으로 조성하는 일이 중요하다. 이를 위한 한 가지 중요한 방안은 기업부문이 시민사회의 자발적 부문과 연계하여 상생하는 프로그램을 운영하는 일이다. 이러한 파트너십에 의한 프로그램에 동참함으로써 시민사회의 역량을 강화하는 동시에 기업부문의 공익성도 제고하는 일석이조의 효과를 거두는 것이다. 물론 기업사회공헌 활동이 경영성과와도 연계되는 결과를 초래한다면 이 또한 대단히 중요한 인센티브가 된다(한동우, 2009).

2) 나눔과정의 관리 제도

나눔행위는 그것을 관리하는 사회제도적 과정을 내포한다. 기부를 하는 쪽이 있으면 받아서 쓰는 쪽이 있다는 말이다. 이러한 나눔의 관리는 국가도 가능하지만 이제는 시민사회부문이 주체가 되는 추세로 가고 있는 중이다. 그리고 시민사회 안에서도 모금이나 기부를 주업무로 삼는 기관과 일반적인 NGO, NPO 등이 이에 참여하는 유형이 있다. 나눔문화에 대한 각종 조사연구에서 흔히 지적받는 것 중에는 기부를 할 때, 혹은 나눔을 실천하고자 할 때 고려하는 사항에 대한 내용이 있다. 이들 조사결과에서 가장 빈도가 높은 응답은 대체로 두 가지로 초점이 모인다. 하나는 기부를 받아 쓰는 기구, 기관, 조직체 등에 대한 신뢰의 문제다. 자원의 관리와 활용에서 투명성과 유효성을 고려해야 한다는 것이다. 다른 하나는 자기가 출연한 기부금을 어떤 분야의 어떤 사업이나 프로그램에 사용하는지, 그 지원대상과 용도가 중요한 고려사항이다(아름다운재단, 2006; 강철희, 2007; 2008; 예종석, 2009).

한편, 기부관리기관의 내부 기능에 대해서도 고찰할 필요가 있다. 이 자리에서 그 자세한 내용을 다룰 수는 없고 요체만 정리하면 다음과 같은 과제들을 지적할 수 있다.

① 우선 기부와 같은 나눔을 일시적, 일회적으로 하는 것을 지양하고 정규적으로, 가능하면 연례행사가 되도록 하는 연간 기부 프로그램(annual gifts)의 개발과 운영이 중요하다.

② 그러자면 한 번 기부한 사람이나 기관이 다시 할 수 있는 갱신(renewal) 과정을 적극 추진해야 한다.

③ 때로는 기부자들이 소속하는 일종의 멤버십 클럽이나 결사체(membership club, association) 같은 조직체를 구성하여 관리하는 방법도 있다. 아니면 기부자가 관계하는 기존의 결사체나 클럽 같은 지원기구를 활용하여 연례 기부를 촉진하기도 한다.

④ 그밖에 인터넷 모금, 각종의 행사나 특별 이벤트를 활용할 수도 있다.

⑤ 또한 일반시민의 기부참여를 권장·유도하기 위한 프로그램을 혁신적으로 개발 운영하는 것도 중요하다. 기부자의 필요와 욕구를 충족시킬 수 있는 기부상품

개발, 기부자 지향의 서비스 체계구축 등을 위해 말하자면 일종의 마케팅 전략의 도입이다. 각종 광고, 쿠폰, 텔레톤(텔레비전에서 온종일 연속으로 모금운동을 벌이는 일) 등 여러 형태의 프로그램을 운영할 수 있다(예종석, 2009; Greenfield, 2002).

3) 나눔문화의 정착과 진흥을 위한 사회체제적 제도개선[33)]

나눔과 기부문화를 진작시키는 데에는 우선 국가의 참여가 불가피하다. 그런 관점에서 먼저 생각할 수 있는 것은 정부의 각 부처가 이 과업을 분산해서 집행하는 데서 오는 비효율, 낭비, 단편성, 편중성, 정책의 일관성 부족 등을 극복하기 위한 통합운영의 문제다. 아마도 국무총리실과 같은 상위기구가 이를 총괄함으로써 국가와 시장과 시민사회 부문이 협력할 수 있도록 조정하는 기능을 맡는 것이 정답일 것이다.

아울러, 나눔의 행동은 사실상 시민사회 부문의 생활세계에서 일어난다. 그러나 아직은 시민사회가 미성숙하고 역량이 부족한 것도 사실이므로 국가와 시장은 시민사회의 역량을 키워주는 방향으로 적극 지원하고 파트너십의 정신으로 협력하는 것이 긴급하다. 기부의 원천도 시민사회가 될 수 있도록 인센티브를 강화하고 자극하는 일을 시민사회의 각종 NGO, NPO가 효과적으로 수행할 수 있자면 그만한 자원이 필수적이다. 또한 모집한 자원을 실제로 활용하는 부문도 시민사회다. 이런 측면에서도 시민사회의 조직체들이 효과적인 관리와 사업운영을 하기 위한 자질을 갖추는 데서 자원이 필요하다. 특히 나눔행위에서 고려하는 사항 중 가장 중요한 내용이 기부관리 기구나 조직체의 신뢰와 효율성인 점을 감안하면 이를 증진하기 위한 국가와 시장 부문의 지원은 불가피하고 긴요하다.

그리고 이 모든 사안에 관련하여 나눔의 행위와 문화에 대한 지식과 정보의 체계가 미비하다는 것이 심각한 문제다. 국가의 관계부처, 민간의 각종 연구기관 및 나눔운동 조직체 등이 분산해서 데이터베이스 등 자료를 구축하고 관리하는 비효율과 비체계성이 시정의 대상이 되고 있는 것이다. 그러므로 나눔문화 관련 지식정보를 국가적 차원에서 체계적으로 구축하고 통합관리하는 일이 시급하다.

---

33) 이 부분의 논의는 주로 한동우(2010)를 참고하였다.

이러한 자료의 수집정리와 관리체계를 갖추게 되면 우리나라의 나눔문화 · 기부문화 활성화를 위해서나 성과활용의 효과성 극대화를 위해 대단히 중요한 기여를 할 것이다.

IV. 맺는 말

이 장에서는 먼저 나눔의 의미를 사회학적 관점에서 이해하기 위한 몇 가지 개념적 고찰을 시작으로 논의를 전개해왔다. 우리가 나누는 행위를 하는 뜻에 대한 해석은 인간의 삶의 가치를 구현하고자 하는 이상에서 출발한다. 그리고 나눔이란 자원의 공유와 배분이라는 구조적 문제와 관련 있음을 지적하였다. 또한 나눔의 철학적 의미를 천착하는 차원에서 동방의 음양변증법과 오행의 원리를 적용하기도 하였다. 나눔의 문화는 문명사적 검토와 아울러 동기적 측면에 대하여 살펴보았고 문화의 진작을 위한 마음의 프레임의 중요성만 지적하고 지나갔다. 이는 곧이어 다루어지게 될 것이다. 그러한 기본적 내용의 검토에 기초하여 제도적인 차원에서 나눔문화의 진흥을 살펴보려 하였다.

지면의 제한으로 자세한 해설이 불가했지만, 나눔과 기부의 영역에서는 이와 같은 사회학적 접근은 별로 시도하지 않았던 점을 감안하여 일단 하나의 시안으로 제공한다는 의미를 부여하고자 한다. 앞으로 이런 관점도 고려하여 이 주제를 연구하고 실천에 활용함으로써 나눔의 문화를 진작시키고 기부문화가 우리 사회에서 활짝 개화하는 데 조금이나마 기여할 수 있기를 바랄 따름이다.

그리고 여기에서도 다시 강조하려는 것은 우리가 사는 시대의 특징이다. 오늘날 전 세계는 지구 구석구석의 어느 한 곳도 예외 없이 상호간에 영향을 받으며 살아가지 않을 수 없는 소위 전 지구화(글로벌리제이션, globalization)의 파도 속에 함께 휩쓸리며 생존을 위한 경쟁과 선진국으로 진입하기 위한 온갖 노력을 끊임없이 경주해야만 하는 상황 속에 놓여 있는 것이다. 이 말은 어느 국가나 사회든 우리만 잘살면 그만이지 다른 나라가 어떻게 되는 무슨 상관이냐 라는 속 좁은 사고로는 세계무대에서 낙오할 수밖에 없다는 것을 암시한다. 그러자면

한 사회 속에서 서로 다른 처지의 계층과 집단과 범주의 사람들이 서로 상생과 공생을 늘 생각하며 나누고 도우며 살아야 한다는 차원에서 머물 수가 없게 된다. 결국 전 세계의 모든 인류가 공유하고 더불어 누리려 애써야 한다. 이를 위한 첩경이 다름 아닌 자원봉사와 나눔의 운동이라 할 것이다.

이런 과제는 일차적으로 국가가 감당해야 하는 것은 틀림없지만 한층 더 성숙한 세계로 발돋움하려면 전 세계 시민사회의 자발적 부문들이 솔선해서 나눔의 실천을 보여줌으로써 국가의 각성은 물론 적극적 지원까지도 유도하는 효과가 있다. 그러나 여기에는 국가 내의 시민사회운동으로 그치지 않고 전 지구적 수준에서 파트너십과 네트워킹을 강화함으로써 전 세계에 자원봉사와 나눔의 문화가 널리 확산하는 데서도 우리의 실적에는 한계가 있다. 이처럼 열악한 조건에서 나누고 베푸는 문화와 마음의 프레임을 하루속히 진작시키는 데로 눈을 돌릴 필요가 있다.

제5장 노블레스 오블리주, 프로 보노, 재능나눔, 그리고 사회적 기업

I. 품격 높은 브랜드가치를 인정받는 선진사회

우리가 '선진한국'의 꿈을 공개적으로 표방한 지도 어언 10여 성상이 흘렀다. 지난 1996년에 자칭 '신사들의 클럽'이라 일컫는 OECD(경제협력개발기구)의 회원국이 된 직후 IMF(국제통화기금)의 구제금융에 의지하여 외환위기의 뜨거운 고비를 가까스로 넘기는 호된 시련을 겪으며 오늘에 이르렀다. 그 사이 경제규모로는 세계 11위에서 15위로 후퇴를 거듭하긴 했지만 1997년의 국치를 겪으며 다진 체질 덕분에 2008년에 불어 닥친 또 한 번의 세계금융 질서 붕괴의 위기를 그나마 무리 없이 헤쳐나오며 선두권을 간신히 유지하고 있다. 이런 배경에서 우리는 선진사회의 표준이 단순한 수량적 경제규모에 있지 않다는 냉엄한 현실에 각별한 주의를 기울여야 한다는 경고와 만난다.

이미 제1장에서도 자세히 고찰해보았지만 선진사회는 우선 지속적 경제성장을 전제하지만, 아울러 성숙한 시민민주주의 사회, 푸근한 복지사회, 반듯한 도덕사회, 쾌적한 생태환경 속에 교양이 넘치는 문화적 삶을 누리는 사회다. 양적인 지표만이 아니라 질적으로 품격이 높은 브랜드가치로 인정받는 사회다. 유감이지만 우리는 아직도 차마 얼굴을 들 수 없는 부끄러운 정치에다 소득격차로 갈라지고 갈등으로 찢어져 만신창이 같은 사회, 간단한 기초질서와 규칙 하나 제대로 지킬 줄 모르고 독서와 문화에 인색하며 세계에서 에너지를 가장 흔하게 낭비하는 국민으로 선진국 대접조차 받지 못하는 어설픈 처지에 있다.

진정한 선진사회 여부를 가장 잘 판가름하는 조건 중의 하나는 나눔과 봉사의 문화다. 자원봉사와 기부는 위에 열거한 선진사회의 기준을 복합적으로 충족시켜

주는 훌륭한 운동이다. 사회적 불만을 줄여서 갈등을 희석시키고 시민참여를 조장하므로 정치사회의 성숙을 촉진시키는 효과가 있다. 자발적 봉사활동으로 자연생태계를 보호하고 에너지를 아끼며, 필요한 이웃에게 도움을 줄 뿐 아니라 함께 정을 나누고 위로와 지원을 베풀기 때문에 무너져가는 공동체를 복원하는 데도 큰 기여를 한다. 그로 말미암아 그나마 갈라진 사회를 다시 봉합하고 사회통합을 도모하는 데 다른 어떤 사회운동보다도 유리한 여건을 마련해준다. 그리고 기초질서도 지키지 않는 상황에서 남을 돕고 어려움을 나누는 운동을 보면서 법을 어겨가며 자기욕심을 채우려는 행위는 삼가지 않을 수 없는 것도 사실이다.

이른바 선진국에서는 일 년에 한 번 이상 자원봉사에 참여한 인구의 비율이 4~50%를 넘나드는 현실에서 우리는 지난 몇 해 동안 20% 선을 맴돌고 있다. 더 중요한 것은 자원봉사의 질이다. 선진국의 자원봉사운동은 단순히 불우한 소외계층에 대한 노력봉사 수준을 넘어 이제는 삶의 질적 향상을 겨냥하여 특히 의료, 법률, 문화, 교육, 생태환경, 시민의식 함양, 기업의 사회적 공헌 및 사회적 기업과 같은 분야에서 전문적 재능나누기 봉사로 진화하고 있다. 전문가 집단의 나눔은 통칭 프로 보노(pro bono publico)라 하여 공익을 위한 자발적 무상 봉사를 뜻한다. 이는 사회경제적 지위가 높은 계층일수록 사회에 대한 공헌도 더 많이 할 책무를 지닌다는 노블레스 오블리주(noblesse oblige) 정신의 발로다. 이처럼 유리한 위치의 사람들이 솔선하여 나누고 베풀 때 우리 사회의 공동체적 관계형성과 삶의 질적 향상을 앞당겨 참다운 선진한국을 속히 이룩할 수 있을 것이다.

부자들의 기부도 그렇다. 선진외국에서는 세계 제일의 억만장자 집단이 의기투합하여 재산의 상당부분을 사회복리를 위한 재단에 무조건 기부하면서 다른 부자들에게도 동참하기를 고취하는 미담이 보도지면을 채우는 실정이다. 이에 비하면 우리나라의 기부는 반드시 부자들이 개인적으로 선뜻 나서는 예가 드물다. 대기업 총수나 임원도 자신의 재산보다는 회사의 기금을 기부하는 것이 상례다. 오히려 평생을 음식점이나 소규모 가게를 운영하던 노친네들이 노후에 전재산을 희사하는 모습이 더 자주 언론을 장식한다. 일반적으로 부자들에 대한 사회의 눈길도 그리 달갑지 않은 것도 일부는 그들 자신의 탓이다. 이제는 시대가 바뀌고 있어서 부유한 계층에서 개인이건 회사건 사회에 이익을 환원하라는 기대를 외면하지 못하는 처지에 놓이게 되었다. 이런 사정에 비추어 나눔과 봉사는 우리 문화의 일부로 서서히 자리잡기 시작했다고 해도 과언이 아닐 것이다.

II. 사회변동과 자원봉사의 새로운 양상

이 책의 허두에서부터 우리는 원래 자원봉사나 나눔이란 사회변동의 흐름 속에서 발생하는 문제점들에 대응하여 시민이 참여하는 사회운동의 하나로 규정하였다. 그러므로 시대가 변함에 따라 자원봉사와 나눔의 수요 측면에서 이를 필요로 하는 문제의 특성이 변할 뿐 아니라 공급 면에서도 자원봉사자의 성격에 변화가 나타난다. 현대사회에서 그와 같은 변동은 양면성을 띠는 것이 특징이다. 우선 자본주의적 시장경제의 틀 속에서 경제적 생활수준의 일반적인 향상에도 불구하고 그러한 체제가 자아내는 사회경제적 불균형과 소외가 초래하는 사회의 사각지대에 대하여 복지적인 나눔과 돌봄의 필요가 잔존 또는 증대하는 현상으로 이해할 수 있다. 그러나 다른 한 편에서는 물질적인 풍요 속에서 삶의 질적인 개선을 염원하는 새로운 욕구의 대두가 두드러지기 시작하는 면이 있다. 이에 대해서도 일종의 시민사회 차원의 자발적 기여가 필요해지는 것 또한 전에 볼 수 없었던 현상이다. 자원봉사와 나눔운동은 이러한 시대적 변화에 발맞추어 그에 걸맞은 변신을 요구받고 있는 셈이다(김경동, 2007).

이런 관점에서 관찰하면 현대사회에서는 자원봉사의 수요도 다양해지는 것은 물론 자원봉사에 임하는 사람들의 성격도 다원화하는 새로운 현상과 만나게 된다. 가령 자원봉사라 하면 그저 시간 있을 때 노력봉사나 하는 그런 수준에 머물 수가 없게 되었다는 것을 암시한다. 그러므로 여기에는 한 층 더 심층적인 접근을 필요로 한다. 따라서 오늘날 더욱 두드러지거나 증가하면서 특히 주목받기 시작하는 자원봉사 활동과 주체에 대해서 봉사자의 유형을 중심으로 정리하면 다음과 같다(Rochester et al., 2010: 29-35).

① 장기 봉사자와 단기 봉사자: 자원봉사자들 가운데서 헌신도가 비교적 높고 봉사활동에 대한 정서적 투자도 강한 편이며 참여함으로써 일종의 정체의식을 갖게 되는 특성을 가지는 사람들이 장기봉사자들이다. 이에 반해 봉사활동을 주로 특정한 프로그램 중심으로 시간 날 때에만 단기간에 참여하며 헌신도가 그리 높다고 할 수 없는 사람들을 일컬어 짧은 에피소드에 비유하여 일시적인 (episodic) 자원봉사자라 한다. 다만 이런 단기 봉사자라도 일생 봉사활동에 참여하는 예도 있지만 어떤 단체나 기관에, 한 가지 봉사활동에 장기적으로 헌신하지 않는 것이 특징이다. 특히 이런 유형의 봉사자는 현대사회에 올수록 더 두드러진다는 것이 또한 주목할 사항이다.

이들 일시적 봉사자에도 몇 가지 종류가 있다. 1) 하루 몇 시간 정도만 봉사에 참여하는 임시 일시 봉사자(temporary episodic volunteer), 2) 간헐적(interim) 봉사자는 정규적으로 참여는 하되 매번 일정한 기간(예: 한 달)만 봉사에 임한다, 그리고 3) 정규단기간(occasional episodic) 봉사자는 단기 봉사자지만 관리자들이 저들의 활동을 예상은 할 정도로 정규적으로 참여한다.

② 회사지원(employer-supported) 자원봉사는 기업체 차원의 사회공헌활동에 해당하는 자원봉사 프로그램을 가리키며, 이것도 비교적 근자에 새로이 등장한 유형에 해당한다.

③ 최근에 더욱 증가추세에 있는 형태에는 국제적 자원봉사자(transnational, international volunteers)도 있다. 과거에도 없었던 것은 아니지만 현대의 전 지구화(globalization)의 흐름 속에서 새로운 활력을 얻고 있는 봉사유형임에는 틀림없다.

④ 또한 오늘날 급속하게 발달한 정보통신기술(ITC: information communication technology)을 이용하여 자원봉사운동을 전개하고 관리하는 일도 빈번해지고 있어서 이 그물망에 참여하여 봉사활동을 하는 사이버공간의 의사 (virtual, 擬似) 봉사자도 늘고 있다.

⑤ 재난재해(disaster) 대처에 나서는 봉사자들도 현대사회에서는 더욱 활발해진 편이다. 재난과 재해 시에 자원봉사로 도움을 주는 행위는 오래전부터 있었던 유형이지만 근자에 오면서 지구온난화 등 재난의 빈도와 강도가 증폭하는 현상은 새로운 것이다.

⑥ 고령자(older) 봉사자도 전부터 있었지만 이 또한 전반적으로 수명이 길어지는 현대사회에서 급속히 증가하는 고령자들의 봉사 참여가 더욱 활발해지고 있어서 새로운 현상으로 간주한다.

⑦ 전문(professional) 봉사자의 증가도 눈에 띄는 현상으로 떠오르고 있다. 이 주제는 본장에서 지금부터 자세히 논의할 것이다.

물론 이 밖에도 시간은행제(time banking)라든지 직업이나 실직과 관련한 임시적 자원봉사자 등 여러 형태의 봉사자가 새로이 대두하지만 주요 형태만 소개한 것이다. 여기에서는 이 가운데서 특별히 사회적으로 유리한 위치에 있는 사람들, 소위 엘리트라고 할 만한 계층적 상류층이나 전문직 종사자들의 자원봉사와 나눔 활동 및 사회적 기업 활동을 집중적으로 다루고자 하는 것이 주목적이다. 이어서 다음 장(제6장)에서는 기업의 사회공헌 운동을 따로 고찰할 것이다.

III. 노블레스 오블리주 정신

1. 왜 노블레스 오블리주인가?

중국 제나라의 선왕이 화려하게 새로 지은 설궁이라는 별궁에 맹자를 초대한 일화는 바로 앞장(제4장)에서 소개한 바 있다. 거기서 백성과 더불어 즐기는 정신이 '여민동락'(與民同樂)의 정신임을 지적하였다.

근년에 오면서 우리나라에서도 자원봉사와 기부에 대한 관심이 점차 높아지고 있으며 실지로 수백만에 이르는 국민이 수시로 자원봉사와 기부활동에 동참하고 있다. 서서히 우리도 진정한 의미의 선진사회가 되기 위한 기지개를 펴는 아름다운 징조라 보아도 좋을 성싶다. 다만 양적으로나 질적으로 아직은 현재의 선진국들과 비교가 되지 않을 정도로 저조하고 미흡하다는 사실을 잊어서는 아니 될 것이다. 지금도 우리나라는 도움이 필요한 국민들에게 함께 나누고(share) 돌보는(care) 일을 효율적으로 수행할 수 있는 사회적 안전망이 취약한 데다, 국가의 손이 미치지 못함으로써 사회의 어두운 곳에 방치된 채 인간다운 삶을 영위하지 못하는 사람들이 의외로 많은 게 현실이다. 더구나 지난 1990년대 말의 충격적인 외환위기 이후 2천 년대 초에 또 다시 세계 금융계를 휩쓸고 간 전 지구적인 금융위기가 몰아온 경제불황으로 말미암아 실직자가 폭증하고 빈곤층이 늘어났으며 각종 장애와 가족붕괴로 인한 소외계층이 급증하는 실정이다.

이런 사정으로 말미암아 사회의 각계각층 사이에는 분열과 갈등이 만연하게 되는 부정적인 결과가 발생하고 있다. 사실 우리나라 정도의 경제수준에 이른 사회라면 이제 모든 제도가 합리화해야 마땅하고 우리나라 국민의 교육수준 같으면 시민의 의식도 합리적이고 성숙한 모습으로 변해 있어야 할 터이나, 현실은 반드시 그렇지 못하다. 아직도 뿌리 깊은 감성주의가 합리성을 제치고 우리의 의식과 행동을 불합리로 내모는 형국이 지배적이다. 게다가 급격한 변동과 전쟁의 후유증이 빚어낸 혼란 속에서 각자 생존을 위한 극한 경쟁에 내몰리다 보니 자기중심적인 이기심이 공공선에 대한 관심을 앞지르는 상황이 전개하고 있다. 따라서 조그마한 이해관계에서조차 자신에게 불리하다 싶으면 바로 감정적으로 대처하여 갈등을 유발하는 일이 빈번히 일어나게 된 것이다. 다른 한 편으로는 한국사람들이 워낙 유능하고 적극적인지라 조금이라도 자신에게 불리한 일이 생긴다고 생각하면 곧장 감성적으로 대응하여 사회가 시끄러워지는 현상이 나타난다.

장기적인 역사적 배경을 돌이켜 보면 우리 사회는 식민지, 분단, 동족상잔의 전쟁, 급속한 공업화와 도시화, 거기에 전 세계적인 경제금융 공황 등 격변이 거듭하는 사이 예전부터 내려온 이웃과 더불어 나누며 살아가는 풍습을 망각하고 자기중심적으로 살아가는 구조로 변질하고 말았다. 그러므로 위에서 지적한 것과 같은 불안정한 정황에 눈을 돌리고 어려운 이웃과 함께 나누며 서로 돌보고 베풀며 오순도순 살아가는 공동체를 이룩함은 물론 이로써 쪼개지고 흐트러진 사회를 통합하는 것이 우리에게 주어진 주요 중대한 과업으로 떠오르고 있는 것이다. 여기에 자원봉사와 기부의 중요성이 큰 몫을 하게 된다는 점을 새삼 강조할 필요가 없다.

특별히 이런 상황에서 사회적 관심을 적극 보여주어야 할 사람들을 지목하자면 이는 다름 아닌 사회의 상류층, 지도층, 엘리트층이다. 이들이 바로 맹자가 말하는 남의 윗사람들이다. 사회적 지위가 높고 일반 국민에 비해 사회경제적, 정치적 자원을 상대적으로 더 많이 누리는 계층이다. 이처럼 지위가 높고 향유하는 특권이 더 많은 사람일수록 그에 상응하는 책임과 의무를 다해야 한다는 정신을 한 마디로 표현한 것이 노블레스 오블리주다. 노블레스란 노블(고귀한) 신분(귀족)을 가리키고 오블리주란 책임이 있다는 동사에서 나온 말이다.

이제 우리나라도 경제적으로 세계 15위권에 들 만큼 여유가 생겼으나 아직도 어려운 지경에 있는 국민이 허다하다. 이들에게 도움의 손길을 주기 위한 자원봉사나 기부행위는 선진국 수준에 크게 뒤지는 것도 사실이다. 이런 처지에 누구보다도 사회의 지도층이 스스로 나서서 봉사활동에 직접 참여하든지 간접적으로라도 기부헌납에 앞장서는 문화가 하루속히 확산되도록 모두가 노력해야 할 때가 되었다. 물론 천재지변으로 재해를 입은 국민이 발생할 때는 기업체를 중심으로 대규모의 기부와 봉사활동을 전개한다. 그러나 이런 일은 대개 일회성을 면치 못하고 지속성을 결여하는 한계를 드러내기가 일쑤다.

이와 같은 취약성을 극복하기 위해서는 소위 '윗사람들' 혹은 '가진 자들'이 솔선하여 봉사하고 기부하는 행동을 보여주는 일이 시급하다. 우리나라의 신흥부유층은 돈 벌기에 급급하고 벌면 남에게 보여주기 위한 과시소비에 눈이 멀어지는 모습을 보이는데, 이제는 제대로 쓸 줄 알아야 하고 나눌 줄 알아야 할 때도 되었다. 호주에는 원주민들이 무기 겸 장난감으로 쓰던 '부메랑'(boomerang)이라는 것이 있다. 이것은 적이나 짐승을 향해 던져서 맞히면 치명적인 피해를 입히고 명중하지 못하면 던진 사람에게 다시 돌아오게 되어 있는 기묘한 물건이다. 그래서 이를 비유하여 사람이 한 일은 언젠가는 반드시 자신에게 되돌아오게 되어 있다고 해서 '부메랑 효과'라는 말이 생겼다.

대체로 우리나라에서는 부유한 계층이나 대기업체에 대해서 부정적인 태도가 우세하다(한동철, 2011). 맹자가 지적했듯이 이런 현상은 그 자체가 반드시 옳다고 할 수는 없다. 하지만 그처럼 많은 것을 누리는 계층의 사람들이 모범적인 삶을 살고 행동을 실천하지 못하기 때문에 그런 부정적인 평판을 받게 된 것이다. 따라서 그들이 사회봉사와 기부헌납에 앞장서서 모본을 보이면 반드시 그 결과는 긍정적인 국민의 반응으로 되돌아온다고 할 수 있다. 바로 부메랑 효과를 이른다. 물론, 사회의 제도상 기부행위에 대한 적절한 혜택을 준다든지 기부금을 받아 쓰는 비영리조직체 같은 주체가 한층 더 투명하고 견실하여 신뢰를 쌓는 일도 중요하다. 그리고 노블레스 오블리주의 구체적인 실천은 비단 부유층의 기부나 사회공헌 활동에만 국한되지 않고 전문성을 가진 사회지도층이 자신의 전문적 지식과 소양을 나누는 봉사활동도 포함할 수 있다. 그리고 일반 시민들도 자신의 재능을 나누는 봉사활동을 얼마든지 펼칠 수 있다.

사회란 본시 협동과 연대가 없이는 성립 자체가 불가능한 현상이다. 사회는 혼자서 아무것도 할 수 없으며 서로 돕고 나누고 맺어져야 사회가 제대로 작동하는 법이다. 그처럼 돕고 나누고 맺는 구체적인 활동을 우리는 봉사, 기부, 재능나눔과 같은 모습으로 수행하는 것이다. 이는 누가 굳이 시켜서가 아니고 사회가 성립하는 데 필수적인 요소기 때문이다. 그러나 우리는 각자 살아가기에 바쁘고 버거워서 나눔의 활동을 할 틈도 적고 힘들다고 생각하기가 쉽다. 실은 사회 자체가 나눔의 삶인데도 말이다. 다만 좀 더 의식적으로 우리보다 어렵게 지내는 불우한 이웃들을 생각하면서 특별히 돕고 나누며 국민 전체의 삶의 질적 향상에 기여하는 활동을 적극적이고 체계적으로 수행하자는 것이 자원봉사와 나눔의 운동이다.

우리나라도 지난 반세기 동안 국제적인 원조와 도움을 받는 수혜국이었으나 이제는 공여국의 자리로 우뚝 서게 되는 특별한 시점에 국내외에 걸쳐 기부도 하고 재능도 나누는 운동을 활발하게 펼치는 일은 더 없이 시의적절하고 중요한 일이라 할 것이다. 사실 우리 국민은 어떤 재난이나 국가적 수요가 발생했을 때 화끈하게 기부하고 나누는 습관은 있지만 이것이 몸에 배어서 일상적인 습관으로 수행하는 수준에는 이르지 못하였다. 아울러 제도적으로도 개인이나 단체가 기부를 할 때 그에 상응하는 세제혜택과 같은 것을 제공하는 데도 미흡하다. 따라서 이런 점에서 개선의 여지가 있지만, 앞으로는 곧 선진국 수준으로 발전하리라 확신한다.

그러므로 이 시점에서 특히 강조하고 싶은 것은 자원봉사와 기부가 익숙하고 보람찬 것으로 인식하도록 우리 국민의 마음의 틀, 즉 프레임(frame)을 바꾸는 일이다.[34] 그리하여 자원봉사와 기부의 문화가 우리 사회에 널리 번지고 깊이 스며들어 누구나 마치 '가슴에서 우러나는 습관'(habits of the heart)처럼 이런 일을 일상적으로 실천할 수 있게 하는 것이 시급하다. 이를 위해서는 가정에서

34) 이 프레임에 관해서는 제7장에서 따로 논의하므로 참고 바람.

비롯하여 학교와 대중매체 등이 이를 조장하는 교육을 꾸준히 광범위하게 실시하고 날마다 그런 행동을 실천하는 훈련을 어릴 때부터 쌓아가는 것이 가장 중요하다.

2. 노블레스 오블리주란 무엇인가?

노블레스 오블리주(noblesse oblige)는 프랑스 말로 높은 신분에 따르는 의무 또는 부자나 귀인이 훌륭하고 자비롭게 행동해야 할 도의상의 의무라는 뜻이다. noblesse의 근간인 서양어의 noble이라는 단어는 사전적으로 다음과 같은 몇 가지 의미를 담는다(시사영어사, 1992: 1542).

① 지위, 신분, 계급, 직위, 출신 등에서 모범적이고 탁월함(illustrious, distinguished by position, rank, title, birth, status) 혹은 귀족 aristocracy)
② 성질상 또는 본성이나 인품, 행동이 고귀, 고결, 고상, 기품이 숭고함(by nature, character, high moral qualities/superiorities, ideals, lofty, actions)
③ 외양이 당당, 장려, 장대, 장엄, 웅대, 웅장함(splendor, magnificence, stately, imposing, impressive, grandiose, appearance)
④ 품종, 품질, 속성(보석)이 우수, 우량함(high quality, admirable, excellent, superior)
⑤ 심지어 신체부위에서 생명에 관련있는 주요 부위(심장, 폐 등), 동물 중에는 매, 기타 희귀 화학성분 등

한편, oblige는 영어로는 oblige, obligate라는 동사와 obligation이라는 명사에서 유래하며 거기에도 여러 뜻을 내포한다(시사영어사, 1992: 1580).

① 도덕상, 법률상, 관습상의 필연성에 의한 책임, 책무, 의무, 구속, 명령, 계약, 약속, 부채 등
② 보살핌, 친절, 호의, 진력, 은의, 은전, 은혜, 의리, 신세, 편의, 즐겁게 함 등과 그런 것에 대한 인정과 감사 등

이 둘이 조합해서 결국 고귀한 지위에 있는 사람들의 의무를 포괄적으로 지적한 것이 노블레스 오블리주인 셈이다. 이러한 정신을 실제 생활에서 발휘한

보기는 동서양을 막론하고 쉽게 찾아볼 수 있다(유승준, 2002; 현택수, 2002; 예종석, 2006; 2009; 최연구, 2007; 강철희 외, 2010).

가령 로마제국 2천 년을 지탱한 원동력은 바로 이 노블레스 오블리주라는 설도 있다. 로마의 귀족은 전쟁이 나면 재산을 사회에 환원하고 선봉에 서서 싸웠고 이런 관행으로 인해 원로원의 귀족 수가 급속히 줄었다고 한다. 초대 황제 아우구스투스는 재임 중에 국가가 어렵고 자금이 필요해지자 사재를 털어 국고를 네 번씩이나 지원했다는 일화도 있다. 당시는 노예사회였는데, 귀족과 노예의 차이를 정당화하는 근거는 사회적 책임의 이행, 특권을 양보하고 자신을 희생하는 노블레스 오블리주에서 찾았다. 귀족이 보여준 투철한 도덕의식과 솔선수범의 공공정신이 로마를 그토록 강성하게 오래 견디도록 한 것이다.[35)]물론 노블레스 오블리주 정신의 원천은 기독교에서도 충분히 쉽사리 찾을 수 있다. 이러한 정신이 서방세계에서는 면면히 이어져 내려왔다. 영국과 같이 귀족제도가 존속하는 나라에서 왕실, 수상, 또는 정치경제 분야의 지도자들 중에 본인이나 가족, 자녀들이 솔선하여 전쟁에 나가 전사하기도 하고 기부를 정기적으로 하며 자선사업을 촉진하는 등의 일에 적극 나서는 것도 이와 같은 전통에 기초하고 있다.

우리나라에서도 전통시대부터 노블레스 오블리주의 정신에 따른 실천의 보기가 적지 않다. 화랑도의 희생정신과 솔선수범 등이 애국심과 맞물려 신라 삼국통일의 기초가 되었고, 고려시대에는 신분이 높았던 승려가 모여 향마군을 조직하여 국가안보를 지켰으며, 조선조에는 국란의 시기에 사대부가 주도하여 의병을 일으켰고, 일제강점기에는 독립운동 등을 선비들이 솔선하여 조직하고 참여하였다. 윤증 가문에서는 농민의 생계수단이었던 양잠을 절대 금지하였으며, 경주 최씨 가문에서는 흉년에 땅을 사지 말고 만석 이상의 재산은 어려운 이웃에게 나누어주며 백리 안에 굶어 죽는 사람이 없도록 하라는 가훈을 수백 년 지켜왔다. 또한 제주도의 천민(기녀) 출신 김만덕이 상업으로 일군 자산을 쾌척하여 흉년의

35) 이와 같은 로마시대 귀족의 솔선실천의 의미에 대해서 수정이 필요하다는 견해가 있다. 로마 귀족이 그처럼 재산을 내어 놓게 된 배경에는 당시의 전쟁이 성격상 정복전쟁이었고 전승시에는 노예와 전리품을 귀족이 자신의 재산으로 귀속시킬 수 있었다는 사실에 주목해야 한다는 설이다(이만식, 2010: 44; 배영수, 2000: 72 재인용).

기근으로 아사하는 백성을 구조한 일도 빼놓을 수 없는 사례다. 근대화 초기의 기업인 중에는 미국에서 박사학위까지 취득하고 독립운동에도 가담하였다가 귀국한 유일한 선생은 유한양행이라는 기업을 일으켜 산업중흥에 이바지했을 뿐더러 사회적인 공헌사업에도 솔선한 모본으로 꼽힌다(예종석, 2006; 2009).

특히 조선의 선비정신이 이런 한국적 노블레스 오블리주의 정신적 원천이었다고 볼 수 있다. 물론 선비정신의 근거는 제1장에서 소개한 유학(儒學)의 대동(大同)사회의 이념에서 찾을 수 있다. 그 대동사회의 이념에서 나온 선비정신은 나라가 위기에 처했을 때는 목숨을 바친다는 견위수명(見危授命) 정신을 강조하였으며, 당연히 선비는 극기복례(克己復禮), 자기수양으로 절제하고 스스로를 다스림으로써, 비로소 세상의 다른 사람들에 대해서도 내가 하고 싶지 않은 일을 남에게 시키지 아니하고(己所不欲 勿施於人), 염치 있는 행동을 할 수 있다는 정신으로 나라와 세상을 경영하고 백성들을 구제하는 경세제민(經世濟民)에 나아가는 것을 삶의 길잡이로 삼았다(문화체육관광부 · 퇴계학연구원, 2011).

그러면 현대사회에서 이러한 노블레스에 해당하는 사람들은 어떤 사람들인가? 일반적으로 사회의 엘리트라면 각계에서 남보다 뛰어난 업적을 쌓고 높은 지위를 차지하는 사람들을 일컬으며, 사회경제적 계층에서 상류층에 속하는 직종에 종사하는 사람들로서 선거 또는 임명에 의한 고위직 공직자나 행정가, 기업부문의 최고 경영자와 관리자, 전문직 종사자와 교수 언론인 등 지식인, 시민사회 부문의 종교, 문화 기타 사회활동의 지도자 등이 여기에 속한다. 사회학에서는 사람들이 추구하는 희귀성 자원 중에서 가장 귀히 여기고 누리고자 하는 것을 권력(power), 부(property) 및 사회적 위신(prestige)의 3P라고 한다는 점을 앞장(제4장)에서 밝혔듯이 결국 사회의 노블레스는 이런 세 가지에서 남들보다 유리한 위치에 있는 사람들이라 요약할 수 있다(김경동, 2008). 그렇다고 이들이 귀족이라고 규정하는 것은 무리가 있다. 그러므로 현대사회의 노블레스 오블리주는 반드시 귀족적 신분에 의한 의무라기보다는 누구나 남보다 조건이 좋은 위치에 있다는 것에 기초한 사회의 특정 범주의 사람들이 져야 할 사회적 의무라고 이해하는 것이 적절하다.

이 같은 노블레스 오블리주 실천의 행위로는 우선 스스로 수양으로 다스리는 절제와 검약, 겸허함에서 출발한다. 가령 선행을 하고도 누구에게 자랑삼아 과시하지 않는 성향이다. 거기서 다른 사람들을 향해 높은 지위의 의무와 책임을 다하는 자세와 자기 것을 양보하고 베풀고 봉사하는 희생의 행위가 나타난다. 그러한 사회적 기여와 공헌으로 공유하여 나누며 분배하여 나눌 수 있게 됨으로써 사회는 좀 더 균형잡힌 자원배분을 이루어 공정한 사회가 될 터이고, 그로 말미암아 사회는 한층 더 유대와 일체감이 강한 사회적 통합을 이루게 될 것이다(강철희 외, 2010). 그리하여 사회가 전반적으로 행복해지기를 희망하는 것이다.

구체적으로 이와 같은 노블레스 오블리주를 실행하는 양상은 자원봉사와 기부의 형식으로 나타날 것이고 우리의 관심사인 자원봉사의 나눔을 중심으로 생각할 때 크게 세 가지를 생각하게 된다. 전문자원봉사로서 프로 보노, 그보다는 광범위한 나눔운동으로 일반적인 재능나눔, 그리고 기업 사회공헌 활동이 있다. 이 중에서 기업 사회공헌은 다음 장(제6장)에서 별도로 더 자세히 고찰하기로 하고 본장에서는 사회적 기업이라는 특수한 기업형 자원봉사와 재능나눔 운동을 소개하고자 한다.

IV. 전문자원봉사 프로 보노의 의의

1. 전문직과 자원봉사

지금부터는 전문자원봉사에 대한 논의를 간략하게 하기로 한다. 전문자원봉사란 누구나 자신의 전문적인 지식, 기능(skills), 소양 등을 이용할 수 있는 자원봉사 활동에 참여하는 것을 일컫는다. 물론 기업사회공헌에서도 전문자원봉사를 적극 추진할 수 있는 여지는 얼마든지 있다. 그렇더라도 전문자원봉사운동은 별도의 의의와 가치가 있는 운동이다. 대개 전문직에 종사하는 사람들의 자원봉사를 가리키므로 우선 전문직이라는 직종이 어떤 특성을 지니는지 간략하게 살펴볼 필요가 있다.

[표 5-1] 전문직과 일반직업의 요건과 특성 비교

요건과 특성	전문직	일반직업
① 이론적 기초, 연구, 지적 기법	있어야 가능	없이도 가능
② 사회적 가치 관련성 (이타적 봉사)	유관성 높음	무관해도 무방
③ 동기의 요인	이타적 봉사	자기 이익
④ 자율성, 자유	있음(중요함)	없음
⑤ 헌신몰입 정도	장기적	단기적
⑥ 전문가들의 공동체의식	높음	미미함
⑦ 윤리강령	고도개발	미개발
⑧ 교육훈련 기간 (A) (B) (C) (D)	장기간 전문훈련 상징을 다루는 훈련 직업적 부분문화 중요	단기간 비전문훈련 물리적 대상 취급 훈련 직업적 부분문화 중요하지 않음
⑨ 정식 면허	필수적이고 중요	중요하지 않음
⑩ 자격평가 주체	전문가공동체 자체	제삼자

사회학에서는 직업(occupation)이란 사람이 생계를 위해 수행하는 일(노동)이 사회문화적인 의미를 띤다는 점을 중시하는데, 특히 전문직(profession)은 더욱더 중요한 사회적 지위와 역할을 기대받는 직업군으로 인식한다. 대개 법률, 교육, 의료, 세무회계 등 경영관련 분야, 문화예술 등의 영역에서 직업생활을 하는 사람들이 여기에 해당한다. 이 같은 전문직의 특별한 의미를 부각시키는 의미에서 일반적인 직업과 전문직의 차이를 요약하는 내용을 [표 5-1]에 담았다(Pavalko, 1971: 26; Henslin, 1995: 395-396; 김경동, 2008: 278).

여기서 특별히 언급할 것은 전문직이 더 많은 교육훈련을 요하고 정식 면허를 요구하며 자격평가의 주체가 전문가 공공체로서 여타 직업과 차별성이 두드러지면서 특별히 사회가 기대하는 윤리강령이 엄격하고 나아가 사회적 가치로서 이타적 봉사를 중시한다는 점이다. 그러니까 다른 직업에 종사하는 사람들에게는 당사자나 사회의 일반적인 기대가 특별하게 사회를 위한 이타적 봉사를 요청하지 않는 데 비해, 전문직에서는 그것을 하나의 본질적 요소로 간주한다는 것이다.

2. 전문자원봉사의 특징: 프로 보노

전문자원봉사는 결국 그와 같은 전문직 종사자들이 사회적 기대에 부응하는 의미에서 사회를 위해 봉사하는 활동이라는 특징을 갖는다. 구체적으로 개인이나 직장조직체 수준의 기업사회공헌 차원에서 사회가 시급히 요구하는 각종 봉사활동에 참여하는 것은 물론이지만 전문직 종사자들이기 때문에 특별한 사회문화적 기대에 부응하는 활동을 할 것을 요구하는 분야가 있다. 여기에는 크게 세 가지 의미부여가 따른다.

첫째는 기능기반 자원봉사(skill-based volunteering) 또는 기능 공유운동(skill sharing)이라 부르는 '재능 나눔' 봉사다. 주로 개인을 돕는 멘토링, 집짓기, 스포츠 코칭 같은 일종의 숙련기능의 활용에서 법률, 의료, 컨설팅, 디자인 같이 고도의 전문적 지식과 기술을 이용하여 봉사하는 것, 그리고 각종 시민단체의 위원회나 이사회에 참여하는 일까지 넓은 범위의 다양한 활동을 포함한다. 특히 여기에는 기업체들이 봉사활동 효율을 높이려는 수단으로 단순한 노력봉사보다는 전문성 있는 기능에 기반한 봉사활동이 두드러지면 실제로 효율을 높일 수 있는 장점이 있다. 물론 재능 나눔은 비단 전문직 종사자들에게만 국한해서 해당하는 것이 아니고 누구나 자신의 특수한 재능이 있으면 반드시 전문적인 지식이나 정보가 아닌 기술기능 같은 것도 나누는 봉사를 말한다(Musick and Wilson, 2008; 이강현, 2010; 이만식, 2010; 국무총리실, 2010; 한국자원봉사협의회 · 한국자원봉사포럼, 2010).

둘째는 이른바 '프로 보노' 운동이다. 이 말은 라틴어의 pro bono publico를 줄인 표현으로, 본래 '공익을 위하여'를 뜻한다. 전문직 종사자들이 자기네가 가진 전문적인 지식이나 서비스를 공익차원에서 무료로 제공하는 것을 가리키며, 이 운동은 처음에 법조계의 변호사들이 시작하였으나 이제는 모든 전문직 분야로 확산 추세에 있다. 우리나라에서는 '재능나눔'의 일환으로 이 프로 보노 운동을 추진하고 있다(이만식, 2010; 국무총리실, 2010; 한국자원봉사협의회 · 한국자원봉사포럼, 2010).

실제로 미국을 중심으로 하는 선진국에서는 전문직 종사자들의 자원봉사 참여가 다른 어떤 직업군에 비해서도 월등하다는 연구결과가 있다. 가령 일본의 연구에서 평생 자원봉사활동에 참여한 전문봉사자들에게는 자원봉사자의 역할이 일차적인 관심사로서 오히려 직장이나 가족의 역할을 이차적인 것으로 덜 중요하게 생각한다는 사람들이 더 많았다. 그만큼 이들에게는 자원봉사가 하나의 가치 있는 활동으로서 큰 비중을 차지한다는 말이다. 전문봉사자들이 주로 활동하는 영역은 대개 ① 생태환경, 정치, 공익, 재단, 국제 등 부문의 옹호와 권익주창 활동, ② 교육과 문화예술 분야 참여 그리고 ③ 보건의료, 사회적 서비스에 집중하는 대인 서비스 등으로 나타났다(Musick and Wilson, 2008: 114; 142-143; 457).

여기에 자세한 사례 보고를 다 할 수는 없고 프로 보노 운동의 역사적 배경과 현황을 간략하게 소개하는 것으로 만족하고자 한다. 대개 프로 보노는 법조계에서 일찍 시작한 운동으로 알려져 있으나 근자에는 의사, 세무사, 경영 컨설팅, 예술, 교육 그리고 기업분야에서도 전개하기 시작하였다.

1) 법조계의 프로 보노

지금부터는 우선 법조계의 프로 보노에 관해서 개관하기로 하는데, 법조분야에서는 "경제적 여유가 없는 사회적 약자들에 대해 무보수로 변론이나 자문을 해주는 봉사활동"이라는 의미로 쓴다는 해석이 일반적이다(이만식, 2010: 31). 물론 구체적으로는 시간을 낼 수 없는 상황이면 현금 기부를 포함하기도 한다는 단서가 붙는다.

서방세계의 역사를 보면 로마의 집정관, 중세기 교회의 법정 그리고 13~15세기 스코틀랜드와 잉글랜드 지방의 법률 집행 제도 속에서 그 흔적을 찾는다. 미국에서는 19세기에 주로 소도시 법정을 중심으로 법조인이 자발적으로 혹은 재판관의 명에 의해서 무료로 법률대행을 한 사실이 있다는 주장은 보이지만 체계적인 연구자료는 드물다고 한다. 또한 19세기 후반에는 시민사회 부문에서 법률구조협회 같은 기구가 생겨서 정부와 자선단체의 보조로 활동을 전개했지만 실지로 법조계 자체의 기여는 거의 없었다. 이처럼 법조계의 참여가 저조했던 이유는 그러한 무상의 법률 행위를 법원이 강제할 때 발생하는 헌법상의 자율권이나 국가기관의 재정 지원을 둘러싼 쟁점, 그리고 자발적인 법률지원일 때는 법조인의 경제적 손실을 보전하는 문제 같은 것에 대한 법조계의 문제제기와 의견 불일치를 둘러싼 일련의 논란이 있었기 때문이었다.[36)]

대개 20세기 중엽 미국변호사협회(the American Bar Association, ABA)가 법조인의 프로 보노 활동 참여를 권고하는 시도를 시작했고, 1970대에 비로소 협회의 새로운 '전문직 책임강령'(the ABA's Code of Professional Responsibility)이 공식적 인정을 하게 되는데, 1977년에는 공익실천특별위원회(the Special ABA Committee on Public Interest Practice)를 설치하여 각 주 및 자치단체 수준의 변호사회 지부가 프로 보노 운동을 좀 더 적극적으로 지원하라는 보고서를 제출하기도 하였다. 그러나 현실적으로는 여러 이유로 저항이 만만치 않았으며 1980년대에는 책임강령을 대체하는 새로운 '전문직 실천 모범준칙'(Model Rules of Professional Conduct)[37)]을 제정(1983년)하였는데, 이 문서의 전문에는 다음과 같은 언명이 나온다(Schmedemann, 2010: ix). "법조인은 법률전문직의 일원으로서 의뢰인의 대리인이며 법률제도의 집행관이고 정의의 질을 좌우하는 특별한 책무를 수행하는 공민이다."[38)]

그러한 움직임 속에서도 찬반논의는 그치지 않았다. 특히 일정한 의무 규정을 두는 것이 자발성과 배치된다는 쟁점과 법조인의 무료 서비스의 수준에 대한 이견이 쉽게 풀리지 않았던 것이다. 이러한 논의의 배경에는 국가에 의한 법률구조 제도와 지원이 더욱 확장하는 것에 대한 법조계의 우려도 깔려 있었다. 일단 국가가 나서기 시작하면 법조계의 자율성을 훼손하기 쉽고 시민사회에 대한 국가의 간섭이 증대할 수 있다는 점이 지적의 대상이었다.

마침내 2000년대 초에는 '미국변호사협회 모범준칙 6.1 자발적 공익 봉사'(ABA Model Rule 6.1 Voluntary Pro Bono Service)라는 것을 제정하게 된다. 그 모범준칙 6.1의 내용은 중요한 참고자료로 간주하여 아래에 그대로 옮긴다(Rhode,

36) 여기서부터 소개하는 내용은 주로 다음의 자료들을 참고하였다. Rhode(2005: 2009); Lininger(2007); Grannfield and Mather(2009); 이만식(2010).

37) 혹은 전문직 책임의 모범규준(Model Rules of Professional Responsibility)이라고도 한다(Schmedemann, 2010: ix).

38) "A lawyer, as a member of the legal profession, is a representative of clients, an officer of the legal system and a public citizen having special responsibility for the quality of justice."

미국변호사협회 모범준칙 6.1 자발적 공익 봉사

모든 법조인은 경제적 능력이 없는 사람들에게 법률 서비스를 제공할 전문직의 책임이 있다.

법조인은 일 년에 최소 (50)시간을 프로 보노 법률 서비스를 감당하고자 하는 열망(뜨거운 마음)을 품어야 한다. 이와 같은 책무를 완수함에 있어서 법조인은 다음을 이행해야 한다:

(a) 아래에 해당하는 사람들에게는 그 (50)시간 중 상당부분을 무상으로 제공하거나 수임료를 기대하지 않고 법률 서비스를 제공할 것:

(1) 경제적 여유가 없는 사람들 또는

(2) 경제적 여유가 없는 사람들이 필요로 하는 일을 일차적 목적으로 삼는 활동을 하는 자선, 종교, 시민, 지역사회, 정부 및 교육 기관 내지 조직체들; 그리고

(b) 다음의 방식으로 필요한 추가적 서비스를 제공할 것:

(1) 시민의 권리, 시민의 자유 또는 공중의 권리를 확보하거나 보호하기를 추구하는 개인, 집단 혹은 조직체, 및 자선, 종교, 시민, 지역사회, 정부 및 교육 기관 내지 조직체들이 그들의 주요 목적을 달성하고자 할 때, 표준 수임료의 지불로 그 조직체의 경제적 자원을 심히 고갈시킬 우려가 있든지 아니면 어떤 이유로든 수임료 청구가 적절치 못하면 수임료를 받지 않거나 상당히 삭감한 수임료를 받고 법률 서비스를 제공하는 방법;

(2) 경제적 여유가 없는 사람들에게 상당히 삭감한 수임료만 받고 법률 서비스를 제공하는 방법; 또는

(3) 법률, 법제도 혹은 법률 전문직의 개선을 위한 활동에 참여하는 방법.

그 외에도, 법조인은 경제적 여유가 없는 사람들에게 법률 서비스를 제공하는 조직체들을 위해 자발적으로 재정적 기부를 해야 한다.

2005: 16; Granfield and Mather, 2009: 4; Schmedemann, 2010: ix-x).

이와 같은 법조계의 전문직 봉사에 대한 열망과 목표는 상당히 숭고함에도 불구하고 현실적으로 개개 법조인이나 법무법인체들이 이를 실천으로 옮기는 현실태는 이상적 목표와는 거리가 있다는 것이 법조 프로 보노를 연구하는 전문가들의 일반적인 견해다(Rhode, 2005; Granfield and Mather, 2009: 2). 최근(2008년) '미국변호사협회 프로 보노 및 공익 서비스 상임위원회(the ABA Standing Committee on Pro Bono and Public Service, 2009) 조사에서는, 미국의 변호사들 중 73%가량이 경제적으로 어려운 개인이나 저들을 돕는 조직체를 위한 프로 보노 활동에 참여한 것으로 보고하였고, 이는 2004년의 66%에 비해 상당히 증가한 것이라고 한다. 그런데 이 같은 참여율의 이면을 들여다보면 그 중 27%의 변호사들만이 실지로 협회 준칙이 예시하는 50시간 이상의 법률구조 활동을 한 것으로 나타난다. 그리고 개업 변호사들(전체의 48% 차지)이 오히려 법무법인(law firm, 로펌) 구성원들보다 더 많은 시간을 할애하는 모습이다 (Granfield and Mather, 2009: 5; Rhode, 2005).[39]

다만 이러한 법조 프로 보노 운동은 이제 기성 법조인의 세계에서만 관심사로 떠오르는 데 그치지 않고 법률교육에서도 점차 본격적인 시도가 이루어지고 있다는 점을 주목할 필요가 있다. 주로 미국에서는 법학전문대학원(Law School)이 법조인 양성 기능을 전담하기 때문에 그곳에서 프로 보노 활성화를 염두에 두고 미래 법조인들에게 이론뿐 아니라 실습까지도 강조하는 교육을 실시하기 시작한 것이 눈에 띈다. 이는 교육 단계에서부터 노블레스 오블리주 정신을 심어 주고 전문직의 사회적 책임과 윤리 실천을 강화하려는 법조계의 의도를 반영하는 움직임이라 평가할 만하다. 이런 것이 앞으로 이 운동이 비교적 활발하게 전개하리라는 예견의 근거가 될 수도 있음을 암시한다 하겠다. 사실 미국의 로스쿨 학생들 사이에서는 학사과정에서 지녔던 이상주의와 공익 서비스 정신 대신에 계산과 조작으로 출세하는 현실적인 법률직업관을 지니게 되어 상당히 냉소적인 분위기가 지배적이었던 점을 우려한 나머지 법조계 지도자들과 대학원

39) 이와는 별도로 미국 변호사들의 평균 자원봉사 시간이 일주일에 30분 이하이며 이들의 활동 중 10-20%만이 저소득층 고객을 위한 봉사라는 보고도 있으며 대형 법무법인체의 변호사들은 1/3만이 최소 연간 20시간을 봉사한다는 조사결과도 보인다(이만식, 2010: 40).

장들 사이에서 이를 극복하기 위한 조치로 프로 보노 프로그램 강화에 적극 나서게 된 것이다. 그리하여 근자에는 대다수 법학전문대학원에는 일정한 프로 보노 프로그램을 운영하고 있으며 일부에서는 이를 필수로 이수케 하고 있다 (Granfield and Mather, 2009: 6; Rhode, 2005).

미국 법조계의 프로 보노 활동을 둘러싼 논의는 현재도 계속 중인데 그 주된 내용을 간추리면 다음과 같다. 첫째는 법률전문직의 공익성과 사사로운 이해관심의 문제다. 만일 법률직이 공익적인 전문직이라면 당연히 프로 보노 활동은 도덕적으로 옳고 마땅히 법률전문직의 내재적 특성의 일환으로 간주해야 한다. 하지만, 그것을 사적인 전문직업으로만 규정한다면 무보수 법률지원 행위는 강제할 수가 없다는 논리가 대두한다. 이에 대한 대답은 적어도 법률전문직은 다른 일반 직업과는 달리 국가로부터 자율성을 상당히 인정받는 대신에 공익에 헌신할 의무가 있다는 것이다. 이와 관련하여 둘째 쟁점은 법률구조 사업에 대해서 국가가 과연 얼마나 책임져야 하고 질 수 있느냐 하는 문제다. 이 문제와 관련해서는 특히 경제사정이 악화하는 시기에 국가가 지속적으로 재정지원을 하기가 어려워진 상황 탓에 결국은 법조계 스스로 공익 서비스 차원에서 프로 보노 활동을 더욱 확충해야 한다는 요구와 압력을 부각시킬 수밖에 없게 되는 것이 현실이다(Granfield and Mather, 2009: 7-8; Rhode, 2005).

이 대목에서 참고로 미국 법조인의 프로 보노 활동 참가의 동기부여에 영향을 미치는 요인에 대한 조사연구의 결과를 소개하려고 한다. 이 조사는 미국에서도 프로 보노 프로그램을 특별히 중시하는 6개 로스쿨 출신의 변호사들 3천 명을 대상으로 질문서를 배포하여 28%에 해당하는 844명의 자료를 분석한 것이다 (Rhode, 2005: 125-137). 지면을 고려해서 여기에는 결과표만을 제시하고 해설은 생략한다([표 5-2] 참조).

이제는 다른 나라의 형편에 대한 비교고찰을 간략하게나마 할 것이다. 가령 유럽에서도 중세기부터 이미 성직자와 법조인들이 신분상으로나 종교적으로 '도와줄 만한 가치가 있는 빈민'(the worthy poor)을 위해서는 무보수 법률 보조를 해야 한다는 사회적 기대가 있었다. 그리하여 유럽의 법정에서는 무보수 법률 서비스를 위한 법조인을 임명하는 관행이 가끔 있었던 것으로 알려져 있다.

[표 5-2] 프로 보노 활동 참여에 영향을 미친 요인(평균점수*)

긍정적 영향을 미친 요인		부정적 영향을 미친 요인	
개인적인 만족	4.2	업무량의 부담	4.5
전문직의 의무감	3.7	가족에 대한 의무	3.4
고용주(로펌)의 정책 (프로 보노 활동 의무부여, 권장, 청구 가능 시간 인정)	2.7	고용주(로펌)의 청구 가능 시간 인정 기대	3.0
고용주(로펌)의 권장	2.7	고용주(로펌)의 태도	2.6
전문직에 대한 유용성 (연고맺기, 훈련, 추천)	2.7	실무분야의 기회 부족	2.6
평판, 사회적 인정	2.5	전문적 소양, 지식 부족	2.4
공판 경험 기회	2.5	기회에 대한 정보 부족	2.4
고객과 직접 일할 기회	2.4	포로 보노 활동을 제외하는 고용주(로펌)의 보너스 정책	2.2
업무에 대한 통제력 행사 기회	2.4	관심 부족	2.2
정치적 결단	2.3	자원 부족(직원 배치 등)	2.2
종교적 결단	2.1	업무상 불편, 불쾌	2.1
고용주, 협회의 시상	1.7	법률사고 보험 부족	1.9

* 평균점수란 응답지의 "매우중요하다" 5점에서 "중요하지 않다" 1점에 이르는 점수의 평균치임

그러나 이런 사안에 대한 과학적인 기록은 희소한 편이고, 19세기 초가 되면 프랑스, 이탈리아, 독일 등 대륙에서는 국가가 법률구조제도를 마련하고 때로는 사법적 과정의 비용까지 제공하는 일도 하게 되었다. 다만 이러한 노력에도 불구하고 실제로는 법률 서비스의 수요를 감당할 만한 조처가 되지 못한 것이 현실이었다.

드디어 20세기 중엽에 이르면 그러한 법률 서비스 수요의 증가에 비해 자선적 성격의 법률 구조의 공급은 턱없이 부족하게 되었고, 그 빈자리를 메우는 기능을 국가가 대신하기 시작한 점이 유럽의 한 특징이다. 특히 복지국가 체제의 성립으로 이제는 그러한 국가적 법률 구조는 '민주사회에서는 요긴한 기본 특성'이라는 관념까지 정립하게 되었다. 물론 지금까지 어떤 나라도 이러한 이상적 표준에 부합하는 법률 구조제도를 확립한 사례는 없지만 적어도 서유럽과 영어권 국가(캐

나다, 호주, 뉴질랜드 등)에서는 시민사회 차원의 법률구조 체계를 미국에 비하면 더 포괄적으로 채택하게 되었다. 다만 여기에는 국가의 보조가 항상 뒤따랐다. 한 단적인 예로 20세기 초의 영국은 법률구조사업에 미국보다 17배나 더 많은 재정지출을 했다고 한다. 결국은 이러한 국가정책의 일환으로 법률구조가 이루어짐으로써 법조계 자체의 자발적 서비스에 대한 압력이 오히려 약화하는 현상을 자아내기도 하였다(Rhode, 2005: 102).

그러나 20세기 말기부터 사정은 달라졌다. 1980년대 경제불황과도 연관이 있지만, 유럽과 영연방국들이 법률구조를 포함한 복지서비스 비용을 삭감하기 시작하였고 결과적으로 시민사회의 법조계 자체에 의한 프로 보노 기여의 필요성에 대한 기대가 더 높아지게 된 것이다. 여기에 미국의 시민사회 중심의 법률관행이 점차 전 지구적 차원으로 전파됨으로써 유럽과 영연방국 외에도 중남미와 아시아에서까지 법률 프로 보노 바람이 불게 되었다. 심지어 미국의 유수 대학 로스쿨의 법조 공익사업 프로그램 등에서는 동부 및 중앙유럽 국가에서 빈민을 위한 법률구조 사업을 시범적으로 운영하는 사례도 나타났다. 우리나라도 대개 이러한 전 지구적 영향 아래 법조계의 프로 보노 운동이 닻을 올리게 되었고, 심지어 사회주의 아래 국가의 통제가 극심하던 중국에서도 개방 이후, 특히 시장경제 체제 아래서는 법률 서비스의 수요가 급증함으로써 프로 보노 활동에 대한 관심도 늘어나고 있는 추세다. 물론 아직은 국가의 통제가 완전히 사라진 상태가 아니고 법조계 자체도 취약성을 면치 못하고 있으므로 앞으로 극복해야 할 과제가 산적한 가운데 여전히 법조 프로 보노의 수요는 계속 늘어날 전망이다(Rhode, 2005; Granfield and Mather, 2009).

어느 나라나 비슷하지만 법률 프로 보노의 주된 도전은 국가의 개입과 법률 전문직의 경제적 이해관계가 얽혀 있는 데서 찾아진다. 국가에 의한 법률구조는 어차피 한계가 있다는 것을 서방의 복지국가의 경험에서 이미 확인한 바 있다. 그러므로 시민사회의 법조계가 자발적으로 나서서 프로 보노 서비스를 제공함으로써 증가하는 수요를 충족하는 것이 답인데, 법조계 자체는 주된 관심이 경제적 이익이므로 그 한계를 넘어 자발적으로 참여하기 위해서는 어느 정도 국가에 의한 보상 차원의 지원이 필요하다는 쟁점이 떠오른다. 물론 근자에 오면서 전 세계적으로 법률 프로 보노의 중요성에 대한 인식이 널리 번지게 되어 법조인 개인으로서는 법률전문직의 사회적 책임과 윤리적 의무라는 의식에서 참여한다는 생각이 확산하는 한편, 법률회사 차원에서는 로펌의 대사회 이미지를 선양한다는 의미도 있다고 생각하기에 이른 것도 사실이다.

이제는 법조인의 프로 보노 활동에 대한 미국변호사회(ABA, 2009)의 조사자료 한 가지를 요약하기로 한다.

① 법조인의 다수(64%)가 "프로 보노라면 반드시 무보수 법률 서비스라야 한다"고 응답한 반면, 수임료를 삭감하는 서비스도 프로 보노에 해당한다는 대답은 대형 로펌 변호사(29%)보다는 개인 개업변호사(36%)들 쪽에서 더 많이 나타났다.
② 프로 보노 서비스의 대상에 대해서는, 다수의 변호사가 경제적으로 어려운 개인 또는 비영리 조직체에 한정해야 한다고 생각하는 데 비해, 약 4분의 1 이상은 정부기관이나 정치적인 선거 후보자도 포함할 수 있다고 응답하였다.
③ 프로 보노 활동의 종류에 대해서는 법조계나 일반 청중을 대상으로 강연, 강의 등을 하는 것도 해당한다고 대답한 사람들은 일반 변호사보다는 국선 변호사가 더 많았고, 반면에 법률구조 비영리 조직체의 이사직으로 참여하는 것도 포르 보노로 간주해야 한다는 응답은 법률회사에 속한 변호사들에게서 더 많이 나왔다.

요컨대, 이러한 프로 보노의 의미, 법률전문직 자체, 서비스의 대상인 고객 등에 관한 관념 자체는 상당 정도 법조인들이 일하는 광범위한 조직적, 제도적, 문화적, 경제적 및 역사적 맥락의 영향을 받는다는 사실에 주목할 필요가 있다(Granfield and Mather, 2009: 12).

마지막으로 장차 법률 프로 보노 운동을 더욱 확충하기 위해서 몇 가지 참고할 만한 시사점이 있어서 여기에 소개한다. 아직은 참여도 저조하고 무작위적으로 진행하는 법조 프로 보노 운동은 그 시스템부터 한층 더 안정적이고 전략적이며 균형적이고 집합적인 방향으로 개선할 필요가 있음을 강조하면서 다음과 같은 제안을 하고 있다(Rhode, 2009: 259; 이만식, 2010: 41-44).

① 구체적인 목적을 명시하고 그러한 목적들 사이의 우선순위를 설정한다.
② 거기에 따라서 최상의 그리고 실현성 있는 프로젝트를 선정하도록 한다.
③ 광범위한 참여를 유도하고 서비스의 질적 향상을 위한 정책을 체계적으로 수립할 필요가 절실하다.
④ 실행 단계에서 철저히 감독하고 그 효과 면에서 목적 달성 여부를 평가하는 체계를 수립하도록 하여 이에 바탕한 새로운 프로그램 개발에 착수하는 피드백이 필수적이다.

2) 기타 전문직의 프로보노

두말할 나위도 없이 전문직의 프로 보노 운동은 비단 법조계에만 있는 것은 아니다. 다른 전문직종에서도 이를 추진하고 있다. 여기서는 의료분야와 기술공학계의 예만 간략하게 언급하고 기업체의 사회공헌 문제는 다음 장에서 별도로 다룬다.

(1) 의료계 프로 보노

먼저 의료계부터 살펴보자. 역사적으로 추적하면 그리스 시대의 히포크라테스 선서는 다음과 같은 문장으로 시작한다(김경동 · 김여진, 2010: 186). "이제 의업에 종사할 허락을 받으매 나의 생애를 인류 봉사에 바칠 것을 엄숙히 서약하노라." 이처럼 의료전문직의 윤리에는 원래부터 봉사를 주요 가치로 추구하는 이상이 들어 있다. 그렇다고 처음부터 그러한 이상이 관행으로 잘 지켜졌는지를 알 수 있는 자료는 희귀하다. 대체로 중세기에 가난한 자를 위한 진료는 도덕적으로 탁월한 의사의 특질이었다는 기록이 있는 정도다. 미국만 해도 1847년 미국의사협회(the American Medical Association, AMA)가 처음으로 채택한 윤리강령에 이렇게 밝히고 있다. "빈곤은 무료봉사를 요구할 당연한 권리를 항상 제시한다는 점을 인정해야 한다. … 경제적으로 곤궁한 사람들에게는 전문적인 서비스를 기쁜 마음으로 자유재량으로 제공해야 한다"(Rhode, 2005: 73-74).[40]

일단 20세기 초의 의료계 자선의료봉사는 주로 교육목적 대학병원을 중심으로

---

40) [T]o individuals in indigent circumstances, professional services should be cheerfully and freely accorded.

실시한 것으로 알려져 있다. 아무래도 대학병원들은 정부의 지원도 받고 자율성도 인정받는 데다 일반병원의 경쟁으로부터 보호받는 처지에 있었기 때문이었다. 가령 컬럼비아(Columbia) 대학 의과대학원 원장은 이미 1919년에 자기 학교의 교수진에게 '우리는 공공서비스 기관임을 항상 염두에 두라'는 권고를 하였다는 것이다. 다음은 도시의 사립 교육병원이 60~80%의 입원실을 무료 진료용으로 비워두었고 적어도 50% 이하라면 부끄러운 사항으로 간주했다고 한다. 물론 지방정부에서 비용을 후납하는 식으로 보조를 했지만 그 외에 시민의 기부와 의사들의 시간 할애가 여기에 기여한 것도 사실이다. 그 후 1960년대 초에는 병원 근무 의사들은 적어도 주당 반 날을 봉사하도록 기대치를 설정하였으나 실지로 이상과 현실 사이에는 거리가 있었다. 다만 의료계 내부의 특성상 교육병원이 주된 자원봉사의 원천이었던 것은 교수들의 영향력이 그만큼 컸기 때문이고 이 같은 내부적 압력에서는 법조계보다는 의료계가 더 큰 영향이 있었던 것으로 평가받는다. 그럼에도 불구하고 빈곤층의 의료수요는 채워지지 않았고 마침내 20세기 중방부터 연방정부의 각종 의료정책에 의한 부조가 증가함으로써 의료계 자체의 서비스는 점차 감소하기 시작하였다. 하지만 정부의 재정이 감당하지 못하고 보험에도 참여하지 못하는 계층은 여전히 존재하였으므로 의료계 지도자들은 새삼스레 의사들의 공공서비스 책임을 강조하기에 이르렀다(Rhode, 2005: 75).

한편, 미국의사회에서도 일찍이 1847년에 이미 의료윤리강령을 제정하였으나 실효가 별로 없이 남아있었다가 지난 세기를 거치면서 이를 더욱 강화하는 추세가 나타났고 드디어 일곱 항목의 '의료윤리의 근본원리'와 여섯 항의 '의사-환자 간 관계의 근본요소'를 설정하는 데 이른다. 물론 이런 것이 법적 구속력은 없지만 적어도 의료계 안에서는 '권위 있는 목소리'로 인정한다. 그러는 사이 법조계처럼 의료계에서도 일정 양(회수, 시간, 일수 등)의 서비스를 필수조건으로 윤리강령에 담는 것은 저항이 없지 않았다. 그리고 1994년에는 의사협회의 법률·윤리문제 위원회(the Council on Judicial and Ethical Affairs)가 의사들을 위한 권고안을 제출하게 된다. 이 문서에는 "의사는 각기 경제적으로 어려운 사람에게 의학적 보살핌을 제공하는 데 공동 참여할 책무가 있다"고 선언하면서 봉사항목에 포함한 내용은 ① 무료 또는 저렴한 비용으로 빈곤층을 진료하기라든지, 병원, 대피소, 지역사회 의원, 정부 정책 프로그램 등에서 저들을 위한 의료활동에 시간을 기부하기 등이다(Rhode, 2005: 77).

현재 입수할 수 있는 제한적인 자료에 의하면 미국에서는 약 3분의 2 내지 72% 정도의 의사가 의료 프로 보노에 참여하지만 그들이 실지로 할애하는 시간은 대략 환자 보는 전체 시간의 5~14% 수준이라고 한다. 이처럼 상대적으로 저조한 이유는 보험제도와도 깊은 관련이 있다. 또한 의사들은 정말 진료가 필요한 사람들을 대상으로 봉사하기보다는 앞으로 지속적 환자가 될 확률이 높은 개인환자를 돌보기를 선호하는 의료계 관행도 문제가 있다. 그나마 대학병원이 있는 지역의 참여율이 비교적 높은 반면, 기업경영식 운영으로 온갖 경제적, 재정적 압력을 행사하는 병원 때문에 프로 보노 활동이 위축하기도 한다. 이로 인하여 병원 소유주가 의사이든지 개인개업의가 비소유주 및 고용 의사보다 더 높은 참여율을 보이는 것도 이러한 시장원리가 의료계에도 작용하기 때문이다(Rhode, 2005: 77-80).

끝으로 의료계도 법조계처럼 의과대학원에서 봉사학습(service learning)의 형식으로 프로 보노 교육 프로그램을 운영하기 시작하였다. 물론 여러 의과대학원에서는 일찍부터 자선의료를 지지해왔지만 그것을 교과과정의 필수 요소로 인식하고 특별 교육을 실시하기는 비교적 근자의 일이다. 이러한 의과대학원의 봉사학습 과목이 전통적인 일반 진료과목과 다른 특징은 다음과 같다(Rhode, 2005: 80).

① 일반진료과목에서는 교수(teaching)를 중시하는 데 비해 봉사학습에서는 공중의 수요에 초점을 둔다.
② 봉사학습은 일반과목과는 달리 지역사회 구성원, 병원 스탭, 교수 및 학생이 모두 교육하는 과정에 파트너로서 참여하여 지식을 더욱더 상호 교환하는 것을 강조한다.
③ 일반진료과목이 환자 개개인과 상호작용하는 데 초점을 두는 대신, 봉사학습은 지역사회의 광범위한 관심사를 다룬다.
④ 일반진료과목에서도 지역사회 내의 고용문제를 다루지만 커리큘럼 자체는 어디까지나 교수가 구성하는 반면, 봉사학습의 설계과정에 지역사회 구성원

들이 중요한 역할을 하는 것이 대조를 이룬다.

이와 같이 공공서비스를 의과교육과정의 필수일환으로 통합하여 운영하는 이유가 있다(Rhode, 2005: 81). 첫째는 청소년기 내지 교육받는 시기에 이러한 공공서비스 경험을 갖는 사람들은 추후에 의사가 되어 의료행위를 하게 될 때에도 지속적으로 자원봉사를 할 개연성이 더 크기 때문이다. 둘째로, 이러한 학습은 의사의 대인관계 재능(skills)을 기르고 지역사회의 의료문제에 대한 이해를 돕는다는 의미에서 중요한 학문적 교육적 목표에도 유용하다. 아직은 이러한 의과대학 봉사학습의 실효성에 대한 체계적 연구가 별로 없지만 가령 다트머스(Dartmouth) 의과대학원의 실험결과 의사의 대인관계 개선에 필요한 의사소통 역량 향상, 지역사회 서비스에 대한 인식 강화 및 건강과 공공교육에 영향을 미치는 사회적 요인 등에 대한 이해증진에 도움이 되었다고 한다.

(2) 공학 분야의 프로 보노

다른 전문직에 비해 공학(engineering) 분야의 프로 보노는 그렇게 역사가 길지 않다. 무엇보다도 공학은 자연과학에 기초하여 주로 자연현상을 대상으로 종사하는 직업이므로 기본적으로 '윤리적으로 중립'인 일로 간주해왔다. 가령 1663년 영국의 대표적인 과학자 모임인 런던왕립협회(the Royal Society of London)를 창립할 때 간부 한 사람이 자기들의 업무는 "자연현상에 대한 지식을 향상코자 함이지, 신, 형이상학, 도덕, 정치. 문법, 수사 또는 논리학 등에 간여하는 것이 아니다"라고 선언할 정도였다. 미국에서도 가장 오래된 토목공학협회(the American Society of Civil Engineering, ASCE)는 아예 윤리강령이라는 개념 자체를 강력히 거부하면서 도덕적인 관심은 '공학도 각자의 개인적인 책임과 명예의 문제'라고 못박았었다. 토목공학협회가 처음으로 윤리강령을 채택한 1914만 해도 그 관심의 초점은 공공 책무보다는 엔지니어와 고객 및 동료들의 관계에 맞추고 있었다. 그에 앞서 1912에 전기전자공학연구소(the Institute of Electrical and Eledtronics Engineers, IEEE)의 전신기구가 채택한 강령에서도 엔지니어의 첫째가는 책무는 고객과 고용주의 이익을 보호하는 것이라고 특정하였다. 다만 좀 더 광의의 사회적 책임에 대한 인정은 "엔지니어는 공중으로 하여금 엔지니어링과 관련 있는 사안에 대한 공정하고 정확한 일반적 이해를 갖도록 돕는 일"이라는 수준에 머물렀다. 한 마디로 엔지니어들은 공공 서비스에 대한 책임 문제를 별반 주요 쟁점으로 인정하지 않았던 것이다(Rhode, 2005: 82).

이제 20세기에는 그 태도에 변화가 일기 시작하여, 엔지니어링도 공중의 건강, 안전 및 자연환경에 영향을 미치는 직업이라는 인식이 싹튼다. 마침내 1947년 엔지니어 전문직 개발위원회(the Engineer's Council for Professional Development)는 "엔지니어는 스스로 공중의 복지에 대한 관심을 지니고 자신의 전문지식을 인류에게 혜택이 가도록 활용할 의무가 있다"는 문구가 들어 있는 최초의 윤리강령을 공포하기에 이르렀다.[41] 이 위원회는 그 후 엔지니어링과 테크놀로지 인가위원회(the Accreditation Board for Enginnering and Technology)로 개명하였고 이들이 대학원의 공학 과정과 각종 엔지지어 협회에 상당한 영향을 미치게 됨으로써 이 분야의 전문직 사회책임에 대한 인식을 고취하고 있다(Rhode, 2005: 83).

이런 추세 속에 일부에서는 그러한 사회적 책임이란 일반적인 공공 서비스에 참여하는 것도 포함해야 한다는 주장이 나오게 된다. 그리하여 여러 공학 분야 전문직 협회들이 그 방향의 움직임을 보이는 가운데 결국 2003~2005년 사이 전국 전문직 엔지니어협회(the National Society of Professional Engineers, NSPE)는 자기들의 일곱 가지 핵심 가치 속에 '공중에 대한 서비스'를 포함시켜서 "엔지니어들도 시민사회, 교육 관련 및 지역사회와 정부의 활동과 프로젝트에 참여할 것"을 권장하고 있다. 한편 토목공학협회(ASCE)는 자발적 지역사회 봉사 위원회(the Committee on Volunteer Community Service)를 설치하고 공중 서비스에 대한 시상까지 한다. 동시에 이 위원회의 출판물과 웹사이트에는 구성원들의 저소득층 주거 개발이나 지역사회의 노인센터를 위한 안전장치 디자인 등의 자원봉사 활동 내용도 담고 있다(Rhode, 2005: 83).

그런데 실상 이러한 공학분야의 프로 보노 운동에는 본래 있어야 할 도덕적 기초가 결여하는 문제점이 보인다. 주로 이들의 공중 서비스 활동의 주목적은

---

41) the engineer's duty to interest himself in public welfare and be ready to apply his special knowledge for the benefit of mankind.

공학이라는 전문직의 사회적 지위와 이미지 선양의 전략이라는 인식이 강하다. 다시 말해서, 저들은 자기들의 이미지를 개선하려는 목표를 지향하여 시민사회의 리더십을 발휘하기 위한 긴요한 수단으로서 공공 서비스에 참여하는 것이 전문직 종사자의 의무요 책무라고 선언하는 것이다. 그러므로 실제로도 아직은 이 분야의 프로 보노가 활발하다고 보기는 어렵다. 다만 이에 대한 연구자료를 볼 때 공공 서비스에 대한 언급은 비교적 미미한 비중을 차지하며 그 내용의 사례도 가령 어려운 형편의 학동들에게 수학과 물리학 교육, 도시의 기술 관련 이익집단 참여, 또는 지방정부에 대한 엔지니어링 관련 문제 자문 등에 한정되어 있는 정도다. 하지만 이 분야에는 많은 봉사가 가능하고 또 해야 할 항목들이 있다. 예를 들어, 사람이 살만한 주거가 미비한 저소득층 지역의 시설을 건축 또는 수리하는 일, 공중 교통, 생태환경 보호, 비영리 조직체를 위한 자문, 해비타트 프로그램 등에 대한 참여와 같이 앞으로 할 일은 아직도 많다(Rhode, 2005: 84-85).

여기서도 교육 프로그램을 언급하지 않을 수 없다. 역사적으로 공학교육은 과학적, 기술적 역량을 개발하는 데 주안을 두었던 것은 부인할 수 없다. 그러나 지난 20년 어간에 공학 교육분야와 엔지니어들의 협회에서 점차 윤리적 책임과 아울러 지역사회와 생태환경 관련 문제에 대한 이해와 협력을 강조하는 추세가 보이고 있다. 특히 1900년대 중반 이후에는 대학에서 이 방면의 역량을 키우는 교과과정을 개발하는 데 더 큰 주목을 하게 되었다. 특히 여기서 봉사학습의 개념을 수용하는 방향의 움직임이 나타났다. 가령 퍼듀(Purdue)나 코넬(Cornell) 대학의 프로그램이 주목할 만하다. 이 두 학교의 프로그램은 지역사회 봉사라는 개념이 중심이고 구체적으로는 공학도들이 초중등 학동들에게 수학과 과학 기능을 향상시키려는 활동을 포함한다. 게다가 대학의 학과 인가 과정에서도 그 표준 속에 이러한 봉사학습에 대한 관심을 반영 또는 강화하는 조처가 이루어지고 있다. 적어도 미국의 상위 20개 공과대학 중 아홉 곳에서는 이런 프로그램과 과목을 홍보할 정도다(Rhode, 2005: 85-86).

공학 분야에서도 봉사학습을 하는 이유는 다음과 같다(Rhode, 2005: 86-87).

① 이 교과과정은 분야가 다른 사람들과 팀을 이루고 윤리적 이슈와 사회적 맥락 안에서 엔지니어링의 해결이 미치는 영향 등에 대한 의식을 강화해준다.
② 요즘 공과 전공 학생들이 타과로 전과하는 추세가 증가하는 상황에서 봉사학습 같이 사회적 관심을 반영하는 새로운 접근을 교육함으로써 전과를 어느 정도는 막을 수 있다.
③ 또한 중동학교와 연계하는 봉사학습 프로그램의 운영으로 고등학생들의 공과지망 확률을 높일 수 있다는 점도 고려한다.
④ 봉사학습은 엔지니어들의 사회적 책임을 포함하는 사회에 대한 이해를 증진시키는 데 기여한다.

이렇듯 미국에서도 엔지니어링 분야는 아직은 프로 보노 운동이 초기 단계에 있다고 보는 듯하다. 그러나 역시 교육단계에서부터 이에 대한 인식을 함양한다면 미래의 발전 가능성은 밝을 것으로 보아도 좋을 것이다.

(3) 여타 전문직 분야의 프로 보노

전문직 프로 보노는 위에서 예시한 법률 및 의료 분야가 아마도 대표적이고 선도적인 역할을 한다고 볼 수 있지만 그 외에도 회계사, 컨설턴트, 부동산 중개사, 바둑 선수, 체육 선수, 디자인 전문가, 음악, 미술, 연극영화 등 각 분야의 문화예술인들도 참여할 수 있는 프로 보노 활동은 얼마든지 개척할 수 있다(이만식, 2010). 따라서 이제부터는 좀 더 넓은 뜻의 재능나눔 운동에 관해서 잠시 살펴보고 이어서 역시 같은 연장선상에서 사회적 기업 운동을 개관하기로 한다.

V. 재능나눔 운동

노블레스 오블리주의 정신에서 자원봉사와 나눔운동을 펼치는 형식은 비단 전문가 집단에 국한시킬 필요가 없다. 누구나 사회의 엘리트층에 속하는 사람이면 직업 자체와는 무관하게 이런 운동에 얼마든지 동참할 수 있고 또 해야만 할 것이다. 다른 한편으로 보면 자원봉사와 나눔을 반드시 사회적 지위가 높은 특권층만 하는 것이 아니라 누구나 참여하는 것이 바람직하고 또 권장해야 마땅한 일이라는 것도 상식이다. 다만 본장의 주제가 노블레스 오블레주이다 보니 자연히 그런 특정 계층에 대한 논의가 중심을 이루고 있는 것이다.

이제는 사회의 지도층을 포함해서 자원봉사와 나눔의 운동에 참여하는 문제를 특별히 재능을 나누는 행위에 초점을 맞추어 고찰해보기로 한다. 다시 말하면 누구나 참여하지만 특히 어떤 재능을 중심으로 해서 봉사와 나눔의 활동을 하는 것을 집중적으로 다루자는 것이다. 여기서 '재능'이란 아무래도 어떠한 직업적 능력, 특별한 역량, 개인의 재주, 각자가 터득한 특수한 지식, 습득한 기술 같은 것을 가리킨다. 그리고 재능을 나눈다는 것은 곧 재능을 기부한다는 관념으로 이해할 수 있다. 그러면 먼저 왜 이와 같은 재능 나눔이 필요하게 되었는지를 생각해보고 어떤 방식으로 이 운동을 진행하고 있으며 앞으로는 어떻게 전개하는 것이 바람직한지를 검토하기로 한다.

1. 왜 재능 나눔인가?

본장을 시작할 때 사회변동의 맥락에서 새로이 대두하는 자원봉사자의 유형을 잠시 살펴보았다. 말하자면 자원봉사의 공급 차원에서 보았을 때 시대에 따라 다양한 형태의 사람들이 여러 형식으로 참여하기 시작한다는 점을 부각시킨 것이다. 이제는 자원봉사 수요의 측면에서 과연 어떤 요구가 주목의 대상으로 떠오르는지를 점검하도록 한다. 일반적인 자원봉사의 수요 내지 사회적 욕구는 이미 여러 각도에서 접근해보았지만, 특히 재능 나눔이라는 관점에서 따로 생각해 보자는 취지다(한국자원봉사협의회 · 한국자원봉사포럼, 2010).

① 일차적으로 모든 자원봉사운동의 대상영역과 마찬가지로 빈곤과 관련한 경제부문에서 재능 나눔의 여지가 있다. 빈곤의 문제는 어떤 사회든 존재하는 현상으로서 주로 국가가 이에 대처하는 정책을 시행하고 있지만, 국가의 손이 미치지 못하거나 국가의 정책적 지원으로는 부족한 복지사각지대가 존재하기 마련이므로 여기에 시민사회의 자발적 부문과 시장부문이 함께 개입해야 할 여지가 발생하는 것이다. 특히 최근에는 전 세계적인 금융위기와

경제불황의 여파로 선후진국을 막론하고 빈곤층의 증가와 이에 대한 국가적 정책의 한계가 더욱 현저해지는 형편이다.

② 경제적인 불균형에 의한 빈곤층의 문제와 연관이 있으면서도 그 자체로서 독립적인 쟁점으로 떠오르는 분야가 대개 국민의 건강한 생활과 관련해서 발생하는 문제의 영역이다. 일반적인 정신적·육체적 장애를 비롯하여 질병, 건강관리, 사망에 따르는 처리 문제 등에서 역시 국가가 전적으로 대처하기에 역부족인 사각지대가 있다. 특히 이 문제는 단순히 보건의료라는 기술적인 측면 외에 정신건강과 연관이 있는 삶의 질적 차원이 개입하므로 시민사회의 자발적 부문과 시장부문이 역시 동참해야 할 필요가 특별히 나타나고 있다.

③ 사회적 불균형의 여파는 교육이라는 사회적 기회의 영역에서도 드러난다. 교육은 원래 삶의 기회를 좌우하는 요소로서 특히 현대사회에서는 사회적 지위를 획득하고 향상시키는 통로 역할을 하므로 공교육이 감당하지 못하는 국민 교육의 문제들을 시민사회의 자발적 부문과 시장부문의 참여로 대신 보완해줄 필요가 항존하고 있는 것이다.

④ 사회적 기회의 불균등 문제는 교육에만 국한하지 않고 사회정의 차원으로까지 확대해서 접근해야 한다. 일상생활 속에서 억울하게 당했다고 생각하는 사건. 사고 같은 것이 발생할 때 이를 해소하기 위한 역량이 결핍한 계층에 대해서는 국가의 대처기구가 있음에도 그러한 도움의 손길이 미치지 못하는 사례는 얼마든지 있다. 이에 대한 시민사회의 자발적 부문과 시장부문의 역할이 주로 위에서 살펴본 프로 보노의 영역에서 발견할 수 있지만 일반적인 재능 나눔도 여기에 개입할 여지가 있다.

⑤ 또한 일상생활에서 사회경제적 여력의 부족으로 말미암아 불편을 겪는 시민의 일부가 스스로 문제를 해결할 능력도 없는 데다 국가가 정책적으로 대응할 제도마저 존재하지 않을 때는 역시 시민사회의 자발적 부문과 시장부문의 참여가 필수적이다.

⑥ 이상의 영역은 주로 사회경제적으로 불리한 위치에 있는 계층이나 집단을 중심으로 발생할 수 있는 사회적 욕구라고 한다면 전반적인 경제수준의 향상으로 삶의 질적인 향상을 추구하는 욕구가 커지는 새로운 상황도 고려해야 한다. 이는 주로 문화적인 측면에서 발생하는 욕구인데, 문화예술의 향유, 체육과 스포츠 등의 활동 증진 등이 여기에 해당할 것이다. 이 분야도 국가의 정책 차원을 넘어 시민사회의 자발적 분야와 시장부문의 협조가 필요하다.

대개 크게 분류하여 이와 같은 사회적 욕구가 발생하고 있다면 응당 이에 대한 대응으로서 자원봉사와 나눔의 운동을 전개하려 할 때 특별히 각자가 지닌 특수한 재능과 재주를 적절히 활용하는 양식으로 자원봉사에 나서는 나눔운동을 우리는 일반적인 재능 나눔운동으로 간주하려는 것이다. 프로 보노가 전문적인 직업적 참여라면 일반적인 재능 나눔은 어떤 형태, 어떤 종류든지 재능을 나누고자 하는 운동이면 모두 포함한다는 차이가 있다. 그러나 무엇보다도 더 근본적으로 중요한 것은 이러한 재능 나눔의 운동은 우리 사회의 일반적인 자원봉사와 나눔과 기부의 문화를 확산시키고 진정한 나눔의 문화가 깊이 뿌리내리도록 하는 차원으로까지 승화시키는 일이 중요하다는 점이다. 이러한 운동으로 우선 시민들 사이에 자원봉사와 나눔과 기부의 가치와 보람에 대한 관심을 갖도록 자극을 제공하여 마음속에 나눔과 기여의 프레임을 함양할 수 있게 함으로써 일상적으로 자연스럽게 가슴에서 우러나는 습관처럼 자원봉사와 나누고 기부하는 행위에 임하게 하려는 것이다.

2. 어떻게 재능을 나누는가?

재능 나눔을 실천하기 위해서는 이제 위에서 열거한 사회적 욕구 내지 수요의 성격에 따라 각각의 범주에 걸맞은 재능을 제공하는 일을 추진해야 할 것이다. 이와 같은 수요와 공급을 상호배합하고 연결하는 개념적 틀을 구체적으로 제시한 보기를 들어 보면 그것은 2010년 한국자원봉사협의회가 사회복지공동모금회 및 조선일보와 함께 실제로 전개한 '재능을 나눕시다' 캠페인을 위한 실행모형이다. 이틀에서는 다음과 같은 다섯 가지 영역의 재능 나눔운동을 실천하고자 하였다(한국자원봉사협의회 · 한국자원봉사포럼, 2010).

① 마더테레사 프로젝트: 이는 주로 빈곤문제와 직결시키는 사회복지 분야의 재능 나눔을 가리킨다. 시설봉사, 후원, 독거노인 및 소년소녀가장, 그룹홈, 쉼터 등의 요보호대상을 지원하고 도와주는 자원봉사 활동영역이다.

② 슈바이처 프로젝트: 의료, 보건 등 소외당한 국민의 건강과 관련 있는 자원봉사 활동 영역을 가리킨다.

③ 키다리아저씨 프로젝트: 교육 분야에서 상담, 결연, 멘토링 등 여러 형태의 교육활동을 추진함으로써 불리한 위치에 있는 청소년, 아동이 최소한의 균등한 삶의 기회를 누릴 수 있도록 하려는 영역이다.
④ 오드리헵번 프로젝트: 문화, 예술과 관련한 자원봉사 활동영역이다.
⑤ 헤라클레스 프로젝트: 체육활동이나 집수리, 운전, 배송, 기술 제공과 같이 육체적인 활동을 주로 하는 자원봉사 영역이다.

이상의 분야에 참여할 수 있는 전문가나 시민을 실제로 모집하고 교육하여 배치 관리하는 업무는 주로 전국의 자원봉사 센터와 사회복지기관 또는 각종 시설과 자원봉사 단체들이 감당한다. 그리고 이들을 연계하여 운동을 추진하기 위한 재능나눔운동본부를 한국자원봉사협의회와 같은 중앙기구에 두어서 조정하고 지원하는 방식으로 추진하게 된다.

VI. 사회적 기업

특히 최근에는 전문자원봉사의 영역으로 새로이 등장한 운동이 또 하나 있다. 사회적 기업이다. 본래 '공동체자본주의'의 이념적 바탕 위에 다 같이 더 잘사는 건강한 공동체를 만들기 위해서 창의적인 방법으로 수익을 창출하고 나눔을 실천하는 경제체제를 이룩하는 수단으로서 사회성을 중시하는 기업을 일컫는다. 일단 사업을 하되 불우한 소외계층의 고용을 창출하여 이윤을 추구하지만 그 이윤은 투자자나 주주에게 돌려주지 않고 기업활동에 투자함과 동시에 이윤의 일부는 항상 사회의 소외계층과 나누는 방식으로 추진하는 기업모형이다. 이런 역할을 주도하는 사람들은 일종의 도덕적 엘리트(moral elite, moral agent)로서 대개 전문적 소양을 지닌 전문직 종사자들이거나 그런 사람들이 자원봉사 차원에서 자문역을 맡아 기업을 운영하기 때문에 여기에 전문자원봉사의 새로운 영역이 있다고 하는 것이다(심상달 외, 2008; 심상달, 2010).

이 운동이 우리의 주제인 자원봉사와 나눔의 공동체 운동이라는 두 가지 화두와 매우 밀접하고도 근본적으로 연관을 지닌다는 점이 특이하므로 여기에 개략적으로나마 소개하려는 것이다. 다만 사회적 기업 운동은 주로 경제 부문에서 실질적으로 경제활동을 펼치는 특정 맥락에서 자원봉사운동이 일어나고 동시에 그 주된 목표가 또한 공동체의 구축이라는 점에서 특이하다고 할 수 있다. 본서에서는 그 내용을 자세히 서술하기보다는 그 정신과 전략에 초점을 맞추는 수준에서 약술하고자 한다.

1. 사회적 기업의 생성배경과 철학

그러면 먼저 어떤 배경에서 사회적 기업이라는 운동이 생성하게 되었는가를 잠시 고찰한다. 여기에는 불가피하게 자본주의에 대한 성찰이 개입할 수밖에 없다. 서방세계의 근대화 과정에서 자본주의라는 특수한 경제체제가 발생전개한 과정과 결과에 대해서는 다양한 찬반양론 내지 예찬과 비판의 목소리가 혼재하면서 오늘에 이르렀다. 산업혁명이 한창이던 19세기에는 독점 자본주의의 발호와 그 부정적 결과에 대한 극단적 처방으로 사회주의가 등장한 것도 그러한 과정의 한 부분이다. 이제 20세기 후반에서 21세기 초에 이르러 우리의 관심사와 직결되는 쟁점은 이 시대에 일어난 전 지구적 차원의 경제 내지 금융질서의 위기적 상황에 대한 전문가들의 반향에서 두드러지게 되었다. 한 마디로 그것은 사회주의의 실효성이 역사에 의해서 부정당한 이후 제조업 중심에서 금융업 중심으로 축을 틀어버린 신자유주의적 시장경제논리의 실책의 산물이라는 각성이다. 인간이 이렇게까지 자기중심적으로 살 수는 없다는 뼈저린 반성이 나오게 되었다. 여기에 기업경영의 윤리를 부각시키는 추세와 함께 자본주의의 새로운 모형을 요청하는 시대적 배경을 읽는다. 그것이 경제적으로는 이윤창출을, 사회적으로는 공동체적 나눔을 동시에 추구하려는 사회적 기업이라는 새로운 시도로 나타난 것이다.

실상 자본주의에 대한 오해와 자본주의 제도의 오용은 시장경제 체제 자체에 대한 부정적 관념으로 이어지는 경향이 있지만, 자본주의의 창시자 아담 스미스(Adam Smith)는 처음부터 자본주의의 지나친 이기심과 탐욕의 발동이 사회양극화와 인간소외 같은 병폐를 자아낼 수 있음을 간파하고 이를 제어할 수 있는 근거를 인간의 도덕적 정서(moral sentiments)에서 찾을 수 있다고 생각하였다.

이러한 정서가 개인으로 하여금 화합하는 사회집단에서 자신을 기율할 줄 아는 구성원이 되도록 작용하는 요소로 보았다. 특히 그의 개인주의적 신념은 인간의 자애(自愛, self-love)에서 덕과 사회이득의 원천을 찾으려 하였다. 아무리 이기적인 사람도 자신만을 생각할 수 없고 남도 생각해야 하며 자신의 행동의 동기에 대해서도 남이 공감하는지를 중시한다고 보았다. 그런데 이 자애는 다른 사람의 피해를 고려하지 않는 이기심(selfishness)과는 달리, 자신의 보존을 위해 당연한 것이지만 타인에게 자비나 자선을 베푸는 봉사와 선행을 함으로써 그들이 자신에게 존경과 사회적 인정을 보내 주므로 스스로 자긍심을 갖게 되고 보람과 즐거움을 느끼는 것이라는 논리다. 스스로를 사랑하는 자기중심적 자애(自愛)와 남에게 선행과 봉사로 자선을 베푸는 자애(慈愛)를 이렇게 서로 뗄 수 없는 성질의 것으로 본 것이다. 이처럼 자신에 대한 이웃의 수용 또는 거부의 느낌에 대한 복합적인 심리적 메커니즘을 그는 동정심(sympathy)으로 이해했고, 이것이 바로 사회적 의식이 뚜렷한 공동체를 형성하고 유지하는 주요인이라고 보았다(Smith, 1759[1966]). 그뿐 아니라 그의 『국부론』(Smith, 1776[1950])에서도 모태로부터 존재하여 무덤까지 가는 개인의 자신의 삶의 조건을 개선하려는 욕망으로 경제개발이 가능하다고 보았지만, 그러한 욕망도 정의의 정서(the sentiment of justice)와 정부에 의한 정의실현으로 제한해야만 한다고 주장하였다. 여하간 스미스는 이기심을 통제하는 메커니즘으로 자율적 절제와 자생적 사회규범을 명시하였으며 시장의 '보이지 않는 손'(invisible hand)에 의한 공통의 선을 실현할 수 있도록 하는 도덕적 정감으로 자본주의도 공동체적 가치를 추구하는 것으로 간주하였던 것이다.

그러니까 자본주의의 정신은 원래 개인주의 시장원리와 공동체적 공생원리를 내포하는 것이었는데, 아담 스미스도 처음부터 염려했듯이 기업인의 독점욕으로 인해서 역사적 현상으로서 시장경제는 시대에 따라 지나친 이기주의로 흘러 오늘에 이른 것이다. 특히 근자에 인간의 이기적 탐욕으로 인한 전 지구적 경제위기를 초래한 사실에 대한 반성과 이를 교정하고자 하는 새로운 자본주의 정신을 이념적 근거로 하는 것이 바로 '공동체자본주의'다. 원래 개인주의에 뿌리를 둔 자본주의와 적어도 철학적으로는 대치하는 공동체주의가 상생적으로 만날 수 있는 철학적 근거를 여기서 제시하고자 한 논리적 실험으로 간주할 만하다.

공동체자본주의란 '다 같이 더 잘사는 건강한 공동체를 만들기 위해 창의적인 방법으로 수익을 창출하고 나눔을 실천하는 경제체제다'라고 규정한다(심상달 외, 2008: 2). 이는 노벨 경제학상 수상자인 스티글리츠(Joseph Stiglitz)가 제창한 경제체제의 새로운 모형에 기초하고 있다(Stiglitz, 2008; 심상달 외, 2008: 9). 그에 의하면 경제성장은 단순히 GDP를 증가시키는 문제만이 아니고 지속가능(sustainable)해야 하며 소외나 배제당하는 사람이 없이 포용적이어야(inclusive) 한다는 것이다. 우리가 시민사회를 논할 때 으레 국가, 시장의 대비축으로 시민사회를 생각하는데, 공동체자본주의 경제체제는 시장의 힘을 활용하여 국가와 시민사회의 역할을 보완한다는 삼각관계를 내포한다는 점에서 역시 새로운 관념이라 할 수 있다(심상달 외, 2008:2).

먼저 공동체자본주의의 특성을 요약한다(권영준 외, 2007; 심상달 외, 2008: 16).

① 사회구성원 모두의 인간다운 삶의 질을 향상시키는 것이 목적이다.
② 노동의 신성함과 직업이 소명(calling)이라는 청교도적 윤리를 받아들이며 동시에 직업은 공동선에 기여할 수 있어야 한다는 확고한 관점을 견지한다.
③ 소외계층과 사회적 약자들의 천부 인권을 기본으로 한 경제정의가 선택이 아닌 의무임을 천명한다.
④ 정직(integrity)과 이를 바탕으로 한 신뢰 구축에 주안점을 둔다. 여기에는 개인, 기업체 및 모든 조직체의 투명성(transparency)과 책임성(accountability)과 법치(rule of law)의 절대적 준수를 전제한다.
⑤ 목표달성을 위해 창의적인 시장경제원리에 의거한 수단을 계발하여 이를 효과적으로 활용한다.
⑥ 이런 경제를 성공적으로 정착시키고 확산시킬 역할을 주도적으로 할 사람은 일종의 도덕적 엘리트(moral elite, moral agent)인 '정감인'(情感人)이다. 이들은 개별적으로 보이지 않는 곳에서 일하기 때문에 이들의 사회적 헌신(social commitment)을 묶어서 선한 영향력이 증대할 수 있게 상호 연대(solidarity)하도록 한다.
⑦ 작지만 강한 국가와 자유롭고 공정한 시장을 지향하지만, 국가와 시장의 실패가 가능하다는 것을 인정하고 이를 해결할 주체로서 건강하고 효율적인

시민사회조직체들(NGO, NPO, CSO, VO)의 역할을 강조한다. 이를 위해서는 이들 시민사회의 각종 단체들이 전문성과 경영 투명성 및 효율성 제고 그리고 탈정치화가 선결과제임을 천명한다.

그러면 좀 더 구체적으로 사회적 기업 운동이 생성한 역사적인 상황을 잠시 살펴본다. 우선 1970~9080년대 구미 각국에서는 정도의 차이는 있으나 경제의 둔화·침체와 이에 따른 정부의 재정적자가 두드러지기 시작하던 시기다. 이때 국가는 정부의 예산을 삭감하는 조처를 취하게 되는데 일단 복지서비스 분야를 필두로 하여 일반적인 비영리 부문의 조직체와 운동에 대한 정부의 지원이 대폭 감소하게 된다. 동시에 나라에 따라서는 복지국가 체제의 축소, 분권, 민영화 및 서비스 감소 등의 정책으로 나타나기도 하였다. 이와 같은 국가적 변혁의 맥락에서 국가가 더는 감당하지 못하게 된 복지서비스나 고용의 문제 및 시민사회의 비영리부문에 대한 정부재정 지원의 축소 등에 대처하는 시민사회부문의 한 가지 대안으로서 상업적인 수익 창출에 의한 고용창출, 국가를 대신한 복지 제공, 시민사회 자체의 경제적 기능 활성화 등을 주안으로 하는 새로운 운동을 창안하게 되었고, 이것이 말하자면 사회적 기업의 모습으로 등장하게 되었다는 것이 전문가들의 견해다. 이런 현상은 비단 구미지역에만 국한되지 않고 점차 전 세계의 여러 지역으로 번져나가게 된 것이라는 설명이다(Salaman et al., 2004; Kerlin, 2010: 6-8).

2. 사회적 기업의 의미와 기능

이 같은 원리에 기초하여 운영하는 사회적 기업의 일반적인 의미는 “영리적인 수익창출을 통해 획득한 이윤으로 사회적 목적을 추구하는 기업”으로 규정할 수 있다(심상달 외, 2008: 59). 사회적 기업의 정의는 주체와 나라에 따라 약간의 차이가 있기는 하지만 여기에 참고로 몇 가지 대표적인 것만 소개한다(심상달 외, 2008: 59-60).

먼저 국제기구인 경제협력개발기구(OECD)에서는 다음과 같이 정의한다.

> 사회적 기업은 기업적 방식으로 조직되는 일반활동 및 공익활동을 아우르며, 그 목적은 이윤 극대화에 두지 않고 특정한 경제 및 사회적 목적, 그리고 재화와 용역의 생산이나 사회적 배제 및 실업 문제에 혁신적인 해결책을 제시하는 데 두고 있다.

한편, 영국의 통신산업부 사회적 기업과에서는 이렇게 규정한다.

> 사회적 기업은 사회적 목적을 우선으로 하는 사업체로서 기업의 잉여금을 주주와 소유주의 이윤을 극대화하기 위해 운영하기보다는 그 사업체 또는 지역사회를 위해 재투자하는 기업이다.

그리고 이탈리아의 개념규정은 아래와 같다.

> 사회적 기업이란 비영리 민간조직으로서 안정적으로 수행되는 주된 활동이 공동체의 이익(집합적 이익)을 실현할 목적으로 사회적 유동성을 가지는 재화 및 서비스 생산 및 교환인 기업이다.

우리나라에서는 대개 2000년대 초에 자활공동체의 형태로 도입한 사회적 기업의 아이디어가 2007년 「사회적기업육성법」의 제정으로 구체적인 모습으로 서서히 자리잡고 있다. 이 법에서 규정하는 사회적 기업의 의미는 다음과 같다.

> 사회적 기업은 취약계층에게 사회서비스 또는 일자리를 제공하여 지역주민의 삶의 질을 높이는 등 사회적 목적을 추구하며 재화와 서비스의 생산·판매 등 영업활동을 수행하는 기업이다.

사회적 기업이 추구하는 '사회적 목적'이란 다음과 같다.

① 직접 재화와 서비스를 생산하여 제공한다.
② 다른 사람에게 사회적 서비스를 제공할 수 있는 재원을 마련해 주는 나눔형 방식으로 기업을 운영한다.
③ 이 두 가지를 동시에 혼합수행한다.
④ 이런 활동으로 고용을 창출한다.

사회적 기업이 일반 기업조직체 및 시민사회의 여타 조직체나 결사체와 다른 차별성을 띠는 것은 1) 시장에서 거래를 한다는 일반적인 경제적 기능을 수행하는 기업지향성을 띤다는 것, 2) 그러면서도 주된 목표가 거래와 상업적 결과와는 다른 사회적 목적을 지향한다는 것이다. 따라서 사회적 기업은 기업활동을 하는 조직체임에 틀림 없지만 사회적, 생태환경적, 윤리적 목적과 같은 다양한 목적을 추구한다는 것, 그리고 3) 여러 이해관계당사자들이 참여하는 사회적 소유의 개념을 가진다는 것이다(조영복, 2010: 12).

사회적 기업의 특성을 기능적인 면에서 요약하면, 한층 더 강력한 경제와 공정한 사회정의 실현에 기여하는 역동적이고 지속가능한 기업으로 이해할 수 있는데, 이를 더 세분해서 보면 다음과 같은 기능을 수행한다(조영복, 2010: 14).

① 사회적 필요 충족의 기능: 기업의 사업적인 성공의 결실을 사회적인 목표와 생태환경의 개선이라는 목표를 위해 사용한다. 또한 소외계층을 위하여 고용 및 생산활동의 기회와 이를 위한 기술을 제공하기도 하며, 때로는 복지수당에 대한 의존을 극복할 수 있도록 지원할 수도 있다.
② 윤리적 시장의 확산 기능: 윤리경영의 차원에서 소비에서도 윤리적 관행을 중시하는 시장이 확장하는 시대적 상황에 대응하는 한편, 공정거래 등 선구적인 윤리관행을 채택함으로써 전반적인 윤리경영의 기준을 제고하는 기능을 한다.
③ 공공 서비스 개선 기능: 서비스의 디자인을 새로이 개발하고 새로운 접근법을 개척하여 서비스의 공급 계약을 수주할 수 있다.
④ 기업활동을 증가시키는 기능: 사회나 생태환경에 변화를 일으키고자 하는 벤처기업가들로 하여금 기업활동에 새로이 참여하게 유도함으로써 전반적으로 사회의 경제적 기업활동을 확충하는 한편, 여성, 청년이나 기타 취약계층에서 더 많은 사업을 설립하도록 권장하는 기능도 하게 된다.

이와 같은 기능은 주로 시민사회의 자발적 조직체가 사회적 기업을 설립하여 수행하게 되는 것도 한 가지 특징이지만, 영리기업체도 넓은 의미에서 나눔형 사회적 기업체(혹은 착한 기업체)에 포함시키는 수가 있다. 사회적인 대의를 위해 현존하는 기업체들이 직접 참여하는 방법으로 이루어지는 공동체적 경제활동을 할 수 있기 때문이다(심상달 외, 2008: 4-5).

사회적 기업의 조직형태는 일단 비영리 회사가 주종을 이루지만 협동조합이나 일반 중소기업체 또는 비영리 부문의 협회 형식을 띠기도 한다(Kerlin, 2010: 9). 그리고 이들이 주로 활동하는 분야는 크게 다섯 가지로 분류할 수 있다(조영복, 2010: 18).

① 은퇴자나 여성의 제2, 제3의 인생 분야: 미소금융이나 대안교육과 같은 활동
② 생태환경 지킴이 사업 분야: 생태관광이나 공정무역 등
③ 사회정의 실현 분야: 재활용, 그린에너지, 도시공산 등
④ 사회갈등 해소 분야: 영국의 도시재개발 에덴 프로젝트와 같은 보기
⑤ 정부제공 서비스 사업 분야: 돌봄 서비스, 지하철이나 주차장 서비스 등

그동안 특별히 성공한 사회적 기업의 대표적인 사례로는 미국의 영화배우 폴 뉴만(Paul Newman)이 세운 '뉴먼즈 오운'(Newman's Own)과 '퍼 스콜라스'(Per Scholas)를 들 수 있다. 뉴머즈 오운 회사는 100% 천연 재료를 사용하는 150여 가지 드레싱과 음식료품을 판매하면서 1982년 설립 이래 총 2억 5천만 달러를 기부하였고 이 재단의 지원을 받는 NPO는 전 세계에 1,000여 개에 달한다. 퍼 스콜라스는 폐컴퓨터를 수집, 재활용하여 저소득층에게 아주 저렴한 가격으로 판매하는 기업체로서 동시에 이들에게 컴퓨터 기술 교육을 무료로 실시한다. 국내에도 기독교인들이 사랑의 문화운동으로 운영하는 '사랑의 줄잇기 가게'와 '아름다운 가게' 같은 예가 대표적이라 할 수 있다(심상달 외, 2008: 67-76). 우리나라에는 2011년 8월 현재 550개의 사회적 기업이 고용노동부의 인증을 받아 사업을 펴고 있다. 특히 최근에는 SK를 비롯하여 삼성, 현대차, LG, 포스코 등 대표적인 대기업체들이 직접 사회적 기업 형태로 사업을 전환하거나 사회적 기업에 대한 지원을 더욱 확충하고 있는 추세가 눈에 띈다(「조선일보」, 2011. 8. 21: B8).

3. 사회적 기업과 자원봉사

사회적 기업이 기업활동인 한에서는 그 자체가 자원봉사로서 어떤 함의를 지니는지를 쉽사리 파악하지 못할 수도 있다. 그러한 기업이 위에서 열거한 갖가지 사회적 목적을 띤 것이라는 점에서 일단 광의의 사회적 나눔운동의 한 축이라는 데는 이의가 없다. 그런 관점에서라면 사회적 기업은 우선 기업의 사회공헌 내지 사회적 책임이라는 차원에서 넓은 뜻으로 나누는 운동인 자원봉사운동의 일환으로 간주할 수 있다. 그러나 여기에는 그 이상으로 직접적인 자원봉사의 성격을 띤 활동을 포함한다는 점에 유의할 필요가 있다.

그것은 주로 사회적 기업을 경영하는 과정에 전문가의 자발적 참여가 이루어진다는 모습으로 나타난다. 사회적 기업도 이윤창출을 목표로 하는 기업경영을 필요로 하는 활동이다. 그러나 이는 돈벌이 자체가 목적이 아닌 만큼 거기에 참여하는 사람들은 도덕적 기업가정신으로 무장한 사람들일지언정 기업경영의 전문적 소양을 충분히 갖춘 사람들이 아닐 수 있다. 사회적 기업은 전부는 아니지만 대개 시장부문 내부의 기업활동이라기보다는 성격상 시민사회의 자발적 부문이 창업해서 운영하는 기업이기 때문이다. 이때 실제 기업을 창업하고 경영하는 전 과정에서 전문가의 자문과 협력이 필수적일 때가 더 많다.

사회적 기업가가 처음부터 그런 도움 없이 경영이 가능하다면 더 바랄 나위가 없으나 그렇지 않을 때는 반드시 그러한 전문가의 자발적 참여가 필요하다. 여기에 자원봉사의 역할이 확실히 떠오르는 것이다. 말하자면 일종의 프로 보노 운동이다. 가령, 어떤 도덕적 기업가와 그의 동료들이 사회적 기업을 창업하려 할 때나 운영하고 있을 때 전문가들이 자발적으로 무상의 봉사 차원에서 도움을 제공하는 것이다. 창업 단계서부터, 조직, 전략수립, 고용, 인사배치에서 비롯하여, 실제 경영과정의 재무관리, 회계, 마케팅, 법률 및 네트워크 관리 등에 관한 노하우를 전문가들이 제공하면서 운영에도 일부 동참하여 사회적 기업이 소기의 이윤창출 목표를 달성할 수 있도록 도와주는 일이 곧 자원봉사가 된다(조영복, 2010: 18-19).

한편, 기존의 영리기업들도 사회공헌 차원에서 사회적 기업을 직접 창업하거나 여타의 사회적 기업을 지원하는 형식으로 이 운동에 동참하기도 한다. 여기에는 영리기업이 사회적 기업의 유용하고 지속가능한 사업 모델(business model) 발굴 지원, 창업자금 지원 내지 기금 조성 협조, 영리부문과 연계에 의한 이윤창출 지원, 경쟁력 있는 사회적 기업가 양성과 역량제고를 위한 발굴과 교육훈련, 프로 보노 활동에 의한 경영컨설팅 등 다양한 프로그램이 가능하다. 실지로 SK와 같은 대기업체가 이러한 지원 프로그램을 효율적으로 운영하기 위하여 '물고기 주는 데서 물고기 잡는 법을 가르치는' 기업체의 집단지성에 의한 사업모델 발굴 프로그램 운영, 회사 내에 전문 지원조직체의 구축 및 기금 조성, 프로 보노 컨설팅 프로그램, 그리고 사회적 기업가 발굴과 교육을 제공하는 사회적 기업 창업 아카데미 같은 것을 운영하고 있다(유항제, 2010).

그 어떤 맥락에서 어떤 형식으로 이루어지든지 한 가지 중요한 요소가 있다. 그것은 사회적 기업을 창업하고 운영하는 사람들이 일종의 사회변혁의 역군(transformative forces)이라는 관념과 연관이 있다. 따라서 이들은 사회변혁가(changemaker)라는 타이틀을 얻게 된다(심상달, 2010). 이점은 우리가 자원봉사자의 일반적인 역할을 논의할 때(제2장 말미) 그리고 본서의 마지막 장(제8장)에서도 되풀이 강조하며 지적하는 바대로 '변화를 만들어내는'(making a difference) 변화 촉진자(facilitator) 내지 대행자(agent)라는 의미와 동일한 특징이다. 결국 사회적 기업가나 자원봉사나 모두가 사회를 변화시켜보려는 운동의 선도자라는 말이다.

이 장에서 다룬 각종의 나눔운동은 사실상 아직도 형성발전 단계에 있는 것들이므로 앞으로 더욱 발전시킬 여지가 그만큼 더 클 수도 있다는 점에 주목할 필요가 있다. 따라서 여기 소개한 내용은 비교적 개괄적인 것으로 만족하고 이 방면의 연구가 계속 진행하면 더 풍부한 자료를 가지고 미래지향적 프로그램의 개발에 박차를 가할 수 있을 것으로 기대한다. 다만 앞의 여러 장에서도 거듭 강조하였듯이, 이처럼 다양한 형태의 운동 또한 비단 국내에서만 추진할 것이 아니라 전 세계의 다른 나라와도 연계하고 파트너십을 형성하여 전 지구적 운동으로 전개해 나갈 것을 마지막으로 제안하고자 한다.

제6장 기업사회공헌의 중요성과 과제

자원봉사운동의 의미와 중요성을 논하고자 할 때 일반적인 자원봉사를 대상으로 포괄적인 검토를 하는 수도 있고, 다양한 영역과 대상 중에서 특정 분야와 활동내용에 초점을 맞추고 집중적으로 탐구하는 접근법이 있을 것이다. 본장에서는 그중에서 기업사회공헌이라는 주제를 중심으로 자원봉사운동의 미래지향적 과제를 고찰하는 일을 시도하고자 한다. 이를 위해서 무엇보다도 기업사회공헌의 시대적 중요성과 미래지향적 함의를 밝히는 시각에서 이 주제를 다루도록 할 것이다.

I. 기업사회공헌의 철학적 · 사회학적 의미

기업부문의 사회공헌 활동은 단순히 기업체들의 대사회활동의 한 유형이라는 의미를 넘어 한층 더 근원적이고 포괄적인 기업의 생존양식과 경영철학의 맥락에서 그 의미를 탐구하는 것이 필요하다. 그런 관점에서는 기업사회공헌의 개념규정을 기업윤리(business ethics) 내지 윤리경영(ethics in management)이라는 기업철학의 일환으로 간주하는 데서 출발한다. 기업윤리의 범주 안에서 특별히 대사회적 관계를 염두에 두고 새로이 등장한 또 하나의 개념이 기업의 사회적 책임(CSR, Corporate Social Responsibility)이고 그와 같은 대사회 책임을 구체적으로 실현하는 접근법으로서 기업사회공헌이라는 것을 구상하게 된 것으로 간주할 수 있다.

그렇다면 먼저 왜 기업윤리의 문제가 대두하게 되었고 그것을 기업의 사회적 책임으로까지 외연을 넓히지 않을 수 없게 되었는지를 이해하는 것이 우선해야 할 것이다. 여기에서 그러한 배경을 자세히 해명할 수는 없으므로 간략하게 집약적으로 검토하기로 한다.

1. 기업윤리의 전개 배경

1) 역사적 배경 개관

기업윤리가 문제시된 배경에는 1980년대를 기점으로 활발히 일어난 정보통신기술의 혁신과 이에 힘입어 급속히 전개한 전 지구화(globalization)의 거시적 사회변동의 이면에서 벌어진 세계적인 주요 기업체들의 심각한 불상사가 표면화하기 시작한 데서 찾아볼 수 있다. 그러한 불미스러운 사태의 충격에 대응하여 미국의 기업부문에서는 위기관리 차원에서 우선 문제의 핵심을 파고드는 자가비판의 시도가 있었다. 기업윤리에 대한 관심은 대체로 이와 같은 시대적 상황을 반영하는 하나의 기도라 할 수 있다. 이 과정에서 소위 가치전환(value shift)의 필요성이 대두하게 되었고 그것이 곧 윤리문제로 귀착한 셈이다. 일본이나 우리나라에서도 이 문제는 대략 1990년대부터 관심의 대상으로 떠오르며 세계적인 추세에 발맞추려는 방향으로 전개하고 있다(신유근, 1994; Paine, 2003; 김정년 2008; 中村瑞穗, 2007; 김경동 · 김여진, 2010).

요약하면, 기업윤리가 쟁점화하는 시대적 흐름의 특색은 '기업체 불상사' ⇒ '위기관리' ⇒ '가치전환'의 과정을 거치며 오늘에 이르게 되었다. 일단 부도덕한 기업행위가 일어나자 법적인 처벌과 동시에 사회적 비난과 비판의 목소리가 드높아졌고 이에 대응하는 위기관리문제가 시급해졌으며, 이를 우선 조직체 내부의 기능적 차원에서 다루는 과정에 가치와 윤리를 적용하지 않을 수 없게 되었다. 아울러 기업체의 불상사는 곧바로 시장에서 점하는 지위에 영향을 미치므로 대시장 전략에서도 가치와 윤리 문제를 고려하지 않을 수 없었다. 문제는 거기서 그치지 않고 마침내 전 사회의 차원에서 위기관리를 서둘러야 하게 되었으며 여기에도 가치와 윤리가 주요 화두로 떠오를 수밖에 없었다. 이제는 전 지구적 가치문제로 번져나가는 단계에 이르렀다. 이러한 가치전환의 과정에서

[그림 6-1] 기업활동과 윤리의 가치기준 관계

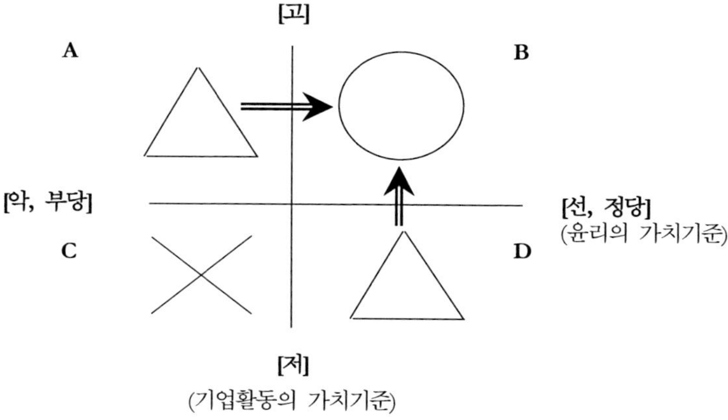

1990년대 이후 업계에서는 중요한 질적 변화를 경험하게 된다. 초기에는 일단 급한 대응책으로 법률준수 즉 컴플라이언스(compliance)의 차원에서 가치를 확립해야 했으나 이제 전 사회적, 전 지구적 평가를 받아야 하게 되자 결국은 소극적 법률준수에 머물 수 없고 모든 이해당사자를 아우르는 가치공유(value sharing)의 수준으로 윤리문제가 확대하게 된 것이다.

바로 이 같은 맥락에서 기업의 사회적 책임의 쟁점이 새로운 관심사로 떠오르게 되었다. 그처럼 기업활동에서 윤리도덕의 문제가 표면화할 때 전문가 집단에서는 이 문제에 대한 이론적, 이념적 규정을 하게 되었거니와, 이러한 배경을 일일이 열거할 수는 없고 한두 가지 도식으로 요약하는 데 그치기로 한다.

첫째는 기업활동에서 추구해야 한다는 주장에서 제시하는 가치기준의 문제다. 이것은 [그림 6-1]에서 보여주고 있다(梅津光弘, 2002, 5). 본시 기업활동의 주목적은 이윤창출(돈벌이)인데 여기에 윤리문제가 개입하면서 기업가치의 구도 자체를 변경할 필요가 생겼고, 그 둘 사이의 양립가능성이 문제가 된 것이다. 대개 지금까지 인습적인 관념에서는 사업이란 수단방법 가리지 않아야 돈을 벌 수 있다는 것으로서 이 두 가지 가치가 양립 불가능한 것으로 간주해왔다. 그림의 A항은 윤리적으로는 별로 바람직하지 않은 관행이라도 일단 이윤만 증가하면 문제가 없다는 관념이 지배적인 유형이다. 한편, 반대로 D항처럼 도덕적 가치기준으로는 모범적인 기업이지만 결국 너무 정직하게 영업을 하느라 이윤창출에서 뒤떨어지는 기업 유형이 있을 수 있다.

그러므로 이제는 그 어느 유형도 받아들이기 어려운 명제에 기초한다는 관점이 대세를 이루기 시작한 것이다. 가령 기업이라면 사업적으로 성과가 나야 하는데, 여기에서도 신통한 결과를 보이지 않을뿐더러 윤리기준에도 어긋나는 행위를 일삼는 기업 활동이라면 이는 결코 허용할 수 없다. 그림의 C항(X)이라고 할 수 있다. 이제 새로운 시대인 21세기의 기업은 그러한 좁은 생각에서 탈피해야 함을 암시하고 있다. 오히려 윤리적으로 우월한 기업체가 재정적으로도 이윤창출에서 앞선다는 연구결과도 있는 게 사실이다(Robbins and Judge, 2007). 그림에서는 C항을 탈피하여 A, D항을 거쳐 궁극적으로는 B항으로 이동하는 것이 바람직할 뿐만 아니라 필수적인 요건이 되었다는 새로운 인식이 싹트게 되었다는 말이다.

다음으로 그러한 기업윤리의 목표를 향해 윤리경영을 실천할 때는 거기에 개입하는 몇 가지 요소들이 있다. 1) 윤리경영의 주체, 2) 윤리적 행위로 각 분야의 경영관리 과정에서 일어나는 의사결정행위, 3) 윤리행위의 대상집단으로서 이해관계당사자를 향한 책임, 그리고 4) 기업체의 지배구조, 기업문화, 리더십 등의 요소도 가미할 수 있다. 여기서는 특히 이와 관련한 주요행위자와 대상집단만이 중요하므로 이를 개요식으로 [그림 6-2]에 제시한다. 그러니까 윤리경영은 사람의 문제기 때문이다. 우선 최고경영자와 주요 결정을 내리는 CEO들부터 확고한 철학을 품고 솔선하여 윤리적인 행위를 보여 주는 데서 가장 큰 효과를 기대할 수 있다. 그러나 윤리경영 실정의 주체는 비단 고위경영자에만 국한되는 것도 아니고 또 그렇게 해서는 실효를 거둘 수가 없다. 모든 종업원들과 연관되는 이해관계당사자들까지 동참할 때 실질적인 성과를 거둘 수 있고 진정한 윤리경영으로서 의미가 있다. 물론 윤리경영의 실천은 기업활동의 여러 과정에서 행해지는 의사결정 행위들에서 나타나야 한다. 최고경영층의 주요 정책결정에서 비롯하여 최말단의 현장 종업원들이 일상적 업무 수행 과정에서 내려야 하는 결정도 허다하다. 다만 이런 모든 결정행위는 기업체 내부의 구성원들은 물론 외부의 각종 이해관계당사자들과 맺는 관계 속에서도 일어난다.

[그림 6-2] 기업윤리 행위주체와 이해관계당사자

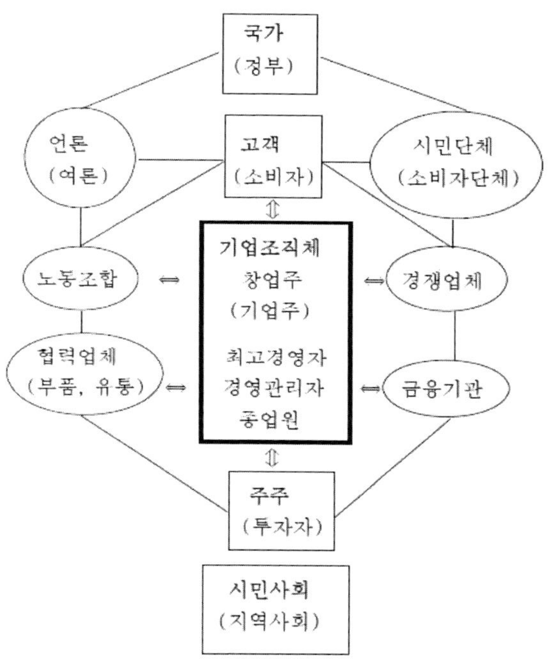

2) 경영가치의 변천

기업의 사회적 책임을 의식하고 적극적으로 이를 실천하려 하게 된 배경에는 경영의 실질적인 필요도 작용했지만 경영철학과 가치에도 변화가 일었던 것과도 무관하지 않다. 여기에서는 그러한 역사적 전개의 양상을 소상하게 서술하는 대신, [표 6-1]에 경영가치의 변천을 크게 세 단계로 나누어 비교하는 내용을 소개한다. 물론 이것은 주로 미국의 경영사를 요약한 것이지만 우리에게도 참고가 될 만한 것이므로 여기에 옮긴다(Sims, 2003: 50).

[표 6-1] 경영가치의 변천

제1단계: 이윤극대화 경영(19c~20c초)	제2단계: 사회수탁자 경영(1930~50년대)	제3단계: 삶의 질 경영(1960년대 이후)
경제적 가치		
1. 적나라한 자기중심 이익	1. 자기중심 이익 2. 기여자의 이익	1. 계몽된 자기중심 이익 2. 기여자의 이익 3. 사회의 이익
내게 좋으면 나라에도 좋다	회사에 좋으면 나라에도 좋다	사회에 좋은 것이 회사에도 좋다
이윤극대화	만족스런 이윤	이윤은 필요하지만 …
돈과 부가 최고 중요하다	돈이 중요하나, 사람도 중요하다	사람이 돈보다 더 중요함
매수자 위험부담 (caveat emptor)	고객을 속이지는 말아야	판매자 위험부담 (caveat venditor)
노동의 사고파는 상품	노동에도 권리가 따름을 인정해야	종업원의 존엄 충족해야
경영은 소유주에게 책임진다	경영은 소유주, 고객, 종업원, 협력업체, 기타 기여자에게 책임진다	경영은 소유주, 각종 기여자와 사회에 책임진다
기술의 가치		
기술은 매우 중요하다	기술이 중요하지만 사람도 중요하다	사람이 기술보다 더 중요하다
사회적 가치		
종업원의 개인적 문제는 가정에서 해결해야	종업원은 경제적 욕구 외에도 욕구가 있음을 인정한다	종업원은 한 총체적 인격체로서 채용한다
철저한 개인주의자로서 내가 좋은 대로 경영한다	개인주의자지만, 집단참여의 가치를 인정한다	집단참여가 기업 성공에 근본적인 요소다
정치적 가치		
최소 개입하는 정부가 최선이다	정부는 필요악이다	기업과 정부는 사회문제 해결을 위해 협력해야
생태환경의 가치		
자연생태환경이 인간의 운명 좌우	인간은 생태환경을 통제, 조작 가능	삶의 질을 높이려면 생태 환경 보존해야
심미적 가치		
심미적 가치라니, 무슨 말?	심미적 가치 좋지만, 우리랑 무슨 상관?	인간은 심미적 가치를 보존해야 하고, 우리도 할 몫을 해야

2. 기업의 사회적 책임과 사회공헌

이러한 배경에서 우리는 기업의 윤리경영을 실천하는 철학의 하나로서 기업의 사회적 책임과 이를 실천하는 방법으로서 사회공헌의 의미를 추적하게 된다. 이를 위해서 우선 기업의 사회적 책임을 둘러싼 주요 쟁점들을 개략적으로나마 점검하는 것이 필요하다.

1) 책임의 의미

일반적으로 책임(responsibility)이라면 다음과 같은 몇 가지 복합적인 뜻으로 이해한다(Hartman and DesJardins, 2008: 154-157).

첫째, 책임 있는 회사라고 할 때 그 기업체는 고객에게 좋은 서비스를 제공하는 믿을만한, 신뢰할 수 있는, 신용이 좋은, 신빙성 있는(reliable, dependable, credible, trustworthy) 곳이라는 생각을 가질 수 있다.

둘째, 어떤 행위나 사건의 원인(cause)으로 책임이 있다는 뜻도 있다.

셋째, 가령 회사가 주변 환경을 오염시켰음이 확실할 때, 오염의 원인제공자로서 책임이 있다는 위의 두 번째 의미에 더하여, 그 문제를 일으킨 잘못을 시정할 필요를 제시하여 그에 대한 책임을 묻는다는(liable, accountable) 의미가 따른다. 우연한 사고는 문제의 원인으로서 책임이 있을 수는 있지만 그에 대한 시정의 책임을 물을 수는 없다는 차이가 있는 용법이다.

넷째, 기업체가 잘못이 없고 하고 싶지 않아도 해야만 하는, 하도록 요구할 수 있고 때로는 강제도 할 수 있는 사회적 의무가 있을 수 있다. 사회의 공익을 위해 기업체의 행위를 제약하고 강제로 하도록 요구할 수 있다(bind, compel, restrict, require)는 말이다.

이 네 번째 의미는 다시 세분하여 생각할 내용이 담긴다.

① 법적으로 제약하고 책임을 지는 행위가 있다.
② 법으로 규정하지 않아도 사회의 윤리적 규준에 의해 다른 사람들에게 해를 끼치지 않아야 하는 책임이 있다.
③ 비록 어떤 문제의 원인제공은 안 하더라도 그 문제를 예방할 책임도 있다.

④ 사회를 위해 좋은 일을 행하여 한층 더 낳은 사회, 살기 좋은 사회를 이룩하는 데 기여할 책임이 있다는 가장 광범위한 책임이 있다. 여기에 우리는 기업 사회공헌의 철학적 기초를 발견하게 된다.

2) 사회적 책임의 동기와 정당화의 근거

그런 책임이 있을 수 있다고 해서 기업부문이 모두 기꺼이 그러한 사회적 책임을 감당하겠다고 하는 것은 아니다. 적어도 일정한 동기와 정당화의 근거가 있어야 한다. 이 쟁점을 다루는 접근은 다각적일 수 있지만 다음과 같은 시각에서 바라보는 방법도 있다(Sims, 2003: 42-51; Hartman and DesJardins, 2008: 157-164; Shaw, 2008: 167-179; 김성수, 2009; 김경동 · 김여진, 2010).

첫째, 자본주의 사회에서 기업체의 유일한 사회적 책임은 주어진 사회의 게임규칙에 따라 이윤추구라는 가장 원초적인 기능을 충실히 하는 것일 따름이라는 견해가 있다. 신자유주의자 밀튼 프리드만(Milton Friedman)에 의하면 기업체가 이윤추구 이외의 활동을 하면 경제체제 자체가 비효율적이 되므로 자유시장경제 체제하에서 민간기업체가 국가부문에 속하는 공적인 책임까지 지라고 강요하는 것은 옳지 않다는 것이다. 그리고 저들의 일차적인 책임은 이해관계당사자, 특히 주주의 경제적 이익을 확충하는 것임을 강조한다. 게다가, 기업부문이 그처럼 막중한 사회적 책임을 할 수 있는 전문성도 결여할 뿐 아니라 자칫 기업부문이 사회적인 문제에까지 개입하기 시작하면 오히려 사회에 대하여 자신들의 가치를 부과하려 들기 시작함으로써 마치 중세기의 카돌릭 교회와 같은 해악을 끼칠 염려마저 있을 수 있다는 점을 강조하는 견해도 있다.

둘째, 그럼에도 불구하고 현금의 세계적인 추세에 비추어 기업의 사회적 개입은 거의 불가피한 책임으로 인식하게 됨에 따라 이를 정당화하는 데서 기업체에게 돌아오는 혜택이라는 관점에서 이를 바라보려는 시도가 있다. 일반적으로 계몽적인 자기이익 추구(enlightened self-interest)라는 시각으로, 회사의 동기란 결국은 자신의 이익을 추구하는 것인데 기왕이면 사회적 책임도 다하면 그로 인해서 회사에게 유익한 결과를 가져올 수 있다는 생각이다.

여기에는 두 가지 고려사항을 함축하는 견해가 있다.

① 사회적 책임 내지 사회공헌 활동을 수행함으로써 평판이 좋아져서 브랜드 이미지도 높이는 홍보 효과를 볼 수 있을뿐더러 위험도 줄이며 고 이해관계당사자들과도 좋은 관계를 유지하게 되므로 장기적 전략으로도 유리하다고 판단하는 평판관리(reputation management)의 관점이 있다.

② 사회적 책임을 포함하는 윤리경영은 기업체에 유리한 경제적, 재정적 성과를 초래한다는 견해다. 현재까지의 연구결과는 다음과 같은 언명에서 잘 요약하고 있다. "우리는 윤리경영이 성과를 가져다주니까 기업을 윤리적으로 운영한다." "지속가능한 기업은 경영을 잘하고 윤리를 진지하게 실천하는 기업이다." 그리고 "오늘날 기업의 사회적 책임을 직시하고 이에 대한 어떤 대응을 하지 않고서는 기업활동을 하기가 불가능하다"[42](Hartman and DesJardins, 2008: 164).

셋째, 기업조직체나 경영관리자들은 기업활동을 수행하는 과정에서 내리는 결정행사와 각종 행위의 결과를 단순히 조직체의 경영효과라는 관점에서만 볼 것이 아니라 전체사회와 지역공동체의 더 큰 공공선에 대한 관심을 염두에 두고 접근해야 한다는 견해가 있다. 여기에는 다음과 같은 차원에 대한 관심을 지적한다.

① 회사의 행동이 사회에 어떤 영향이나 충격을 주는지를 예의 주시하고 그에 대한 책임을 감당해야 한다.

② 기업체의 경제적 및 법적 의무뿐 아니라 더 넓은 의미에서 사회적 책임을 생각해야 한다.

③ 기업활동의 결과, 생산품 등이 다양한 이해관계당사자들에게 어떤 혜택을 가져다주는지를 집중적으로 관찰해야 한다.

넷째, 이제는 아주 폭넓은 시야에서 기업의 사회적 책임을 논해야 한다는 의견이 있다. 이러한 관점도 두 가지 다른 용어로 표현하는 예가 있다.

① 사회계약 이론(social contract)은 기업체란 지역사회의 여러 가지 구성원들의

42) 위의 세 문장의 영어 원문은 다음과 같다. 1) You do business ethically because it pays. 2) A sustainable business is one which is well managed and which takes business ethics seriously. 3) It is impossible to engage in business today without encountering and addressing CSR.

도움으로 회사를 운영하고 이윤을 창출하는 만큼 저들 이해관계당사자들의 도덕적 권리를 존중해야 할 의무가 있다는 주장을 한다. 이것이 일종의 묵시적 사회계약이라고 간주하는 관점이다. 더구나 위에서 지적한 대로 기업활동이 행사하는 각종 경제행위가 자아내는 의도하지 않은 사회경제적 결과에 대해서도 도덕적 책임을 져야 한다고 본다.

② 사회의 시민으로서 기업체론 또는 기업시민론(corporate citizenship model)에서는 기업체가 이윤을 창출하는 기업활동 자체에서 이미 상당한 사회적 영향력을 발휘할 수 있는 능력(혹은 힘, power)을 지니기 때문에 마땅히 그 힘을 활용하여 사회에 대한 특별한 선행을 하는 것이 옳다는 주장을 편다. 이런 시각에서 볼 때, 기업체의 시민다운 행위는 1) 사회에 대한 의무와 책임을 강조하는 사회적 책임(CSR)의 이행, 2) 사회의 여러 가지 문제와 욕구에 대응하여 구체적인 행위와 활동으로 실천하는 사회적 대응(social responsiveness), 그리고 3) 대사회 공헌활동의 구체적인 성과를 중시하는 사회적 공적(social performance) 등으로 나누어 고찰할 수 있다.

이상의 여러 견해들을 종합하여 정리하면 사회가 기대하는 기업의 사회적 책임을 [그림 6-3]과 같이 일종의 피라미드 형식으로 요약할 수 있다(Sims, 2003: 44; 이종영, 2008: 124-125; 김정년, 2008; 김성수, 2009: 143).

[그림 6-3] 기업의 사회적 책임 피라미드

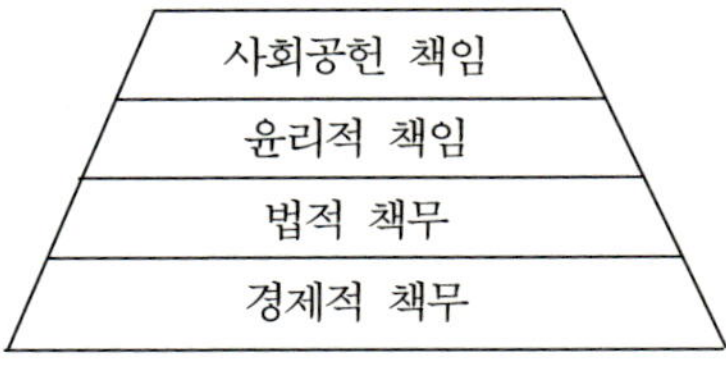

① 먼저, 이 피라미드의 최하단에는 기업체도 사회의 일원으로서 사회의 존속의 기반이 되는 경제적 책무를 다하는 것이 마땅한 책임이라는 생각이 깔려 있다. 사회가 기업에 대하여 요구하는 경제적 책임은 이익 극대화, 시장 점유율 확대, 기술혁신, 배당 극대화, 경영전략 등 적자생존의 원리를 적용하므로 윤리학적 관점에서는 윤리적 이기주의에 해당하는 책임관이다. 구체적으

로는 기업체 본연의 활동영역으로 재무상태, 적절한 이익, 주가, 연구개발, 재투자, 투자홍보 등의 영역에서 책임을 다해야 한다.

② 다음, 사회는 기업체들이 기업활동을 전개함에 있어서 용납할 수 있는 행위의 규준이 되는 법률적인 규범을 준수할 것을 기대하므로, 이러한 법적 책무 또한 이행해야 한다. 이는 사회가 의무적으로 강요할 수 있는 책임으로, 공정거래, 뇌물 불공여, 담합 불참가, 각종 법률과 규정 준수 등을 이행하여 최대다수의 최대행복 추구에 기여한다는 뜻에서 윤리학의 공리주의에 입각한 책임관이다.

③ 이상의 책임은 제도적 틀 속에서 기업의 사회적 책임을 가리키는 것이라면, 직접적으로 사회에 대한 책임을 기대하는 면이 있는데, 그 첫 번째가 윤리적 책임이다. 사회의 일원으로서 당연히 지켜야 할 기준으로 무엇이 옳은지, 정의로운지, 공정한지를 판단해야 하고 나아가 사회 전체의 구성원인 기업의 다양한 이해관계당사자들에게 해를 끼치지 않아야 하는 윤리적 의무가 있다. 강요는 할 수 없지만 도덕적 차원에서 사회가 기대하는 책임으로서, 투명거래, 법정신 존중, 인권, 생태환경 보호, 신뢰와 안전, 문화 존중 등의 가치를 추구하는 윤리학의 의무론적 정신에 바탕을 둔 책임관이다.

④ 이 피라미드의 정점에는 결국 기업체도 사회의 선량한 시민으로서 활동해야 할 책임이 있다는 기대가 놓인다. 여기에는 어떤 제도적 의무나 윤리적 압력보다도 기업체 스스로가 자유재량으로 자발적으로 선행을 한다는 의지로써 전체사회와 지역공동체에 대하여 경제적, 인적 자원을 제공하고 사회구성원들의 삶의 질적 향상에 기여할 책임을 말한다. 주로 기부, 자선사업, 지역사회 기여, 자원봉사 등에 의하여 사회적 약자의 최대 복지를 추구하는 의미에서 윤리학 중에서도 정의론에 입각한 책임관이다. 우리가 기업의 사회공헌을 논할 때는 바로 이와 같은 숭고한 정신에 바탕을 둔 기업의 사회적 책임 이행을 지칭한다고 할 수 있다는 것이다.

이 대목에서 기업의 사회적 책임을 다양한 이해관계당사자의 관점에서 어떻게 이해할지를 생각하는 자료를 참고로 [표 6-2]에 제시하고자 한다. 위에서 [그림 6-2]에 정리한 각종 이해관계당사자들의 중심으로 그들의 관점에서는 어떤 것을 기업에게 요구하는지를 보여주는 자료다(Sims, 2003: 40).

그럼 이제 기업의 사회적 책임이라는 개념의 공식적인 정의를 한두 가지 소개하고 그 책임의 내용을 검토하기로 한다. 먼저 유럽연합에서는 “더 나은

[표 6-2] 기업의 사회책임에 대한 이해관계당사자의 관점

이해관계당사자	이해관계당사자가 주장하는 내용의 성격
주주	이윤 배당과 주식 및 청산 채권 자산배당; 주식 관련 투표권 행사; 주식이전; 회계장부 검열; 이사선임 및 기타 계약상의 권리 행사
종업원	직장의 경제, 사회, 심리적 만족; 회사임원의 자의적, 악의적 행동으로부터 보호; 부가급여 공유, 노조 및 단체협약 참여 자유, 고용계약에 의한 노동제공 자유; 적정한 작업조건
고객	제품의 질과 서비스; 제품 사용의 기술적 정보제공; 적당한 보증; 가외 부품 추가 제공; 품질 향상에 필요한 연구개발; 신용구매 용이성
채권자	투자에 대한 법적 이자 및 원금 회수; 자산의 안정성; 청산시 상대적 순위; 부도 등 의무이행 불가시 경영권 및 소유권 우선권
협력업체(부품 등)	사업의 지속적 원천; 거래신용의무 적시 이행; 구매 및 재화와 용역 거래의 계약에서 전문가적 관계
노동조합	종업원들의 협상대행자로 인정; 기업조직체의 참여자로서 영속성 유지 기회
경쟁업체 …	사회와 산업계에서 정립한 경쟁의 규범의 준수; 동료간의 기업적 신사협정
정부	납세; 공정하고 자유로운 경쟁을 요구하는 공공정책의 의도와 취지에 충실하게 의무 이행; 기업체와 기업인의 법적 의무 수행; 반독점 법의 준수
지역사회	지역사회의 생산적이고 건강한 환경 제공; 지역사회 문제에 회사 임원 참여, 정규적 고용 창출, 공정한 경쟁, 지역사회 내의 적정 수준의 구매 실천, 지방정부에 대한 관심과 지원, 문화 및 자선 행사 지원
일반 공중	전체 사회에 대한 참여와 공헌; 정부와 기업부문 간의 창의적 소통으로 상호이해 증진; 정부와 사회의 적정한 부담 분담; 제품의 적정하고 공정한 가격 및 제품 개발에 따른 최첨단 기술 진보

사회, 더 깨끗한 생태환경을 만드는 데 회사가 자발적으로 기여하기로 결정하는 모든 행위"로 정의한다(김경동 · 김여진, 2010: 102). 다음은 "기업체가 윤리적으로 행동하고 경제개발에 기여하면서 작업장은 물론 가족과 지역공동체와 사회 전체의 삶의 질적 향상을 기하는 데에 지속적으로 헌신할 것을 요청하는 것"이라는 개념규정도 있다(Sims, 2003: 43).

3) 사회적 책임의 실천행동 내용

여기서는 간략하게 기업의 사회적 책임은 구체적으로 어떤 영역에서 어떤 행동의 내용을 담는지를 살펴본다. 이를 위해서는 자세한 해설보다 [표 6-3]과 [표 6-4]에

[표 6-3] 기업의 사회적 책임의 가치와 책무

책무의 범위	가치의 영역	
	정의	인간성(박애)
기본적 책무	**(협의의 법령준수)** 잘못된 행동을 하지 않는다 사기행위를 하지 않는다 훔치지 않는다 계약을 지킨다 법의 문언(文言)을 준수한다	**(윤리 실천)** 자신을 절제한다 다른 사람에게 상처를 주지 않는다 지역사회에 해를 끼치지 않는다 인권을 존중한다 배려심을 갖는다
완벽에 가까운 책무	**(윤리 실천)** 옳은 일을 한다 정직하다 공정하다 약속을 지킨다 법의 정신에 따른다	**(사회 공헌)** 자신을 성장시킨다 다른 사람을 돕는다 사회를 발전시킨다 인간의 존엄성을 장려한다 용기를 갖는다

[표 6-4] GRI 지속발전가능성 보고 지침

분야	세목 내용
경제 분야	경제적 효율성, 고객, 공급업자, 종업원, 주주
생태환경 분야	자재, 에너지, 물, 생물다양성, 배기/배출 처리, 제품/서비스, 준법, 교통, 총체적 관심사항
사회 분야	노무관리, 건강과 안전, 인권, 차별, 지역사회 공헌, 부패, 제조물 책임

요약한다. 먼저 [표 6-3]에서는 사회적 책임의 영역을 가치와 책무로 구분하고 그 각각의 범주에 해당하는 행동의 사례를 보여준다. 그리고 [표 6-4]는 1997년에 발족한 민간단체, GRI(Global Reporting Initiative, 전지구적 자율보고운동)가 UN환경계획과 협력하여 지속가능성 보고지침(Sustainability Reporting Guidelines)을 마련하였는데, 위에서 예시한 주요 사회적 책임 영역의 내용과 중복이 있지만 참고삼아 그 지침을 담은 것이다(이종영, 2008: 127; 김정년 2008). 이는 근자에 오면서 기업의 사회적 책임이 이제는 단순히 기업체 수준에 머물지 않고 전 지구적 차원의 문제로 확산하는 추세를 반영하여 지속가능성(sustainability)이라는 일반적 가치에 기초한 지속가능한 발전(sustainable development)의 개념을 도입한 것에 기초하였다.

4) 사회적 책임의 기업성과

그러면 사회적 책임을 더 잘 수행하는 기업체가 결과적으로 어떤 성과를 거두는가? 이 문제와 관련하여 지금까지 나온 여러 연구의 결과는 대체로 긍정적이라는 보고는 얼마든지 있다(Hartman and DesJardins, 2008: 162-164). 사회적 책임을 잘 수행하는 기업체일수록 다음과 같은 측면에서 장기적이고 지속적 성장에 유리하다고 한다(이종영, 2008: 134).

① 이해관계당사자의 장기적 이익을 고려하는 경영방식이므로 이미지 향상에 도움이 된다.
② 브랜드 제고가 가능해서 고객 충성도가 높아지고 결국 매출증가에 기여한다.
③ 종업원의 긍지가 높아져서 업무상 동기부여, 이직률 감소 등의 효과가 있다.
④ 작업생산성 제고, 품질향상에도 유익하다.
⑤ 그 결과로 판매량 증가와 장기적 이익을 초래할 수 있다.

이런 효과를 달리 표현하면 다음과 같은 결과로 집약할 수도 있다(Sims, 2003: 58).

① 종업원 관계 향상: 종업원 채용, 근속, 사기, 충성심, 동기부여, 생산성 등
② 고객관계 개선: 고객충성도 진작, 고객의 구매심리 자극, 브랜드 이미지 향상
③ 기업 성과(실적): 재무성과에 긍정적 효과 창출, 경쟁력 제고, 기업체 내부의 부서 간 통합 진작
④ 기업의 마케팅 노력 증진: 긍정적 기업 이미지 조성, 기업 평판 관리 유리, 높은 위신에 입각한 가격조건 유리, 정부관련 사업 참여 증대 등

이러한 윤리경영 및 사회적 책임 이행의 성과 내지 경영이익 효과에 대한 논의를 총괄적으로 요약하는 [그림 6-4]를 소개하는 것으로 마무리 한다(Lee and Yoshihara, 1997; 유성은, 2007: 97).

[그림 6-4] 기업윤리(사회적 책임)와 경영이익

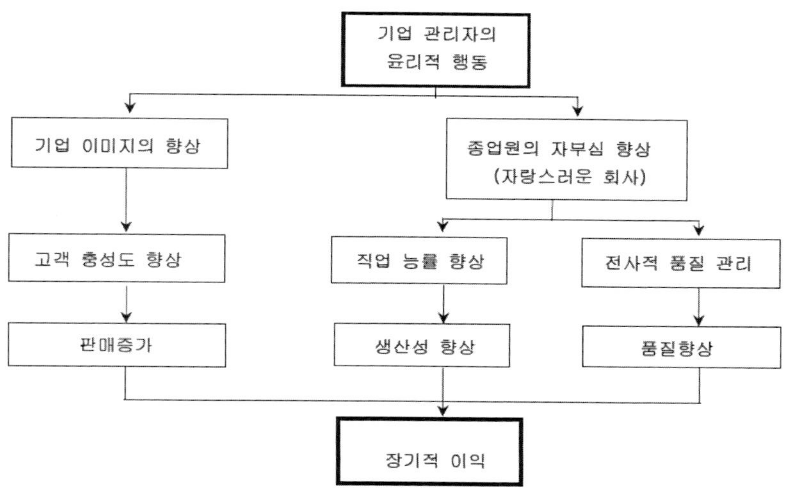

II. 기업사회공헌의 패러다임과 활동유형

1. 패러다임과 전략

이제는 기업사회공헌의 패러다임과 활동유형을 점검할 차례다. 우선 기업부문에서는 사회공헌이라는 개념을 어떻게 인식하는지부터 간략히 개관하겠다. 여기에는 대략 다음과 같은 보기가 있다(유성은, 2007: 87-88; 전경련, 2009; 삼성사회봉사단, 2009; 현대자동차 복지지원팀, 2009; Tschirhart and St. Clair, 2005).

① 윤리경영평가지수 계산을 위한 개념으로 사회적 기대 충족(social expectation fulfillment) 또는 자발적 기여(voluntary contribution)를 사용하는 보기
② 기업부문과 (지역)사회 간의 상호작용이라는 관점에서 사회참여활동(social involvement), 기업의 지역사회 관계(corporate community relations) 또는

기업의 지역사회 봉사(corporate community service programs)라는 표현

③ 사회와 기업의 동방성장을 염두에 두고 의도적으로 펼치는 자선행위를 주축으로 하는 전략적 사회공헌활동(strategic philanthropy)의 개념

④ 기업의 사회적 시민정신 혹은 기업시민 정신(corporate citizenship)의 발현으로서 기업 자원봉사(corporate volunteerism)로 인식하는 예(삼성사회봉사단)

⑤ 아예 사회적 공헌(social contribution)으로 표기하는 보기(현대자동차)

이처럼 다양한 표현으로 인식하는 기업사회공헌 개념은 최근에 이르러 이제는 기업활동의 핵심적인 요소로서 전략적 사회공헌활동으로 한층 더 중시하는 추세다. 이는 기업체가 사회공헌활동을 수행할 때는 기업 역량과 사회적 욕구를 효과적으로 통합하여 가장 큰 성과를 낼 수 있는 분야를 발굴하는 등 일상적 경영활동과 같은 맥락에서 펼쳐야 한다는 취지로 도입하게 된 개념이다(Bruch and Walter, 2005; Porter and Kramer, 2002, 2006; Tschirhart and St. Clair, 2005; 조희재, 2009: 55).

이와 같은 전략적 사회공헌활동의 대두는 사회공헌활동 패러다임의 변화를 의미한다. 이제 급격한 전 지구화의 소용돌이 속에서 인류의 생존과 번영을 겨냥할 때, 21세기 지구촌의 최대 화두는 '지속가능성'과 '사회적 책임'이라 해도 과언이 아니다. 이는 비단 기업부문의 과제만이 아니고 사회 전 부문에서 직면해야 하는 도전이기도 하다. 21세기 한국기업이 다양한 이해관계자로부터 존경과 사랑을 받는 글로벌 기업으로 도약하기 위해서는 단순히 제품을 만들어서 돈을 버는 기업이라는 이미지에서 벗어나 '기업시민으로서 인류 사회의 성장과 발전에 기여하는 기업'으로 재탄생해야 한다. 해외의 선진 기업체들은 이미 사회공헌활동과 관련하여 관점, 인식, 역할 및 행동의 전환이 진행 중이며, 이러한 패러다임 전환에 대응하기 위해서는 사회공헌활동의 목표, 전략, 운영 방법, 사회공헌활동 조직의 성격 변화 등이 필요하게 된 것이다. 이에 대한 자세한 설명은 지면관계로 생략하고 개략적으로 집약한 [그림 6-5]를 제시한다(조희재, 2009: 56).

기업의 역량을 활용하여 사회를 위해 좋은 일을 하면서 경쟁력도 제고할 수 있는 전략적 사회공헌활동을 하기 위해서는 지속가능한 균형발전의 전략이 필요하다. 여기에는 [표 6-5]에서 보여주는 네 가지 전략이 있을 수 있다(조희재, 2009: 58). 그리고 사회공헌활동과 기업경영의 선순환을 위해서는 1) 시장(사

[그림 6-5] 사회공헌활동 패러다임의 변화

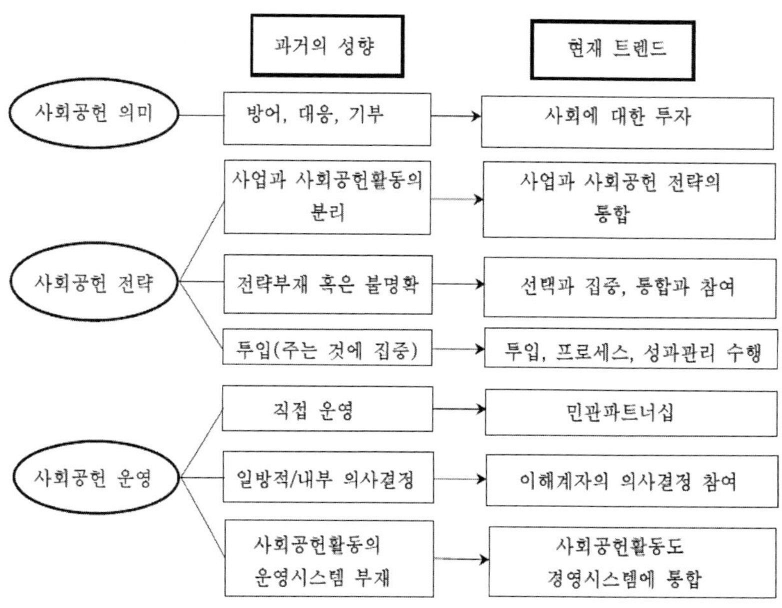

회)의 욕구를 제대로 파악할 것, 2) 시스템으로 대응할 것 및 3) 과정과 성과를 관리할 것, 이 세 가지 원칙에 근거해서 시장(사회)지향적인 사회공헌을 추구할 필요가 있다. 나아가, 기업의 사회공헌활동이 성공하기 위해서 핵심적인 요인은 [표 6-6]에 요약하였다(조희재, 2009: 61-63).

[표 6-5] 사회공헌활동의 4대전략 유형별 특징

전략 유형	특징
공유가치형	사업을 통한 사회공헌을 추구하는 것이므로, 제품·서비스를 통해 사회 문제 해결과 기업 가치 창조를 동시에 추구
시장창조형	가격이 비싸 저개발국에 없는 제품·서비스를 지역주민이 지불가능한 가격대로 생산하여 판매
문제해결형	경제성은 낮지만 제품·서비스를 통해 사회가 직면한 문제를 해결
후원형	사업과의 연계성이 낮아 '경제적 혜택'이 낮고, '사회적 혜택'의 상대적 크기가 크지 않은 '사각지대'를 발굴하여 지원

[표 6-6] 기업 사회공헌활동의 핵심적 성공요인

구분	세부요인	개념
전략요인	전략과 방향성	기업 사회공헌활동의 비전과 목표를 설정하고, 이를 실행하는 데 주도적인 역할을 하는 요인
투입요인	유형자원, 무형자원, 자원봉사	기업 사회공헌활동의 성과를 산출하는 데 가장 본적으로 투입해야 하는 자원
프로세스 요인	내부원칙, 관리방법, 협력시스템	투입 요인을 성과로 이끌어 가는 과정에 필요한 사회 공헌활동 운영 시스템
인프라 요인	인사정책, 조직문화, 홍보정책, 경영정책	전략·투입·프로세스 요인이 일관성 있게 서로 충돌 없이 상호작용할 수 있도록 지원하는 요인

2. 기업사회공헌 활동의 주요 특성과 문제점

1) 사회공헌 활동의 의미

위에서 살펴본 기업사회공헌에 대한 논의는 주로 기업체의 관점에 서서 그것이 갖는 의미와 그에 따른 패러다임의 전환을 겨냥한 전략에 대한 것이 주종을 이룬다. 그러나 거시적인 사회의 시각에서 접근할 때는 오늘날 변화하는 세계 속에서 새로운 자원봉사활동의 유형으로 등장한 것 중의 하나가 바로 기업의 사회공헌활동이다. 학계에서는 대개 '회사지원 자원봉사'(employer-supported volunteering) 혹은 '종업원 자원봉사'(employee volunteer programs)라 명명하는 이 형태의 활동은 주로 기업체를 중심으로 종업원들이 지역사회를 위한 각종 자원봉사에 참여하도록 회사가 권장하고 지원하는 공식, 비공식적인 정책의 성격을 띤다(Rochester et al., 2010: 107). 여기에는 자원봉사 프로그램을 관리하기 위한 다양한 제도적 장치와 대사회관계, 여러 종류의 자원봉사 활동 및 참여하는 종업원들에게 제공하는 갖가지 유인(인센티브)과 지원 방식 등이 있을 수 있다(Tschirhart and St. Clair, 2008; Lipp, 2009: 20-21; Rochester et al., 2010: 107-110).

첫째, 제도적으로 보면, 종업원이 회사 시간을 이용하여 자원봉사 활동을 한 것을 지정형식의 서류에 적어 보고하면 회사가 이를 인정하는 유형에서부터 아예 기업체 차원의 기업사회책임 내지 지역공동체 참여를 위한 전담부서를 두어서 전담직원이 봉사활동을 위해 적극적으로 여타 종업원들을 모집하고 배치하며 감독하는 형식을 취하는 것까지 다기적이다. 그리고 때로는 회사 밖의 시민사회 봉사기관단체 내지 전문적인 자원봉사센터와 같은 중간매개집단과 연계해서 봉사활동 프로그램을 실천하기도 한다.

둘째, 봉사활동의 종류도 여러 모양으로 구분할 수 있다. 가령, 1) 규모(가족 또는 지역사회 전체 대상), 2) 기능(직접적 봉사, 정보제공과 자문, 옹호 내지 주창 캠페인, 상호보조, 지역사회개발 등), 3) 봉사 대상 집단(어린이, 고령자, 난민, 생태환경 등)이 있을 수 있고, 봉사자의 역할도 독거노인의 집수리, 마을회관 청소, 취학아동 멘토링, 자원봉사 기관의 이사와 같은 여러 형태가 되기도 한다.

셋째, 회사 당국이 봉사하는 종업원들을 장려하고 지지하는 방식도 다양하다. 1) 여러 방법으로 근무시간을 면제하기, 2) 종업원과 봉사기관단체를 연계시켜주는 중개 역할, 또는 3) 종업원의 경력개발 프로그램의 일환으로 자원봉사 활동을 인사고과에 반영하기 등이다.

이러한 종업원의 자원봉사활동이 과연 자발적인 것인가라는 근본적인 문제와 관련해서 신중하게 접근해야 한다는 경고성 견해를 제출한 예도 있다. 예를 들어, 봉사활동 참여가 일종의 경력개발 행위로서 인사평가에 반영하는 요소라면 종업원은 봉사활동 참여에 대한 일종의 심리적 '압력'을 느낄 수 있다는 것이 문제가 될 수 있음을 지적한다. 만약 봉사를 하지 않음으로써 승진이나 급여인상 같은 인사결정에서 손해를 입을 수 있다는 우려 같은 것이 개입하면 순수한 자원봉사의 가치를 훼손하게 된다는 뜻이다. 다음으로는 봉사활동을 할 대상과 수요처의 선택에서 결정권을 회사가 갖는지 종업원 당사자가 결정하는지도 문제의 소지를 안고 있다. 자기는 원치 않는 곳에서 싫은 일을 하게 될 때의 상황이 문제가 된다는 말이다. 그리고 자원봉사활동을 수행하는 시간이 회사의 시간인지 자발적으로 사용하는 자신의 시간인지가 또한 논쟁의 표적이 될 수도 있다. 결국 이런 문제는 기업체가 종업원에게 자원봉사를 권장할 때 동기가 과연 얼마나 순수한지 아니면 여전히 사업을 염두에 둔 공리적 동기인지를 따져보는 계기가 되기도 한다.

2) 사회공헌활동의 주요 유형과 내용

우리나라에서는 1980년대 유한양행의 나무심기 운동과 같은 사회공헌 프로그램의 보기가 없지 않았으나 대체로 일반화하기 시작한 것은 1990년대 초중반으로 알려져 있다. 그리고 아직은 대기업 중심의 운동으로 전개하는 형편이다.

최근 전경련에서 발표한 자료(전경련, 2009)를 중심으로 살펴보면, 현재 우리나라의 500대 기업체에서는 기업사회공헌이라는 이름 아래 실지로 수행하고 있는 활동의 주된 내용은 기부와 회사가 직접 운영하는 프로그램 및 자원봉사라고 할 수 있다. 이러한 활동을 위한 지출비용으로 볼 때 직접 운영 프로그램에 대한 지출비중이 50%를 약간 밑도는 수준이다(2008년 47%, 2009년 43.8%). 직접 운영하는 프로그램의 분야는 지출비율 순으로 사회복지, 교육 · 학교, 학술연구, 문화예술 및 체육이 6할을 차지하였다. 다음으로 의료보건, 환경보전, 국제구호활동, 농촌지원활동 그리고 응급 및 재난구호 등이 뒤따랐다. 이 점은 기부대상 분야에서도 유사한 결과를 보이고 있다. 기부 대상처도 다양화하는 가운데 NGO에 대한 기부가 꾸준히 증가하고 있으며 이는 기업체들이 점차 사회적 파트너십을 중시하고 있음을 반증한다고 불 수 있다(조희재, 2009: 72-74).

한편, 지난 2005년 10대 그룹의 사회공헌사업의 내역을 보면 노인, 장애인, 여성, 소년소녀가장 등 소외계층 지원이 43%, 학자금, 학술대회 지원 및 대학시설물 기부 등 장학과 학술연구 관련이 30%로 대부분을 차지하였고, 나머지 10% 미만의 분야는 재해복구, 문화예술 진흥, 지역사회의 문화시설 지원이나 농촌돕기운동 등 지역사회발전, 하천 가꾸기 운동, 장묘문화 개선운동 등 환경보전과 같은 활동이었다(이종영, 2008: 141).

다음 기업체들이 설립한 각종재단의 사업내역을 보면, 지출한 비용의 규모에서는 의료보건 사업비가 가장 큰 비중(90% 내외)을 차지하고 나머지는 문화예술, 교육 · 학교 · 학술연구 분야로 되어 있다. 그러나 재단이 참여한 사업분야에서는 교육 · 학교 · 학술연구(76.6%), 사회복지(48.4%)와 문화예술 및 체육 분야(26.6%)에 집중되어 있었고 응급구호(3.1%), 의료보건(15.6%), 국제구호 및 교류활동(6.3%), 환경보전(3.1%) 분야 등의 사업영역에 대한 참여율은 매우 저조하였다(조희재, 2009: 121-123).

이제 우리나라의 기업체들이 사회공헌활동 추진을 위한 사내제도 정비현황을 살펴보면, 대부분의 기업체에서는 전담 부서 또는 담당자(90.4%)가 이를 수행하며 예산제도 마련(89.9%), 경영방침에 사회공헌활동의 명문화(80.3%) 등도 시도하고 있어 이제 우리나라의 기업체들도 사회공헌활동 추진을 위한 사내제도 정비가 어느 정도 마무리 단계에 접어들어서 전문화가 이루어지고 있음을 시사한다. 사내위원회 등 사회공헌 추진 관련 조직을 설치하고 있으며, 63.3%가 전담자의 전문성 제고를 위한 별도의 프로그램을 실시한다고 알려졌다. 그 외도 매칭기프트 제도를 실시하고 있는 기업체는 71.2%, 지역사회 촉진운동(지역에 대한 사회공헌 활동을 촉진하는 방침의 책정 및 전사적 운동)을 실시하고 있는 곳은 67.3%에 이르렀다(전경련, 2009: 90-92).

임직원들의 봉사활동 참여비율은 전체 직원의 76% 이상이 참여하고 있다고 응답한 기업체수가 전체의 50.7%로 절반 이상을 넘었다. 그리고 58.7%는 임직원의 51% 이상이 봉사활동에 참여하고 있으며, 22.0%의 기업체에서는 50% 이하가 참여하고 있었고, 참여가 없는 사례는 조사대상 223개 중 1개사로 거의 모든 기업체에서 임직원 자원봉사를 실행하고 있었다. 이들의 사회봉사활동을 촉진하기 위하여 도입한 제도는 '전사차원의 봉사조직구성'(81.9%), '봉사활동 표창제도' (68.1%), '봉사활동 교육프로그램(59.0%), '봉사활동 휴가'(58.6%), '사회봉사 활동자 등록'(51.4%) 및 '기타' 프로그램으로 '봉사활동 마일리지,' '자원봉사대축제,' '봉사활동 경비지원,' 등이 60.0%를 차지하였다(전경련, 2009: 92-96).

그리고 사회공헌활동을 추진하면서 느끼는 조직체 내부의 저해요인으로 담당인력의 부족(22.0%)을 위시하여 사회공헌에 대한 이해 부족(17.3%), 사회공헌업무에 대한 정보 부족(16.7%), 전문성 부족(12.5%) 등을 지적한 것을 보면, 기업 사회공헌활동에 대한 내부 이해 관계자들을 위한 교육뿐만 아니라, 담당인력의 전문성 향상을 위한 다양한 교육 프로그램 마련이 필요한 것 같다. 그러나 CEO의 관심부족을 지적한 기업은 1.1%에 불과해, 기업 사회공헌활동에 대한 최고경영층의 참여와 협조는 과거에 비해 개선한 것이 아닌가 한다. 한편, 외부의 저해요인으로는 사회적 인정 부족(26.2%), 반기업 정서 등 왜곡된 시선 및 보도(22.3%), 기업의 자율성을 침해하는 외부 압력(22.1%)을 가장 많이 언급하다. 최근 기업의

[표 6-7] 한국기업의 사회공헌 유형

항목	비율(%)	항목	비율(%)
필요성 있다	87	**사회공헌 지원방법**	
적정수준(경상이익의 1%)	80	현금, 현물 직접지원	51.6
		임직원 자원봉사	19.3
기업경영 영향		외부기관 통한 지원	18.1
이미지 향상	81		
소비자 선호	62	**사회공헌 활성화 지원책**	
매출액 영향	33	기부금에 대한 세금혜택	55.4
		환경 등 각종 부담금 축소	25.3
현재 시행중인 사회공헌 분야			
불우이웃 돕기	35.1		
장학, 학술지원	15.8		
재해복구 지원	1.58		
지역사회 발전	15.3		

자료: 대한상공회의소 조사(2006)

사회적 책임(CSR)을 강조하는 사회적 분위기로 인해 기업 사회공헌활동에 대한 관심은 높아졌지만, 그에 대한 올바른 이해는 아직까지 부족한 실정이다. 앞으로 우리 기업의 사회공헌활동을 활성화시키기 위해서는 기업 사회공헌활동을 편견 없이 바라보고 지지 · 격려하는 문화가 조성될 수 있도록 기업 외부의 이해관계당사자의 노력이 함께 수반되어야 할 것으로 보인다(전경련, 2009: 94-95).

참고로 좀 더 구체적인 기업 사회공헌활동의 보기를 [표 6-7]에 요약하여 소개한다. 아직도 활동 분야나 방법에 상당히 제한적임을 알 수 있다(이종영, 2008: 142).

여기에 덧붙여 이러한 기업 사회공헌운동에서 특별히 현대사회의 변동 속에 여전히 소외와 배제를 면치 못하는 상태에 놓여 있는 농촌지역사회의 문제에 관심을 가지고 도움의 손길을 제공하는 운동의 예를 놓칠 수가 없다. 사회통합의 측면에서나 공정한 사회를 추구하는 가치에서 볼 때나 농촌에 대한 자원봉사운동의 요구는 심각하게 고려해야 할 문제가 아닐 수 없다. 이런 점에서 가령 주로 농어업에 의존하는 제주도 지역에서 농협제주본부와 같은 회사가 기업 차원의 농촌살리기 운동을 전개하는 사례는 주목할 만하다고 할 것이다. 농협제주지역본부에서는 2006년부터 이러한 운동을 전개하기 시작한 이래 2009년에는 5개의 농촌운동을 위한 전문봉사단을 구성하고 농촌사랑센터를 설립하여 활발한 농촌사랑 운동을 펼치고 있다(농협제주지역본부, 2011).

III. 기업자원봉사의 과제

1. 기업자원봉사의 시대적 의의

자원봉사운동이 급격히 변동하는 사회 속에서 제 역할을 수행하기 위해서는 변화의 흐름을 정확하게 읽고 이에 대처하는 높은 적응력을 발휘할 수 있어야 한다. 그런 취지에서 여기에서는 특히 새로운 시대에 장려하고 활성화해야 할 두 가지 형태의 자원봉사운동을 살펴보았다. 어차피 전 지구적 차원에서 시장경제에 의한 인류의 삶의 질적 향상을 도모해야 하는 현실에 비쳐 볼 때 기업부문의 상대적 중요성은 무시하기 어렵다. 기왕에 그렇다면 기업부문이 우리 사회의 어두운 곳에 빛을 밝혀주고 우리 사회의 모든 계층이 사회적 자원을 공유할 수 있는 나눔과 배려의 문화를 진작시키는 운동에 동참하는 것은 시대적 소명이라 할 것이다. 이런 뜻에서 기업체의 사회공헌 활동은 단순히 기업에 유익한 사업으로만 인식할 것이 아니라 마땅히 참여해야 할 사회적 책임으로서 수행하는 것이다. 그러므로 자원봉사의 미래 과제 중에서 가장 크게 의존해야 할 영역의 하나가 다름 아닌 기업체의 사회공헌 활동으로서 자원봉사운동을 촉진하는 일이라 할 수 있다.

기업부문이 사회공헌 프로그램을 활성화하는 것은 곧 시민사회의 자발적 부문을 강화하는 과업의 하나로 볼 수 있고, 그로 말미암아 나라의 품격을 높이고 선진사회를 이룩하는 길목에서 매우 중요한 기여를 하는 것이 될 것이다. 또한 이와 같은 기업부문의 자원봉사운동이 갖는 의미와 가치는 그 수준에 머물지 않는다. 우리 사회가 현재 급속한 변동 속에서 앓고 있는 심각한 질병은 바로 사회적 갈등이다. 이로 인하여 사회는 분열하고 구심점을 상실한 국가는 방향감각을 잃고 표류하는 형국에 놓여 있다. 이런 때 갈등을 해소하기 위한 전사회적인 노력에서 핵심적인 프로그램이 바로 노블레스 오블리주 정신에 입각한 나눔과 배려문화의 진작과 실천이다. 그리고 이 운동에 최전방에서 이끌어 나가는 역할을 해야 할 운동이 바로 기업체의 사회공헌 운동이라 할 수 있다. 그리고 그러한 운동의 저변에는 우리 사회의 부정과 비리를 극복하기 위한 윤리운동의 이념이 굳건하게 자리하고 있어야 한다.

그 이유는 명백하다. 기업체의 사회공헌 운동은 곧 기업체의 사회적 책임 운동이며 그것은 다시 기업윤리에 기초한 것이기 때문이다. 그리고 모든 자원봉사 운동이 그러하듯이 기업 차원의 봉사는 무너져 가는 우리 사회의 공동체 복원과 새로운 시대에 걸맞은 새로운 공동체의 형성에 기여하는 방향으로 나아가야 한다는 명제가 확고히 서야 한다. 그러므로 이제부터는 미래지향적 자원봉사운동이 겨냥해야 할 목표가 무엇인지가 뚜렷해진 만큼 이를 성취하기 위하여 국가와 시장부문은 그동안 실추한 위상을 다시 바로 세우고 시민사회는 그간에 취약했던 체질을 더욱 강화해서 시민사회의 대표격인 자원봉사계, 정부 그리고 기업부문이 삼위일체가 되어 대한민국의 품격을 다듬고 높여 참다운 선진국으로 발돋움할 수 있도록 함께 온 힘을 다해 매진해야 할 것이다.

아울러 기업자원봉사는 단순히 한 나라의 맥락에서만 중요한 운동으로 끝나지 않고 전 지구적 차원에서 새로운 의미를 지니게 되었다. 최근 세계자원봉사협회(IAVE, International Association for Volunteer Effort)가 발표한 전 지구적 차원의 기업자원봉사에 관한 연구보고서에 의하면 "기업자원봉사란 전 지구적 수준은 물론 각 지역, 국가 차원의 심각한 문제와 관련하여 의미있는 변화를 창출하기(make a significant difference)를 원하는 회사들이 추동하는 역동적이고 전 지구적인 운동의 힘"으로 규정하고 있다(Allen et al., 2011: 5).[43] 여기서 다시 한 번 우리는 자원봉사가 '세상을 바꾸려는'(making a difference) 운동임을

43) Corporate volunteering is a dynamic, global force, driven by companies that want to make a significant difference to serious global and local problems.

확인한다.

오늘날 전 세계 어디서나 매일 수만 명의 기업체 종사자들이 세상을 눈에 띄게 변화시켜보겠다는 의지로 시간과 재능과 에너지를 자발적으로 봉사에 기여하고 있다. 이러한 기업자원봉사운동은 전 세계 경제가 당면하고 있는 난관 속에서 오히려 더 열기를 띤다. 지난 30여 년 전에만 해도 기업자원봉사라면 주변의 눈치를 보면서 조심스럽게 진행시키던 활동으로 규정했으나 이제는 회사 홍보용으로 '괜찮은'(nice-to-do) 활동이 아니라 사회 전체와 자원봉사를 하는 종업원과 저들의 활동을 권장하고 지원하는 회사들에게 모두 이로운, 전 지구적 차원에서 인정받는 전략적 자산(globally-recognized strategic asset)으로 인식하기에 이른 것이다. 세계적인 반열에 오른 회사들은 종업원을 자원봉사운동의 새로운 동력으로, 자원봉사는 실직이나 기타 경제적 어려움으로 고통받는 사람들의 기본욕구에 대응하는 창의적인 결단에 의한 실천으로, 그리고 돈을 기부하는 행위의 효용성을 높이고 어려운 시기에 종업원의 긍지와 사기를 지탱하게끔 하는 전략적 수단으로 간주하고 있다.

회사들은 자신들의 인적, 재정적, 물질적 및 관계적(사회적) 자원을 효용성 있게 활용하여 전인류와 사회와 생태환경 등에서 발생하는 광범위한 문제들을 해결하는 데 영향력을 극대화하기 위하여 자원봉사 노력을 집중적으로 경주하려 하고 있다.

2. 기업자원봉사의 실천

이제는 기업자원봉사(corporate volunteering)를 실천하는 데 유용한 구체적인 정보를 몇 가지 측면에서 요약정리하기로 한다(주성수, 1996; 김동배 외, 2009; Musick and Wilson, 2008; Rochester et al., 2010; Allen et al., 2011). 여기에 제시하는 자료는 설명을 필요로 하지 않는 실무적인 차원의 것이지만 기업의 사회공헌 활동의 주종을 이루는 자원봉사운동의 실행에 지침이 될 수 있는 내용이라 소개하려 한다. 이 중 일부는 다른 맥락에서 이미 언급한 사항도 포함하고 있고 또한 일반적인 자원봉사 활동에서도 적용 가능한 원리들이지만 여기에 일목요연하게 정리하는 뜻으로 개조식으로 나열하는 것이다.

1) 기업자원봉사의 유형과 영역

(1) 기업 자원봉사의의 유형

① 장소에 따른 분류
- 사회복지 시설 및 공공기관
- 지역사회의 각종 활동

② 활동 분야에 따른 분류
- 사회복지
- 의료
- 교육지원
- 문화예술
- 체육
- 생태환경
- 정치(선거 등)
- 경제
- 지역공동체
- 재난구호

③ 봉사 대상에 따른 분류
- 아동(직접 도움과 간접 도움)
- 청소년(가정, 여가, 특수보호, 상담)
- 여성(단체활동, 저소득층 취업, 여성세대주 가족, 미혼모, 윤락여성, 성폭력 상담)
- 노인(공공기관, 복지시설, 가정, 상담)
- 장애인(시설, 재가)

(2) 기업 자원봉사의 활동영역

① 노력봉사
- 복지시설
- 공공기관

- 의료기관
- 가정
- 재난지역

② 자선구호
- 불우이웃
- 2) 난민보호
- 헌혈
- 골수기증

③ 생태환경, 시설 보존
- 자연생태 보존
- 동식물 보호
- 문화재 보존

④ 지도활동
- 학습지도
- 청소년 선도
- 기능, 기술 지도
- 교통안전 지도

⑤ 캠페인 참여
- 각종 분야의 사회적 캠페인 활동에 참여

⑥ 지역사회개발
- 지역단위의 각종 개발 사업에 기여

⑦ 대표, 자문
- 지역사회 각 분야의 단체 대표, 임원, 자문역 등

⑧ 전문직 서비스 제공
- 직업관련 기술, 자문
- 법률 상담
- 의료, 재활서비스
- 교육
- 기타 전문분야 상담 및 서비스

(3) 기업 자원봉사의 발전 방향

① 기업체 차원의 변화

- 고도경제성장 과정의 정경유착 등 기업에 대한 부정적 이미지 탈피의 과제
- IMF 체제하의 기업 구조조정 및 혁신의 경험에서 사회적 책임, 사회적 공헌, 사회환원의 임무에 대한 새로운 인식 고조
- 국민의 기업에 대한 기대수준 상승에 부응할 필요 발생
  - ▶ 이에 대한 반응으로서 기업 자원봉사 프로그램의 활성화 절실
- 기업체 홍보, 이미지 제고 차원의 1회성, 단발성, 전시 효과 위주의 봉사를 극복, 장기적 안목에 활성화에 주력해야
- 기업체의 최고경영자의 철학, 의식 개선 필수
- 기업문화 자체의 혁신 차원에서 자원봉사 프로그램 개발 의지 필요
- 임직원 전원의 자발적 참여 가능한 인센티브 제공에 필요한 기업체 자체의 제도적 장치(전담부서 설치, 관리체제 확립, 교육훈련, 포상제도 도입, 자원봉사 등록제 등)
- 지역사회의 공공기관, 복지시설, 자원봉사센터, 기타 시민사회 단체들과 네트워크 형성, 파트너십 구축으로 협동적 봉사활동 활성화를 기함
- 시민들의 1% 나눔운동과 같은 전 사회적 기여활동에 적극 참여, 권장

② 기업체 구성원 차원의 변화

- 기업체의 구성원들도 시대적 흐름에 맞추어 자원봉사의 생활화에 적극 동참
- 앞에서 검토한 자원봉사의 철학을 음미, 이를 실천하는 데서 보람을 찾는 생활태도 함양 노력
- 기업체 차원의 자원봉사 활동은 물론 지역사회나 교회 등의 활동에도 적극 참여
- 자신만이 아니고 가족, 친구, 친지들에게도 자원봉사 참여 권장, 독려
- 여기에는 특별한 열정과 헌신이 필요하다는 각오로 임할 것이 중요

2) 기업 자원봉사 지도자의 특성과 기능

기업 자원봉사 성패의 관건은 지도자로서 전문 관리자의 열정, 헌신, 역량 등이라 할 만큼 관리자의 문제가 따르게 마련이다. 추후에 마지막 장에서는 특별히 관리자의 역량제고를 위한 제언을 곁들이고 있거니와, 이 자리에서는 특별히 기업자원봉사의 리더가 되려면 갖추는 것이 바람직하다고 보는 점들을 참고로

제시한다.

(1) 기업 자원봉사 지도자의 특성

① 주로 기업 자원봉사 관리 담당자가 지도자로서 사람들이 기대하는 이상적 자질, 성향 및 소양

- "어떻게 하는지"도 중요하나 그에 앞서 "왜 하는지"를 생각하고 알아야(목적의식)
- "무엇을 할지"에 대한 비전을 지니고 다른 사람들에게 보여주어야(목표, 결과인식)
- 자원봉사 철학에 대한 깊고 올바른 이해
- 투철한 사명감과 책임감
- 열정과 적극적, 긍정적 자세
- 위험을 무릅쓰는(risk-taking) 개척자적 정신
- 새로운 과업과 방법을 창출하는 창의성
- 변화를 주도하며 변화에 대한 저항 극복 능력
- 변화에 대한 민감성
- 업무 수행 과정의 유연성과 임기응변의 재치
- 모든 상황에 대한 준비성, 계획성
- 겸손하되 확신
- 인간관계에서 신뢰 확보
- 원만한 인간관계
- 인내심
- 남의 말을 들어주는 사람
- 실수의 비판보다 문제해결 노력

② 기본적 지식과 기술적 전문성

- 기업 자원봉사와 지역사회의 상호작용과 수요에 대한 이해
- 기업 자원봉사의 역사와 현황에 대한 파악
- 기업 자원봉사에 영향을 미치는 요인에 대한 파악
- 기업 자원봉사의 관리에 대한 이해와 지식
- 자원봉사자들의 특성에 대한 파악
- 사람들을 다루는 기술(people skills), 인간관계에 대한 이해
- 효율적인 의사소통(communication), 면접, 보고서 작성 기술

- 의사결정에 대한 이해와 기술
- 갈등관리와 교섭 기술
- 변화대처 기술

(2) 관리자로서 지도자의 기능

① 일반적 관리 기능

- 기획(planning): 목표설정, 목표수립, 대안적 실행계획 검토 확정
- 조직(organizing): 과업 설계, 업무 조직
- 요원구성(staffing): 자원봉사자 모집, 면접 및 전형, 훈련, 배치
- 감독(directing): 지도, 지시, 감독
- 통제(controlling): 점검, 문제발견, 해결, 평가

② 자원봉사자와 지도자

가. 지도자가 당면하는 기본적 문제점

- 자발적 행위의 동기유발 문제: 자원봉사의 근본적 한계는 자발성이 근간인데도 그런 의지나 흥미가 없는 인원의 동기유발이 어렵다는 문제: 일에 흥미를 갖고 보람을 느끼도록 프로그램의 '질'로 승부
- 단순반복 과업에 대한 실망: 처음엔 관심을 갖고 임했으나 봉사활동의 성격이 단순반복 육체노동 등일 때 호기심과 희생정신을 재충전하는 문제: 단순반복 회피 처방 필수, '흥'과 '신명'이 깃드는 프로그램으로 전환 시급
- 봉사활동에 대한 임직원과 전담부서의 무관심: 직원이 열심히 봉사하는데에 정작 임직원이나 전담부서 직원이 없거나 관심을 보이지 않을 때의 문제: 필히 '인정' 받고 '격려' 받을 수 있도록 임직원과 담당직원이 수시로 동참

나. 자원봉사자 관리상의 지도자의 문제

- 지도자가 자원봉사에 대한 '주인의식'을 갖지 않는 문제
- 관리 경험이 없거나 역할에 대한 이해부족의 문제
- 자원봉사자의 동기와 역할에 대항 이해 부족
- 자원봉사자에 대한 비현실적 기대
- 잘못된 과업의 부과 내지 배치
- 자원봉사 활동에 대한 인센티브 결여
- 인간관계의 문제: 갈등, 반감 등

다. 대처 및 개선 방안

- 자원봉사가 업무 대체용이 아니라 업무 보완의 의미가 있도록 정책 개선
- 사전교육, 훈련에 관리자 직원이 참여, 감독, 평가하도록
- 관리자 직원과 봉사자 함께 과업개발에 참여, 선호(기피) 프로그램 목록 작성 활용
- 봉사자 집, 수용, 지시, 감독, 문제해결 등에 대한 관리자 직원의 역할 명시
- 봉사자와 관계가 부정적인 관리자 직원에게 봉사자를 배치하지 않음

3) 자원봉사 프로그램 내실화 방안

기업 자원봉사의 성패는 프로그램의 성격과 질에 달려 있고 운영의 묘가 좌우할 수 있다. 그러므로 앞으로 기업자원봉사의 프로그램 창안과 운영의 원리는 왼편의 특징에서 화살표 오른편으로 이행하는 방향으로 발전하도록 노력할 것을 권장한다.

① 강제 → 자발성: 자유재량에 의한 봉사 참여가 핵심이다.
② 일시적 → 장기적: 일회성 이벤트가 아닌 회사의 사활이 걸린 장기적 프로그램으로 정착하도록 한다.
③ 일반성 → 차별성, 특수성: 참여하는 사람들, 집단, 계층에 따른 분업을 중시한다.
④ 단순성 → 전문성: 기업 자원봉사는 기업에 따른 전문성, 구성원의 전문성을 살리는 방향으로 발전함이 바람직하다.
⑤ 받기 → 주기: 자원봉사에서 혜택을 기대하는 프로그램 운영을 지양한다.
⑥ 희생 → 성취의 보람: 봉사활동은 희생이 필요하나 희생, 손해라는 생각은 금물이다.
⑦ 경직 → 유연성: 특정 개인이나 부서의 생각을 고집하는 경직한 태도를 지양하고 필요에 따라 유연한 프로그램 개발, 운영한다.
⑧ 거대조직 → 소집단 팀워크: 대규모 집단적 봉사활동은 사실상 큰 의미가 없고 많은 인원이 참여하더라도 소집단식 팀워크가 바람직(공동체 이념의 실현 의미)하다.
⑨ 중앙집권 → 분권적 접근: 중앙집권적 봉사 프로그램 운영보다는 모든 지원을 중앙에서 하되 운영은 분권적 소집단 접근으로 진행한다.

⑩ 홀로 → 파트너십: 기업 자원봉사도 다른 기업체, 공공기관, 사회단체, 봉사기관, 봉사센터 등과 연계하여 파트너십을 형성, 운영함이 매우 바람직하다.

다시 강조하지만, 여기에 소개한 내용은 대개가 굳이 기업자원봉사에만 국한시켜 적용할 필요가 없고 일반적인 자원봉사운동에서도 참고할 만한 것들을 포함하고 있다는 점을 유의하기 바란다.

IV. 기업자원봉사의 전 지구적 도전

현대사회에서 기업자원봉사는 이제 어느 한 나라의 테두리 안에 국한시켜 생각할 수 없을 만큼 전 지구적 차원에서 새로운 주목을 받고 있으며 그에 따르는 도전에 직면하고 있다. 그러므로 본장의 마지막 부문에서는 전 지구적 기업자원봉사에 관하여 기본적인 몇 가지 내용을 요약하여 소개하기로 한다.[44]

1. 기업자원봉사의 영역

전 세계의 시각에서 볼 때 기업자원봉사(corporate volunteering) 운동이 전 지구적 차원에서 직면하는 도전에 대응하여 초점을 맞추어 변화를 추구하려는 활동의 영역은 다음과 같이 집약할 수 있다.

① 인간의 기본욕구에 관련하여 문제해결에 나선다: 기아, 주거, 안전과 보안, 효과적인 건강관리
② 사회정의의 문제를 다룬다: 소년노동 예방, 여성에게 힘 실어주기, 법률 서비스를 받을 기회, 장애인의 기회 신장, 디지털 격차 해소
③ 청소년 문제에 집중한다: 아동, 소년, 청년층에게 문자해독, 직업적 기능 형성, 취업태세 향상 기회 제공
④ 자연생태계에 관심을 갖는다: 식목, 해안청소, 운동장이나 놀이 공산 짓기,

44) 이 내용은 주로 Allen(2011)에서 발췌한 것임을 밝혀 둔다.

에너지 보존에 대한 지역사회 공동체 교육, 주택과 공공건물 재생 이것을 좀 더 구체적인 활동 문제 영역으로 다시 정리해보면 세계에는 다음과 같은 문제들이 기업사회책임의 대상영역으로 떠오르므로 기업사회공헌 내지 기업자원봉사 차원에서 도전에 대처해야 할 내용의 목록이 나온다.

- 아동노동
- 상하수도, 주택, 식량 등 주요 사회간접자본 인프라 개발
- 경제 개발
- 기아와 영양
- 정의로운 대접을 받을 기회 근접가능성
- 기후변화와 지속가능성
- 실명 예방
- HIV-AIDS 교육, 예방 및 치료
- 여성에게 힘 실어 주기
- 재난 예방, 대비, 대응 및 복구
- 건강의료 시행체계 개선
- 농업지구와 농촌지역의 사활이 걸린 욕구 충족
- 말라리아 예방
- 노동력 계발
- 고용창출
- 아동과 십대청소년의 교육
- 기업가 양성교육
- 문맹 해소
- 생명을 위협하는 질병을 앓는 어린이 돕기
- 미소금융 및 미소기업(micro-enterprise)
- 고령자 돌보기
- 금융교육 및 자산관리
- 공공행정 및 관리 강화
- 다양성과 장애인 포용
- 안전과 보안을 위한 위험 대비 교육과 관리
- 디지털 격차 해소
- 바람직한 정치와 투명성
- 지역공동체 안전

2. 기업자원봉사의 지역적, 문화적 다양성

전 지구적 기업자원봉사운동을 고찰할 때 마지막으로 고려할 사항은 그 운동의 다양성에 대한 이해가 필요하다는 점이다. 지역과 문화마다 특성에 차이가 있기 때문이다.

첫째, 다양성은 회사에 따라 나타난다. 개별 종업원이 자발적으로 참여하도록 장려하는 회사가 있는가 하면, 고도로 수련 받은 전문적인 자원봉사가들이 회사 시간으로 세련된 프로그램을 운영해서 추진하는 기업체도 있다. 회사가 위치한 인근지역공동체에만 국한해서 활동하는 기업체도 있는 반면, 전 세계를 무대로 자원봉사자를 파견하는 회사도 있다.

둘째는 개인적인 수준에서도 차이가 있다. 수요가 있는 사람들을 대상으로 봉사자가 개인적인 기능과 재능을 나누는 유형도 있고, 종업원 여러 명이 팀을 짜서 지역의 NGO들과 파트십을 형성하여 협력하기도 하며, 특정 프로젝트 수행에 할당한 일수, 주수, 월수만큼 활용해서 전 세계적인 동원에 참여하는 수도 있다. 그 밖에도 오늘날 우리가 익숙한 정보사회에서는 인터넷을 활용하여 온라인으로 미소-자원봉사(micro-volunteering)를 펼치기도 한다.

중요한 것은 이러한 운동을 펼칠 때 기업체들은 전 지구적 수준 및 현장의 지역적 NGO들과 밀접한 파트너십을 이루고 각기의 지역사회에 대하여 학습도 하는 한편 자신들의 가치를 최대한으로 유용하게 쓸 수 있는 곳에 집중적인 봉사활동을 펴는 방식으로 협력한다. 그 과정에서 저들의 파트너들의 역량도 키워주고 함께 힘을 모아 회사와 NGO와 지역사회를 변화시킬 수 있는 새로운 운동 프로그램을 지속적으로 개발함으로써 상호간에 도움이 되기도 하는 것이다.

셋째는 세계의 지역들(대륙 수준의) 사이에도 차이가 있다.

① 아프리카와 중동(아랍)지역은 비교적 각자 자체적인 문화적 배경을 고려하여 자연스럽고 유기적인 삶의 일환으로서 자원봉사운동을 촉진하기 위한 자체 모델을 구축하는 초기단계에 있다고 볼 수 있다.

② 아시아-태평양 지역은 서방의 모델을 채용하는 한편 동시에 자체적인 지역특성의 모델을 개발하면서 활발하게 자원봉사운동을 전개하고 있으므로 전

세계가 배울 점이 많은 지역이다.

③ 유럽은 접근양식과 활동 범위의 성장 면에서 가장 다양한 지역으로 특징지을 수 있고 특히 회사들 간에 협력을 위한 모델을 개발하는 데서는 단연코 세계의 리더격이다.

④ 라틴 아메리카는 사회적 현실에 대한 명백한 이해를 구비하는 적극적인 시민이 참여하는 사회변동과 개발을 강조하는 모델의 유효성을 예시하고 있는 지역이라 할 수 있다.

⑤ 북아메리카는 역시 가장 성숙한 지역으로서, 자신들의 프로그램을 어떻게 하면 전 지구화할지, 그리고 자체적인 혁신을 끊임없이 시도하면서 한 편으로는 어떻게 하면 다른 지역으로부터 아이디어를 채택하여 토착화할지를 계속 학습하고 있다.

사람들을 돕고자 하는 욕망과 의욕은 보편적인 현상이다. 따라서 자원봉사도 어떤 형식으로든 경제적 생활수준, 정치적 지향, 종교적 윤리적 신념 등이 서로 다른 모든 인류 세계 어디에도 존재한다. 다만 오늘날처럼 전 지구화하고 있는 세상에서도 지역과 문화에 따라 차이가 있기 마련이다. 이런 차이가 자원봉사에서도 나타나므로 회사마다 어디에 있든지 이와 같은 차이와 다양성에 민감하게 적응하여 각자 지역과 회사의 특성에 걸맞게 추진하는 지혜도 필요하다 할 것이다.

제7장 자원봉사와 나눔의 활성화를 위한 마음의 프레임과 문화 조성

I. 서론

1. 왜 프레임(frame)인가?

앞에서 자원봉사운동과 나눔의 문화를 진작시키기 위한 여러 가지 방안을 고찰하는 맥락에서 마음의 프레임을 적절하게 조성하는 일이 중요함을 몇 번 강조한 바 있다. 이제는 그 프레임의 의미와 그것을 어떻게 자원봉사와 나눔의 운동에 적용할지에 대한 본격적인 논의를 할 것이다. 이 프레임이라는 외국어는 그 자체로서도 비교적 생소하지만 이것이 주로 심리학의 개념이므로 자원봉사라든지 각종의 나눔운동에 어떤 함의를 갖는지에 대해서는 아직까지 누구도 공식적으로 언급하지 않았다는 사실에 주목하게 된 것이다. 따라서 먼저 프레임의 의미와 중요성에 대한 검토를 간략하게 하고 나서 이를 자원봉사나 나눔의 운동에 어떻게 활용할 수 있는지를 생각해보기로 한다.

사실 우리나라가 짧은 기간에 고도경제성장을 성취하는 동안에 근대화의 양지만 산출한 것이 아니라 음지도 발생시켰다는 점을 이 책의 초반에서 자세히 검토하였다. 그 과정에 복지 수요 또한 증가하고 있음을 지적했거니와 그에 효과적으로 대처할 만한 사회적 안전망의 부실을 또한 놓칠 수가 없다. 거기에 시민사회의 개입이 필요하다는 인식이 싹트게 되었고 그러한 사회적 욕구에 대응하는 자원봉사운동과 나눔의 문화를 진작시킬 필요성이 절실함을 인지하게 되었다. 비록 민간주도의 자원봉사를 시작한 지는 1990년대 중반 이래 10수

년에 이르렀지만 아직도 일반국민의 참여율은 비교적 저조한 편이다. 가령 전국 여론조사 결과만 보아도, 1990년에 성인 인구의 14.02%가 자원봉사에 참여하는 것으로 밝혀졌고 그로부터 10년 뒤(2005)에야 경우 20.5% 선으로 상승했으나, 2008년 현재는 오히려 20%로 줄어들어 답보상태를 면치 못하고 있는 실정이다(Lee and Park, 2009: 19). 최근 조사에서는 겨우 21.4%로 약간의 상승을 보이는 정도의 변화를 엿볼 수 있다(볼런티어 21, 2011). 이와 비슷한 결과는 2010년의 153개국 비교연구조사에서도 드러났다. 이 조사에서는 한국이 15세 이상 인구 중 22%가 자원봉사 단체에 시간을 할애하는 것으로 보고하였다(CAF, 2010: 20).[45]

이와 같은 현실적 배경을 염두에 두고 우리가 관심을 갖지 않을 수 없는 사안은 그럼 어떻게 하면 자원봉사나 기부와 같은 나눔의 문화를 더 활성화하기 위해서 일반 국민의 참여를 확충할 것인가 하는 문제다. 대체로 자원봉사나 나눔운동을 관리하는 전문가들의 관점에서 보면 이 문제는 바로 봉사자 모집이나 나눔활동에 동참하도록 유도하는 과업으로 이어진다. 일반국민에게 동기를 부여하기 위한 수단을 강구하는 일이 시급한 것이다. 이는 다시 곧 유인(incentives)의 제공이라는 과제로 이어진다. 기실 자원봉사 참여에 관한 경험적 연구에서는 대개 이러한 논리에 기초하고 있다(강대선 외, 2010; 박소연 외, 2011; Clary et al., 1992; Musick and Wilson, 2008; Rochester et al., 2010). 그러나 인센티브 접근에는 어떤 유인을 어떤 방식으로 제공할 것이며 누가 그 모든 업무를 실제로 어떻게 관리하느냐 하는 매우 실질적인 쟁점을 둘러싼 논쟁이 진행 중이라는 문제가 있다.

이런 문제를 해소하는 한 가지 길은 실제 그와 같은 유인을 거론하거나 제공하지 않고서도 국민들로 하여금 자원봉사와 나눔운동에 관심을 갖고 참여할 수 있도록 하는 방법을 찾는 일이라고 할 수 있다. 이처럼 인센티브를 노골적으로 앞세우는 일은 피하면서 이 문제에 접근하는 새로운 방법을 모색해야 하는 근본적인 이유는 바로 자원봉사나 나눔의 운동이 지니는 내재적 가치와 특성에 있다.

45) 이른바 세계가치관조사(the World Values Survey, WVS) 자료에 의하면 한국의 자원봉사 참여율을 47%라고 발표하지만, 이런 조사자료는 신중한 평가가 필요한 면이 없지 않다(Hodgkinson, 2003: 41; Musick and Wilson, 2008: 343).

이는 이미 제2장에서 자세히 살펴본 자원봉사나 나눔의 가치와 의미가 기본적으로 어떤 물질적이고 금전적인 보상을 기대하지 않고 자유의지에 의한 자유재량으로 공익을 겨냥한 활동을 하는 데 있기 때문이다(Musick and Wilson, 2008: 3; Rochester et al., 2010: 19).

이런 취지에서 우리는 이제 자원봉사와 나눔 문화에 적합한 개인의 심리적 태도와 사회의 문화적 지향을 겨냥한 새로운 접근을 제시하려는 것이다. 그것이 다름 아닌 마음의 프레임을 형성하는 일이라는 논지다. 실지로 이 프레임 개념을 자원봉사 참여 동기와 관련한 연구에 적용한 사례는 극히 드물지만, 근자의 한 연구에서 이를 활용한 보기가 있다(Lindenmeier, 2008). 이 연구에서는 사람들이 어떤 선택을 할 때 소위 '메시지 프레임 하기'(message framing)가 함축하는 '이득 프레임'(gain frame) 아니면 '손해 프레임'(loss frame)에 입각한 위험요인을 계산해서 행동하다는 것을 발견하였다. 이런 메시지 프레임이 사람들의 자원봉사 참여 의지와 관련이 있다는 것이다.

비록 희귀한 보기이기는 하지만 이런 경험적 연구가 시사하는 것은 이와 같은 프레임 개념을 좀 더 구체적으로 이론화하여 자원봉사와 나눔의 운동에도 적용할 필요가 있다는 점이다. 이를 바탕으로 경험적 연구를 활발히 전개할 필요는 물론 특히 자원봉사 및 나눔운동의 활성화를 위해서도 이용가치가 충분히 있다고 보는 것이다.

2. 프레임으로 바라보는 세상

사람들은 날마다 끊임없이 크고 작은 일에 대한 판단을 내리고 그 기초 위에 행동을 결정하며 살아간다. 인간행동을 연구하는 학자들은 당연히 무엇이 그러한 판단과 결정을 좌우하는지를 묻게 된다. 상식적으로, 가장 우선하는 전제는 인간이란 생각해서 행동할 줄 아는 이성적 존재라는 점이다. 그러나 이는 하나의 필요조건에 불과하다. 인간은 무척이나 감성적인 존재이기도 하며 생각보다는 자주 비이성적이고 불합리한 결정을 행동으로 옮긴다. 그렇더라도 일단 판단하고 결정하는 주제나 상황에 대한 정보와 지식은 필요하다. 하지만 그런 정보와 지식을 얻는 과정 자체가 당장 문제가 되고 습득한 내용을 해석하는 데도 무수한 요인이 작용한다. 두뇌의 생리적 반응까지도 연구해봐야 할 과제가 된다. 인간의 행동에 영향을 미치는 요인들은 무한정이라 해도 과언이 아니다.

행동하기 위한 상황판단은 최소한의 정보를 요하고, 정보를 흡수하여 유용한 지식으로 삼으려면 사물에 대한 지각(perception)과 인지(cognition)가 일차적 필요조건이다. 사람들이 오관(五官)이 접수하는 감각으로 경험하는 인상들을 조직하고 해석해서 주어진 환경(상황)에다 의미를 부여하는 과정을 말한다. 문제는 인간의 지각 자체가 매우 불완전하고 제한적이라는 점이다. 우리가 지각하고 이해하려는 세상은 무척이나 복잡하고 다양한데 한순간에 그 모든 자극을 송두리째 흡수해서 한꺼번에 지각하고 인지하는 것은 불가능하다. 당초에 우리의 감각기관이 포착할 수 있는 공간적 범위 안에 있어야 한다는 객관적 조건을 충족해야 함은 물론이지만, 더 중요한 요소는 우리의 지각 자체가 매우 선택적으로 일어난다는 사실이다. 이른바 선별적 지각(selective perception)이 작동한다. 같은 상황에서 동일한 대상을 관찰하지만 사람마다 시공간의 맥락에 따라 다르게 지각하고 인지하게 된다는 것이다. 현실인식의 차이를 말한다(Dearborn and Simon, 1958; Beyer et al., 1997; Robbins and Judge, 2007:134-137).

일반적으로 지각·인지 과정에는 지각하는 사람의 태도, 동기, 이해관심, 기대, 경험, 지식 등 내적인 특성과 여기에 일정한 작용을 하는 사회경제적 지위, 가족 배경, 교육수준, 직업, 나이, 성별 지위, 거주지역 등 사회인구학적 변수가 영향을 미친다. 그런데 전문가들은 특별히 다음과 같은 성향들이 인간의 선별적 지각에 현저한 작용을 한다는 것을 지적한다(Robbins and Judge, 2007: 134-137).

① 후광 효과(halo effect): 관찰 대상의 특출하게 두드러진 한 가지 특성만을 수용하여 그것으로써 그 대상의 일반적 특성으로 간주하려는 성향
② 대비 효과(contrast effects): 대상을 개별적으로 파악하기보다는 다른 유사한 대상과 비교해서 인지하려는 성향
③ 투사(projection): 자신의 생각을 대상에도 그대로 적용하여 그 특성을 이해하려는 성향
④ 고정관념(stereotyping): 대상의 특성 자체를 개성으로 간주하기보다 대상이 속한 무리나 범주의 다른 대상들과 동일시하여 일반화하려는 성향

같은 맥락에서 인간의 판단과 결정에 지대한 영향을 미치는 현상을 지목하는 심리학적 개념이 있다. 대략 1970년대 말~1980년대 초부터 노벨경제학상 수상자인 심리학자 Daniel Kahneman 등의 연구에서 제창한 프레임이라는 말이다(Kahneman and Tversky, 1979; Kahneman et al, 1991; Gilovich, Griffin and Kahneman, 2002; Kahneman and Tversky, 2009; 최인철, 2007). 우리나라에서는 서울대학교의 최인철 교수가 최근에 펴낸 책에서 이 주제를 집중적으로 다루고 있다(최인철, 2007).

이 말의 의미는 다양하지만, 아마도 영어를 좀 아는 사람이면 이 단어를 듣고 제일 먼저 떠오르는 게 사진틀, 즉 액자일 터이고, 백화점에서 프레임 파는 곳을 물으면 액자상점을 가리킬 것이다. 물론 안경테도 창문틀도 프레임이다. 세상을 보는 '마음의 눈' 혹은 '마음의 창틀'이라 할 수 있다. 여기에는 기분, 무드, 심정, 마음상태 등도 연관이 있다. 학문에서는 '준거틀'(frame of reference)이라는 말로 이론이나 연구가 의지하는 개념적 구도를 지칭하기도 한다. 그런데 "누군가 나를 억울하게 프레임해서 마치 내 잘못인 양 꾸몄다"라고 변명하는 말은 의도적으로 증거나 사건을 날조하여 오해를 불러일으킴으로써 올가미를 씌우려 한다는 의미를 함축한다.

앞에서 잠시 고찰한 선별적 지각을 다시 상기하면 우리의 현실인식은 결국 우리가 세상을 볼 때 쓰는 마음의 창틀(프레임)에 따라 달라질 수 있음을 암시한다. 우선 푸른 빛 렌즈를 끼운 안경을 쓰고 세상을 바라보면 온통 푸르게 보이고 둥근 창틀로 바깥을 보면 둥글게만 보이듯이, 우리의 마음의 프레임은 일단 우리가 지각하고 인식하는 모호한 세상에 질서와 의미를 부여하며 대상의 의미를 선별적으로 파악하게 하는 조력자인 동시에 우리의 지각과 인식을 챙기는 일종의 검열관과 같은 기능을 한다. 이런 프레임은 우리의 신체적 상태, 사회적 지위, 전통적인 인습, 심지어는 주위의 가시적인 여건과 물건 같은 것들의 영향을 받아 달라질 수 있는 심리현상이다. 그리하여 우리는 일상적으로 고정관념, 착각, 편견, 선입관 등의 노예처럼 생각하고 행동하기 쉽다.

우리가 프레임에 관심을 가져야 할 중요한 이유는 "어떤 프레임으로 세상을 접근하느냐에 따라 우리가 삶으로부터 얻어내는 결과물들은 결정적으로 달라"지기 때문이다(최인철, 2007: 20). "프레임이야말로 우리 마음에 깔린 기본 원리이면서 동시에 행복과 불행, 합리와 비합리, 성공과 실패, 그리고 사람들 사이의 상생과 갈등을 결정하는 가장 중요한 요인이라"는 것이다(최인철, 2007: 205). 그런데 일방적으로 주어지는 삶의 "상황에 대한 프레임은 철저하게 우리 자신이 선택해야 할 몫이다. 더 나아가 최선의 프레임을 선택하고 결정하는 것은 우리에게 주어진 인격성의 최후 보루이자 도덕적 의무"라고도 한다(최인철, 2007: 184). 프레임이 이처럼 중요한 것이라면 우리의 직접적인 관심사인 자원봉사 및 나눔문화와는 과연 어떤 관련성이 있으며 이를 어떻게 활용할 수 있을지가 궁금해진다. 여기서 우리는 "프레임을 바꾸면 인생이 바뀐다"는 최교수의 선언(최인철, 2007: 205)에 귀 기울여봄 직하다. 자원봉사와 나눔운동의 활성화를 위해 우리 사회의 구성원들을 되도록 많이 참여하게 하고 올바른 방식으로 활동하게 하는 프로그램을 창안해내려고 할 때, 그들의 마음의 프레임을 어떻게 변화시킬 것인지를 고려하는 일이 중요하다는 것을 시사해주기 때문이다.

II. 자원봉사와 나눔의 프레임 가꾸기

한마디로 사람들의 마음을 자원봉사 프레임으로 가꾸기(리프레임잉, reframing) 위해서는 우선 프레임이 어떻게 작동하는지를 이해해 둘 필요가 있다. 여기서 변화를 유도하는 방법도 도출할 수 있을 것이다. 전문가들은 우리들의 삶을 지배하는 핵심 프레임과 지혜로운 사람의 프레임을 다수 소개하고 있지만 우리의 관심사를 위해서는 이 모두를 나열하고 채택할 필요는 없고 그중에서 적절한 것만을 선택적으로 언급하면 족할 것 같다(최인철, 2007: 73-204; Kahneman and Tversky, 2009).

1. '자기중심'에서 '타인중심' 프레임으로

가장 먼저 우리의 주제와 연관 있는 것은 자기중심적인 프레임이다. 심리학자들은 '자기'를 가리켜 독재정권이라 부른다. 사람들이 읽고 말하고 보는 것 등 모든 것을 간섭하고 통제하는 '자기'라는 것은 세상을 보는 방식을 일방적으로 결정해버린다. 모든 것을 자신의 관점에서 인식하는 투사효과가 작동하면 지각 자체가 왜곡될 수 있다는 선별적 지각의 논지를 상기할 필요가 있다. 따라서 우선 자기중심적인 프레임으로 모든 사물과 대상을 판단하는 버릇을 성찰하고 그로부터 벗어나 역지사지(易地思之)의 관점으로 세상을 바라보는 자세를 갖추는 것이 긴요하다. 이와 같은 자기중심성에서 탈피하는 순간 삶의 여러 면에서 놀라운 변화가 일어날 수 있다. 실지로 간난 아기나 아동의 마음 상태는 지극히 자기중심적이므로 이와 같은 자기중심적 성향을 일컬어 미숙함의 표징이라고도 하는 것이다(본서 제1장 참조).

사실 자원봉사나 나눔의 행동은 보기에 따라서는 그 자체가 자기 자신을 위한 것이므로 자기중심적이라고 볼 수도 있다. 그러나 그것은 역시 무엇보다도 남을 위해, 다른 사람이나 사회를 향해 자신을 일단 내어주는 행위에 해당한다. 여기에는 감정이입, 동정심, 인간적 연민, 자선 등 이타적 충동과 측은지심의 작용이 반드시 따르게 마련이다(Warriner, 1972). 더구나 봉사나 나눔은 본질상 다른 사람들을 돕고, 돌보고, 베풀고 나누는 행위이므로 인간의 본성에 해당한다고 볼 수 있는 자기중심적 지향을 극복하기 위한 타인지향적 프레임의 형성을 전제해야 한다.

그런데 이와 같은 봉사나 나눔 활동 과정에서 각별히 조심해야 한 사안이 있다. 단순히 내가 남을 위해 무엇을 한다는 자부심이 앞서서 봉사활동이나 나눔운동에 참여할 때조차도 자칫 빠지기 쉬운 함정은 모든 것을 자기 중심으로 생각하고 판단해서 행동하는 일이며 선별적 지각의 결과로 일정한 고정관념으로 사람을 판단하는 일이다. 봉사와 나눔에는 항상 상대가 있기 마련이므로 가장 조심해야 할 일은 나의 안경을 끼고 상대를 대하고 내 방식으로 행동하지 않도록 해야 한다는 점이다. 언제나 상대방의 신발을 신고 상황을 인식하고 판단하도록 하지 않으면 오히려 상대의 감정을 상하게 하고 자존심에 손상을 입히는 우를 범할 수 있으므로 우리의 프레임을 자기로부터 상대에게 맞추는 노력이 필요하다.

2. '하위' 프레임에서 '상위' 프레임으로

우리가 어떤 일을 프레임 할 때 시간지향을 단기 또는 장기적인 안목에서 생각하게 된다. 단기적인 프레임으로 결정하게 되면 주로 목전의 절차와 당장의 실질적 결과에 중점을 두고 판단하는 반면, 장기 프레임에서는 숭고한 이상과 심오한 의미에 더 큰 관심을 두게 된다. 이때 전자는 삶의 가치에서 낮은 수준의 '하위'(lower-level) 프레임이라 하고 후자는 높은 수준의 '상위'(upper-level) 프레임이라 한다. 하위 프레임에서는 '어떻게'(How)를 묻고 그 일이 하기 쉬운지, 시간이 얼마나 걸리는지, 성공할 수 있는지 등 기술적인 측면을 따져보는 프레임이라 아랫길이라 보는 것이고, 상위프레임에서는 '왜'(Why)를 묻고 왜 그 일이 필요한지, 중요한지, 이유, 의미, 목표 등을 염두에 두고 이상과 비전을 세우는 프레임이므로 웃길이라는 뜻이다(최인철, 2007; Trope and Liberman, 2003).

자원봉사 프레임은 바로 이 점에서 상위 프레임으로 무장하는 것이 긴요하다. 우리가 이 책의 제2장과 제3장에서 '자발적 사회'(the Voluntary Society) 혹은 시민사회의 '자발적 부문'(the Voluntary Sector)을 규정할 때 강조하는 것이 '봉사의 이상'이었다(김경동, 2007). 이러한 높은 이상을 향해 공공복리를 위한 운동에 자신을 자유재량으로 내어 줌으로써 사회의 복리에 기여하는 것이 원칙이다(Shultz, 1972; 김경동, 2007; 강대선 외, 2010). 이러한 이상에 감동하여 참여함으로써 개인은 자신이 한층 더 나은 사람으로 변하고 삶의 보람이 더욱 커지며 사회의 복지는 한 단계 높아지는 것이 자원봉사의 의의라는 높은 수준의 프레임이야말로 핵심적인 태도다.

3. '소유'에서 '체험' 프레임으로

프레임의 심리학은 경제학의 영역으로까지 넘어가서 경제행위, 특히 소비, 지출, 돈 쓰기와 같은 행동의 의미를 다루기도 한다. 소비지출의 목적이 순수한 소유인 때와 소비 자체가 하나의 중요하고 의미 있는 행위로 체험하는 데 목적이 있을 때가 있다. 전자는 소유(possession) 프레임이고 후자는 체험(experience) 프레임이다. 그런데 단순한 소유로 만족하기보다는 소비함으로써 어떤 보람 있는 체험을 갖게 된다면 그것도 값진 일이라 할만하다. 돈, 시간 및 재능을 어떤 대상이나 활동에 투자할 때는 소유보다도 체험 프레임으로 전환하면 사람들의 행복도 지수가 높아진다는 연구결과 보고가 있다(최인철 2007: 198-199; Kahneman and Tversky, 2009). 특히 자신을 위한 소비 내지 행동을 넘어 다른 사람을 위한 소비와 행동이라면 행복을 배가시킨다는 연구결과도 있다(Kim and Choi, 2006, unpublished).

이런 관점에서 보면 자원봉사나 나눔은 자신의 시간, 에너지 또는 자산을 다른 사람들을 위해 소비(지출)하는 행위기 때문에 더욱 의미가 있다. 이는 누구에게 과시하기 위해 자랑삼아 혹은 그냥 무료한 시간 때우기 위해 활동하는(소유 프레임) 게 아니라 진정으로 다른 사람들의 고통을 덜어주는 일에서 의미를 찾고 기쁨을 얻으며 동정과 연민을 느끼는 체험 프레임으로 임하기 때문이다. 자원봉사는 기본적으로 남을 위한 활동이지만 그것 자체가 하나의 경험으로서 보람되고 뜻있는 일이 된다는 프레임으로 참여할 때 진실로 값진 일이 될 수 있다. 좋은 일을 위한 기부도 일종의 소비라면 그러한 경험 자체가 주는 기쁨을 맛보는 것도 소중한 일이다. 이런 접근이야말로 위에서 언급한 '상위' 프레임에서처럼 봉사와 나눔에 참여함으로써 보람 있는 이상과 숭고한 가치를 찾는 삶의 자세라 할 것이다.

4. '관계' 프레임

행복연구가들이 발견한 행복의 가장 중요한 조건은 돈, 건강, 운동 심지어 종교적 신앙보다도 인간관계였다. 특별히 가족이나 가까운 이웃, 친구, 친지들이 주변에서 연고를 이어가는 그런 관계의 요인이 행복을 크게 좌우할 뿐 아니라 장수에도 기여한다는 것을 보고하고 있다(최인철, 2007; Diener and Seligman, 2002). 앞서 제2장에서 소상히 분석한 대로 현대사회에서 자원봉사가 필요해진 배경에는 인간관계의 성격이 자기중심적인 고립 속에 소외당하는 사람들을 대거 발생시키는 급격한 사회변동이 도사리고 있다. 따뜻한 공동체적 관계는 약화 일로에 있고 이해관심으로 엮어진 이익사회의 공리적 관계가 지배적인 시대를 살고 있다. 프레임의 언어로 표현하면 따뜻하고 친밀한 인간관계야말로 개인과 사회의 복리를 위해 가장 중요하고 영향력이 큰 요인으로 떠오를 수밖에 없다. 서방세계에서 두드러지던 외로움의 병폐는 이제 우리 사회에서도 일상화하는 시대가 되었거니와, 이런 사회에서는 '관계를 갈망하는 문화'(culture craving for relations)가 만연하다(Gallup and Castelli, 1989; Sofield et al., 1998). 그러므로 인간의 복지를 위해서는 공동체의 회복 또는 새로운 공동체의 형성이 시급한 과제로 등장하였다.

자원봉사는 사실상 새로운 관계를 형성하려는 운동의 한 축이다. 역시 제3장에서 논의한 것처럼 단순한 봉사자와 피봉사자의 기계적이고 수단적인 관계를 넘어 하나의 공동체를 이루는 원초적인 유대를 이룰 수만 있다면 이야말로 자원봉사의 가장 가치 있는 측면이라 할 것이다. 이를 위해서는 자원봉사를 관계 프레임으로 보는 시각이 긴요하다.

5. '지금 여기'의 '접근' 프레임

인생의 의미를 시간 차원에서 고찰하면 대체로 과거는 우리가 하지 못한 일에 대한 회상과 후회의 시간이고 현재는 단순히 미래를 위한 준비의 시기로 보려는 경향이 뚜렷하다. 과거를 회상할 때 해보지 못한 일에 대한 회한이 떠오르는 것이 인지상정(人之常情)이다. 하지만 행복과 성공은 현재 여기에서(here-and-now) 일어나는 일들을 즐기고 감사하며 열심히 살아가는 사람의 몫이다. 그러니까 '지금 여기' 프레임으로 지금 무엇인가를 '열심히 하면서'(do it) 긍정적으로 살아가자는 자세가 중요한데, 이를 두고 '접근'(approach) 프레임이라고도 한다. 만에 하나 지난날에 어떤 이유나 핑계로 성취하지 못한 것이 있었다면 지금이라도 당장 해보고 즐기라는 것이다. 아니면 해보지 못한 일로 인한 후회는 평생을 갈 수 있다. 오히려 일단 해 보았으나 실패했든가 만족하지 못했다면 그에 대한 후회는 그리 오래가지 않는 법이다(최인철, 2007: 189; Kahneman and Tversky, 2009).

이러한 마음의 프레임이 암시하는 것은 무엇이든 지금 여기서 하는 것이 너무나 중요하니 정말 즐기면서 거기에서 값진 의미를 찾아보려는 태도다. 이러한 자세는 위에서 소개한 숭고한 의미와 가치를 탐구하는 '상위' 프레임과 무엇이든 당장 해보는 '체험' 프레임의 태도와도 일맥상통하는 마음가짐이다. 더군다나 이런 자세로 살아가는 삶이 닫혀버린 자신을 열고 나아가 다른 사람들을 향해, 그들을 위해 무엇인가를 당장 해야겠다는 '지금 여기'의 '접근' 프레임이 인도하는 것이 되면 더욱 의미 있는 삶이 될 수 있다.

그러므로 이런 마음의 프레임으로 임한다면 자원봉사나 나눔의 삶을 지금 여기서 당장 접근하여 실행할 것이지 주저하고 미루는 소극적 태도는 극복할 수가 있다. 아울러 그러한 봉사와 나눔의 삶을 향유하면서 보람도 찾고 즐거움을 누려야지 상위 프레임으로 체험의 삶을 영위할 수 있는 것이다. 자원봉사나 나눔도 해 보지도 않고 이런저런 핑계를 대며 주저하고 회피하기보다는 일단 실천하고 보는 마음의 프레임이 필요하다. 실제 경험하고 나면 결단코 후회하지 않을뿐더러 행복과 뿌듯한 감동을 맛보게 될 것이기 때문이다.

6. '긍정적인 언어'의 힘

언어는 인간만이 가진 문화의 열쇠라 한다. 그만큼 우리가 쓰는 말은 우리의 사람됨을 비롯하여 우리가 세상을 보는 마음의 프레임을 결정한다. 당연히 일상적으로 쓰는 말 속에 무심코 묻어나오는 '대충해,' '충분해,' '다 먹고살자고 하는 일인데' … 식의 체념의 언어는 부정적인 결과를 가져오고 만다. 반대로, 감동, 기쁨, 설렘, 만족, 행복, 감동과 같은 말이 넘쳐나는 삶이라면 아름답고 행복할 것이다. 또한 주위 사람들의 좋은 점, 장점을 발견하고 칭찬하며 상호 격려하는 긍정적 표현도 상생의 길이다. 이를 가리켜 '긍정의 프레임'(positive frame)이라 한다(최인철, 2007: 193-194; Kahneman and Tversky, 2009). 이러한 태도는 긍정적인 언어로써 육성할 수 있다.

자원봉사와 나눔의 운동에 대해서도 이처럼 긍정적인 표현으로 인식하고 그러한 관념을 공유한다면 훨씬 더 보람 있는 일로 활성화할 수 있을 것이다. 특히 자원봉사나 나눔에 대한 유인을 물질적이고 금전적인 것보다는 칭찬, 포상 등과 같은 정신적이고 규범적인 것으로 제공하는 것도 이와 같은 긍정의 프레임에 입각한 것일뿐더러 이로써 더욱 적극적으로 참여할 동기를 부여하는 길도 된다. 한 걸음 더 나아가, 자원봉사자나 나눔운동 참가자들로 하여금 봉사나 나눔의 현장에서 서로에게 긍정적인 언어로 칭찬도 하고 상호격려하는 관행을 뿌리내리게 한다면 이는 봉사와 나눔을 더욱 장려하고 활성화할 뿐 아니라 인정스러운 공동체적 관계를 형성하는 일석이조의 성과를 기대할 수도 있다.

7. '영웅' 프레임

누구나 본받고 싶은 영웅이나 인물이 있게 마련이며 사회마다 역할 모델로서 영웅을 세우는 것이 널리 이루어지는 관행이다. 특히 젊은 세대에게는 본받을 만한 인물이 필요하다. 그래서 역사 속의 인물이나 현재의 영웅을 만들고 떠받들며 이야기를 공유한다. 이런 마음가짐을 '영웅 본받기 프레임'(hero frame)이라 하거니와 이런 것을 가져보는 것도 인간의 자기계발, 인성교육 및 행복을 위해 도움이 될 수 있다. 다만 영웅이라고 반드시 그처럼 탁월한 역사적 인물이어야 할 까닭은 없다. 주변에서도 자신이 존경하고 선망의 대상으로 삼을 수 있으며 동일시하고 싶은 사람이면 영웅으로 간주하고 추대하면 되는 것이다. 그뿐 아니라 각자가 마음속에 한 가지 유형의 영웅을 상상하고 그 영웅을 닮아가려고 날마다 노력하며 살다 보면 언젠가는 실지로 자신이 꿈꾸어 오던 자신의 영웅처럼 될 수도 있다는 게 전문가들의 견해다(최인철, 2007: 194-197; Kahneman and Tversky, 2009). 또한 앞에서 언급한 선별적 지각에 영향을 미치는 성향 중에서 후광효과를 되새겨보는 것도 도움이 된다. 영웅과 같은 특출한 대상을 설정함으로써 세상을 보는 눈도 그러한 후광효과로 생긴 프레임으로 바라볼 수 있다는 말이다. 결국 이러한 영웅 프레임은 다름 아니라 바로 위에서 제시한 '긍정의 프레임'의 한 특수 유형이라고 볼 수도 있다.

자원봉사와 나눔의 세계에서도 그런 '영웅'이 나올 수 있고 이들을 널리 알리는 이야기를 만들 수 있으며 이를 본받고자 하는 사람들이 많이 생기도록 적극적으로 홍보하고 교육하는 방법도 있다. 특히 많은 사람들에게 잘 알려진 인물과 자원봉사 및 나눔운동을 연계시킴으로써 후광효과를 이용한 운동의 활성화를 위한 홍보도 가능하다. 그리고 개인은 마음만 먹으면 자신이 그처럼 타인의 모본이 되는 영웅으로 성장할 수도 있겠지 하는 믿음이 중요하다.

8. '공유' 프레임

앞서 제4장에서는 나눔의 사회학을 소개했거니와, 자원봉사가 나눔의 행위라는 관점에서 접근할 때, 일반적으로 물질적인 자원은 나누면 분산으로 인한 축소 내지 감소가 결과하는 것으로 인식하지만, 나누는 자원의 특성과 나눔 방식에 따라서는 나누면 더 늘어나는 수도 있다. 더구나 사랑, 인정, 연민, 돌봄, 도움 베풀기, 물질적 지원은 물론 도덕적 응원 같은 정신적이고 사회적인 자원은 나누면 나눌수록 더 증가하고 확장하는 것이 원칙이다. 그러므로 자원봉사의 나눔은 바로 이와 같은 나눔으로 자원이 늘어나는 상생의 원리가 작동하는 행위임을 프레임하는 일도 매우 중요한 과제가 된다. 이처럼 우리의 마음의 프레임을 '공유'(sharing) 프레임으로 교정하는 식으로 생각을 조금만 고쳐먹으면 그만큼 모두에게 득이 되고 서로를 북돋우는 효과를 얻을 수 있다는 것을 일깨우도록 노력해야 할 것이다.

9. '책무' 프레임

사회생활을 누려야 하는 인간의 실존적 조건 중 가장 근본적인 것 하나는 우리가

나 혼자만 살지 못하고 남들과 함께 사회를 꾸려가야 한다는 것이다. 이 조건은 우리로 하여금 각자 자신의 권리와 이익을 중시하여 옹호하고 주장하는 데만 경주할 수 없고 다른 사람들도 그들의 권리와 이익(권익)을 함께 추구할 수 있도록 허용하고 옹호하는 데 협조해야 하는 것이다. 실제로 시민사회의 성숙도를 확인하는 가장 흔한 지표 중 하나는 시민들이 각자 지역공동체와 국가에 대해서 감당해야 하는 책임과 의무(책무)를 얼마나 충실히 감당할 수 있는지를 점검하는 데로 쏠린다(김경동, 2007). 이는 앞서 제3장에서 설명한 시민사회의 두 가지 기능을 어떻게 잘 수행하느냐가 관건이다. 그 중 하나인 책무 기능이 바로 자원봉사와 나눔의 운동이 주체가 되는 기능이다. 따라서 우리는 '책무'(responsibility and duty) 프레임을 강조하려는 것이다.

10. '가입하기'와 '탈퇴하기' 프레임

여기에 한 가지 더 추가하면 '가입하기'와 '탈퇴하기' 프레임이다. 국가나 시민단체가 시민들로 하여금 무슨 사회적인 공헌을 지향한 프로그램에 동참하도록 장려하는 정책으로 자발적으로 '가입'을 신청하게 하고 싫으면 참여하지 않아도 되는 방법과, 누구나 자동적으로 동참하는 것으로 정해 놓고 싫은 사람만 탈퇴를 신청하도록 하는 방법을 썼다. 이른바 '가입하기' 프레임과 '탈퇴하기' 프레임이다. 그런데 가입하기 프레임에서 좋은 일에 참여하기 위하여 가입을 신청하도록 하는 방법에서는 아무리 좋은 뜻의 일이라 해도 의식적으로 가입의 절차를 밟는 것은 아무래도 번거롭기 때문에 그냥 바쁘다는 핑계 정도로도 가입을 거부할 수가 있다. 크게 체면이 깎일 일도 아닐 수 있다. 그러나 '탈퇴하기' 프레임이 제공하는 프로그램에서는 실제 탈퇴하기 위하여 그 이유를 찾아야 하는 궁색함이 따른다. 누구나 다 하는 좋은 일인데 나만 빠진다는 것은 핑계를 대기가 그리 간단치가 않고, 남 보기에도 별로 점잖지 못해서 체면을 손상할 수도 있다. 결국 실제 참여율은 가입 프레임보다는 탈퇴 프레임에서 더 높게 나타났다는 연구결과가 있다. 탈퇴해야 할 이유를 찾아서 자신의 행동을 정당화하기는 가입하지 않을 이유를 찾기보다는 더 어렵다는 원리다(최인철, 2007: 194-197;

Kahneman and Tversky, 2009).

자원봉사나 나눔운동을 이처럼 국가의 반강제 규정이나 물질적 보상 제공으로 묶을 수는 없다. 어디까지나 자유재량에 의한 자발적 참여가 원칙이다. 동참하지 않아도 누가 나무랄 이유도 없다. 그런 까닭에 적어도 문화 속에 이미 깊이 뿌리내려서 제도화가 확고한 일부 서방세계의 사회를 제외하면 봉사나 나눔운동 참여율이 일반적으로 저조하다고 볼 수 있다. 그러니까 이런 데서는 봉사나 나눔운동에 참여하는 것을 규정으로 강제하거나 사회적으로 압력을 주는 일은 자발성의 정신에 어긋난다고 볼 수 있다. 하지만, 적어도 일반시민의 참여를 유도하는 데 있어서 가입 프레임과 탈퇴 프레임의 상대적 효율성을 감안하여 처음부터 자유재량으로 참여를 거부하는 행동과 일단 동참해야 하므로 가입은 했지만 탈퇴를 하려고 이유를 제시하는 행동의 난이도를 비교하는 것은 해볼 필요가 있다. 그리하여 아예 불참하는 것이 더 거북한지, 아니면 동참했다가 탈퇴하는 것이 더 어려운지를 따져서 문화적인 환경을 조성하는 노력을 기울일 필요는 있을 것으로 생각할 수 있다. 이런 원리를 적용하여 새로운 프로그램을 개발할 가치는 있기 때문이다. 결국 여기에 자원봉사와 나눔의 문화를 조성하는 과제가 떠오르게 되므로 이 문제를 곧이어 고찰해볼 것이다.

11. 요약

위의 내용을 한 번 요약정리하면 이렇다. 자원봉사 및 나눔의 프레임을 가꾸기 위해서 우리는 먼저 자기중심적인 프레임을 탈피하여 삶의 의미와 이상을 추구하는 상위 프레임과 관계 프레임으로 재무장하고 지금 여기 프레임으로 회피하거나 미루지 말고 접근 프레임으로 적극 참여하여 체험 프레임으로 직접 경험하는 것이 중요하다. 그 과정에서는 서로 칭찬하고 격려하는 긍정의 프레임으로 임하며 영웅 본받기 프레임으로 서로에게 모본이 되도록 행동한다. 요는 자원봉사든 나눔운동이든 공유와 책무를 다하는 마음가짐이 기본적인 것이다. 결국 이런 자원봉사와 나눔운동에 참여하도록 권장하는 길로서는 가입하기보다는 탈퇴하기 프레임으로 접근하여 사람들로 하여금 참여하지 않는 이유를 찾도록 함으로써 참여도를 제고할 수도 있다.

그런데 이와 같은 프레임의 일반 유형에 더하여 우리의 직접적 관심사인 자원봉사와 나눔의 프레임 자체도 하나의 주제로 다룰 만하다. 원래 아무리 자기중심적인 본성을 지닌 인간일지라도 자발성이라는 성향은 누구나 지닌다고 할 수 있을 것이다. 자발적 행위는 자유재량에 의한 행위다. 인간은 사회생활을 함으로써 사회적 정체를 획득하고 정상적인 인간으로 살아가는 실존적 조건 때문에 어느 정도는 사회적 규범의 강제력에 좇아 행동하는 존재다. 그러나 인간에게서 자율성이나 자유재량의 가능성을 제거하면 인간다움의 요건 하나가 빠지는 것과 마찬가지다. 사회적 규제에도 불구하고 인간은 자기 의지로써 행동할 능력이 있는 것이다. 다만 어떤 조건에서 사람들은 이 자유재량을 발휘하느냐가 문제다. 자원봉사와 나눔은 바로 이 자유재량에 의하여 사회의 높은 뜻(大義, causes)에 공헌하겠다는 봉사의 이상을 실현하는 행위다. 그러므로 이 운동을 진작시키려면 그러한 자유재량 프레임을 강화하도록 하는 것도 매우 중요한 과제라 할 것이다. 누가 강제로 시켜서, 혹은 어떤 구체적인 보상을 기대해서 봉사하는 것이 아니라 어디까지나 스스로 자유재량을 발휘하여 봉사한다는 프레임은 앞에서 예시한 '상위 프레임'의 한 좋은 보기라 할 수 있다(김경동, 2007).

다만 그 어떤 프레임이든, 실효를 거두려면 반복적인 습관 기르기의 노력을 요구한다. 한 번 결심하면 프레임이 저절로 바뀌고 또 필요하면 아무 때나 바꾸기 쉬운 그런 현상이 아니다. 프레임 자체가 일종의 습관적인 반응이므로 한 번 굳은 습관이 쉽사리 바뀌지 않듯이, 프레임이 하나의 습관처럼 굳어지려면 무수한 반복에 의하여 프레임하고 또 리프레임잉(reframing), 즉 재프레임 하는 노력이 긴요하다. 규칙적이고 반복적인 연습으로 새로운 프레임을 습득해야 한다. 자원봉사와 나눔의 프레임을 새로이 갖도록 하거나 기왕의 프레임을 리프레임잉 하려면 역시 이와 같은 규칙적인 연마를 되풀이하는 습관이 필요하다는 말이다.

그런데 이러한 노력은 어디까지나 개인 차원의 일이고 그러한 개인의 노력을 강화해주는 사회 전체 차원의 노력도 따라야 진정으로 실효 있는 프레임 형성이 가능하다. 그것은 곧 문화적 맥락의 변화를 뜻한다. 다시 말해서 개인의 수준에서는 습관이라 할 수 있는 것은 사회적 차원에서는 문화적 관습이 되는 셈이다. 이 둘이 잘 조화를 이루면 금상첨화의 효과를 얻게 될 것이다. 특히 자원봉사와 나눔의 운동은 시민 개인의 참여가 중심이므로 개인의 프레임만 잘 만들어지면 족할 것 같으나 실은 사회 전체의 분위기나 관습 자체에 그러한 문화가 깊숙이 그리고 널리 번져 있지 않으면 개인의 참여를 유도하기가 그리 쉽지 않다.

III. 자원봉사와 나눔의 문화 조성

1. 문화의 일반적 의미와 자원봉사 및 나눔의 문화

가령 미국과 같은 나라에서는 어려서부터 가정, 교회, 학교, 지역공동체 등에서 매우 자연스럽게 자원봉사나 나눔의 체험을 하는 여러 가지 프로그램들이 있기 때문에 성인이 된 뒤에도 언제나 필요하고 여건이 되기만 하면 자원봉사와 나눔활동에 적극적으로 참여하는 현상을 볼 수 있다. 말하자면 자원봉사와 나눔 프레임은 그 문화 속에 이미 널리 편재하고 있어서 미국인들의 몸에 배 있는 삶의 일부라 할 수 있다. 일찍이 19세기 프랑스 지식인 토크빌(Alexis de Tocqueville)은 미국사회의 자발적 참여에 대한 관찰에서 '가슴에서 우러나는 습관'(habits of the heart)이라는 말로 그 특징을 표현했음을 이미 제3장에서 언급하였다. 미국인들은 어떤 사회적 쟁점이 생기면 시민 스스로가 힘을 모아 결사체를 조직하고 풀뿌리에서부터 적극적으로 참여함으로써 건전한 시민민주주의를 운영하고 있었다는 것이다. 이처럼 미국 시민들이 자발적으로 참여하는 것은 마음에서 자연스럽게 표출하는 습관과 같은 자원봉사와 나눔의 프레임을 그 사회의 문화 속에 깊이 그리고 폭넓게 간직하고 있었더라는 날카로운 지적이었다(Bellah et al, 1985: vii).

우리가 자원봉사와 나눔운동을 더욱 알차게 일구려고 할 때 이처럼 우리 사회의 문화 자체를 자원봉사와 나눔의 프레임으로 다시 조성하는 일의 중요성을 일깨우는 사례라 할 수 있다. 이때 '문화'라는 말은 주로 문화인류학과 사회학에서

[표 7-1] 문화의 존재양식과 기능

차원	사회의 집합적 차원 개인의 개별적 차원	
기능/존재양식	내면적, 상징적 양식	외형적, 가시적 양식
인지적 경험의 문화	마술, 신앙, 지식, 철학	과학기술, 물질문화
심미적 표출과 감상의 문화	예술적 지향, 이론	예술적 표현 (음악, 미술, 공연 등)
평가적 규범의 문화	도덕가치	예절, 규칙준수, 윤리적 행위 등

쓰는 일반개념으로서 상징능력을 지닌 인간이 사회생활을 영위하는 과정에서 창조하고 공유하는 삶의 길잡이 및 행동양식과 그 결과 만들어내는 각종 가시적 결과물을 총칭하는 것이다. 한 마디로 문화 없이 인간은 살 수 없다는 뜻으로 '생존 수단'이라 지칭하는 것이고, 또한 인간은 문화의 창조자인 동시에 '문화의 수인(囚人)' 즉 감옥살이하는 죄수나 줄에 매달려 춤추는 '꼭두각시' 마냥 문화가 가르치고 시키는 대로 생각하고 행동한다는 의미로 쓰는 개념이다.

문화는 인간만이 지니는 사회현상으로서 사회를 그릇으로 간주하면 문화는 거기에 담긴 내용물, 즉 시쳇말로 컨텐츠(contents)다. 문화는 사회가 없이는 생성하지 못하지만 사회는 문화 없이 존속할 수 없는 불가분의 관계로 존재하는 현상이다. 사회학이나 문화인류학의 관점에서는 '사회성원으로서 인간이 습득한 지식, 믿음, 예술, 도덕, 법, 관습, 기타 모든 역량과 습관을 포괄하는 복합적 총체'라고 규정하였다(Tylor, 1871; 김경동, 2008: 34). 이러한 문화의 존재양식을 기능적인 측면에서 간추리면 [표 7-1]과 같다.

자원봉사와 나눔을 주제로 삼는 우리의 관심사는 주로 인지적 문화 중 지식과 철학적 관점 그리고 평가적 규범문화의 예절, 규칙준수 및 윤리적 행위로 집중한다. 심미적 문화는 전혀 무관하지는 않지만 부수적이다.

이처럼 일반개념으로서 문화를 생각하면 위에서 예를 든 미국인들의 일상적 행동양식의 한 모습으로 나타나는 자원봉사 마인드, 혹은 가슴에서 우러나는 습관으로 자리 잡은 자원봉사와 나눔의 프레임을 들 수 있다. 이미 그 문화 속에 배태한 마음의 프레임이므로 자연스럽게 행동으로 표출한다는 의미다. 그런 뜻으로 이해할 때 우리가 주목해야 할 것은 사회 전체에 그러한 문화를 어떻게 진작시키는가 하는 문제다. 만일 미국과 같이 그 사회의 역사적 전통 속에 이미 그와 같은 시민민주사회의 자발적 참여와 봉사라는 문화가 존재한다면 그것을 기억으로 되살려 더욱 강화, 확산시키면 족할 것이다. 이런 전통이 문화적 기억으로 남아 있지 않은 우리 사회는 어떤 조치가 필요한지를 찾는 일이 주요 과제로 떠오른다.

물론 우리 사회의 문화적 전통 속에도 자원봉사와 나눔의 문화가 존재했었다. 그것은 주로 유교적 관념과 관행이 지배적이던 조선시대의 유산이 가장 크게 영향을 미친 것으로 볼 수 있다. 앞서 제4장에서 비교적 소상하게 소개한 대로 우선, 유교 사상의 나눔과 베풀기 문화의 요체는 인(仁)으로 집약하였고, 공동체 상부상조의 전범으로 실천을 독려한 향약의 4대 강령에도 환란상휼(患難相恤)이라는 항목이 나눔관행과 상부상조의 덕목을 표상하였으며, 두레, 품앗이, 계와 같은 협동의 관습도 있었다. 또한 노블레서 오블리주의 정신은 바로 맹자의 여민동락(與民同樂)에서 잘 나타나 있다. 지난 한 세기 격변을 겪는 과정에 이러한 덕목과 관행이 거의 무력해진 것이 역사의 현실일 따름이다.

따라서 우리는 이제부터 새로이 자원봉사와 나눔의 문화를 조성하고 확산하는 노력이 필요해졌다. 위에서 살펴본 프레임의 이론에 입각하여 개인 수준에서 사람들의 마음속에 갖가지 자원봉사와 나눔의 프레임을 간직한다고 해도, 이는 자원봉사와 나눔운동에 대한 일반 국민의 적극적 참여를 위해서는 단지 유용한 필요조건에 불과하다. 그러므로 사회의 차원에서 자원봉사와 나눔의 문화가 개화하는 데는 미비한 조건이다. 결국 자원봉사와 나눔의 문화와 그 컨텐츠를 실천에 옮기는 데 필요한 제도적 메커니즘을 조성해야 하며. 그래야만 전체 사회에서 자원봉사와 나눔 문화의 권장, 함양, 홍보, 증진, 실천 그리고 강화하는 일을 순조롭게 진척시킬 수가 있다.

다른 한편, 어떤 사회든 자원봉사와 나눔운동의 문화를 조성, 확장시키려고 한다면 역시 동시에 개인의 차원에서 개개 구성원들의 마음속에 자원봉사와 나눔의 프레임을 하루속히 정착시키려고 노력해야 한다. 어떤 사회든 이런 마음가짐을 간직한 시민들로 가득하다면 사회 속에 자원봉사와 나눔의 문화를 순조롭게 조성하고 진흥시킬 수 있을 것이다. 한마디로 자원봉사-나눔의 프레임과 자원봉사-나눔 문화는 공동보조로 갈 수밖에 없다는 것이다. 상호의존적이며 상호작용하는 관계로서 그 중 하나가 없으면 다른 하나도 무력해지게 되므로 동시에 개인의 프레임을 권장하는 제도적 메커니즘과 과정을 정비하는 한편, 자원봉사와 나눔의 문화를 형성하는 과업을 추진할 필요가 있다.

2. 자원봉사 및 나눔 문화 조성·확산의 정책적 과제

이를 위해서는 정책적 맥락에서 문화조성과 확산의 과업을 추진해야만 한다. 우선 자원봉사문화 조성과 확산 정책의 목표는 기본적으로 시민으로 하여금 봉사와 나눔에 지속적으로 적극 참여하게 하는 일일 것이다. 그러한 목표에는 다음과 같은 요소를 담는다.

① 자원봉사에 대한 관심을 갖도록 하고,
② 그에 대한 기초지식 내지 인식을 지니게 하며,
③ 그에 기초하여 직접 참여할 태도(자세)를 갖추고,
④ 필요할 때 계기가 생기는 즉시 실제로 행동으로 옮기면서 살아가게끔 하려는 것이다.

한 마디로 누구나 스스로 거의 자연발생적인 행동으로 봉사와 나눔에 참여할 수 있는, 가슴에서 우러나는 습관을 배양하는 데 주된 표적이 있다는 점이다.

이러한 목표 달성을 위한 정책의 주요 내용은 다시 아래와 같은 것을 포함한다 (Liao-Troth, 2008; Lipp, 2009).

① 시민 전체를 대상으로 하여 자원봉사에 임하도록 동기를 부여하고,
② 이에 필요한 인센티브를 제공함과 동시에,
③ 이들을 실지로 모집, 유치하고 조직하며,
④ 사회적인 수요에 걸맞으면서 아울러 봉사자들에게도 적절하고 유익하도록 개발한 프로그램을 가지고 교육수련을 거쳐,

⑤ 현장으로 파송한 다음, 활동을 실시하도록 지도감독하고,
⑥ 종료 후에도 활동의 평가를 시행할 뿐 아니라 그 결과를 토대로 미래지향적 프로그램 개발을 위한 환류(feedback)를 시도하는 일이다. 그리고
⑦ 거기에 그치지 않고 저들이 앞으로도 봉사 프로그램에 가능하면 지속적으로 참여하게끔 할 수 있는 것도 정책내용이 된다.

결국 자원봉사문화의 진작은 개인을 대상으로 하지만 이들이 활동할 수 있도록 조직운영하는 조직체도 필요한 요소다. 그러한 조직체는 국가, 시장 및 시민사회의 세 부문을 대표하는 것들이어야 한다. 그리고 이들은 모두 함께 고려해야 하고 서로가 동떨어져서 접근할 수가 없다. 그러려면 단순히 세 부문이 독자적으로 이 과제에 임하기보다는 파트너십의 구축에 의한 상호협동이 핵심이며 필수다. 파트너십(partnership)이란 말은 대개 기업활동을 함께하는 사람들이 일을 꾸릴 때 동등한 위치에서 동참함을 내포하며, 상호협동(collaboration)이란 함께(co) 일한다(labor)는 뜻을 암시한다.

그러면 구체적으로 그와 같은 정책 목표를 달성하기 위한 정책내용을 어떻게 온 국민에게 심어주느냐 하는 방법의 문제를 생각해야 한다. 여기서 무엇보다도 가장 중요한 것이 교육일 수밖에 없음을 알 수 있다. 솔직히 다른 묘안이 나오기 어렵다는 말이다. 교육은 무엇보다도 가정교육에서 시작해야 하고 이제는 학교와 같은 공교육이 정식으로 이 기능을 담당하도록 해야 한다. 물론 현대사회는 여러 형태의 사회교육, 평생교육이 펼쳐지고 있으며 대중매체의 역할이 더욱 막강해지고 있는 시대다. 따라서 이 문제는 별도로 취급하고 가정교육과 학교교육부터 생각해보기로 한다.

1) 조기 체험교육의 중요성

우리나라 어머니들처럼 교육에 가히 '광적인' 관심을 갖는 사례도 드물 것이다. 그런데 이러한 어머니의 관심이 한군데로 쏠리는 데 문제가 있다. '입학시험 위주'의 교육이다. 이 문제를 자세히 분석하는 것이 주안점은 아니므로 여기서 장황한 해설은 필요 없고 요점만 지적하면 한 마디로 어머니들이 일찍부터 지식위주의 교육에 대한 일차적이고 집중적인 관심에서 탈피하여 자녀의 창의력

향상과 인간성·사회성 육성에 더 큰 노력을 기울이도록 지향성을 바로 잡아 주는 것이 시급하다. 자원봉사 문화의 조성도 이러한 자녀의 사회성 교육에 대한 어머니들의 관심에서 출발할 때 가장 확실한 실효를 거둘 수 있다. 이를 위해서는 학교교육의 제도적 개선이 필요한 것은 물론이지만 시민사회의 영역에서 본다면 광범위한 '어머니 교육' 프로그램의 확산이 가장 시급한 과제로 떠오른다. 결국 어머니 교육은 주로 시민사회 부문의 사회교육 내지 평생교육의 몫이다. 국가적 차원에서 이러한 어머니 교육의 광범위한 확산을 제안한다. 여기서 어머니들로 하여금 자원봉사와 나눔의 프레임을 지닐 수 있는 교육을 지속적으로 실시한다면 우리 사회에도 자원봉사와 나눔 문화의 조성이 더욱 활발해질 수 있을 것이다.

이 대목에서 특별히 청소년과 가족 자원봉사의 중요성에 대해서 간략하게 생각해보기로 한다. "세 살 버릇 여든까지 간다." 아주 평범하고 널리 알려진 우리나라 속담이다. 사람이 사람답게 성장하기 위해서는 어려서부터 잘 길러야(사회화) 한다는 뜻이다. 그 몫은 일차적으로 가족에게 돌아간다. 요즘은 조부모가 자신의 가족이 아니라는 어린이들이 늘고 있을 만큼 조부모나 기타 친족이 함께 사는 확대가족이나 3대 가족은 매우 드물고 부모와 자녀만 사는 핵가족이 지배하는 시대인지라 결국 부모가 이러한 초기(조기)사회화의 핵심에 있다. 그러므로 자원봉사운동을 진흥하고자 한다면 결국 어려서 가정교육에서부터 시작하는 것이 가장 효과적이라는 말이 된다. 그리고 어린이가 자라서 바깥에 나다니기 시작할 때부터는 어린이집, 유치원 등 취학 전 교육기관을 비롯하여 추후에는 공식 교육기관인 학교에서 지속적으로 자원봉사 교육을 추진하는 것이 중요하다.

현재 우리나라에서는 청소년들이 자원봉사 활동에 참여하면 학교에서 그에 대한 기록에 기초하여 일정한 형태의 보상을 시행하는 방식으로 관리하는 것이 상례다. 또한 한국의 교육제도에서 가장 중시하는 입학전형 과정에서는 입학사정관들이 검토하고 평가하는 자료 속에 자원봉사의 경력을 포함하고 있다. 그러나 이러한 접근 방법은 우선적으로 자원봉사 활동 참여의 결과에 기초한 인센티브의 제공이라는 측면을 지나치게 강조하는 것이므로 그에 따른 갖가지 부작용을 발생시키는 문제가 드러났다. 예를 들면 활동 자체가 대개 개별적인 것으로 개개 학생이 어떤 자원봉사 내지 복지 관련 기관에서 봉사에 나선 시간을 그 기관으로부터 인증받은 기록에 근거하여 보상을 제공하는 방식으로 이루어진다. 이때 그 학생이 과연 실질적으로 어떤 활동을 얼마나 진지하게 실시했는지를 알아내는 방법은 거의 없기 때문에 결과적으로 모든 절차가 매우 형식으로 흐를 소지가 매우 크다.

물론 그중에는 진정성을 가지고 봉사활동의 의미를 음미하면서 열심히 성심껏 참여하는 청소년도 있을 것이다. 그러나 처음부터 이런 제도를 도입하는 과정에서 근본적으로 이 제도를 운영하는 학교 당국, 담당 교원, 기관이나 단체의 전문관리자 등 여러 운영 주체들이 과연 그러한 참여의 의미와 가치에 대한 철저한 교육과 의식함양을 거쳐서 시작했는지를 우선 물어야 한다. 그와 같은 교육훈련이 결여하거나 부족한 상태에서 분명한 의식을 지니지 못한 청소년들이 자원봉사에 임한다면 이 또한 그러한 운동과 참여 자체의 의미와 가치를 제대로 살리는 결과를 가져오리라 기대하기가 어려울 것이기 때문이다. 이런 점을 염두에 둔다면 이제라도 우리가 청소년 자원봉사운동의 접근방법에 대한 근원적인 성찰을 심중하게 하고 나서 올바른 길로 운동을 이끌어나갈 수 있도록 관계 전문가들이 뜻을 모으고 발전적인 방안을 강구하면서 진행하도록 하는 것이 필요하다 하겠다.

이미 많은 연구에서 밝혀진 바와 같이, 어린 시절에 자원봉사 활동을 경험한 사람들이 성인이 된 후, 평생에 걸쳐 지속적으로 자발적인 사회적 봉사 운동에 적극적으로 참여한다는 것이다(Musick and Wilson, 2008; Rochester et al., 2010). 그렇다면 청소년 자원봉사라는 운동 자체의 목표와 그 참여의 시발점을 취학 전 아동기로 잡는 것이 적절하다. 이 말은 청소년 자원봉사는 가정에서 시동이 걸려야 한다는 것을 암시한다. 결국 일차적으로 청소년 자원봉사는 가족단위 봉사 운동의 일환으로 규정하는 데서 출발한다는 인식이 중요하다. 거기서 시작한 운동은 취학 기간에도 이어지도록 학교와 교육당국이 제도적인 체계를 잡는 노력이 뒤따라야 할 것은 자명하다. 교과과정의 일부로 반드시 자원봉사 교육훈련을 포함해야 한다는 말이다.

오늘날 세상은 날로 발전하는 듯하지만 다른 한편으로 인류는 엄청난 문제로 시달림을 받고 있다. 생태환경의 오염, 훼손 및 지구온난화로 인한 자연재해,

불평등과 빈곤, 갈등과 분쟁 같은 어려운 일들이 끊임없이 벌어지고 있다. 이런 문제는 현재의 세대의 고통으로 그치지 않고 오히려 내일을 살아야 하는 청소년 세대의 삶을 좌우할 심각한 쟁점들이다. 따라서 이들로 하여금 그와 같은 문제에 대한 정확한 인식을 가지고 이에 대처할 수 있는 역량을 갖출 수 있도록 어려서 학교뿐 아니라 가정에서부터 교육하고 훈련할 필요가 있다. 특히 그러한 교육훈련은 책에 의한 지식습득보다는 몸으로 체험하는 실천적 접근이 훨씬 더 효과적이다.

어릴 때부터 아동 청소년들로 하여금 더불어 사는 지구촌과 이웃의 공동체에 대한 공동의 책임을 느끼고 문제를 해결하여 세상을 바꾸는 일에 적극 참여하도록 교양하기를 원하는 것이다. 그러자면 그들에게 어려운 이웃을 향한 측은지심과 보살핌과 나눔의 가치와 의미를 일찍부터 깨닫게 도와주는 일이 중요하다. 이를 위해서는 가족 단위로 또 친구와 이웃들과 함께 자원봉사에 참여하는 것보다 더 효과적인 길이 있을 수 없다. 그 과정에서 무너져 가는 공동체를 다시 일구고 사회의 갈등을 해소하는 더 큰 성과도 거둘 수 있는 준비태세를 어린 세대들에게 갖추어 줄 수 있다. 이러한 어린 시절의 자원봉사 체험이야말로 청소년 아동의 생각을 바꾸고 세상을 바꾸는 기적이 일어나는 벅찬 삶의 보람이 되는 것이다. 지금부터라도 청소년 자원봉사를 생각하고 실천하고자 하는 사람들이라면 이와 같은 근본적인 지향에서 이 운동 자체를 새로이 바라보는 자세변환이 필수적이다.

이런 활동은 위에서 소개한 '가슴에서 우러나는 습관'으로 자리 잡을 때 진정하고 지속적인 것이 될 수 있다. 그러려면 어린 시절부터 가정을 중심으로, 그리고 자라면서 학교생활에서 자원봉사 활동을 경험함으로써 일찌감치 '마음의 프레임'이 자원봉사 참여로 틀을 잡게 하는 방식으로 이 운동의 방향을 잡는 것이 필수가 될 수밖에 없다.

2) 공식 교육과정에서 체험 교육의 추진

물론 학교교육에서도 이제는 자원봉사와 나눔의 가치와 과제를 정식 교과과정 안에 담아 교육하고 이를 현장교육에 의해서 몸에 익혀 습관화하는 노력이 있어야 할 것이다. 서방선진국에서는 주로 봉사학습(service learning)이라는 명목으로 이러한 교육을 실시하고 있으며, 한국에서도 1990년대부터 일부 시행한 일이 있으나 결국은 입시위주 교육에 묻혀 유야무야 되고 말았다(Musick and Wilson, 2008). 지금과 같은 형식적인 자원봉사 점수 부여는 근본부터 재고하여 아예 교육과정으로서 자원봉사 배우기와 실천하기가 학교교육 속에 뿌리내려야 할 것이다. 실지로 초등학교 생도들에게 자선활동에 관한 교육을 실시한 결과 그것이 학동들의 인격형성에 얼마간의 영향을 미칠 가능성이 있음을 발견한 예가 있다(강철희 외, 2007). 이러한 교육의 지향 자체를 조금만 바꾸어도 현재와 같은 입시지옥을 조성하는 학교교육의 개선에 크게 기여할 소지가 있다는 점도 염두에 둘 필요가 있다. 중고등학교는 물론 정규과목이 필요하지만 특별히 대학에서는 이 방면의 전문가를 양성할 수 있는 전공 교과과정을 설치할 것을 강력히 제안한다.

이러한 청소년들이 학교라는 제도적 틀 속에서 자원봉사를 매개로 하여 새로운 공동체적 인간관계를 형성해가는 실례를 들면 학교 차원의 자원봉사가 어떤 효과를 자아내는지를 이해하는 데 도움이 될 것이다. 그 보기는 바로 서울시가 2009년부터 각급 보통교육기관에서 실시한 이른바 '동행'(동생행복) 프로젝트다. 이 운동을 시작한 2009년 한 해 동안 대학생 6,500여 명이 서울시내 515개 초·중·고등 및 특수학교에서 생전 처음 만나는 어린 학동들과 함께 교과목 학습, 초등학교 보육교실, 특기적성 및 체험활동 등 여러 분야에서 갖가지 형태의 도우미 혹은 멘토 역할을 충실히 수행하였다. 그처럼 애써준 덕분에 함께 지내며 도움받은 어린 동생들도 행복하고 선생님들도 가외 일로 번거로웠지만 흐뭇하였고 대학생들도 힘들었지만 보람 있고 즐거운 경험을 쌓는 등 정말 대단한 일을 해내었다. 앞으로도 꾸준히 이와 같은 재능 나눔과 관계 맺기에 더욱 열심히 참여하여 동행프로젝트를 활성화함으로써 더 많은 학동들이 형들의 도움을 언제든지 수월하게 받아 행복해질 수 있기를 바라마지 않을 만큼 성과가 매우 만족스러웠다.

그런데 이 동행프로젝트는 사회학자가 보기에 전혀 예상치 못한 아주 특별한 의미가 있는 사회적 결과를 가져왔다. 각급 학교의 동행프로젝트 담당 선생님들의 90% 이상이 보기에 동행프로젝트에 참가한 대학생들과 그들의 멘토링을 받으며 정규적으로 만나 함께 배우고 놀고 지내던 동생들이 어느새 마치 친형제자매처럼 친해지더라는 것이었다. 이것을 우리는 공동체적 관계의 형성으로 해석해야 한다고 본다. 인간관계가 각박해지는 현대사회에서 전연 생소한 청소년들이 친동기간과 같은 관계를 맺고 일생 그 관계를 이어나가려는 모습은 그야말로 새로운 공동체가 태어나는 기대 밖의 성과라고 할 수 있기 때문이다. 실질적인 학습과 특기 향상에 도움이 된 것은 물론 다행한 교육적 쾌거지만, 공동체적 사회관계가 새로이 생성하는 현상은 특이하고 아름다운 일이 아닐 수 없다.

3) 대중매체와 사회교육의 적극적 활용

현대와 같은 정보화 시대에는 뭐니뭐니해도 IT 기술이 창출한 다양한 대중매체를 활용하는 길을 적극 개척해야 한다. 이 맥락에서는 여러 가지 방안을 생각할 수 있겠지만, 이 자리에서는 기본적인 접근원리만을 언급하고자 한다.

① 대중매체는 광범위한 사람들을 대상으로 신속한 내용을 전달하는 장점이 있으므로, 우선은 자원봉사와 나눔의 가치와 실천과제 등을 여러 모습으로 전파하는 프로그램 개발을 서둘러야 할 것이다.

② 그 내용은 일단 자원봉사와 나눔에 대한 교육을 주로 다루는 프로그램을 비롯하여 국내외의 다양한 현장 체험을 자주 보도하고 홍보하는 것에서 출발할 수 있다.

③ 앞서 선별적 지각이나 프레임에 대한 논의에서 언급한 바에 따르면 어떤 특출한 인물을 내세워 그 후광효과를 활용하는 영웅 프레임을 적극적으로 가꾸는 노력이 유용할 것이다. 대중에게 인기가 높은 인사들의 자원봉사 참여와 나눔운동 전개를 권장하여 이들의 모습이 자주 매체에 나타나게 하는 방법이 있을 터인데, 이런 접근은 사실상 일석이조의 결과를 함축한다. 우선 유명인사의 후광효과를 이용하여 자원봉사 및 나눔 프레임을 육성하는 일 자체가 중요하고, 아울러 이것이 지도층의 자원봉사·나눔 솔선수범이라는 일종의 노블레스 오블리주 정신의 좋은 예가 될 수 있기 때문이다.

④ 그런데 우리가 더 큰 관심을 가져야 할 접근은 그와 같은 영웅 만들기를 자원봉사와 나눔의 영역 자체 안에서 시도하는 일이다. 평소에 열성적인 '보통' 시민들 중에서 진정한 의미의 영웅을 찾아내어 이들을 칭찬하는 포상도 하고 저들의 업적도 소상히 소개하며 특별한 성과에 대해서는 모든 국민들에

게 모본이 되어 본볼 수 있게 하는 접근이다. 이는 자신을 희생하면서 사회에 공헌하고 어려운 이웃을 도우려는 사람들을 적절하게 격려하는 효과도 있는 동시에 이들이 다른 많은 사람의 '영웅'이 됨으로써 사람들이 그 후광효과에 의하여 영웅 프레임을 가꿀 수 있도록 장려하는 뜻도 있는 것이다.

현대는 평생교육을 불가피하게 요청하는 시대다. 먼저 직장에서 사회공헌 차원의 자원봉사 교육은 필수적이고, 각종 공공부문과 민간의 평생교육 기관에서도 필수과목으로 제공하도록 당국이 권장하고 필요할 때는 지원도 해 주어야 한다. 어머니 교육을 위한 프로그램도 평생교육 영역에서 운영하는 것이 유리하다. 기타 시민교육 차원에서 연령대별로 프로그램을 개발, 운영할 것이며, 특히 현장 체험을 기본적 구성요소로 삼는 것도 강조할만하다.

나아가 교육과 홍보 활동은 당연히 자원봉사 운동을 실천하는 주체로서 자원봉사센터, 여러 자원봉사 결사체, 기타 관련 복지기관 등의 기구에서도 자체적으로 적극 펼치게 될 것이다. 교육 프로그램에는 단순히 봉사활동의 진행에 필요한 기초 교육에 그칠 것이 아니라 그 바탕이 되는 철학과 가치에 대한 이해를 돕는 교육을 강화하는 것이 중요하다. 거기서 시민의식을 향상시키고 봉사에 대한 결단을 자극하는 내용으로 봉사자의 장기적 참여를 가능케 하는 계기를 제공할 수 있기 때문이다. 나아가 자원봉사관리자와 전문가의 훈련도 이런 조직체에서 수행할 수 있는 이점이 있다.

특히 홍보 활동은 온라인이나 인쇄 매체를 활용하는 방법을 의존하는 접근 외에 되도록 지역 내의 각종 대중매체와 연계하여 여러 갈래의 홍보 프로그램을 개발하고 동참하는 것도 적극적으로 개발할 필요가 있다. 가령 센터나 조직체들이 경험하는 특이한 사례들을 많이 채집해두었다가 수시로 대중매체에 제공한다든지, 아니면 처음부터 주요 활동을 전개할 때 사전에 매체들과 접촉하여 정보를 제공하고 보도나 기획기사를 마련하게끔 협조하는 방식도 추진해야 한다. 물론 아직은 인력의 부족으로 이런 데까지 정신을 쏟을 여력이 없는 것도 현실이지만, 적어도 이를 목표로 노력해야 할 것이다.

4) 제도적 메커니즘의 구축과 강화

교육이 그처럼 중요한 만큼 교육 그 자체만으로는 사람들이 당장에 자원봉사나나 운동에 동참하게 되는 데에는 한계가 있다. 무언가 제도 차원에서 전략의 틀과 실천의 메커니즘을 구축하는 게 필요하다. 새로이 마음속에 지니게 된 자원봉사와 나눔의 프레임을 이제는 실천에 옮기는 일을 추진해야 한다. 이 과업은 몇 가지 핵심적인 요소를 내포하지만 여기서는 주로 신속히 해결해야 할 어려운 문제점을 중심으로 이 주제를 다루기로 한다.

첫째는 제도적 인프라의 구축 문제다. 자원봉사와 나눔의 프레임 형성을 촉진하고 자원봉사 및 나눔의 문화를 진작하기 위해서는 각 지역에 풀뿌리 조직체를 설립하여 이 일을 담당하도록 조처하는 것이 기초적인 과제다. 통상 이런 일은 지역 단위의 자원봉사 센터와 자원봉사결사체 및 복지기관이나 단체에서 처리한다. 그러나 이들 센터나 결사체들에 종사하는 관리자들은 특별히 자원봉사·나눔의 프레임을 갖추고 자원봉사와 나눔의 문화를 형성하도록 교육과 재교육이 절실하다(이란희, 최병대, 2009).

둘째, 사람들이 자원봉사와 나눔운동에 정규적으로 동참하도록 유인하고 동기부여를 하기 위해서는 인센티브 제공을 요구할 수도 있다. 그런데 자원봉사나 나눔의 기본정신에 의하면 유인이나 포상은 기본적으로 도덕적 규범적인 것으로 한정적으로 인식해야 한다는 요청이 있다. 예를 들어 위에서 제시한 프레임 중에서 지적한다면 우선 이러한 인센티브는 상위 프레임으로 무장하여 어떤 순전히 물질적이고 수단적인 가치에 매이지 않고 긍정의 프레임으로 마음을 가다듬어 의미 있고 행복한 경험을 즐기게 된다. 사실 훌륭한 일을 해낸 업적을 인정하고 기리면 자발적 봉사와 나눔의 활동에 참여하겠다는 동기부여와 긍정적인 상관관계를 보이는 연구결과가 있다(최유미, 2009).

특별히 이 인센티브(유인, incentive)의 문제는 중요하므로 좀더 자세히 검토할 필요가 있다. 이미 제2장에서도 동기와 관련하여 논의한 바 있지만, 다시 한 번 상기하고자 한다. 사람이 어떤 행동을 할 때는 동기가 있기 마련이다. 물론 그 동기가 반드시 의식적인 것이 아닐 수도 있다. 거의 무의식적으로 자연스럽게 행동하지만 그 배경에는 어떤 동기적 요인이 작용하는 것이다. 그러한 동기에는

'… 때문에'(because of) 동기와 '… 위하여'(in order to) 동기가 있다고 볼 수 있다(김경동, 1989). 자원봉사와 나눔을 위해서도 일정한 동기가 작동한다고 전제할 때, 이에 대한 연구는 다양하게 이루어지고 있지만, 여기에 기초한 인센티브를 제공하는 문제에 대해서는 아직도 연구가 미흡하고 의견이 일치하지 않는 게 현실이다(김경동 외, 2011; Musick and Wilson, 2008; Rochester et al, 2010).

일단 '때문에 동기'의 관점에서 주목할 연구결과는 주로 가족을 비롯하여 주위의 사람들이 봉사와 나눔의 문화를 이미 예시하고 있거나 저들의 권유가 있어서 참여한다는 응답이 가장 두드러진다는 사실이다(강철희 · 김미옥, 2007; 강철희, 2008; 볼런티어21, 2011). 이는 다시 가정교육의 중요성을 상기하게 하는 내용이다. 다음으로 '위하여 동기'의 관점에서는 사람들이 여러 가지 이유와 동기를 제시하는가 하면, 또 교육 차원에서도 이러한 혜택과 이익을 수없이 지적한다.

문제는 우리나라의 시민이 과연 얼마나 가정교육에서나 주변의 친지들을 상대로 봉사와 나눔을 권고하고 함께 동참하도록 인도하느냐 하는 데 있다. 결국 인센티브의 문제로 귀착한다. 그러자면 어떤 혜택과 이익이 돌아가는지를 일깨워 주는 프로그램의 필요성과 만난다.

그러한 이익과 혜택은 일일이 열거할 수 없을 만큼 다양하고 그 보람의 정도 또한 천차만별이다. 그러나 중요한 것은 그런 경험이 각자의 인간적인 자아실현과 자기만족, 그리고 사회에 대한 시민으로서 책임과 의무를 다하며 이웃과 인류복지에 기여할 수 있다는 숭고한 대의를 일찍부터 각인시키는 일이 역시 중요하다. 한 마디로 가시적이 아닌 내적 만족과 도덕적이고 규범적인 인센티브가 가장 비중이 큰 것이다. 결국은 가정교육을 위시하여 일찍부터 교육하고 체험하는 과정이 역시 제일 효과적이라는 결론에 도달할 수밖에 없다.

물론 실제 자원봉사나 나눔에 참여하는 시민에게 줄 수 있는 인센티브는 실로 다양하다. 다만 직접적인 경제적, 재정적 보상은 삼가는 것이 바람직할 뿐이다. 자원봉사의 이념에 무보수라는 조건을 함축하기 때문이다. 우선은 칭찬과 영웅 만들기가 가장 용이하고 필수적인 인센티브가 될 것이다. 그래서 각종 봉사기관과 단체는 정기적으로 포상도 하고 칭송하는 행사도 갖는다. 그런데 여기서 주의할 것은 이른바 활동시간을 위주로 평가하는 포상제도의 문제점이다.

그러한 문제점들은 다음과 같이 집약할 수 있다.

① 시간을 중시하다 보면 실질적인 봉사의 내용과 활동의 질을 소홀히 할 수 있고, 관리상 조작이 개입할 여지가 없지 않다.
② 시간관리를 위해서는 상당한 인력과 비용을 요하는 점은 주의해야 할 쟁점이다.
③ 포상의 구체적인 형식도 학생에게는 학점 인정, 졸업과 진학에 필요한 요건 충족, 미미하게나마 일정한 선물형식의 물질적 포상 등인데, 이런 것을 수량적으로 표준을 책정하여 평가하는 것도 간단한 일이 아니다.
④ 무엇보다도 시간관리를 위한 기준의 설정을 비롯하여 실제 업무 담당의 합리성과 투명성을 보장할 수 있어야 한다. 이런 의미에서 여기에 국가(지방정부)의 획일적 기준설정이나 직접 관리보다는 봉사기관, 단체의 자율성을 인정하고 맡기는 것이 적절하다.

활동 시간을 바탕으로 인세티브를 제공한다 해도, 가령 시간은행(time back)제도를 이용하는 품앗이 정도는 무난하다고 볼 수 있고, 또한 상황에 따라서는 교통비, 음식대금 등 최소한의 실비제공은 필요조건으로 인정해도 무방하다는 의견도 있다(김경동 외, 2011; Musick and Wilson, 2008; Rochester et al, 2010). 다만 임금에 상당한 비용을 지급하면서 봉사라는 명목을 사용한다면 이는 자발적 봉사에 참여하는 사람들의 노동에 걸맞은 적정수준의 급여를 지불하지 않는 한 오히려 저들의 사기만 떨어뜨리는 결과를 초래하는 문제가 있으므로 각별한 주의를 요한다.

셋째, 동기부여와도 연관이 있는 문제로, 근자에는 자원봉사계에 새로운 기풍이 한 가지 눈에 뜨이기 시작하였다. 자원봉사나 나눔의 운동 같은 프로그램도 당대의 문화적 분위기를 고려해서 개발할 필요가 있다는 것이다. 가령 한마디로 봉사활동도 재미가 있어야 한다는 말이다. 이런 취지에서 심지어 신조어마저 등장하였다. 이른바 '볼런테인먼트'(voluntainment)라는 것이다. 이는 특히 젊은 층의 자원봉사와 나눔운동 진작에 특별한 의미가 있어 보인다. 사실 이런 볼런테인먼트 프로그램은 제대로 창조하고 연출하면 일반 시민의 동참을 자극하는 데도 도움이 되지만 자원봉사나 나눔운동을 홍보하는 방법으로도 유용하다.

넷째, 자원봉사나 나눔운동이나 결국 사회에 어떤 효과를 가져다주어야 한다. 자원봉사와 나눔문화를 더욱 강화하고 질적으로도 업그레이드하기 위해서는 무언가 가시적인 성과가 있으면 그것을 널리 알려야 많은 사람이 그 가치를 인식하고 동기부여가 될 수도 있다. 홍보와 정보제공의 기능이다. 다만 그것이 형식으로 끝나지 말고 듣고 보는 이들의 심금을 울려서 자발적으로 동참하도록 하는 정도는 되어야 할 것이다. 이처럼 사회 전반에서 자원봉사와 나눔의 문화를 진흥시킬 역량을 신장하려면 평가와 환류(feedback)의 제도적 메커니즘이 있어야 할 것이다. 현재도 외국에서는 이런 평가를 위한 측정도구와 피드백의 제도적 틀이 존재하여 실지로 결과를 성찰하는 기회를 가질 수 있지만 아직 우리 사회에서는 이것이 매우 미비하다는 문제가 있다. 이에 대한 조처가 반드시 따라야 할 것이다(Musick and Wilson, 2008: 476-477).

IV. 소결

이제 이러한 기본 원리에 입각하여 구체적으로 어떤 프로그램을 개발하고 시행할지는 현장의 여러 당사자들이 전문가들과 협력하여 결정하고 실천해야 할 것이다. 중요한 것은 우리가 심리학에서 제시한 프레임이라는 유용한 아이디어를 자원봉사와 나눔운동의 영역에서도 적극 수용하게 되었다는 점이고 이를 더 광범위한 전 사회 차원에서 자원봉사-나눔 문화를 조성하고 진작시키는 일에 적절하게 활용할 수 있음을 확인했다는 것이다. 지금부터는 이를 실천에 옮기는 노력을 관계분야의 모든 이들이 합심하여 경주하는 일만 남은 셈이다. 이로써 한국사회도 자원봉사와 나눔의 프레임으로 조성한 자원봉사와 나눔문화가 활짝 꽃피는 진정한 선진사회로 성큼 발돋움하는 계기가 될 것이다.

다만 우리의 직접적인 관심사가 자원봉사문화의 조성과 확산이므로 실제 자원봉사자를 모집하고 교육해서 현장에 투입하는 관리기관과 전문관리자들이 감당해야 하는 정책과제에 대한 논의는 다음 장(제8장)에서 따로 다루기로 한다. 물론 이들도 현장의 업무 과정에서 그 나름의 자원봉사문화 확산에 관여하는 활동을 전개한다고 보아야 한다. 그러나 오늘의 논의는 거시적인 사회제도의 측면에 국한하는 것이므로 한두 가지만 더 지적하기로 한다.

하나는 국가 차원의 과제다. 첫째는 국가의 지도자가 이 과업에 대하여 일정한 식견과 관심을 굳건히 지니고 이를 정책수립과 시행 과정에 반영하고자 하는 의지가 확고해야 한다. 이를 우선 모든 국민 앞에 광보하는 의미에서 국가지도자가 주재하는 '사회지도자 자원봉사 대회' 같은 것을 개최하고 전 국민 앞에 지도자들의 노블레스 오블리주 정신을 확실히 공개하고 시민의 참여를 촉구하는 솔선수범이 필요하다. 이 문제도 제8장에서 더 자세히 언급할 것이다.

둘째는 정부의 각 부처가 자원봉사문화를 확산하는 데 관심을 가지고 부처 내부의 공직자에게 우선적으로 이에 필요한 교육과 체험의 프로그램을 진행할 필요가 있다. 그리고 시민사회의 자발적 부문에서 이 문화 확산운동을 전개하고자 하는 프로그램을 개발하고 시행하려 할 때 파트너로서 적극적으로 동참하고 필요한 지원을 제공하도록 해야 할 것이다.

다음은 시장부문에서도 기업체와 기업연합조직체들 또한 자체 내부의 자원봉사문화 진작을 위한 프로그램 전개와 아울러 시민사회의 자발적 부문과 역시 파트너십을 구축하고 전사회적인 자원봉사문화 확산 운동에 동참하는 것이 바람직하다 할 것이다.

어떤 내용이든 한 사회에서 어떤 문화를 확산하고자 할 때는 어느 한 부문만이 이 일을 감당하기는 너무나도 벅찬 과업이라 할 수 있다. 결국 사회의 모든 부문이 한마음 한뜻으로 이를 위한 운동에 어떤 형태로든지 동참하는 것만이 진정으로 성숙한 시민사회의 확립을 지향하는 중요한 발걸음임을 함께 인식하고 함께 실현하도록 총력을 기울여야 할 것임을 마지막으로 강조하고자 한다.

제8장 미래의 자원봉사운동: 도전과 과제

본래 이 책은 우리가 지향하는 미래사회의 비전을 구상해보는 일에서 출발하였다. 그리고 자원봉사의 철학과 가치와 의미와 중요성을 이해하는 데 도움을 주고자 우리 사회가 경험한 주요 사회변동의 성격을 일별하였다. 이를 배경으로 삼고 자원봉사와 나눔운동의 의의를 살펴보면서 주로 노블레스 오블리주, 프로 보노 및 재능 나눔, 그리고 기업사회공헌이라는 특수한 영역의 자원봉사와 나눔운동을 따로 고찰하고자 하였다. 그리고 자원봉사와 나눔운동의 활성화를 위한 새로운 접근으로서 심리학적 개념인 마음의 프레임을 원용하여 보자는 제안을 내어놓았다. 이제 본서를 마무리하는 이 마지막 장에서는 초심으로 돌아가 다시 미래를 내다보면서 현재 한국의 자원봉사가 당면한 도전을 음미하고 이를 극복하면서 자원봉사와 나눔의 운동을 더욱 진작시키기 위해 필요한 과제들을 점검하기로 한다. 다만 여기서 한 가지 밝혀둘 것은 이 책에서 자원봉사라고 할 때는 일반적인 나눔의 운동도 포괄적으로 함축한다는 점이다. 따라서 앞의 몇 장에서는 이 둘을 따로 표기하기도 했으나 이 장에서는 자원봉사만을 언급하고 나눔운동을 생략하기로 한다.

급격하고 광범위한 변화는 우리가 사는 시대의 특징이다. 그러면서도 좀처럼 변하지 않는 요소가 사회의 구석구석에 도사리고 있어서 변화와 무변화 사이의 충돌과 긴장이 현대의 또 다른 특성이기도 하다. 우리가 현시점의 한국 자원봉사운동이 직면하는 도전과 이를 둘러싼 주요 이슈를 고찰하고자 할 때도 이와 같은 사회변동의 현상에 유의할 필요가 있다. 이 책의 허두에서도 자세히 분석했듯이 자원봉사는 거시적인 사회변동의 큰 흐름 속에서 생성변천하는 사회운동이면서 동시에 사회 속에서 변하지 않는 어떤 힘과 마주하며 자생력을 키워나가야 하는 처지에 놓여 있기 때문이다. 그리고 자원봉사는 미래를 위한 변화를 주도하는 힘을 발휘할 수 있어야 한다는 사명을 띤 운동이기도 하다.

I. 전환기의 한국자원봉사

국내외적으로 다사다난하고 혼란스러운 시대를 지나고 있는 한국사회에서 자원봉사운동 역시 커다란 전환기를 맞이하고 있다. 이 시련의 물결을 슬기롭게 헤쳐나가느냐 못 나가느냐에 따라 우리나라 자원봉사는 물론 한국의 시민사회를 건전하게 성장시키려는 국민의 노력이 한갓 물거품이 되든지 아니면 더욱 값진 결실을 하나씩 맺어가기 시작하든지 결말이 나타날 것이 분명하다. 이와 같은 중대한 전환점에서 우리가 반드시 한 번쯤은 짚어봐야 할 일은 다름 아닌 과거의 회고와 미래의 전망이다. 지난날에서 오늘에 이르는 과정에서 우리에게 밀어닥친 도전은 무엇이며 이를 극복하여 밝고 희망찬 내일을 기약하는 과제 또한 어떤 것인지를 성찰해야 한다는 말이다. 사실 최근 자원봉사계는 일말의 불안감을 금치 못하는 여건 속에 앞날의 새로운 과업을 기획하고 시행하려는 길에 나섰다는 인상을 쉽사리 씻을 수가 없다. 그렇다면 적어도 그러한 불안의 원천이 무엇인지를 추적해보려는 시도는 있어야 할 것이다. 이를 실마리 삼아 어제를 돌아보고 내일을 다짐하는 접근도 그만큼 중요한 일이기 때문이다.

그러므로 여기에서는 주마간산 격이나마 지나간 10년에 걸쳐 전개해온 한국자원봉사운동의 모습을 간략하게 그려보고 나서, 다가올 미래의 도전과 과제를 생각해보기로 한다.

1. 지난 10년의 발자취

역사의 흐름이란 어떤 특정 시점에서 칼로 자르듯이 시기를 구획하는 것은 어렵기도 하려니와 의미부여가 따라야 하는 부담이 있다. 다만 지난 10년은 적어도 자원봉사계에서는 세계자원봉사자의 해를 선포하고 이 운동의 전진을 위해 노력해 온 특별한 의미를 이미 부여받은 기간이므로 성찰의 대상으로서 전혀 손색이 없을뿐더러, 실지로 이때가 새로운 천 년대의 시발을 표상하는 첫 번째 10년이기도 해서 미래를 지향하는 관점에서는 그 나름의 뜻을 찾아도 무방할 것이다. 그렇다면 그 10년 사이에 한국의 자원봉사운동은 무엇을 성취했고 어떤 문제에 부딪혔는지를 묻게 된다.

넓은 의미의 자원봉사 활동의 역사는 보기에 따라서는 이미 오랜 세월에 걸쳐 진행하고 있었다고 해도 과언이 아닐 것이다. 다만 한층 더 체계적이고 의도적인 운동의 성격을 띤 움직임의 효시는 대체로 1980년대 중후반의 국제적 스포츠 행사를 돕는 일에서 찾는다. 가령 1984년에 여성문제 담당 정무장관실에서 국책연구기관인 한국여성개발원에 자원봉사인력은행을 설치한 일이 있었지만 그것은 정부 차원의 기구설치였지 사회운동의 성격을 띤 것으로 보기는 어렵다. 대체로 1986년의 아시안 게임과 1988년의 서울 올림픽을 기점으로 '자원봉사'라는 단어가 공식용어로서 국민의 의식에 심어지데 되었다고 할 수 있다. 다만 이는 어디까지나 국가적 행사였던 만큼 국가가 주도하는 민간참여의 형식을 띤 것이었다는 점에서 순수한 시민사회의 자율적 운동이라는 측면에서는 한계가 있다. 따라서 순수한 민간 차원의 의도적 자원봉사 문화 창출을 위한 노력은 아무래도 1990년대 중반에서야 비롯했다고 보아야 할 것이다.

우선 한국자원봉사연합회(1991), 이어 한국자원봉사단체협의회(1994), 한국대학사회봉사협의회(1996)와 같은 시민사회결사체의 창립을 위시하여, 자원봉사 인프라의 구축과 자원봉사운동 캠페인의 시발, 그리고 이에 자극받은 자원봉사 활동의 전개 등을 눈여겨볼 수 있다. 사회복지협의회가 부설기관으로 사회복지자원봉사 정보안내센터를 설립한 것이 1994년이었고, 1996년에는 행정자치부의 지역종합자원봉사센터 설치운영 지침의 시달로 각 자치구에서는 이와 관련한 조례를 만들고 지역 자원봉사센터를 설립운영하기 시작하였다.

한편, 중앙일보에서는 국내 최초로 언론기관에서 시민사회연구소를 설립하고 1994년부터 전국자원봉사대축제를 주최함으로써 전국적인 캠페인의 효시가 되었다. 이러한 배경에서 1995년 교육부에서는 중고생들에게 자원봉사 의무시간제도를 실시하기 시작했고, 같은 해에는 기업부문에서 삼성이 최초로 자원봉사를 위한 사회봉사단을 창단하기도 하였다. 또한 한국자원봉사포럼을 창설한 것도 1995년의 일이며 창립 15주년을 맞은 2010년까지 100회 이상의 정기포럼을 개최한 것도 주요 업적으로 평가받아 마땅하다. 그 밖에도 국제부문에서 제6차 세계자원봉사협회(IAVE, International Association for Volunteer Efforts) 아태지역 자원봉사대회를 한국자원봉사협의회가 주최하였다(김범수 외, 2008: 69-70; 조휘일 외, 2009: 105-107; 이강현, 2011a: 73-75).

그러한 배경을 가지고 2000년대에 접어들어서는 국가기본법의 제정시행이 무엇보다도 중대한 의의를 지니는 국가 차원의 획기적 변화의 지표라고 할 것이다. 사실 1990년대부터 한국자원봉사포럼을 중심으로 여러 관련 기관과 단체의 전문가들이 뜻을 모아 오랜 숙의와 토론 끝에 마침내 2005년에 자원봉사활동기본법을 제정하고 2007년부터는 자원봉사활동 진흥 국가기본5개년계획도 수립하기 시작하였고 그 법의 규정에 따라 국무총리실에 자원봉사진흥위원회를 설치하였으며 2010년에는 중앙자원봉사센터를 설립운영하기에 이르렀다.

물론 민간부문에서도 교육과 관련, 2000년에 경희대학교 NGO대학원에 자원봉사관리학과를 설치한 것은 주목할 만한 일이며, 2001년에 IAVE의 자원봉사자의 해 선포를 계기로 자원봉사물결운동을 전개하였고 올해로 10주년을 맞이하였으며, 2002년에는 서울에서 IAVE 세계자원봉사대회를 주최함으로써 한국 자원봉사운동의 세계적 위상을 높이는 데도 기여하였다. 그 결과 2008년에는 이강현 당시 한국자원봉사협의회 사무총장이 세계회장으로 취임하기도 하였다. 또한 2002년 FIFA 월드컵과 부산 아시안게임을 주최한 해에는 수많은 자원봉사자들이 이에 동참하였다. 같은 해 태풍 '루사'로 인한 재해가 발생했을 때는 물론이고 2007~8년 태안해변의 원유누출사고 당시에는 연인원 무려 130만여 명의 자원봉사자가 기름띠 제거 운동에 합심하여 참여하기도 하였다. 그리고 2010년에는 한국자원봉사협의회가 2012년의 여수엑스포 자원봉사프로그램을 운영하도록 위탁을 받았다. 한 가지만 더 언급할 것은 1999년 한국자원봉사포럼과 중앙일보가 공동으로 제정한 '시민자원봉사헌장'을 2007년 한국자원봉사협의회의 전국자원봉사대회에서 개정하여 채택한 사실이다(김범수 외, 2008: 71; 김동배 외, 2009:

53; 조휘일 외, 2009: 107-108; 이강현, 2011a: 73-75, 91-92).

이처럼 주요 분야의 활발한 움직임들 중 주된 사항들만을 일괄적으로 개관하였거니와 그 외에도 각기의 자원봉사단체와 기관들이 전국적으로 다양한 자원봉사운동을 펼쳐 온 것은 일일이 나열할 수가 없다. 특히 구체적인 자료는 제시하기가 어렵지만 시장부문, 즉 기업부문에서도 사회공헌 프로그램을 중심으로 자원봉사운동이 서서히 모습을 드러내고 있는 것도 중요한 변화라고 해야 할 것이다. 그리고 아직은 선진국들과 비교해서 전반적으로 저조하기는 하나, 우리 국민의 자원봉사 활동 참여율도 지난 20년 사이에 증가해온 것을 무시할 수 없다. 현재 공식집계한 자료에 의하면 1999년에 14.0%에 머물렀던 참여율이 2002년에 16.3%, 2005년에 20.5%로 계속 증가했다가 2008년 조사에서는 다시 20.0%로 주저앉는 모습을 보이고 있다(김동배 외, 2009: 52; 이강현, 2011b: 126-127). 단순한 참여율뿐만 아니라 참여의 내용과 질적인 측면에서도 아직은 더욱 향상하고 개선할 여지는 적지 않은 것도 염두에 두어야 할 것이다.

2. 지난 10년의 쟁점과 현안

적어도 객관적으로 가시적인 사건을 중심으로 관찰할 때 지난 10년은 한국자원봉사운동에서 매우 중요한 전환점을 마련하는 데 도움이 된 시기라고 해도 별 이의가 없을 것이다. 그러나 저변을 흐르는 시대의 움직임이라든지 사람들의 마음속 내면의 의식과 감상을 좀 더 세밀하게 살펴보면 매우 우려스러운 징후들을 포착하기가 어렵지 않다. 그것이 바로 허두에서 언급한 '불안감'의 뿌리일 수 있을 것이다. 가령 정부가 법률을 제정하고 센터도 설립하는 등 눈에 띄는 행보를 보인 것은 마땅히 반가운 일이 되어야 할 터인데 실제로는 어딘가 마음이 무겁고 앞날이 염려스러운 것은 어떻게 설명해야 하는지를 묻지 않을 수가 없는 게 현실이다. 기업 부문에서도 그 나름으로 자원봉사 활성화를 위한 갖가지 노력이 현저해진 것도 부인할 수 없는 대신 거기에서도 내실보다 외양에 치우치는 문제는 없는지를 물어야 하는 처지를 벗어나지 못한 것 같다. 그리고 무엇보다도 시민사회 속의 자원봉사계 자체가 넘어야 할 산이 여태도 상당히 높이 솟아 있음을 외면할 수가 없다. 여기서는 이런 문제를 부문별로 검토하기로 한다.

1) 국가부문의 문제점

여기서 국가란 주지하다시피 중앙정부와 지방정부를 통틀어 지칭한다. 그리고 자원봉사와 국가의 관계는 어느 나라나 긴장과 모순의 요소를 지닌다고 볼 수 있다(Rochester, et al., 2010). 그러나 우리나라의 특수성을 반영하는 문제점들도 있게 마련이다. 우리의 시민사회가 전개해온 역사가 대체로 일천하다는 전제 하에서 보면 국가부문이 그나마 자원봉사운동을 지원하고자 하는 의지를 표명한 것 자체는 매우 고무적이라 해도 좋을 것이다. 다만 민관관계의 정립과 미래지향적 시민사회의 발전이라는 측면에서 검토하자면 성찰이 필요한 내용이 없지 않다는 점도 시인해야 할 수밖에 없다. 현재 자원봉사활동기본법이나 시행령 및 5개년기본계획 등의 정부가 제정시행하는 제도적 틀은 우선 국가가 정책적 차원에서 자원봉사운동을 진흥하겠다는 의지를 담는다는 점에서 그런 제도가 없는 과거에 비하면 한걸음 진전한 모습이라 평가할 만하다. 그러나 여기에는 이미 국가의 간섭의 손길이 자유자재로 개입할 소지를 충분히 안고 있으며 그것의 잠재적, 현재적 폐해는 근본적인 문제를 자아내고 있다. 기존의 제도적 틀을 이용(?)하여 국가는 자원봉사의 본질을 훼손하는 갖가지 행태를 노정하고 있기 때문이다. 그런 문제를 포함하여 좀 더 근본적인 쟁점을 몇 가지로 요약한다.

첫째, 국가부문에서 자원봉사라는 것 자체에 대하여 어느 정도의 폭넓고 깊이 있는 관심을 가지고 있는지를 물을 수 있다. 결론부터 말하자면 관심이 매우 저조하고 미약하다는 것이 오늘의 현실이다. 법을 제정하고 이를 시행하기 위한 기본계획도 수립하여 추진하면서 해마다 자원봉사진흥위원회에 연간 사업계획을 보고하고 재가를 받는 절차를 거치며, 민간부문의 자원봉사 관련 사업에 대한 재정적 지원을 제공하고 있다. 전국의 중앙센터를 비롯하여 지역센터들도 각기 해당 지방정부당국에서 재정지원을 하거나 직접 운영을 한다. 이것이 현재 국가가 보여주는 가시적인 관심이라면 이는 매우 피상적이며 제한적이라는 것이 특징이라 할 수 있다. 다시 말하면 실질적이고 진정성이 있느냐 하는 질문을 제기하지 않을 수 없다는 말이다.

실제로 대통령실을 비롯하여 국무총리실 그리고 각각의 해당 중앙정부부처의 담당자들과 대화를 한 개인적인 경험에 의하면 우선 대통령실 수준에서는 관심의 수준이나 심도가 의심스러울 만큼 취약하다는 것을 감지하고도 남는다. 국가원수로서 대통령이 과연 어느 정도의 깊이와 폭을 가지고 이 문제에 관심을 두고 있는지를 알 길이 없는 것도 그렇다. 아직 우리는 한 번도 대통령과 직접 대면하여 이런 내용의 대화를 가질 기회를 가져본 일이 없기 때문이다.

국무총리실 자원봉사진흥위원회의 유명무실이다. 회의 소집의 회수부터 지극히 제한적이며 한 번 모일 때마다 정작 해당 정부부처의 장관 위원의 참여도가 매우 저조하다. 내용상으로도 새로운 정책이슈를 진지하게 논의하고 중요 정책과제를 상정하여 실질적으로 심의의결하도록 되어 있는 기능은 눈을 씻고도 찾아볼 수 없고, 이미 관련부처에서 심의의결하여 시행 중인 안건들을 주무부처에서 수합한 자료를 형식적으로 심의하여 의결하라는 주문에 고무도장을 찍는 일을 하는 회의로 전락하였다. 법적으로 엄연히 존재하는 진흥위원회를 제대로 개최하여 진정성을 가지고 심의 의결하는 모임을 가진 적이 거의 없다는 말이다. 그뿐 아니라 지난 2~3년 사이에 두 번이나 서면의결이라는 편법을 되풀이하는 모습에 많은 관계자들이 우려와 실망을 금치 못한 것이 현실이다. 과거 진흥위원회를 열었을 때 국무총리가 연간 이와 유사한 위원회를 50개를 주재해야 한다는 어려움을 토로한 일이 있는데, 그 심경을 이해하지 못하는 바는 아니나 국책의 우선순위에서 자원봉사가 얼마나 뒤로 밀려나 있는지를 파악하는 데에는 조금도 어려움이 없었다는 것이 참석자 모두의 솔직한 심경이다.

관계부처도 마찬가지다. 각기 시민사회 부문과 관련 있는 업무를 관장하는 부서의 책임자와 담당 공직자 외에는 거의 무관심이고, 관련자들 또한 시민사회 부문의 업무 자체가 워낙 광범위하고 수많은 민간단체를 상대로 해야 하는 처지에 자원봉사에다 할애할 수 있는 여력이 지극히 제한적이라는 점은 쉽사리 포착할 수 있다. 지방자치단체도 이에서는 예외가 거의 없다. 더구나 입법부의 상황은 더 취약하다. 가령 국회의원들이 자원봉사 관련 입법을 추진하는 모습을 보면 무엇보다도 해당 사항에 대한 지식이나 이해가 너무나도 부족하다는 것을 절감하게 되는데, 그 말은 무관심 정도를 대변하는 말에 불과하다.

둘째, 무관심하니까 알지 못할 수밖에 없다. 자원봉사에 대한 전문적인 소양은 차치하고라도 기본적인 이해와 정보 및 지식은 갖추는 전문가적인 공직자가 입법부나 행정부나 지방자치단체 그 어디에도 찾아보기가 하늘의 별 따기다. 공무원 순환 근무와 같은 인사원칙과 관행이 문제일 수도 있지만 기본적으로 국가부문에서는 자원봉사라는 현상과 개념 자체가 아직은 생소하다는 것이 현재의 실태다.

셋째, 그와 같은 일반적인 무관심과 정보-지식의 부족은 국가나 공직자가 자원봉사에 관한 인식, 그리고 나아가 자원봉사운동에 대해서 갖는 태도와 자세에 즉각 드러난다. 이는 자원봉사가 순수한 민간운동으로서 자율성과 자발성을 근간으로 한다는 점에 대한 인식 부족으로 곧바로 이어져 이를 성찰할 겨를도 없이 마구 훼손·왜곡하는 행위가 나타나는 것이다. 그중에서도 특히 가장 심각한 현상은 중앙이나 지방의 행정부나 정치권에 의한 자원봉사의 관변화와 정치화의 문제다. 이는 쉽사리 사라지지 않고 상존할뿐더러 오히려 근자에는 지방선거 이후 신임 단체장과 지역구 선출직 공직자를 중심으로 자원봉사센터의 인사와 운영 전체를 장악하려는 징후들이 전국 각지에서 드러나고 있음은 물론 이를 더 강화하는 성향마저 보인다. 게다가 기타 민간부문의 자원봉사운동 단체나 조직체들에 대해서도 지원에는 항상 간섭과 개입이라는 끄나풀이 따라다니는 것도 문제다. 앞으로 주요 선거가 다가오는 시점에서 이 문제는 실로 심각하게 성찰해야 할 과제로 떠오르고 있다.

넷째, 국가의 자원봉사 정책의 근간이 되는 기본법의 일부 내용에서도 문제점이 드러났다.

기본법에 명백하게 규정하고 있는 법정단체인 한국자원봉사협의회는 아무런 정책행위를 할 수 없는 명목상의 법정기관이다. 협의회의 목적사업을 분명히 규정해놓고도 이에 대한 재정적 지원의 법적 근거를 마련하지 않았기 때문이다. 간헐적으로 특정사업에 대한 용역 형식의 지원에 그치고 있다. 그뿐 아니라 국가(지방자치단체 포함)가 자원봉사센터를 설립하고 운영하도록 단서로 규정하고 있다. 설립까지는 할 수 있지만 직접 운영까지 하도록 한 것은 순수한 민간운동이라는 자원봉사의 본질을 훼손하는 결과만 초래하였다. 이러한 제도적 문제점은 결국 관료집단의 행태에 직접 영향을 미쳤고 이들은 자원봉사운동을 관변화하려는 시도를 할뿐더러 국가가 설립한 센터를 마치 공무원의 보직 제공처로 간주하는 어처구니 없는 일마저 버젓이 벌이고 있는 실정이다. 게다가 센터의 인사와 운용에 직접 · 간접으로 개입하여 센터 본연의 기능수행에 지장을 주고 있다. 지원하면 무조건 간섭하고 군림해야 한다는 시대착오적 관료주의의 폐습은 조금도 변함이 없고 변할 기미가 보이지 않는다.

다섯째, 그러잖아도 우리나라 자원봉사운동이 갖가지 어려움 속에서도 활성화를 위한 안간힘을 하고 있는 판국에 최근 국가는 도움을 주지는 못할망정 자발적 시민운동의 근본정신과 자율성을 훼손시킬 수 있는 정책을 추진하려는 움직임을 보이고 있어 우려를 금할 수 없다. 처음부터 잘못된 법령규정을 빌미로 2010년 봉사계의 반대를 무릅쓰고 중앙에 설치한 자원봉사센터는 우리 모두가 염려한 대로 이 운동의 관변화에 박차를 가하기 시작하였거니와, 국가가 일방적으로 어떤 특정 활동들을 나열하고 그에 대한 시간계산에 기초한 인센티브를 제공하는 마일리지 기준을 설정하여 이를 모든 자원봉사 단체, 기관에서 채택하도록 종용하는 월권행위까지 하고 나섰다. 인증이든 보상이든 인센티브든 그것은 어디까지나 봉사자와 관리직 전문가들의 합의에 기초하여 자율적으로 책정할 문제기 때문이다. 게다가 최근에는 국회에서까지 자원봉사의 자발적 정신과 자율성을 뿌리부터 훼손할 수 있는 법률안을 상정하였다.

이들 관련 법안의 내용 중 핵심 쟁점만 간추리면, 주안점은 자원봉사 활성화를 위해 봉사자의 실적을 인증하고 그에 대한 일정한 보상을 제공하는 제도적 틀을 마련하는 것이다. 이는 자원봉사의 철학을 무시하는 처사일 뿐 아니라 자칫하면 정부와 정치인이 악용할 소지가 충분히 있는 움직임이라는 점을 올바로 인식하기를 바라는 것이다. 본래 자발적인 봉사의 깊은 뜻은 거기에 동참하는 성숙한 시민의 도덕적인 헌신과 사회적 책무의 규범을 이행하는 데 있는 것이며, 그 결과로 경험하는 인간의 내면적인 만족감과 삶의 심오한 의미발견은 물론 그로 인하여 우리 사회가 행복한 공동체로 거듭날 수 있다는 것 자체로서 이미 매우 소중한 법이다.

그러므로 자원봉사 활동에 대한 보상은 오히려 정신적, 사회적으로 칭찬해주고 사회운동의 챔피언으로, 역사의 영웅으로 추앙해주는 모습이 훨씬 더 의미 있고 값진 것이다. 거기에다 물질적인 보상을 내세우는 것은 기본적으로 자원봉사를 모독하는 일일 수밖에 없다. 실지로 경제적 보상을 제공한다 해도 그것은 객관적으로 타당한 반대급부에 크게 미치지도 못하는 보잘것없는 수준에 머무를 수밖에 없다는 점 또한 염두에 두어야 할 일이다. 그럴 바에는 차라리 정식으로 고용해서 임금을 지불하는 것이 실질적이다.

더구나 인증과 보상의 구체적인 기준과 방법의 책정과 시행에도 상당한 문제점이 수반한다. 우선 인증의 기준을 거의 기계적으로 봉사시간이라는 요소에다 전적으로 의존하자는 것인데, 이런 일차원적 평가는 정말 문제가 너무 많다. 가령 정부가 2010년 작성하여 배부한 인증기준에 관한 문서를 보면 거기에 어떤 철학이나 정당성을 합리화할 수 있는 표준 같은 것이 불분명함을 쉽게 알 수 있다. 봉사활동은 물리적인 시간 자체도 중요한 자원으로서 인정할 만하지만, 더 무게를 두어야 할 것은 참여와 활동의 질적인 측면과 진정성이다.

이 말은 그만큼 봉사활동의 인증에 신중을 기해야 함을 암시하며 이를 제대로 시행하기 위해서는 상당히 정교한 측정기준의 설정과 활동을 실지로 관찰하여 기록하는 체제를 갖추어야 한다. 그러자면 그만한 인적 자원을 투입해야 하고 그 인적 자원의 전문성을 확보해야 하는 부담이 따른다. 실제로 그런 업무를 전문으로 수행하는 직원을 채용해야 할 것이며 자원봉사 관리자의 업무는 과중해질 것이다. 그리고 무엇보다도 이 업무를 지방자치 단체장에게 위임함으로써 관변화와 정치화를 부추기는 결과밖에 기대할 것이 없을 만큼 우리의 관료주의와 정치수준은 신뢰를 잃고 있는 것도 부인할 수 없다.

요컨대 정부 당국자나 국회의원들은 이런 점들을 충분히 이해하고 그러한 부정적 요소를 감안하고서라도 굳이 그와 같은 법안을 제정해야 하는지 다시 한 번 성찰에 성찰을 거듭하는 진정성과 최소한의 성의를 보여 주어야 한다. 모두가 잘 해보자고 하는 충정인 줄 알지만 접근방법에서 차질이 있다면 반드시 시정하는 것이 도리리라 믿기 때문이다. 말하자면 국가는 자원봉사의 본원적인 의미와 가치를 훼손하는 행위를 서슴없이 하는 오류를 범하지 말아야 한다는 것이다.

여섯째, 좀 지엽적이긴 하지만 자칫하면 크게 문제가 될 수 있는 또 하나의 보기가 있다. 자원봉사계가 오랫동안 공들여 오고 있는 분야에 국가가 고용창출 내지 희망근로 등의 명목으로 슬그머니 끼어드는 부정적 개입의 문제가 심각하다. 같은 활동을 하는데 누구는 맨손으로 자기 귀한 시간을 내어 무보수 봉사를 하고, 누구는 일당 얼마를 챙기면서 일하는 기막힌 사태를 겪는 봉사자들은 맥이 빠지고 국가의 황당한 정책에 기가 막힐 따름이다. 여기에도 위에서 지적한 무관심, 정보 · 지식 부족, 국가의 태도 같은 요소가 묻어나는 현상을 놓칠 수가 없다.

국가(지방정부 포함)가 자원봉사센터에 대한 재정지원을 거의 전적으로 감당하는 현실로 말미암아 이러한 현상이 발생한다는 것은 주지의 사실이다. 하지만 그것은 시민사회의 자발적 부문의 변화요구와 시장부문의 각성에 입각한 새로운 거버넌스의 요청에 비할 때 국가부문은 구태의연한 국가중심적, 관료주의의 사슬을 벗지 못하고 시장과 시민사회 모두에 대하여 규제, 통제, 간섭을 일삼는 자세를 견지하는 모습이다. 이로 인하여 경제의 발목이 잡혀 경쟁력이 떨어지며 시민사회의 자발적 부문의 성장과 활성화가 더뎌지는 병폐를 낳고 있다. 특히 시민사회 부문에서는 국가가 모든 사회운동을 관변화하려는 기도를 노골적으로 나타내는 실정이다. 시민사회가 아직도 취약한 탓에 국가의 재정적 지원을 필요로 하기 때문에 이를 빌미로 간섭과 개입은 물론 관주도로 조정하려는 자세가 현저하다. 어떤 연유로 이와 같은 성향을 띠게 되었는지에 대해서는 여러 각도의 설명이 가능하겠지만 여기서 한 가지 매우 설득력 있는 사회학적 분석을 간략히 고찰할 필요가 있다.

우리나라의 국가운영 방식은 일종의 중앙집권적 국가주의적 관료주의라고 특징지을 수 있다. 권력이 최고통치자의 주변으로 집중해 있고, 나라가 정해서 명하면 전 국민, 전 사회가 이에 순응하고, 이를 주도하는 세력은 누구보다도 유능하다고 자처하는 엘리트의식이 강한 관료집단이라는 말이다. 이런 특성을 지니게 된 배경은 중국의 전통적 통치체제를 비판적으로 분석한 베버(Max Weber)의 '가산제적 지배'(Patrimonial Domination)의 이론에서 찾을 수 있다. 여기에 이 내용을 자세히 설명할 필요는 없고 개요만 정리하기로 한다.

가산제적 지배 이론은 베버가 중국에서 서양식 근대자본주의가 발달하지 못한 요인을 정치경제적 여건에서 탐색하는 과정에서 밝혀낸 특수한 지배구조를 일컫는다(Weber, 1951). 이 이론을 한국의 전통적 지배구조에다 적용한 것은 미국의 사회학자 노먼 제이콥스(Norman Jacobs)다(Jacobs, 1985). 이는 기본적으로 가부장적(patriarchal) 가족지배의 원리를 사회 전반의 조직원리로 거의 그대로 전치하여 가산국가적 정치, 가산관료적 지배, 가산세습적 경제로 구성한 유형이 된 것이다. 따라서 통치자와 신하(막료)의 관계는 부자간의 부권과 효성에 따른 인격적, 무조건적 복종관계로 확대하여 절대적 충성에 대한 은사의 관계가 된다.

기능적으로는 신하란 통치자의 행정을 돕는 보조자로서 통치자의 자의적인 요구와 인사권이 좌우하는 위치에 있고 녹봉으로 서비스를 보상하며 이직과 동시에 보상은 끝난다. 이들 관료집단은 통치자를 대신하여 전체 신민과 제도와 집단을 통제하는 막강한 힘을 발휘하지만 관료집단 간의 갈등은 통치자의 환심을 사서 특권을 누리기 위한 경쟁의 모습으로 나타날 수는 있으나 통치자에 대한 도전은 허용하지 않는다. 이 같은 중앙집권적 정치 · 경제의 구조를 관리하는 집단이 관료조직체이며 그러한 지배구조 하에 통치자는 백성을 먹여 살릴 도덕적 의무가 있는 반면 생산, 유통, 비축, 소비, 상공업과 무역 등 경제 전반도 정치가 간여한다. 특히 중국과 우리나라에서 특이한 중요성을 갖는 요소는 이들 가산제하의 관료를 과거(科擧)제도라는 엄격한 시험에 의해서 선발한다는 점이며, 그러한 시험의 컨텐츠는 고매한 고전적 지식과 시적(詩的) 표현 방법을 담고 있다는 것이다. 이로써 가산제하의 관료는 자신의 우월성에 대한 자부심이 매우 강하고 거기서 일종의 엘리트주의적 전통을 쌓게 된 것이다.

우리 사회에 남아 있는 정치문화의 중앙집권적 성향, 국가주의, 정치중심주의, 관료주의적 엘리트주의, 지위 · 권력 지향성, 권위주의, 도덕주의, 명분중시의 형식주의, 결벽성, 저항성, 보수성, 배타적 폐쇄성, 사대주의, 법치보다 인치, 보스중심 패거리 정치, 집합주의적 연고주의 파벌, 인정주의적 의리, 극한 경쟁과 보복의 정치문화, 관료의 부패와 가렴주구, 준봉(遵奉)과 숙명론 등도 그 뿌리는 한국의 전통적 사회조직원리와 가산제에 있다 해도 과언이 아니다. 이러한 가산제적 유산은 국가부문에서만 작동해온 것이 아니고 기업경영 분야에서도 가산제적 경영문화로 이전하여 소유의 집중, 집단이기주의, 전문화 부재, 책임경영 결여, 의사결정과 의사소통의 권위주의적 집중, 가부장적 노사관계 등 여러 면에서 영향을 미쳐 왔고 심지어 일부 시민사회 조직체의 조직원리로도 작용하고 있다(김경동, 2007; 2010a; Kim, 1993).

2) 시장부문의 쟁점

국가의 자세가 그런 상태라면 시장부문이라도 이 운동과 관련한 분야에서 활성화 했다면 상당한 도움이 되겠지만 우리의 기업부문은 아직도 정경유착, 관치경영, 가산제적 경영 등에서 자유롭지 못한 점이 못내 아쉽다. 특히 자원봉사운동에는 여러 과정에서 재정적 지원과 인력동원이 절대적으로 필요하다. 시민사회의 자발적 부문 자체는 아직 이러한 자원을 충분히 제공할 태세를 갖추지 못했으므로 여기에는 기업부문의 적극적 지원이 필요한 것이다. 사실 기업부문도 국가의 규제와 간섭과 관치성향에 시달리고 있는 처지인지라 시민사회의 국가에 대한 좌절만큼은 아니라도 나름대로는 고충을 겪는 부문이다. 그렇다면 당연히 시민사회의 자발적 부분과 손잡고 국가에 대응하는 노력도 필요할 터인데 이 점에서 의식이 부족한 것은 못내 아쉬울 수밖에 없다.

시장부문의 기업체들이 그동안 일찍이 눈을 떠서 기업의 사회적 책임(Corporate Social Responsibility, CSR)의 차원에서 기업사회공헌의 명목으로 각종 자원봉사 조직체를 구성하고 실질적인 운동을 펼치고 있는 것은 주지의 사실이다. 하지만, 기업의 사회적 책임이나 사회공헌 활동은 아직도 기초적이고 많은 실질적인 한계를 안고 있다. 회사에 따라서는 상당히 활발하게 이 운동을 전개하는 것으로 홍보를 하고 있다. 원래 이 문제는 기업경영의 윤리(Business Ethics)라는 좀 더 추상적인 철학적 관심에서 유래하고 있거니와, 이러한 움직임이 우리나라에서 현실화한 역사는 비교적 짧고 이에 적극적으로 참여하는 기업체들도 수량적으로는 아직 미미한 편이다. 특히 중소규모의 기업체들은 아직 엄두도 내지 못하거나 실현한다 해도 매우 소극적인 수준에 머물러 있다고 보아야 할 것이다. 다만 윤리경영이 과거처럼 순전히 구두선으로 "사회의 책임을 완수하기 위해서"라는 명목적 관념보다는 회사의 '생존전략'으로 인식하기 시작한 전환이 일고 있다는 점은 주목할 만하다(전국경제인연합회, 2009; 김경동 · 김여진, 2010).

그러나 현재 이런 CSR 자원봉사 프로그램을 운영하고 있는 대기업 부문의 회사들도 아직까지는 노하우와 정보 부족, 추진성과에 대한 확신 부족, 영업성과와 충돌하는 문제, 의지나 지원의 부족, 그리고 임직원의 의식변화 지체 등을 주요 장애요인으로 지목하고 있다는 사실도 눈여겨 보아야 한다(전국경제인연합회, 2009; 김경동 · 김여진, 2010: 204). 요컨대 아직은 일반적으로 대기업체 중심의 운동이 현실인 데다 그런 기업체조차도 위에 지적한 근본적인 문제점들은 상당 정도 미해결 상태에서 극히 초보적인 단계에 놓여 있다고 할 수 있을 것이다. 여기에는 CEO의 의식이 관건일 때가 허다하지만 우리의 CEO들이 과연 얼마나 계몽된 지성인, 엘리트인지는 의문이 남는다. 노블레스 오블리주의 정신에서도 한참 뒤지는 것이 우리의 현실이다. 실지로 경영자, 특히 최고경영자들을 개인적으로 만나 대화를 나누어 보면 CSR을 중시한다고 언명을 하면서도 실질적인 자원봉사나 나눔의 활동 면에서는 대단히 저조한 관심과 정보의 부족 그리고 소극적인 자세를 그대로 노출하는 것을 알 수 있다.

그러면 자원봉사운동이라는 전사회적인 관점에서 기업부문의 역할을 정립하는 문제는 어떻게 접근할 것인가 라는 쟁점이 우리의 관심사로 새로이 떠오른다. 기업체들 차원에서 각자 CSR 운동을 펼치는 것조차도 아직은 초보적인 수준이라는 점은 이미 밝혔지만 전 사회적인 자원봉사운동을 활성화하는 데서는 기업부문이 어떤 자세로 동참해야 하는지는 아직도 정확한 인식이 서 있지 않은 것이 현실정이다. 다시 말하면 이 문제는 바로 자원봉사운동과 국가의 역할이라는 쟁점과 연계해서 검토해야 하는 사안임을 지적하고자 하는 것이다. 결국 자원봉사운동의 활성화에 필수적인 자원의 확보라는 관점에서 볼 때 시민사회부문 자체는 아직도 취약하고 미비한 상황에서 국가의 지원이 불가피하지만 동시에 거기에 필연적으로 수반하는 갖가지 문제점과 제약이 불을 보듯 분명하다면, 기업부문에서도 시민사회와 함께 이 문제를 현명하게 해소하는 일에 어떤 긍정적인 기여를 할 수 있는지를 좀 더 진지하게 논의해야 한다는 뜻이다.

이점 에서 볼 때 아직까지는 기업부문이 그 문제를 심각하게 생각하려는 관심도 부족하고 실지로 적극 나서는 기업체들도 극히 드물다는 현실에 부딪히지 않을 수 없다. 말하자면 기업부문에서는 국가가 해야 할 일을 대신할 필요가 없다고 보는 것이고 또 기업체들이 자신들의 이익과 직결되지 않는 일에 선뜻 자원을 할애할 명분도 이유도 없다고 생각하는 것이다. 자원봉사계는 이러한 시장부문의 한계를 직면하면서 대처해야 할 과제를 안고 있는 셈이다.

3) 시민사회부문의 한계

국가와 시장부문이 그러하다면 이에 대한 시민사회부문의 대응은 어떠한가를 묻게 된다. 유감스럽게도 시민사회 자체 역시 가볍지 않은 문제점을 안고 있다.

첫째, 무엇보다도 자원봉사운동의 상당 부분에서 국가의 지원, 그것도 재정적 뒷받침이 없으면 존속하기가 어려운 처지가 곧 문제의 근본적인 요인의 하나임은 너무도 널리 주지하는 사실이다. 여기에는 시민사회의 미성숙이라는 특성이 도사리고 있음이다. 시민사회의 성숙도는 달리 말해서 그것을 구성하는 시민의 성숙도라 할 수 있다. 이런 점에서 우리 사회는 아직도 성숙한 시민이 다수라기보다는 그 반대라고 할 만하다. 앞서 제2장에서 밝힌 대로 우리 사회에는 사회적 쟁점이나 공익적 가치에 대해서는 거의 무관심하거나 사회적 공공의식이 희박한 채 일상사에 매몰되어 살아가는 무관심 주민층과 자신들의 직접적인 이해관계에 문제가 생길 때는 불만 표출, 요구주창 등을 위해 일정한 집단행동에 참여하는 정도의 관심을 가진 단순 주민이 대다수를 이룬다. 이에 비해 공공의식이나 시민정신을 상당한 수준 함양하고 있으며 공익과 봉사에 대한 의식과 관심을 충분히 지니고 있어서 필요한 때에는 자발적으로 공익운동이나 봉사활동에 참여하는 성숙한 시민은 극소수에 해당한다(中瀨勳・林まゆみ, 2002; 김경동, 2007; 2010a; 2010b).

이처럼 시민사회 자체가 미성숙하다 보니 스스로 자원봉사운동을 감당할 역량을 기르지 못하고 있는 것이 근원적인 약점이 된 것이다. 이 운동도 사회운동인 한에 있어서는 자원봉사를 관리하는 인력이 전문성을 띠어야 하고 운동을 전개하기 위한 조직 인프라를 제대로 갖추어야 하는데, 이는 곧 그만한 경제적 자원을 필요로 한다는 것을 의미한다. 현재까지는 크게 나누어 전국 248개 자치단체 단위에 설치하여 운영하는 센터 및 중앙센터와 그밖에 민간기구 내지 시민사회

결사체의 형식으로 자원봉사에 임하는 단체와 그들의 조직체 내지 센터가 그러한 인프라의 대강을 이루는데, 그 어디를 보든 재정적 자원이 태부족임을 면치 못하고 있는 실정이다. 조직체 구성 자체가 소규모인 데다 거기에 취업하는 전임 관리자의 대우가 열악하기 그지없다(조휘일 외, 2009: 109-113). 결국 국가의 지원에 의지하는 길이 가장 안전한 방편이 되었고 그 결과로 위에서 지적한 국가(정부)의 관변화를 초래하게 된 것이다. 가령 2008년 현재 센터의 민영화율은 36%에 불과한 것이 현실상이다(행정안전부, 2008; 이강현, 2011b: 128).

둘째, 우리나라 시민운동의 전개과정에서 일반적인 현상으로 드러난 또 하나의 특징은 시민운동 자체가 정치화하거나 거기에 참여하는 개인 중에서 정치적인 관심에 의해서 정치화에 편승하는 모습이었다. 특히 지난 10년의 정치권에서 나타난 권력중심의 인물군의 성격과 저들의 이념적 특성과 맞물려 정치권과 시민운동계가 밀접한 연계를 형성하게 된 것은 결과적으로 시민운동의 순수성을 훼손하고 시민운동에 대한 국민 일반의 인식에 중대한 오점을 남기는 요인으로 작용한 점을 주목해야 한다. 그로 인하여 현재 시민운동계는 1987년 이후의 왕성한 활동기를 접고 일단 소강상태로 접어들게 되었고 새로운 정비를 위한 성찰의 시기를 지나고 있다(김경동, 2009; 박재창, 2009).

지난 10년을 돌이켜 보면서 그와 유사한 현상이 자원봉사계에서도 서서히 싹트는 모습을 감지하게 된 것은 많은 사람들의 우려를 자아내고 있다. 국가의 지원이 아쉬운 시민사회부문(자원봉사계)이 특별히 국가의 정치적 의도에 협조적인 인사들을 중심으로 운동을 이끌어나가고자 하는 움직임을 포착할 수 있었고, 이에 편승하여 개인적인 정치적 야망을 달성하려는 조짐마저 보이기 시작한 것이다. 이로 말미암아 자원봉사계가 내부의 갈등마저 움트게 하는 결과를 가져온 것은 누가 보아도 바람직하지 않다는 것은 객관적 사실이다. 다시 말해서 국가부문의 자원봉사운동 관변화는 봉사계 내부의 정치화 움직임과 맞물려 운동의 순수성을 저해하는 동시에 갈등을 조장하는 양상을 띠게 되었다는 말이다.

셋째, 이제 자원봉사계 내부로 눈을 돌리면 또 하나의 문제점이 떠오른다. 지난 10년 어간에 기본법의 시행에 힘입어 한국자원봉사협의회(한봉협)의 합법적 위상이 달라짐으로써 상대적으로 활성화하는 계기가 된 것은 사실이다. 그러나 한봉협의 운영을 위한 경제적 자원의 부족은 이 단체가 기본법에서 명시한 본연의 기능을 수행하는 데 한계를 안겨주고 있다는 것 또한 주지의 현실이다. 회비를 중심으로 하는 민간의 자원이 태부족인 상황에서 국가의 확고한 지원이 전혀 이루어지지 않는 상황이므로 결국 지도자 개인의 역량에 따라 후원을 받는 형식으로 자원확보를 기해야 하는 어려운 처지가 된 것이다. 그나마 현재의 지도부가 상당한 성과를 거두었음은 다행이지만 지속가능성에 있어서 제약이 상존하는 현상은 이 기구의 효과적 기능수행에 먹구름을 드리우고 있는 것이 부인할 수 없는 현실이다.

여기에는 크게 두 가지 문제점이 드러난다. 하나는 자원봉사계의 구심점이 취약해질 수 있는 소지이고, 다른 하나는 자원봉사운동의 미래지향적 활성화를 기하는 데 장애가 된다는 점이다. 한봉협이 명실공히 자원봉사계의 구심점이 되기 위해서는 거기에 걸맞은 인프라를 구비해야 함은 췌언을 불허한다. 그것이 가능할 때 비로소 우리나라 자원봉사운동 또한 더욱 활기차게 뻗어나갈 수 있을 것이 때문이다. 이야말로 자원봉사계의 장래를 위한 가장 핵심적인 도전의 하나라 할 것이다.

넷째, 역시 자원봉사계 내부의 문제로 전문인력의 양성과 확보라는 이슈를 지적하지 않을 수 없다. 지금까지는 주로 사회복지 분야의 학자와 지도자 등 전문가들이 주축이 되어 운동을 이끌고 있으므로 현장의 관리기능 또한 이 분야 출신의 인재들이 거의 독점적으로 도맡아 수행하는 형국이다. 이로 인하여 기본적으로 자원봉사계와 사회복지계의 분업체계에 대한 진지한 성찰이 없는 상태에서 혼선이 있을 수 있으며 자원봉사운동의 다학문적 성격을 확립하는 데서 한계를 극복하기가 어려운 문제가 있는 것이다.

참으로 다행스러운 것은 지난 10년 사이에 한봉협과 한국자원봉사포럼의 협력체제 아래 관련 전문가 집단의 노력이 결실을 이루어 마침내 최근에는 기업부문의 협찬을 얻어 자원봉사관리자 양성을 목표로 하는 자원봉사 리더십 아카데미 설립과 양성과정 출범을 본격적으로 준비하게 되었다는 점이다. 이제 막 시발한 이 교육과정이 앞으로 넘어야 할 언덕 또한 만만치 않음은 모두가 공감하는 사실이고 이 또한 자원봉사계가 해결해야 할 과제로 우리 앞에 다가서 있다.

그러나 이 문제는 단순히 전문가 양성에만 초점이 맞추어질 성질의 과제가 아니고 연구개발(R & D)의 문제와도 직결되는 것이다. 역시 지난 10년의 성과 중에 그나마 괄목할 만한 것이 있다면 주로 한국자원봉사포럼(포럼)이 중심이 되어 진행하기는 했지만 한봉협과 광역센터 그리고 기존의 주요 봉사단체들이 각기 참여하여 정부와 기업분문의 지원을 받아 각종의 이슈를 대상으로 연구활동을 전개해 온 점이라 할 것이다. 다만 이 R & D의 과업은 이제 그 수준의 비체계적이고 상호연관성을 결여하는 지엽적인 접근을 탈피해야 할 단계로 접어들고 있다는 사실을 염두에 두고 이 문제를 바라보아야 한다는 것이다.

이처럼 시민사회 부문의 특성을 분석하게 되면 결국 자원의 부족이라는 근원적인 쟁점과 정면으로 만나지 않을 수 없게 된다. 이 대목에서 국가부문은 물론 시장(기업)부문과 돈독한 파트너십 정립이 주요 과제로 떠오를 수밖에 없다.

II. 앞으로 10년: 전망과 과제

1. 주요 사회변동의 성격

이와 같은 현실분석에 기초하여 이제는 앞으로 10년을 내다보는 비전을 구상해야 할 차례다. 그런데 현재의 솔직한 심경은 앞날이 그처럼 희망적인 비전을 제시하기에 합당할 만큼 밝은 빛이 보이지 않는다는 생각으로 가득하다. 풀어야 할 과제가 너무도 버겁게 앞을 가로막아 서기 때문이다. 그렇다고 해서 포기할 수는 없는 일이고 힘들더라도 한데 힘을 모아 난국을 타개하고 희망찬 내일을 설계하는 일에 나서야 함을 두말할 나위도 없다.

우선 자원봉사운동의 장래를 거론하기에 앞서 지금부터 10년이라는 시간에 우리 사회가 과연 어떤 일을 겪게 될 것이며 어떤 변화를 경험할지를 대강이나마 예측할 필요가 있다. 이러한 예측이 쉽지 않음을 전제하고 몇 가지 주요 사항들에 대한 예상을 정리할 수는 있을 것이다.

첫째, 당장 2012년에는 국회의원 총선거와 대통령선거라는 중대한 정치적 행사가 기다리고 있다. 현재로서는 정말 예측불허인 정치현실인지라 어떤 결과를 기대해야 할지는 누구도 장담할 수 없다. 그러나 어떤 정당이 다수의석을 점유하고, 어떤 정치인이 최고지도자가 되든, 일단 상당 정도의 물갈이 내지는 세대교체가 불가피할 것으로 예견할 수는 있다. 정치 자체에 대한 국민의 불만이 팽배한 상황에서 변화는 불가피한 결단의 결과가 될 것으로 전망해도 무방할 것이기 때문이다. 자원봉사계는 이러한 변화에 촉각을 세우고 이에 적응하기 위한 태세를 충실히 갖추어야지 거기에 둔감하게 대비했다가는 운동의 활성화를 기대하기가 어려울 것이 분명하다.

둘째, 경제의 전망은 더군다나 어려운 일이다. 경제가 전 지구화의 물결을 타고 있는 상황에서 중동의 정치불안이나 일본의 자연재해와 같은 예측 불가한 사건이 불거져나오면 전 세계적인 경제적 타격이 올 것이기 때문이다. 또한 내년의 선거 결과에 따라서 경제체제와 운용의 철학이 어떤 방향으로 전환을 할지도 주된 변수가 될 것이다. 그럼에도 불구하고 우리 경제의 저력을 믿는다면 지난 10여 년 사이에 경험한 국제적인 금융위기를 힘겨우나 무사히 극복한 선례를 보아서라도 결코 뒷걸음친다고 보기는 어려울 것이다. 선진국 진입을 위한 지속적 경제성장이 필수조건인 상황에서 후진은 있을 수 없는 일이기 때문이다. 이렇게만 된다면 적어도 우리 국민의 일반적인 생활수준이 질적으로 향상할 것은 기대해볼 만하다. 이것을 자원봉사운동에 연결시키는 과제가 우리 앞에 놓여 있다는 말이다.

셋째, 기술혁신은 한 번 시발했다 하면 자가추진력(Self-propelling power)을 지니고 가속도가 붙어 변화하는 현상이다. 경제성장이 지속하려면 기술개발은 필수요건이라는 점에서도 계속할 것이 분명하다. 이러한 기술혁신은 비단 경제에만 영향을 미치는 것이 아니라 국민의 생활양식을 비롯하여 행동유형, 나아가 사회적 관계 등에도 전혀 예상치 못한 결과를 초래할 수도 있다. 자원봉사운동 역시 이러한 기술혁신의 추세에 민감하게 적응할 준비를 갖추어야 할 것이다.

넷째, 현재 급속도로 진행 중인 저출산, 고령화라는 두 가지 인구변동의 흐름은 앞으로 10년 사이에도 이어질 것이 분명하다. 이 두 가지 변동은 워낙 예기치 못한 현상이었던 탓에 이에 대한 대비가 개인이나 국가 차원에서 거의 전무한 것이었기 때문에 그 추세를 막거나 역행시키기에는 너무 늦은 감이 없지 않다. 문제는 그러한 저출산과 고령화가 가져올 충격이다. 경제활동 인구의 부족으로 인한 경제력의 약화, 부양부담의 폭증 등 경제적인 문제는 물론, 이와 관련한 가족의 변용은 사회적 안전망이 취약한 우리 사회에서 자원봉사의 수요를 급증시키는 방향으로 일어날 소지가 다분히 있다.

다섯째, 이런 인구변동과 동시에 그동안 우리가 의식하지 못한 겨를에 일어나고 있는 공동체 붕괴와 인간관계의 변질 현상과 이에 대한 국민의 가치관과 태도의 급격한 변화 역시 쉽사리 흐름의 방향을 바꾸리라고 기대하기가 어렵다. 급격한 세대교체로 인한 세대갈등과 이념적 성향의 표면화가 자아낸 사회적 갈등의 격화와 이념의 혼선이 사회적 안정과 국민적 정체의식을 뒤흔들고 있다. 이러한 갈등과 혼미 속에 권위와 규범질서의 붕괴, 불신과 냉소주의의 확산이 잦아들지 않는다. 정신적으로는 소비문화와 쾌락주의가 판을 치고 가치관의 혼돈이 정신을 황폐화시키는 양상이다.

결국 한국사회는 모두 더불어 화합하며 사는 '공화국'(共和國)이라기보다 일종의 '분열국'(分裂國)이라는 냉소적인 평가가 나올 만큼 사회통합의 필요성이 강하게 대두하고 있다. 국가사회의 지도자를 비롯한 모든 국민은 "내 몫은 무엇인가? 내게 돌아오는 것은 얼마나 되는가? 내 평생 내가 가질 권리가 있는 것은 깡그리 가질 수 있는가?" 이런 데만 관심이 있는지라 나라 전체를 위해서 정당한 것은 갈기갈기 찢어지고 있다. 사람들이 각자의 행위가 자신의 좁은 이해관계의 테두리를 넘어 사회 전체에 대해서 어떤 반향을 일으키는 지에는 관심이 없는 것이다.

이처럼 사회변동이 급격하고 광범위하게 일어나면서 갈등과 충격으로 사회가 해체하는 위험을 안고 있으며 구성원들은 혼란과 긴장 속에서 갈피를 잡지 못하고 우왕좌왕 변화의 물결에 휩쓸려 자기 앞가림에 급급한 실정이다. 이로 인하여 어떤 개인도 집단도 제도도 대다수 국민이 마음 놓고 추종 · 순응하며 협동에 참여할 만한 방향제시를 하는 구심점을 상실하고 말았다. 또한 사회복지와 자원봉사의 수요는 급증하는 추세인데 그 누구도 이 문제를 책임지고 해결하려고 나서기보다는 서로 책임 떠넘기기에 바쁘다. 국가가 떠맡아 해결할 능력에는 한계가 왔고, 정치에 대한 불신이 도를 넘은 데다, 다른 제도부문도 모두 신망을 잃은 터라, 사회 전체가 한 조각 표류선처럼 이리저리 흔들거리며 흘러가는 형국이다(정진성 외, 2009).

누구도 책임질 수 없는 상황에서 결국은 시민사회 스스로 이 짐을 떠맡아야 하게 되었다. 사회적 구심점이 될 수 있는 사회적 세력은 궁극적으로는 시민사회의 구성원들일 수밖에 없게 된 것이다. 그토록 중차대한 책임을 과연 시민사회의 어떤 세력이 맡아 수행할 수 있는가? 시민사회의 자발적 부문의 자원봉사운동 세력들이 나서야 할 요구가 여기에 있다고 보아야 한다. 따라서 이로 말미암은 자원봉사 수요의 증대는 우리 앞에 뜨거운 감자로 등장할 것이다.

물론 이 밖에도 주요 부문의 변동은 지적할 수 있겠으나 우리의 직접적인 관심사는 이 정도에서 마무리하기로 한다. 그러면 지금부터 앞으로 10년을 내다보면서 우리 자원봉사운동이 당면할 도전과 해결해야 할 과제를 몇 가지로 간추려 살펴보기로 한다.

2. 국가부문의 과제

1) 민관파트너십 구축의 문제

국가중심주의가 뿌리 깊은 사회에서 국가와 관료집단의 혁신은 말처럼 쉽지 않을뿐더러 설사 변한다 해도 상당히 오랜 시간을 요한다고 보아야 할 것이다. 그렇더라도 우선 제도적 틀을 개선하는 작업은 자원봉사계의 숙원일 뿐만 아니라 현실적으로 추진 가능하고 일부는 준비도 해온 터이다. 그 내용과 접근방법을 여기서 일일이 열거할 필요는 없고 원칙만 언급하는 데 만족할 것이다. 물론 관료주의는 쉽사리 사라지지 않을 것이므로 민관관계의 근본적인 개선을 위한 진정한 의미의 민관 협치 방식의 합의도출 과정을 반드시 밟을 것을 제안할 수 있다. 우리의 민주정치가 아직은 미비하고 유치하지만 우리가 이룩한 경제선진국의 위상에 걸맞은 합의에 의한 의사결정의 관행을 이제부터라도 실현시키려는 진지한 노력이 절실하다. 시민사회부문에서는 이러한 요구를 국가를 향해 지속적,

반복적으로 제시하고 설득하고 선거과정에서는 압력을 가해서라도 실현하도록 노력할 필요가 있다. 적어도 우리의 민주주의 공고화 과정의 현단계라면 이 정도의 민관파트너십 형성을 위한 거버넌스의 실험은 당연하고 가능하다고 보는 것이다.

국가와 시민사회의 주민자율 내지 주민자치라는 쟁점을 다룰 때 흔히 제시하는 모형이 있다. 그 내용을 자세히 설명할 수는 없고 앞서 제2장([표 2-1])에서 제시한 주민자치 모델에서 우리가 현재 처하고 있는 모형은 첫 번째 관리형에 머물러 있으므로 하루속히 진정한 의미의 파트너십 형성이라도 성취할 수 있도록 국가와 봉사계가 공동으로 노력을 경주해야 할 것이다. 이는 어느 일방이 원한다고 해서 저절로 이루어지는 목표가 아니기 때문이다. 그리고 서서히 궁극적으로는 주민자치형으로 이행하는 것이 바람직하다 하겠다. 이러한 파트너십은 말 그대로 어느 한 쪽만의 이득을 위한 것이 아니라 쌍방에게 모두 도움이 되는 길임을 염두에 두고 진행할 필요가 있다는 점도 강조하고자 한다.

그러므로 여기에서는 자원봉사운동을 중심으로 바람직한 민관파트너십 형성을 좀 더 자세히 살펴보려고 하거니와, 그러기 위해서 먼저 현재의 문제점을 다시 한 번 간략하게나마 점검하고 논의를 펴고자 한다.

(1) 민관관계에 대한 성찰

민관협력 문제를 논하고자 할 때 무엇보다도 우선적으로 해야 할 일은 왜 이 시점에서 이와 같은 논의가 필요한지에 관한 근본적인 성찰에서 출발하는 것이 바람직하고 긴급하다 하겠다. 이를 위해서는 크게 세 가지 범주의 문제에 대한 검토가 요긴하다고 볼 수 있다.

① 첫째는 이 방면의 민관관계 자체의 성격에 관한 민간부문과 국가부문의 인식과 관점의 차이 혹은 간극을 둘러싼 어려움이 있을 것이다.
② 둘째는 국가의 정책과 시행방법에 대한 민간부문의 불만과 문제제기를 중심으로 이에 대한 국가의 대응에서 발생하는 파열음의 문제가 있다. 그리고
③ 셋째는 지금까지 자원봉사운동을 주도하는 시민사회부문과 이 사안을 주관하는 국가기구 사이의 관계 자체에 영향을 미친 인적 요소의 문제가 있다.

이 밖에도 여러 형태의 문제점이 드러나고 있지만 이상의 세 가지 범주에서 크게 벗어나지 않는다고 보고 이들에 대한 검토부터 하고 나서 미래지향적 관계개선을 위한 방안을 강구하는 차원에서 한층 더 돈독하고 생산적인 민관협력관계 정립을 위한 상호협조적인 대안의 모색을 시도하는 것이 순서일 것 같다. 물론 이 모든 것은 우리나라의 자원봉사운동이 활성화할 수 있도록 하려는 강렬한 열망과 그 목표달성에 장애가 되는 문제점에 대한 깊은 우려가 깔려 있음을 전제할 필요가 있다.

가. 민관관계 성격에 관한 인식의 문제

오늘날 우리나라에서 자원봉사운동을 중심으로 시민사회와 국가부문의 관계를 둘러싼 근원적인 문제점의 배경에는 우리 사회의 문화적인 요인 한 가지가 작용하고 있음을 필히 제대로 읽어야 한다. 특히 민간부문에서 국가부문에 대하여 갖는 가장 큰 불만의 핵심적 요인은 아직도 우리 사회가 극복하지 못한 후진적인 국가중심의 국가주의적(statism) 정치문화다. 자원봉사운동이 근본적으로 시민사회의 민간운동이라는 점을 의심하는 이는 없을 터이나, 국가 차원에서 이 운동을 진작시키고자 하는 법률적인 제도를 구축하고 정책을 시행하고자 할 때는 결국 국가 우위의 자세를 탈피하지 못하고 시민사회 위에 군림하면서 민간부문의 자율성에 상처를 입히는 관행이 사라지지 않고 있다.

특히 중앙이나 지방 단위의 정부가 재정적 지원을 제공하는 자원봉사센터를 위시하여 기타 자원봉사 관련 단체나 기관을 바라보는 정부당국과 정치권의 시각에는 심각한 문제가 도사리고 있다. 마치 이런 기관, 단체를 당국의 하부기구로 간주하든지 아니면 때로는 정치적 목적에 이용할 수 있는 시민사회의 집합체라는 인식을 불식하지 못하는 행동유형이 만연하다. 한 마디로 재정지원을 국가(지방정부)가 제공하는 한, 어떤 시민단체든지 정부의 감시감독은 물론 지배를 받는 것이 정당하다는 관념이 저변에 도사리고 있다는 말이다. 이처럼 일반적으로 시민사회의 목소리를 경청하거나 고충을 수용하며 동격으로 간주하여 협력하려는 태도는 은연중에 자취를 감추는 현상이 시민사회 부문을 가장 좌절케 한다는 사실을 국가부문에서는 충분히 이해하지 못하는 듯하다.

이 문제는 시민사회가 아직도 자원과 활동 역량에서 취약하다는 현실과도 맞물려 있어서 사태는 더욱 안타까운 것이다. 한 마디로 국가와 시민사회의 관계가 현실적으로 비대칭적인 성격을 띠고 있는 한에서는 민간부문이 국가에 의존해야 할 사례가 허다할 것은 자명한데, 그럴 때마다 국가의 일방적인 태도는 민간부문을 극도로 좌절케 할 수밖에 없다. 그로 인하여 불만이 비판적인 언행으로 표출하게 되고 그에 대한 정부의 태도는 더욱더 민간부문을 불신하며 배제하게 되는 악순환이 전개하는 상승작용이 지속하는 것이다.

나. 정책입안과 시행을 둘러싼 민관 간의 불협화음 문제

민관관계에 대한 오해나 인식의 차이 자체도 이미 갈등의 소지를 안고 있지만, 실제 정책을 입안하고 시행하는 과정에서도 국가와 시민사회 부문 사이에는 불협화음이 자주 발생하는 것을 우리는 목도하고 있다. 근원적으로는 국가주의적 태도로 말미암아 정부에서 하는 일이면 거의 무조건 민간은 추종하고 협조해야 한다는 방식의 접근이 문제가 되는 것은 주지의 사실이다.

그러나 현실적으로 더 심각한 현상은 공직사회가 자원봉사운동에 대한 전문가를 지니지 못하다는 매우 초보적인 문제에서 이 모든 난제가 싹텄다는 사실이다. 이 점에서는 정치부문도 마찬가지다. 우리나라 관료집단과 국회의원들이 아무리 뛰어난 인재이고 훌륭한 국민의 대표자라 할지라도 특정 분야의 전문성을 총체적으로 다 갖추기를 기대할 수는 없는 법이다. 이처럼 전문성을 갖춘 공직자가 부족하다 보면 자원봉사운동의 의미, 성격, 철학, 중요성 등에 대한 이해에 한계가 있게 마련이고 이로 말미암아 정책수립에서 시행에 이르는 전반적인 국가정책 운영과정에 대한 미숙함이 실제 운동에 참여하는 시민들에게는 답답하고 안타까움이 생길 수밖에 없다. 이런 점에서 우리 국민이 몹시 불만스러워야 하는 정치후진국의 탈피가 시급하다.

다. 인적 요소의 문제

무슨 일이든 사람이 하는 일에는 사람의 문제가 수반하게 마련이다. 특히 자원봉사란 그 취지와 목적이 이타적인 봉사에 초점을 둔 시민운동이라는 점을 감안하면 아무런 인간적인 문제가 없어야 할 것 같지만 그럼에도 불구하고 역시 사람의

하는 일이라는 근원적인 한계를 완전히 극복하지는 못하는 것이 현실이다. 이때 특별히 주목할 사항은, 민이든 관이든, 여기에 직접 관여하는 특정 인물들을 중심으로 실제 일어나는 활동이나 정책 전반에 대한 평가를 내리고 선입관을 품게 되는 일이 결국 모든 문제의 요인으로 등장하기가 쉽다는 사실이다.

구체적인 개별적 인물을 거명할 필요는 없지만, 그동안 자원봉사운동을 이끌어 온 인사들 가운데 특정한 개인의 생각이나 행동을 두고 정부 측에서 일정한 편견이나 선입관을 가지게 된 것이 사실이다. 따라서 이에 입각하여 자원봉사운동계 전체를 저울질하고 자신들의 태도를 경직하게 고정해버림으로써 아예 대화도 불가능해지고 상호협력이라는 고리 자체가 끊어지는 일은 없었는지를 잘 살펴볼 일이다. 마찬가지로, 민간부문에서 볼 때는 자원봉사 정책을 다루는 당국의 특정 개별 공무원이나 그를 둘러싼 부서의 태도와 행태가 만족스럽지 못함으로 해서 일방적으로 비판의 목소리를 내게 되는 현상이 있었다. 결국 이로써 소통의 길이 막히고 상호간에 오해가 누적하는 불편한 관계가 이어지는 어려움을 겪게 된 것이다.

정부관계자들은 자신들과 대화를 하려는 일부 민간 인사들에 한하여 제한적으로 대화를 하고 정책 시행과정에서 특혜를 제공한다거나 참여케 하는 등의 편파적 관행이 자리 잡게 되는 문제가 일어났다. 따라서 민간에서는 이에 대한 불만과 좌절로 국가에 대한 쓴소리를 공공연히 하게 되는 한편, 자원봉사계 내부에서는 일종의 분열 현상마저 드러나는 불행한 결과를 초래하기도 했던 것이다.

라. 국가부문의 내부적 문제

최근 불거지고 있는 현상이기도 하지만 지금까지도 자원봉사활동기본법 제정시행 이래 정부 내에서는 부서 간의 미묘한 분업과 협업의 영역에서 긴장관계가 도사리고 있어서 이것이 결국은 자원봉사운동 자체에까지 영향을 미치는 결과를 초래하고 있다. 가령 특정 부처가 주무부처로 정해지기는 했어도 실제 자원봉사활동을 정책적으로 기획, 지원하는 업무는 여타부처에서도 시행할 수 있고 또 실천하고 있는 형편이다. 여기서 이들 상호간의 조정과 협력이 필수적인데 과연 어느 정도 효과적으로 그것이 이루어지는지가 문제라는 것이다.

이런 이유로 민간부문에서도 같은 자원봉사운동을 펼치면서 어떤 정부 부처와 관계를 맺느냐에 따라 차이가 생길 수 있고 따라서 여러 가지 까다로운 결정을 내려야 하는 어려움을 겪을 수가 있다. 정부 내의 부처간 긴장과 알력 문제는 우리나라 국가부문의 근원적인 고질적 문제의 하나라 해도 과언이 아닌데, 이로 인한 중복 사업의 남발과 거기에서 발생하는 국가 자원의 낭비 및 정부 내의 관계악화에 따르는 비효율성의 문제는 자원봉사운동과 관련해서도 다시 한 번 근본적으로 재고해야 할 성질의 것이라 할 것이다.

(2) 민관협력관계 정립에 절실한 개선의 방향

대단히 축약해서 서술했지만, 모두가 근본적이고 어떤 의미에서는 철학적인 문제를 겨냥한 것들이라 할 만하다. 자원봉사계 자체도 그런 한계가 있으나 문제가 더 심각한 부문은 주로 국가 쪽이다. 대체로 공직자는 우리나라의 전통적 풍토에 비춰 볼 때 자기 나름의 엘리트의식에 젖어 있는 집단이다. 실지로 그들은 당연히 엘리트층임에 틀림없다. 높은 교육수준에 어려운 국가고시제도의 관문을 어렵게 통고하여 공무원으로 임명받은 동량들이 주축을 이루는 집단이기 때문이다.

그럼에도 불구하고 자원봉사운동이라는 영역에 관한 한에서는 '자원'이라는 말이 함축하듯이, 어디까지나 시민의 자발적 참여가 핵심이다. 따라서 이를 국가적 발전을 위한 전 국민의 사명으로 간주하고 공직에 임하여 민간과 적극적으로 협조하는 문화를 함양하고 운동의 실천을 위한 인프라와 메카니즘을 갖추려 노력해야 한다. 이제 장래를 길게 내다보면서 선진한국의 꿈을 실현하고자 한다면 자원봉사운동은 순수한 시민운동으로서 자리 잡고 번창할 수 있도록 국가의 도움이 절실하다는 것에 각별한 관심을 가져야 한다. 이러한 미래지향적 개선을 위한 과제를 생각하면서 먼저 위에서 제기한 이슈에 대한 견해를 요약하기로 한다.

우선 인적 요소에 관련하여 현재의 상황은, 판단컨대, 어느 정도 이 문제가 물밑으로 가라앉은 상태이고 상호이해와 협조의 분위기 조성이 가능해지는 모습을 보이고 있는 듯하다. 그러므로 이제부터라도 서로가 조금씩이라도 마음을 더 열고 소통을 진작시키기 위한 노력을 경주해야 그와 관련한 모든 오해를 해소하고 이해의 깊이와 폭을 넓힐 수 있을 것이고 따라서 대화도 협력도 용이해질 것이다. 이를 성취하기 위해서는 정부나 봉사계나 공히 자체 내의 상황과 조건에 관한 철저한 자가성찰이 필수적이라 하겠다.

다음, 국가주의 문제를 해소하려면 국가부문의 공직자들이 무엇보다도 선진국다운 공직자관에 충실하여 민간과 적정한 관계를 정립하고 유지하고자 하는 의지를 깊이 함양할 필요가 있다. 공직자는 어디까지나 국민의 세금으로 녹봉을 수급하고 국가와 국민의 복리와 번영을 위해 봉사하는 전문직 종사자라는 원칙을 망각하지 않도록 최선을 다하기를 기대한다.

동시에 시민사회 부문에서는 스스로의 역량 강화를 위한 노력을 끊임없이 경주하려는 각오가 필수적이다. 자체 능력을 키우는 데는 소극적이면서 국가에 의존하려는 자세는 하루속히 극복하고 선진시민민주사회의 시민사회다움을 성취하는 집합적인 실천을 보여주어야 한다. 그러면서 국가에 대하여 요구하고 비판하는 목소리를 낼 때야 비로소 떳떳할 수가 있을 것이다. 요는, 민관관계란 원칙적으로 동등한 협력관계지 일방적 지배관계나 저항적 투쟁관계가 아니라는 점을 민관 양방이 확실하게 인식하는 데서 자원봉사운동을 둘러싼 민관협력의 대안이 나와야 할 것이다.

기왕에 국가가 나서서 자원봉사운동을 진흥코자 하는 결정을 했고 이를 위한 제도적 틀을 마련했으면 이제쯤은 이 방면의 전문가를 국가부문 자체 내부에서 양성을 하든지 아니면 시민사회 부문의 전문가를 특별히 채용해서 정책을 수립하고 추진하도록 하는 것이 옳다. 입법부도 역시 이 점에서는 각별한 각성을 요한다. 자원봉사처럼 아직은 우리 사회에서 생소하고 비교적 미개발 상태에 있는 사회현상에 대해서는 전문적인 소양을 구비한 전문위원을 직접 채용하든지, 아니면 전문가들의 의견을 충분히 청취하는 최소한의 성실성을 보이는 것이 국민의 대변자인 입법부 공직자의 기본자세요 공직윤리에 적합한 태도다.

중요한 것은 국가부문이나 시민사회부문이나 모두가 함께 자원봉사운동의 숭고한 이상을 진지하게 수용함과 아울러 이야말로 선진한국의 주요 목표인 동시에 그 목표 달성을 위한 사회문화적 기틀을 마련하는 데서 가장 핵심적인 기여를 할 수 있는 사회적 에너지의 원천임을 깊이 인식하는 일이라 할 것이다.

거기서 출발하면 이에 대한 관심을 고조할 수 있고, 관심이 있을 때 행동으로 표출할 의지와 용기가 생기는 법이다. 그러므로 이제부터라도 정부나 자원봉사운동계는 더군다나 서로의 힘과 도움이 더욱더 절실해진다는 필요성에 대한 각성을 요한다. 우리 모두의 생각을 이런 방향으로 정위치 해 놓은 다음에는 실천에 필요한 여러 가지 정책적인 조처에 관하여 머리를 맞대고 연구하고 논의하여 뜻을 이루도록 노력을 경주할 일만 남게 된다.

좀 더 구체적인 정책과제에 관해서는 얼마 전(2011. 5. 6) 자원봉사계 자체의 내부적인 이슈를 심층토론하기 위해 가졌던 모임에서 논의한 것도 있다. 여기에서는 그러한 정책대안을 강구하는 데서 국가나 시민사회가 어떤 자세로 임할 것인지에 대한 가장 본질적이고 원칙적인 방향에 관해서만 언급하기로 한다. 다만 한 가지 가장 근원적인 해결책을 위한 방안에 대한 몇 가지 제안을 하고 그에 따른 구체적인 방책을 서로 머리를 맞대고 강구하기를 희망하는 바이다.

이는 다름 아니라, 아직은 민간주도의 자원봉사운동이라 해도 이를 활성화하기 위한 노력은 국가 차원에서도 절대적으로 필요한 시점에 있다는 점을 전제로 하여, 국가가 시급히 추진하기를 희망하는 것으로서 다음과 같이 크게 두 가지로 요약할 수 있다.

하나는 국가기구를 따로 설치하여 자원봉사운동을 통합관장하고 진흥하는 문제다. 한 마디로 이는 현존하는 자원봉사진흥위원회의 상설화를 의미한다. 대통령 직속의 위원회를 설치하여 거기에 사무국을 두고 민간의 전문가를 적정수 채용하여 우리나라 자원봉사 정책을 총괄하고 부처별 활동을 조정하는 기능을 수행할 수 있도록 하는 것이다. 이를 위한 입법을 서두르기를 촉구하는 바이다.

다음은 민간부문의 자원봉사운동체의 역량강화의 필요성 문제다. 시민사회부문 자체가 이를 위한 특별한 각오를 가지고 노력해야 함은 물론이지만 국가가 도움을 주어야 할 것이 분명 있다. 우선 기본법에 규정해놓은 한국자원봉사협의회를 지원하는 법적 근거가 결여하고 있다는 점을 지적할 수 있다. 비록 이 협의회가 민간의 자원봉사 관련 기관단체의 협의체라는 성격을 띠지만, 이 협의회가 자원봉사계의 구심점으로서 확고한 민관협력 아래 봉사운동을 전 국민적인 차원에서 추진해나가기 위해서는 기본 운영을 위한 재정적 지원이 필수적이다. 회원단체의

회비만으로는 일상적 운영 자체가 불가능한 터에 이에 대한 국가의 지원을 불가결하다.

또한 자원봉사계의 주요 기관단체 등이 사무실 하나 변변히 갖추지 못한 상태에서 운동을 펼친다는 열악한 조건을 돌아보면 당연히 법에서도 언급하고 있듯이 국가가 일정 수준의 공간 사용을 도와줄 필요가 있다. 적어도 자원봉사회관 정도의 규모에 이런 주요 기관단체를 수용할 수 있도록 지원하는 것은 필요불가결하고 불가능하지 않다고 생각한다.

그리고 마지막으로 자원봉사센터의 설립과 지원은 정부가 하되 운영은 민간이 독자적으로 할 수 있는 입법조처도 필요하다는 것이 자원봉사계의 일반적인 의견임을 밝히고자 한다. 이 밖에 더 구체적인 내용에 관해서는 별도 논의할 것이고, 여기에서 토의한 제안들을 실현할 수 있도록 국가부문의 협조가 절실함을 다시 강조하고, 동시에 민간부문의 자생노력을 더욱 강화할 것을 촉구하는 바이다.

3. 국가정책 차원의 구체적 개선 방안

1) 자원봉사진흥을 위한 조직개편 및 운영방안

(1) 필요성

국가 차원에서 우선 고려할 것은 자원봉사운동을 진흥하기 위한 정부조직개편과 운영방안이다. 먼저 이것이 왜 필요한지를 생각해보자. 앞에서 사회변동의 흐름을 짚어 보았거니와 거기서 연유하는 사회의 구조적 병폐는 1) 세계경제위기 속에 취약한 사회적 안전망으로 인한 사회적 약자 속출, 이로 인한 사회경제적 양극화, 거기에 저출산, 고령화, 가족해체, 지역사회 공동체 붕괴 그리고 사회적 갈등 격화 등으로 집약할 수 있다. 이런 시점에서 자원봉사운동의 활성화가 문제해결 방안의 관건임을 재확인하고자 한다.

① 정부의 재정과 인력의 한계를 보완할 시민사회의 자발적 부문의 역할이 증대하는 것이 시대적 추세다.
② 자원봉사는 사회적 약자에 대한 보살핌과 나눔을 포함하는 노블레스 오블리주

실천 운동의 꽃이다.

③ 자원봉사는 공동체 복원 운동(소외 · 고독으로 고통받는 이웃관계 회복 등)이다.

④ 자원봉사는 사회적 갈등 해소의 첩경이다. 소위 '있는 자'의 '없는 자'에 대한 베풀기와 나눔의 노블레스 오블리주의 효과다.

그러나 현재 정부나 시민사회의 문제점은 다음과 같다.

① 정부의 자원봉사 법체계, 행정관행, 재정지원 등에 근본적인 문제가 잠재한다.

② 시민사회의 자발적 부문은 의식미숙, 경제적 자원부족, 실천을 위한 인적 자원의 부족 등으로 취약한 상태다.

③ 문제 해결의 첩경이요 관건인 진정한 '민관파트너십'의 결여(상호이해 부족, 당사자 간 대화협력 미비, 이해관심의 충돌)가 심각하다.

④ 위의 문제해결을 위한 정부 및 민간의 조직체계(infrastructure) 및 협력체계가 크게 미비하다.

(2) 조직체계 개선의 배경과 방안

가. 현행 정부측 법정기구의 한계와 불합리성

① '자원봉사진흥위원회'(국무총리 위원장, 관계 장관 및 민간위원 동수)는 자문기구에 불과하다.

② 사무국도 없고 1년에 한두 번 자문회의를 개최하게 되어 있으나 실지로 회의는 거의 열리지 않는다.

③ 2년 동안 회의도 없이 서면동의를 요구하기도 한다.

④ 최근 서면동의를 구해온 서류(예: 약 1,300면)에 담긴 내용은 주무부처인 행정안전부가 거의 일방적으로 해당부처와 각 지역 자원봉사센터의 사업을 부분적으로 지원하는 것으로 구성되어 있고 실질적인 국가적 어젠다 차원에서 자원봉사운동 활성화의 비전을 담은 내용이 미약하므로 전문가의 실질적인 자문을 구하는 것이 필요하다.

나. 민간부문 법정기구의 취약성

① '(사단법인) 한국자원봉사협의회'가 자원봉사계 단체 및 개인을 망라한 유일한

법정 협의기구지만

② 정부의 재정지원이 미미한 프로젝트 수행비 지급이 전부일 만큼 전무한 상태로 사무실 임대, 사무국 운영 등을 회비로 충당하나 태부족한 빈사상태다.

③ 실질적으로 자원봉사운동의 진흥, 발전을 위한 인력개발, 연구개발, 프로그램 개발, 자원봉사단체 간 네트워크 형성 협력촉진 기능 등 주요 역할수행이 불가능한 현실이다.

다. 정부측 조직체계 개선과 운영 방안

① 실질적인 의사결정, 정책개발, 정책실현, 업무수행 등이 가능한 최소규모의 '자원봉사위원회'(가칭)를 대통령 직속 기구로 법정화한다. 예로 대통령정책기획위원회, 녹색성장위원회 등과 동격의 기구를 말한다.

② 이 '위원회'가 현재 행정안전부가 담당하는 자원봉사 관련 업무를 전담한다.

③ '위원회'는 영구적인 자원봉사운동의 추진발전을 도모하기 위한 법정기구로서 '자원봉사진흥원'(가칭) 설립을 위한 특별법을 마련하고, 이를 설립토록 추진한다. 이는 일종의 정책 씽크탱크로서 대표적인 KDI, 한국교육개발원 등과 동격의 정책연구개발 기구가 된다. 본 '진흥원'은 현재 누구도 전국 차원에서 수행하지 못하는 연구개발, 인력개발(전문적인 자원봉사관리자 교육, 훈련), 프로그램 개발, 전국 자원봉사 센터 및 단체기구 간 파트너십 네트워크 구성 등의 전문적인 업무를 수행하기 위한 기구로 운영한다.

④ 일단 '진흥원'을 설립한 다음에는 구체적으로 현장에서 봉사활동을 지원, 관리하는 기구로는 각 지역의 지방자치단체가 설립한 자원봉사센터와 각종 민간부문 자체의 자발적 봉사기구, 단체가 될 것이므로, 중앙정부의 각 부처 내에는 자체적인 자원봉사 프로그램을 운영하는 부서를 둘 필요가 있고 이를 실질적으로 관리하기 위해서는 상기 '진흥원'의 정책적 협조와 아울러 민간파트너십 차원에서 시민사회의 법정기구인 (사)한국자원봉사협의회가 실질적으로 관리하도록 협조하는 것이 필요하다.

⑤ '위원회'는 시민사회 부문이 독자적으로 자원봉사운동 활성화에 필요한 자원을 마련하고 지속가능한 활동을 할 수 있는 장기적 계획으로서 '자원봉사진흥재단'(가칭)을 설립하도록 지원한다. 이를 위한 초기 밑천(seed money)으로 국고에서 일정액의 기금 조성이 필수다. 또는 가능하면 정부와 민간 기업부문의 출연으로 '자원봉사진흥재단'(가칭)을 설립하여 (사)한국자원봉사협의회

[그림 8-1] 자원봉사 진흥을 위한 조직체계 구성도

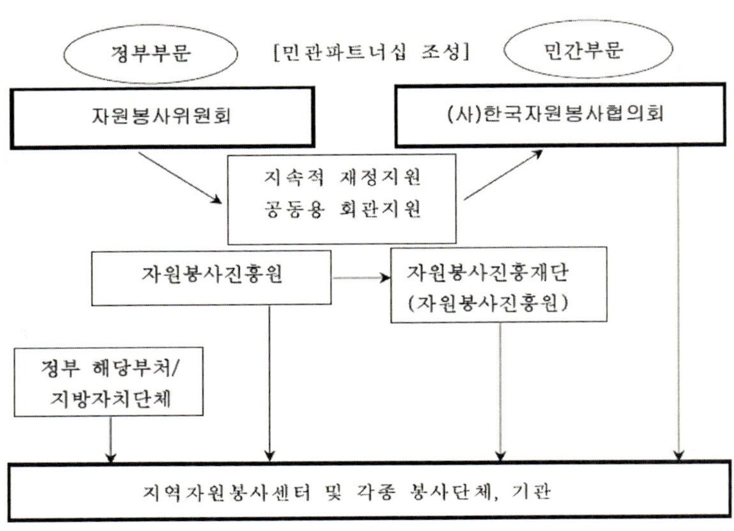

가 이를 운영하고 그 산하기구로 상기 자원봉사진흥원을 설치하여 운영한다. 본 재단을 설립운영하게 되면 지속적 재정염출이 가능하게 되므로 자원봉사운동의 재정적 독립성을 확보할 수 있는 장점이 있다.

⑥ '위원회'는 또한 법령에 이미 규정한 대로 자원봉사운동의 각종 기구, 단체 등이 공동으로 사용할 수 있는 공공의 공간(회관)을 마련할 수 있도록 적극 지원한다. 위 ⑤의 재단을 갖게 되면 재단의 자체 건물을 이와 같은 목적의 공용 공간으로 이용할 수 있게 된다.

⑦ 이와 같은 민관협력 사업 추진에 필요한 민관파트너십 구축을 위해서는 기왕에 법률로 규정한 (사)한국자원봉사협의회에 대하여 시민사회 자발적 부문의 독립적 재원마련이 가능해질 때까지 연간 일정규모의 운영비 및 사업비를 지원하도록 법률개정이 필요하다.

라. 민간부문 법정조직체의 강화 및 운영 방안

① 상기 정부정책 수행 및 기구 운영의 기조는 어디까지나 민관협력파트너십 정신에 입각한 것이므로 정부의 자원봉사 전담기구의 민간 상대기구

(counterpart)는 마땅히 법정기구인 (사)한국자원봉사협의회가 되어야 한다.

② 장기적으로는 민간부문이 자발적 기여에 바탕한 자원봉사운동의 전개를 도모해야 하나, 현재로서는 시민사회 부문의 취약성으로 재정독립이 불가능한 상태이므로 (사)한국자원봉사협의회에 대한 정부의 지원이 필요하고 이로써 '협의회'가 자원봉사계의 구심점이 되는 기초를 닦아주는 것이 정당하다고 할 것이다.

③ 협의회는 따라서 상기 정부출연 기구인 진흥원 및 자원봉사공동모금회 또는 자원봉사진흥재단 설립 과정과 운영에 적극 참여하여 정부와 협조하도록 하는 것이 마땅하다.

④ 자원봉사의 실천은 각 지역 단위에서 지방자치단체가 설립하고 지원하는 자원봉사센터와 각종 민간부문 자체의 자발적 봉사기구, 단체가 현장에서 수행하겠지만, 이들의 활동을 위한 재정적 지원이 필요할 때는 해당 활동의 성격에 맞추어 중앙정부의 해당부처 내의 자원봉사 담당부서에서 지원을 받도록 조정하는 과업 등은 협의회가 협조 혹은 대행하는 것이 바람직하다.

⑤ 현재 문제가 되는 현안 중에는, 지역단위의 자원봉사센터들이 지방자치단체의 재정부담으로 운영하고 있으므로 이를 빌미로 지방정부가 센터를 직영하든가 아니면 상당한 간섭과 정치적 개입의 압력이 존재하고 있어서 이를 시정하기 위한 법률 개정과 정부의 자세변화가 시급한 실정이다.

2) '자원봉사 국가지도자회의'의 제안

우리 사회는 아직도 정치권의 간단없는 갈등으로 국가적 혼란만 가중할 뿐 그로 인하여 어려운 국제적 상황에서 나라의 장래가 어디로 표류할지 실로 국민의 가슴은 답답하고 염려스러움을 금할 길이 없다. 이런 때일수록 국가지도자들이 마음과 힘을 모아 국민의 역량을 집결하는 진지하고 믿음직한 구심점을 제공할 수 있어야 한다. 정치의 관건은 국민의 마음을 사는 것이라면 소통으로 이해를 제고하고 자발적인 협력을 유도하는 것이 정도(正道)다. 이를 위해서 정부는 지금까지 생각해보지 못한 완전히 혁신적인 발상에서 출발하는 것이 필수다. 바로 시민사회의 자발적 부문의 무한한 힘을 한데 모으는 일에서 시작하는 것이 한 가지 방도다. 이것을 제대로만 할 수 있으면 국민통합은 물론 국가적 도약의 새로운 길을 열어갈 발판을 마련할 수도 있을 것이기 때문이다.

구체적으로는 대통령이 주재하는 자원봉사 국가지도자회의 형식의 국민적 캠페인을 벌이는 일부터 시작해볼 수 있다. 나라가 어려울 때, 사회가 갈기갈기 찢어져 막중한 국가대사가 걸핏하면 좌초하여 한 발자국도 내디디지 못하는 판국에서 헤어나려면 국민이 동참하는 대대적인 화합의 자리가 이제는 필요하게 되었기 때문이다. 그 한 가지 방법이 자원봉사운동을 진작코자 하는 전국적인 한마당을 국가지도자가 국민 앞에 펼쳐 주는 것이다. 자원봉사는 우선 이념의 벽이나 정치적 이해관계를 초월하여 공공선과 공익을 추구하는 시민중심의 운동이어서 사회통합에 가장 유효하다. 국민이 자발적인 참여를 실질적으로 경험함으로써 민주시민다운 자치능력의 향상과 무너져 가는 공동체의 복원을 동시에 이룰 수 있는 계기를 마련할 수도 있는 것이다.

이런 캠페인의 실제 보기를 '미국의 미래를 위한 대통령 주재 국가정상회의'(The President's Summit for America's Future)에서 찾으면 유용할 것이다. 빌 클린턴 전 대통령이 1997년 4월 27일부터 3일간 필라델피아시에서 개최한 자원봉사 국가지도자회의의 정식 명칭이다. 미국의 풀뿌리 민주주의 정신인 시민의 자발적 참여와 봉사(자원봉사)의 확산과 진흥을 위해 민간의 자원봉사 대표기구와 국가봉사단이 주관하여 대통령 참석 아래 전 · 현직 대통령 6명, 52개 주정부와 115개 지방자치단체장, 의회, 민간 사회단체, 언론, 종교, 대학, 교육, 기업 부문 등의 대표가 4천여 명 참가하고 콜린 파월 당시 퇴임 합참의장이 좌장역을 맡아 진행한 모임이었다. 이를 시발로 2002년까지 5년에 걸쳐 최소 200만 명의 청소년을 위한 자원봉사 프로그램을 지속적으로 실시하여 1999년에는 미국 전역의 자원봉사 참여율이 역대 최고인 54%에 이르는 괄목할 성과를 거두기도 하였다. 버락 오바마 대통령도 취임식 전날(1월 19일), 마틴 루터 킹 목사의 기념일인 '봉사의 날'에 몸소 자원봉사 활동에 참여하여 화제를 모으기도 했거니와 이날만 해도 전국에서 12,100가지 프로젝트에 수백만 명의 미국민이 참여하여 봉사에 임한 기록이 있다.

이제 우리나라도 지긋지긋한 갈등을 극복하고 모두가 한마음이 되어 사회의 갖가지 부문에서 공동체적 관계를 회복하고 국가적 공동목표를 달성하기 위한 획기적인 방안을 모색하여 실천할 때도 되었다. 그래서 대통령이 이런 모임을 한 번 개최해서라도 국민과 소통하고 마음과 힘을 모으는 노력을 실질적으로 보여준다면 큰 효과를 볼 수 있을 것이다. 여기에는 민간 자원봉사의 총본산인 한국자원봉사협의회가 긴밀히 협력하도록 하면 된다.

4. 시장부문의 적극적 동참

1) 시장부문의 각성

시장부문도 근자에 사회적 책임(Corporate Social Responsibility, CSR)을 염두에 두고 사회적 공헌을 위한 각종 프로그램을 시행하고 있지만, 거기에도 한계가 있다. 국내기업체의 CSR 활동을 위한 기본적인 제도와 시스템은 이제 정착단계에 접어든 것 같지만 양적인 발전을 토대로 내실을 기해야 하는 전환기를 맞이하고 있다. 아직은 대기업 중심이고 윤리경영 차원에서 겨우 기초적인 시책을 시도하는 단계라고 할 만하다. 따라서 기업부문이 국가적 이슈를 해결하는 데 주도적인 역할을 할 처지가 아니라고 볼 수 있다(전경련, 2009). 오히려 기업부문에서는 바로 국가부문을 겨냥하여 문제제기를 하고 있다는 점이 흥미롭다.

최근 전경련 보고서에 의하면(2007), 여기에는 세 부문의 문제제기와 개선을 위한 제안이 들어 있다. 첫째는 정치개혁의 필요성이고, 둘째는 기업측의 윤리경영 실천과 정착 노력 증대이며, 셋째는 정부 · 기업 · 시민사회의 공동노력의 촉구다.

먼저, 정치개혁과 관련해서는 우선 정치자금 문제로 국민의 기업에 대한 부정적인 인식이 커지고 있어서 기업경영 환경이 악화하는 현상을 우려하면서 이를 위해서는 정치자금 제도와 관행의 개혁을 촉구하고 있다. 기업체의 윤리경영은 중장기적 안목으로 실질적 프로그램을 갖추고 꾸준히 실천해 나가는 것이 정도이지 단기적 반대급부를 바라고 도입하면 오히려 기업이미지 손상을 가져온다는 인식을 강조한다. 아울러 정치권과 부적절한 유착이 초래한 부정적 이미지 개선을 위한 기업부문의 합의에 기초한 윤리경영 실천이 무엇보다도 중요함을 밝히고 있다.

그러나 무엇보다도 부패 없는 사회를 이룩하기 위해서는 정치(공직 포함)－기업

－시민사회의 건전한 관계정립에 의한 근본적 부패 척결의 사회체계 개선이 필요함을 중시한다. 부패극복을 위한 국가－시장－시민사회의 공동노력에 관해서는 다음과 같은 의견개진이 있다.

부패문제는 사회의 어느 한 부문에 국한되지 않고 정치 · 사회 · 문화 모든 분야에 만연한 고질적 병폐이므로 부패척결을 위해서는 사회 전반의 근본적인 쇄신이 필요한데, 여기에 정부－기업－시민사회의 공동협력이 긴요하다. 따라서 먼저 개혁과 반부패의 대상으로만 인식해오던 정치 · 기업 부문이 이제는 개혁과 반부패의 주체로서 스스로 실천 프로그램을 마련하고 실천하도록 하는 공간이 필요하고 국가－시장－시민사회 공동의 노력으로 개선하는 프로그램을 견인할 수 있어야 할 것임을 천명한다.

이상의 언명에서 보듯이 기업윤리의 문제는 단순한 기업차원의 경영의식과 관행의 변화로만 이루어지는 것이 아니라 전사회적인 문제와 깊은 관련이 있으므로 이를 해결, 개선하기 위해서도 공동의 노력이 수반해야 한다는 논리는 매우 설득력이 있다. 여기서 우리는 국가－시장－시민사회의 협치가 얼마나 중요한지에 대한 또 한 측면의 안목을 읽을 수 있다.

2) 시장부문과 자원봉사계의 파트너십 형성

그동안은 시장부문이 소극적이었음은 사실이나 적어도 부분적으로는 사회적 책임과 윤리경영의 차원에서 사회적 공헌에 한층 더 적극적인 관심을 보이고 일부 실행에 옮기는 노력을 시도하고 있는 것도 부인할 수 없다. 다만 기업체 단위의 자체 프로그램과 행사도 중요하지만 이제는 시민사회의 한 주요부분으로서 기업계 전체의 협동체제는 물론 시민사회의 자발적 부문과도 협력하여 자원봉사운동과 나눔의 문화를 확산시키고 진작시키는 일에 좀 더 활발하게 동참하는 것이 필요하다. 시민사회의 자원을 공유하고 더욱 효율적으로 활용하기 위해서라도 시민사회의 자발적 부문과 시장부문의 협력은 필수적이다.

결국 시장부문과 자원봉사계의 관계를 새로이 정립하자면 여기서도 일종의 파트너십 형성을 위한 모형을 정착시키는 일에 적극 나서야 할 것이다. 지금까지는 수시로 필요에 따라 혹은 상호간의 편의 차원에서 기업체들이 개별적으로 자원봉사운동을 도와주는 일회성(ad hoc) 지원의 방법이 주종을 이루었음을 부인할 수 없다. 이제는 그 수준을 초월하여 정식으로 민간부문의 주요 파트너로서 공동으로 자원봉사운동을 일구어나가려는 노력이 필요하게 되었다. 여기에도 쌍방이 있음을 주지하고 진정성 있는 파트너십 구축을 위한 모형개발과 실천프로그램을 운영해가도록 하는 것을 촉구하는 바이다.

이를 위해서는 두 부문 간에 긴밀한 협의와 공동의 의사결정에 의하여 프로그램을 개발하고 참여하는 것이 중요하다. 이러한 협동적 메카니즘은 기업체의 개별적 사회공헌 기구의 운영에 의한 자원봉사운동보다는 훨씬 더 효율성도 높을 뿐 아니라 시민사회의 여러 부문간의 협치와 협력이라는 새로운 거버넌스의 풍토를 조성해가는 길로서도 매우 큰 의미가 있다 하겠다. 이로써 상호간의 시너지 효과를 거두는 일석다조의 결실을 기대할 만하기 때문이다. 적어도 앞으로 10년 안에는 이러한 움직임이 하나의 제도로서 뿌리내릴 수 있도록 양방이 공동 노력을 기울여야 할 것이다.

5. 자발적 부문의 역량제고와 자원봉사운동

자원봉사는 본질적으로 민간의 자율적 운동이라는 철학을 굳게 세우는 일이 한국자원봉사계의 가장 긴급하고 중차대한 과제라 해도 무리가 아닐 것이다. 자율성은 자립성과 맞물려야 완벽한 것이라는 원칙도 흔들림이 없다. 다만 한국의 현 상황은 자립의 조건에서 부끄러운 자화상과 만나야 하는 것이 안타까울 따름이다. 자립성을 확보하려면 시민사회 자체가 성숙해야 하고 거기에 성숙한 시민이 가득해야 하는데, 이 점에서 우리 사회는 아직도 후진국 수준에 머물러 있기 때문이다.

그러므로 이제 시민사회의 자발적 부문이 스스로 역량을 신장하여 자원봉사운동이 제 궤도에 제대로 올라 활발하게 전개해 나가도록 할 일만 남았다. 자원봉사를 포함하여 어떤 시민사회운동이든 제 역할을 올바로 하기 위해서는 성숙한 시민이 다수인 성숙한 시민사회가 필요하다는 기본전제는 변함이 없다. 모든 시민이 공동으로 참여하여 나누고, 섬기고, 베풀고, 돌보고, 그러면서 무너져가는 공동체를 다시 세우고, 공공의 복리를 위한 권익 찾기에 동참하는 진정으로 성숙한 시민으로 거듭나야 하는 것이 우리의 목표다. 이와 같은 목표를 지향하는 지평에서 자원봉사운동의 발전은 자발적 부문의 활성화를 촉진할 것이고 다시 성숙한 시민사회의 전개를 기약할 수 있을 것이다.

이 모든 과업을 효율적으로 수행해나가기 위해서라도 이제는 시민사회 부문 자체 내에서 국가에 일방적으로 의존하지 않아도 될 만한 자체 역량 제고가 시급한 과제다. 우선 자원을 확보하는 길을 하루 속히 모색할 필요가 있다. 이를 위한 모금 운동도 연구해봐야 하고 기업부문과 협동으로 재정적 독립성을 갖출 수 있는 방안을 마련하는 길도 열려 있을 것이다. 물론 이때 시민사회의 자발적 부문은 국가와 시장부문과 삼위일체가 되어 이 일에 나서야 할 것이다. 그러나 특히 시민사회 내부의 자율적 자원 확보와 지원을 위하여 종교계가 앞장서는 모습을 보는 것도 강구할 만하다.

예를 들어, 현재 전국단위의 자원봉사센터를 위시하여 지역센터의 6할 이상이 소위 정부직영 형식의 운영을 하고 있는 것이 현실임은 주지의 사실이다. 이는 앞으로 법률 개정과 제도개선에 의해서 시정해야 하는 측면도 있지만, 시민사회의 자발적 부문 자체가 이에 대응하여 순수 민영 센터를 다수 설립운영하는 새로운 시도를 제안할 수 있다. 여기에는 우선 기업부문의 참여를 설득할 필요가 있지만, 특히 이 자리에서 촉구하고자 하는 방안은 종교단체, 특히 대형 개신교 교회들이 이제는 적극적으로 나서서 순수 민영센터를 설립하고 운영하는 방식이다. 이렇게 운영한 센터가 그 자율성으로 인하여 현행의 정부직영이나 반직영 형태의 위탁 운영 센터에 비해 여러 면에서 장점을 드러내고 경쟁력을 실증할 수 있다면, 결국 정부의 직영 모델도 지금의 고식적인 운영방식을 탈피하고 효율성을 높여야 자연도태의 길을 면할 수 있음을 깨닫게 될 것이다.

1) 자원봉사계의 혁신

이제 마지막으로 자원봉사계 내부의 문제를 재검토하고 혁신을 위한 방안을 강구할 차례다. 위에서 이미 문제점에 대한 논의는 자세히 했지만 다시 한 번 성찰을 요한다.

(1) 자원봉사운동 내부의 문제점

위에서 여러 번 지적한 시민사회의 미성숙과 국가의 관료주의가 결합하면 자칫 자원봉사운동의 내부에서 문제를 일으키는 원천을 제공할 수 있다. 가령 정부의 고용정책이 자원봉사운동에 직접 영향을 미치는 일이라면 우선 정부가 그런 정책을 시행해서는 안 되지만 참여하는 시민 측에서도 그것이 부당한 것임을 인식하고 자제하는 것이 옳다. 국가가 자원봉사운동의 어떤 특정 측면에서 관변화하려는 '음모'(?)의 이빨을 드러내려고 하면 이에 저항하고 말렸으면 말렸지 거기에 동조하는 행위는 자원봉사의 가치를 훼손시키는 몰상식한 일이라는 것도 시민은 알아차려야 하고 협조를 해서는 아니 된다.

이런 일이 일어나게 되면 자원봉사계 안에서 마치 민과 관의 어느 편을 드는 세력들이 등장하여 분열을 야기하는 참으로 바람직하지 못한 불상사를 초래할 수 있다. 특히 정부의 재정지원을 둘러싸고 이권다툼의 양상마저 드러낸다면 이는 자원봉사운동 자체를 망가뜨리는 불행한 일이 아닐 수 없다. 또한 자원봉사운동을 마치 정치적 야심을 달성하기 위한 수단처럼 간주하는 개인이나 집단이 있다면 이는 가히 천인공노(天人共怒)할 일이라 해도 과언이 아닐 것이다.

결국 자원봉사운동 내부에서 이러한 문제가 일어나는 것은 시민의식의 미성숙과 개인적인 야망의 개입에 국가가 불을 붙이는 형국이라 할 수 있다. 특히 2012년에 있을 두 번의 큰 선거판을 의식하여 국가나 개인이 모두 자원봉사운동을 악이용하려는 시도가 있을 개연성이 매우 높은 시점이다. 그뿐 아니라, 시장부문과도 일말의 결탁이나 유착이 있다면 이는 위험하기 짝이 없는 일이다. 과거 일부 애드보커시 운동체가 기업의 여러 관행과 제도를 비판하는 한 편으로 이면에서는 기부금품이나 재정지원을 요청하는 이중적인 행태로 스스로의 명예와 명분을 손상시킨 예를 타산지석으로 삼아야 할 것이다.

(2) 자원봉사운동의 자율성 확보와 내부 결속

이러한 후진적 조건은 자연히 국가에 대한 의존도를 높이는 결과를 초래하고 그로 인한 부작용이 현재 가장 심각한 쟁점으로 떠오른 것이다. 국가에 대한 의존도를 감소시키기 위해서는 시장부문의 적극적인 협조와 지원이 필수적인데,

이 측면에서도 우리는 역시 미숙한 상태를 면치 못하고 있다. 그러므로 이제부터는 제도적인 개선을 추구함과 동시에 시민의식의 성숙도 향상을 위한 갖가지 노력을 자원봉사계가 시도할 필요가 있다. 교육계, 언론계, 종교계 등과 협력하여 광범위하고 심도 있는 시민의식 및 체험교육을 추진하도록 해야 할 것이다.

자원봉사의 자율성 확보를 위한 자립성을 키우기 위해서 무엇보다도 중요하고 긴급한 조건이 바로 자원봉사운동계 내부의 결속이다. 무엇보다도 앞으로 10년 안에 자원봉사운동을 한 단계 업그레이드 한다는 확고한 신념을 품고, 시민사회의 자발적 부문 자체 내부의 정비와 새로운 활성화 방안을 하루속히 강구하고 실현해나가도록 해야 할 것이다. 우선적으로 만일 여기에 어떤 개인이든 집단이든 사사로운 이해관심을 추구하려는 움직임과 정치화, 관변화에 편승하려는 시도가 있다면 단호히 배격하고 순수한 민간운동으로서 자원봉사가 살아날 수 있도록 모두가 합심하여 구습을 버리고 자세와 행동을 근본적으로 쇄신해야 할 것이다. 같은 맥락에서 사회통합운동인 자원봉사운동에 나선 사람들이 자체 내부에서 쓸데없는 분열과 갈등을 일삼는다면 이는 운동계 자체의 수치임은 물론 운동을 망치는 결과만 초래할 뿐이다. 그러므로 차제에 운동계 내부의 통합과 일치단결을 도모하는 데 함께 힘써야 할 것이다. 물론 이와 같은 자율성을 확보하기 위해서는 다른 한 편으로 건설적인 민관파트너십에 의한 돈독한 협조와 어울러 자원봉사계와 기업부문의 긴밀한 협력관계 정립도 동반하는 것이 가장 바람직한 모습이다.

(3) 자원봉사운동 자체의 변화에 대한 대처

한편 자원봉사운동 자체도 사회변동의 큰 물결 속에서 변화를 거듭하고 있다는 사실에 민감해져야 한다. 자원봉사운동은 활동의 영역이 점차 더 다기해지고 참여 역시 고도의 헌신을 요하는가 하면 다른 한 편으로는 쉽게 접근하고 쉽게 물러나는 자세로 임하는 사람들도 늘어난다는 점에서 유인과 충원이 쉽지 않고 전문적인 접근의 중요성이 더 뚜렷하다(Ellis, 2002; Rochester et al., 2010). 뭐니뭐니해도 시민이 관심을 가지고 참여해야만 실현 가능하고 효과를 기대할 수 있다면 그러한 참여를 제고하기 위한 방안을 생각하지 않을 수 없다. 이런 차원에서 가장 기초적인 관건은 역시 사람들의 마음의 프레임을 조정하거나 변화시키는 일이다. 이를 위해서는 어린 시절 가정에서부터 일상생활 속에서 그리고 학교교육 과정에서 사회화(교육훈련)가 이루어져야 한다. 그리하여 자원봉사 참여가 몸에 밴 행동, 즉 토크빌(Alexis de Tocqueville)이 말한 '가슴에서 우러나는 습관'(habits of the heart)으로 자리 잡는 것이 중요하다.

나아가 자원봉사 단체나 기관, 시민운동주체 등은 이런 목적으로 오늘날의 발달한 다중매체를 적극 활용할 수 있어야 한다. 현대사회에서는 이러한 다원적인 대중매체가 시민의 생활세계에 끼치는 영향력이 현저하게 증대하는 추세에 있으므로 이들 매체로 하여금 시민의 마음의 프레임을 전환할 수 있도록 사회교육을 적극 추진하게 독려하고 협조를 구하는 것이 긴요하다. 여기에 기타 각종 민관기관의 평생교육, 사회교육 프로그램에서도 이런 사회화가 이루어져야 할 것이다. 그러나 가장 중점적으로 강조할 것은 어머니 교육이다(Bellah, 1985; 최인철, 2007; Kahneman and Tversky, 2009; Kim, 2009).

특히 세상이 변함에 따라 자원봉사에 직접 참여하는 사람들의 성향과 참여 방법 및 헌신 정도 등 여러 면에서 다양성이 더 확대하는 경향에 유의할 필요가 생겼다. 우선 참여하고 싶은 운동과 활동의 종류를 선택할 여지를 더 많이 갖기 원하고, 동일한 운동과 봉사라도 참여 방법과 빈도(頻度)나 강도(强度)에서도 차이가 난다(Rochester et al., 2010). 따라서 이런 측면에서 홍보, 유인책, 충원방법, 프로그램 개발, 평가와 포상 등에서 훨씬 더 창의적인 접근을 찾으려는 노력이 있어야 할 것이다.

(4) 변화 에이전트로서 자원봉사

이미 본서의 제2장에서도 자세히 살펴보았지만, 실로 급변하는 시대에 본장에서 개관한 여러 가지 사회변동에 대처하여 새로운 변화를 만들어 내려고 하면 원칙적으로 국가가 앞장서고 기업부문을 포함하는 모든 기성제도가 적극 동참해야 하며 사회의 구성원 전부가 체인지 에이전트로서 제몫을 해야 마땅하다. 현실은 이러한 당위적 요청과는 거리가 먼 것이 문제다. 바로 그렇기 때문에 이 위기야말로 자원봉사운동이 진실로 필요한 변화를 일으키는 데에 중심역할을 맡아나서야 할 절호의 기회가 될 수 있다고 보는 것이다.

제2장 말미에서 지적한 "Making a difference!"라는 말을 다시 떠올리며 변화의 주관자 혹은 대행자(change agent)와 변화 촉진자(change facilitator)가 되어야 한다는 말이다. 말하자면 일종의 리더로서 역할을 해야 한다는 말이다. 현대 경영학에서 각광받는 리더십 유형을 바로 '변화유도형'(tansformational)리더십이라고 하는 것도 그만한 이유가 있다. 이런 지도자는 비전을 제시하고 구성원 모두가 동참하여 문제해결에 나서서 변화를 창출할 수 있도록 자극하고 동기부여를 하며, 격려와 적절한 칭찬과 보상을 하는 스타일의 리더다(Robbins and Judge, 2007; Northhouse, 2010). 이런 뜻에서 자원봉사 리더들이 새로운 시대의 변화 에이전트라는 자긍심을 품고 우리 사회의 건전한 발전을 위한 변화에 적극 나서야 할 도전에 직면한다고 할 수 있는 것이다. 무엇보다도 자원봉사는 우리 모두의 삶을 변하게 하는(life transforming, life changing)운동이며 사회를 변화시키는 운동이다. 모든 사람들의 삶의 질을 향상시키고 인간적인 성숙을 이룩하여 모두가 행복한 공동체적인 생을 누릴 수 있게 사회 자체를 변화시킨다는 차원 높은 의미와 가치를 함축하는 운동이다.

(5) 리더로서 자원봉사 관리자의 전문성 제고

바로 이 대목에서 우리는 특별히 자원봉사 관리자들의 전문성 제고가 얼마나 중요하고 심각한지를 발견하게 된다. 오늘날 우리나라의 자원봉사운동에 있어서 체인지 에이전트로서 관리자, 변화유도형 리더로서 관리자들의 교육훈련과 이를 뒷받침하는 자격부여제도 및 연구개발 사업이 더욱 적극적으로 이루어져야 할 전환점에 와 있다고 볼 수 있기 때문이다. 그러므로 이 문제와 관련하여 좀 더 자세한 논의가 필요하다.

한 가지 비근한 예로, 저자가 관계하던 서울시내 모 자치단체 자원봉사센터에서 겪은 일이다. 예산책정 과정에서 구의회 의원 일부가 인건비에 대한 문제제기를 한 것이다. 요컨대 자원봉사센터(이하 센터)면 자원봉사를 하는 기관인데 거기서 일하는 사람들에게 왜 급여를 제공하느냐는 질문이었다. 우리 사회의 자원봉사운동관이 이 수준이다. 자원봉사는 어디까지나 비정규 파트타임 활동이지만, 그들이 봉사를 효율적으로 할 수 있도록 관리하는 사람들은 전문성을 요하는 정규직

풀타임 업무수행자들임을 미처 파악하지 못한 탓이다.

우리나라의 본격적인 자원봉사운동의 역사가 아직은 일천하지만 그 사이 양적 성장은 상당하다. 따라서 지금 우리 앞에 놓인 도전은 질적인 성숙을 이룩하여 지속가능한 발전을 준비하는 일이다. 이를 위해서는 현시점에서 극복해야 할 문제점에 대한 정확하고 면밀한 진단이 필요하다. 그중에서 특별히 관심을 쏟을 분야는 자원봉사관리자의 질적 향상이다. 현재로서는 관리자들의 업무가 과중한 데 비해 사회경제적 대우는 열악하기 그지없다. 가령 현재 우리나라에는 248개 지방자치단체의 센터와 중앙센터가 있다. 다만 센터마다 인원이 10명을 넘기는 곳이 별로 없다는 사실에 주목할 필요가 있다. 요즘처럼 자원봉사 인구가 증가일로에 있는 시대에 그 정도 인력이라면 관리자들의 업무가 얼마나 과중할지는 더 말할 나위도 없다. 하지만 이들에 대한 재정적 대우는 그야말로 어디에 내어 놓고 말하기가 부끄러운 수준이다. 개중에는 석사학위까지 취득한 전문인들도 상당수 있다는 점을 고려하면 우리나라의 자원봉사 관리자에 대한 인식은 대단히 후진적이라 하지 않을 수 없다.

이와는 대조적으로 최근 미국에서는 정부와 정치권에서 상당한 경력을 쌓아 촉망받던 인물 중 다수가 시민사회 부문, 특히 자원봉사 분야로 자리를 옮기고 있다는 사실을 보도하고 있다. 이들이 아무리 자원봉사의 중요성을 인정한다 해도 대우가 아주 열악하다면 현실적으로 쉽게 이직을 결심하지는 않았을 것이다. 이처럼 상대적으로 열악한 환경에서나마 우리의 관리자들은 묵묵히 직무에 충실하고자 최선을 다하고 있다는 점은 우리 모두가 큰 박수를 보내 마땅한 일이고 이들의 노고와 정성에 대한 보답을 제대로 할 수 있는 시책을 강구하는 날이 하루속히 오기를 바랄 따름이다.

물론 관리자들도 아직은 여러모로 스스로의 자질을 업그레이드해야 할 점이 적지 않다. 무엇보다도 자원봉사 성패의 관건은 지도자로서 전문 관리자의 열정과 헌신과 역량이다. 자원봉사의 철학에 대한 깊고 올바른 이해와 비전을 갖춘 위에 투철한 사명감과 책임감, 긍정적 자세, 개척자적 정신, 창의성, 유연성, 준비성, 계획성 등을 두루 구비하는 것이 중요하다. 관리자란 사람을 다루는 업무이므로 인간관계에서도 신뢰와 겸손, 인내심으로 경청하는 자세 및 비판보다

협력으로 문제를 해결하는 태도가 긴요하다.

실제 업무 수행의 효율성을 위해서는 갖추어야 할 기본 지식과 기술적 전문성이 필수적이다. 어떤 조직체든 관리자의 가장 핵심적인 요소는 다른 사람들과 함께 일하는 기술, 즉 피플 스킬(people skills)이다. 인간의 행동의 동기와 욕구, 가치관과 태도 등에 대한 이해는 물론, 효율적인 의사소통 능력, 의사결정행사에 대한 이해와 기법, 갈등관리와 교섭 기술, 변화에 대처하는 역량 등의 소양을 쌓아야 한다. 그리고 역시 자원봉사는 그 내용이 중요하므로 관리자는 새로운 프로그램을 지속적으로 개발하는 노력도 게을리할 수 없다.

다만 관리자도 사람이다. 현장에서 산적한 일상 업무에 파묻히다 보면 강렬하던 초심도 희석하고, 기존에 쌓은 식견과 소양도 하나하나 퇴색하며, 점차 매너리즘에 빠져 새로운 아이디어가 나오기도 어렵게 되면 리더십을 발휘하는 데 한계가 올 수가 있다. 따라서 관리자의 자기관리도 필수 요건으로 떠오를 수밖에 없다. 개인 수준에서 스스로를 다지는 갖가지 조처는 물론이고 공식, 비공식적인 맥락에서 재교육과 지속적인 재훈련, 그리고 끊임없는 토론과 의견교환의 과정을 반드시 거치도록 해야 할 것이다.

이 점에서 우리의 미흡함을 극복하는 길로 교육과 프로그램 개발을 전담할 '자원봉사개발원' 같은 기구를 창설하는 일을 제안할 수 있다. 서울시와 광역시도의 센터들이 힘을 모아 자원봉사협의회나 기타 사설기관들과도 파트너십을 형성하여 이 일의 추진에 나섰으면 하는 것이다. 현재의 추세라면 우리나라에도 자원봉사 공급 차원에서 비교적 급속한 증가를 기대해도 좋으리라 보이는데, 이들을 효과적으로 관리할 전문인력이 태부족인 점을 감안하면 이와 같은 협력체제를 구축하는 일이 충분히 의의가 있고 또 실현가능성이 있을 것으로 보기 때문이다. 다시 한 번 강조하지만 자원봉사의 성패는 관리자들에게 달려 있다.

그런 관점에서 이전부터 제기해온 하나의 방안은 자원봉사관리자의 전문성을 제고하기 위한 제도적 틀을 마련하는 것이다. 이런 제도는 우선 관리자들의 자질을 향상시킬 뿐만 아니라 적정한 유인을 제공한다는 의미가 있다. 고도의 전문성을 요구하는 관리자를 육성하는 과정과 그들의 자격을 공식적으로 인정하기 위한 제도를 이제는 진지하게 논의하고 실현을 위한 준비가 필요하게 되었다.

자원봉사관리자의 자격을 공인하는 과정에는 먼저 대학에서 전문교육과정을 이수하고 가능하면 학위를 취득하는 제도를 구축하는 것이 긴요하고 나아가 일정한 절차를 밟아 자격증을 수여하는 제도를 수립할 때가 된 것이다. 이런 시대적 요청을 감안하여 최근 한국자원봉사협의회는 한국자원봉사포럼과 협력하여 자원봉사 리더 아카데미를 발족하였고 관리자 전문 교육 프로그램을 실험적으로 실시하고 있는 중이다. 이 교육은 우선 민간자격증을 부여하기 위한 프로그램이지만 앞으로는 공인 자격증 내지 국가자격증 수여를 위한 교육도 염두에 두고 추진하는 것이다.

(6) 자원봉사 관리에 영향을 미치는 요인

기왕에 자원봉사 관리자에 관한 고찰을 개괄적으로나마 시도하였으므로 끝으로 한 가지만 더 첨가하기로 한다. 자원봉사의 관리(volunteer management) 그 자체에 대해서 간단한 정보를 제공하려는 것이다. 자원봉사를 관리하는 사람들이 유의해서 도움이 될 만한 내용으로 간주하고 참고하면 좋을 것이다. 자원봉사도 관리를 효율적으로 하는 것이 중요하기 때문이다. 여기서는 주로 그러한 자원봉사 관리에 영향을 미치는 주요인들을 체계적으로 정리한 하나의 틀(framework)을 제시한다. 우선 [그림 8-2]에 주요 항목들을 요약하고 각각에 대한 간략한 해설을 곁들인다(Liao-Troth, 2008: 242).

사실 여기에 개략적으로 소개하는 내용은 일상적으로 자원봉사 관리에 임하고 있는 관리자들이나 책임자들은 익히 알고 있는 것이다. 다만 이러한 틀에 대한 체계적 이해를 돕는 취지에서 제공하는 것이다.

가. 환경적 맥락

여기서 말하는 환경적 맥락이란 어떤 사회조직체든 그것이 작동하는 사회적 여건은 물론 자연의 물리적 조건 등도 포함한다.

① 사회문화적 요인의 영향: 자원봉사에 관련한 가치관, 사회적 연결망, '사회적 자본'의 수준 등
② 정치적 요인의 영향: 정부와 선출직 공직사회(의회 등)의 성격과 지지(지원)

[그림 8-2] 자원봉사 관리에 영향을 미치는 요인의 틀

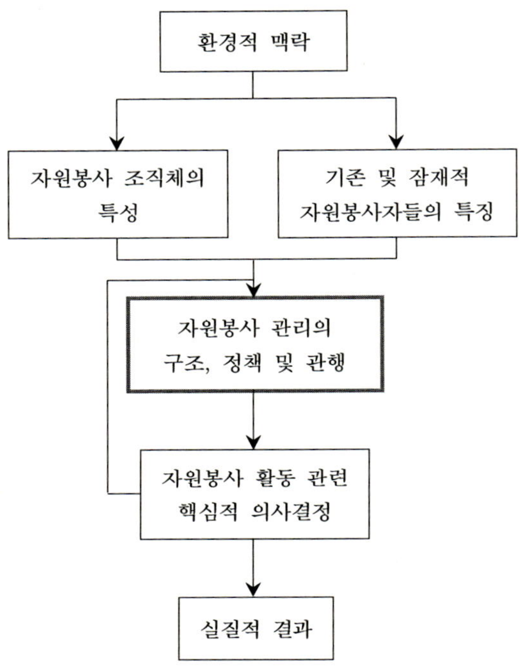

③ 경제적 요인의 영향: 자원봉사자들을 둘러싼 경쟁; 고용의 수준(실업률); 비영리 조직체의 서비스에 대한 수요와 공급
④ 인구학적 변수의 영향: 고령화 정도 등
⑤ 기술적 요인의 영향: 정보통신 기술의 체계와 응용(애플리케이션)의 성장과 변동
⑥ 물리적 조건의 영향: 기후 변화, 생태환경 오염 등

참고로 이와 같은 환경적 요인의 영향은 주로 자원봉사 관리 조직체의 핵심 이해관계당사자들, 즉 재원 제공자, 규제당국, 고객, 파트너, 경쟁자 및 통신매체 등이 미치는 것을 가리킨다.

나. 자원봉사 조직체의 특성

여기에는 다음과 같은 요인들이 작용한다.

① 규모(크기)
② 재정 염출의 특징: 규모(액수), 재원의 종류의 다양성과 안정성
③ 조직체의 미션(목적과 사명)
④ 발전 단계(신생, 이행 단계, 성숙 단계)
⑤ 유급 직원(스탭)의 규모와 유형(특징)

다. 실제적 및 잠재적 자원봉사자들의 특징

여기에는 기왕에 참여하고 있는 자원봉사자들뿐 아니고 장차 가담할 잠재적인 봉사자들의 성격도 포함한다.

① 인구학적 배경: 나이, 성별, 학력, 소득, 고용상태, 인종 등
② 개인의 인성 특징: 자원봉사 동기 등
③ 주요 '삶의 경력'(life events): 학교 졸업, 취업/실업, 육아, 이사 등

라. 자원봉사 관리의 구조, 정책 및 관행

여기 담긴 내용이 이 틀에서는 핵심적인 요소가 된다.

① 자원봉사 활동 프로그램의 미션(사명, 목적), 비전 및 가치의 언명
② 자원봉사 활동의 '비공식적'(informal) 문화: 기관단체의 일상에서 지키는 비공식적 가치, 태도, 관행 등
③ 자원봉사 활동 프로그램의 디자인(설계)과 구조
④ 자원봉사자의 지위를 규정하는 설계(기획)
⑤ 자원봉사자 모집과 선발 정책과 관행
⑥ 오리엔테이션과 교육훈련 정책과 관행
⑦ 동기부여 정책과 관행
⑧ 행정 지원 구조와 시스템(조직체 내의 보고 관계, ICT 시스템 애용도, 자원봉사 관리자를 위한 전문직 개발 프로그램, 등)

마. 자원봉사 활동 관련 핵심적 의사결정

① 자원봉사에 참여할지 아니 할지에 대한 결정
② 특정 유형의 봉사활동 선택
③ 특정 조직체의 선택
④ 노력 투입 수준과 실천 행동의 질에 대한 결정과 선택
⑤ 봉사활동 지속 내지 중단 선택

바. 실질적 결과

이제 결과를 얻을 단계다.

① 자원봉사자들의 수와 질적 수준
② 자원봉사자들의 실적, 성과의 양과 수준
③ 자원봉사자들의 만족도 수준

이와 같은 자원봉사 관리에 관련 있는 여러 가지 주요인들의 영향에 대한 분석과 대처가 현장의 관리자들에게는 일상적으로 부닥치는 현안으로서 매우 중요한 것임에 틀림없지만, 사실 어떤 상황이든 '최선의 관리'라는 것은 존재하지 않고 여러 요인들의 복합적인 작용 아래 실질적인 관리가 이루어진다고 이해하는 것이 현명할 것이다. 다만 그 어느 것보다도 환경적 요인에 대한 민감성을 지니고 이에 잘 대처하는 것이 역시 가장 중요하다는 것을 지금까지 연구에 관여한 전문가들의 공통적인 견해라는 사실만 밝혀둔다(Liao-Troth, 2008). 우리나라와 같은 전통과 역사를 지닌 사회에서는 역시 국가와 시민사회의 관계가 가장 어려우면서도 피할 수 없는 것이므로 이에 대한 건전한 태도가 중요하다 하겠다. 그러나 앞으로는 물론 시장부문과도 긴밀한 파트너십 관계를 정립하는 것이 긴요하다는 점도 잊지 않는 것이 좋을 것이다.

2) 자원봉사운동의 진로

마지막으로 역시 이러한 모든 시민사회의 노력은 사회 전반에 자원봉사 문화를 진흥시키는 일로써 시작하고 마무리하는 것이 정상적이고 바람직한 접근이다.

이를 위해서는 무엇보다도 교육이 중요한데, 이는 학교의 공식교육이 일차적인 책임을 지는 것이 아니라 가정교육이 먼저 제대로 서야 하고 날로 다원화하는 대중매체가 적극 나서서 뒷받침을 해야 가능하다. 자원봉사 문화의 진작은 결국 궁극에는 시민 각자의 마음의 프레임을 자원봉사지향으로 구성하는 데서 시작할 수 있기 때문이다(Kim, 2009). 이런 관점에서 한 가지 예를 들면, 앞장(제7장)에서도 강조했지만 어릴 적부터 가족단위로 자원봉사 활동에 적극 참여하는 습관을 기를 것을 강력하게 권고하려는 것이다. 이런 접근은 비단 어린 시절에 일찍부터 자원봉사 프레임을 갖추도록 하는 길일뿐만 아니라 나아가 자원봉사운동이 강조하고 지향하는 공동체운동의 모형을 일찍부터 체험할 수 있게 하는 매우 효과적이고 귀중한 방법이기 때문이다.

여하간에 우리 사회가 앞으로 10년 사이에 선진국으로 성큼 발돋움하는 것이 꿈이라면 여기에 전부 열거하고 지적하지는 못했지만 제한적이나마 언급한 내용들이 그 나름으로 의미 있고 중요한 것들이므로, 이들을 중심으로 우리나라 자원봉사운동이 나아갈 방향을 잡아나가는 데 조금이나마 기여할 수 있기를 충심으로 바라는 마음이다.

■ 참고문헌

강대선, 배의식, 류기형. 2010. "자원봉사자의 동기와 유형별 자원봉사과업만족도 및 지속의지와의 관계에 관한 연구: 기능주의 동기 관점을 중심으로." 『한국사회복지학』 62(4): 59-77.

강철희 · 김미옥. 2007. "부유층의 기부과정에 관한 연구." 『한국사회복지학』59(2): 5-38.

강철희 · 김미옥 · 이종은 · 이경은. 2007. "나눔교육을 통한 아동의 변화연구: Multiple convergence model의 적용." 『한국사회복지학』 59(4): 5-34.

강철희. 2008. "2007년도 한국인의 기부 및 자원봉사에 관한 국민여론조사 결과 발표" 아름다운재단 · 유한킴벌리. 제8회 국제기부문화심포지엄, 『기빙코리아 2008』: 17-44. 2008년 12월 3일. 서울: 한국프레스센터.

강철희 · 이성규 · 이상철 · 조주희. 2010. 『계층갈등 완화를 위한 사회적 책임성 강화 방안 연구: 노블레스 오블리주 실행 강화를 중심으로』. 사회통합위원회.

국무총리실. 2010. 『국격제고를 위한 한국의 자원봉사 활성화방안 연구』. 국무총리실 · 한국자원봉사협의회.

「국민일보」, 2008. 11. 12.

금장태. 1984. "사회변동과 유교의 역할." 『사상과 정책』 1(3).

김경동. 1979. 『발전의 사회학』. 문학과 지성사.

______. 1988. 『노사관계의 사회학』. 경문사.

______. 1989. 『사회학의 이론과 방법론』. 박영사.

______. 1993. 『한국사회변동론』. 나남.

______. 1998. 『한국교육의 사회학적 진단과 처방』. 집문당.

______. 2000. 『선진한국, 과연 실패작인가?』. 삼성경제연구소.

______. 2002. 『한국사회발전론』. 집문당.

______. 2007. 『급변하는 시대의 시민사회와 자원봉사: 철학과 과제』. 아르케.

______. 2008. 『현대의 사회학: 전정판』. 박영사.

______. 2009a. "시민사회와 정치과정." 박재창 엮음. 『위기의 한국시민사회』10-39. 아르케.

______. 2009b. "사회변동과 자원봉사의 새로운 지향: 공동체 운동." 기조강연, 한국자원봉사협의회, 서울시자원봉사센터 주최, 「제3회 전국자원봉사 컨퍼런스」. 7월 9-10일, 서울 교육문화회관.

______. 2010a. 『기독교 공동체 운동의 사회학: Koinonia의 이론과 전략』. 한들출판사.

______. 2010b. "성숙사회의 비전과 전략." 제1회 인간과 사회 심포지엄. 「인간다운 삶을 위한 인문사회연구」. 4월 22: 87-128. 이화여대 국제교육관 LG 컨벤션홀. 한국연구재단.

_____. 2010c. “2011년 자원봉사의 도전과 이슈.” 제4회 전국자원봉사컨퍼런스 특별 강연. 2010. 8. 24-25, 경기도청소년수련원, 안산시.
김경동 · 김여진. 2010. 『한국의 사회윤리: 기업윤리 · 직업윤리 · 사이버윤리』. 철학과현실사.
김경탁. 1970. 『노자』. 현암사.
김동배 · 김선아 · 이서원 · 장신재 · 조학래 · 홍영수. 2009. 『자원봉사의 이해』. 학지사.
김범수 외. 2008. 『자원봉사론』. 학지사.
김석진. 1999. 『대산 주역강의[1]』. 한길사.
김성수. 2009.). 『21세기 윤리경영론: 이론과 사례』. 삼영사.
김영정. 2006. “지역사회공동체의 재발견: 공동체 복원 및 활성화 정책의 방향과 과제.” 한국사회학회 기획학술심포지엄, 『지역사회 공동체에 대한 성찰과 재활성화를 위하여』. 2006. 5. 3. 서울대학교 호암교수회관. 3-21.
김정년. 2008. 『윤리경영이 글로벌 경쟁력이다』. 율곡출판사.
김학주. 2000. 『노자』. 을유문화사.
_____. 2002. 『맹자』. 명문당.
_____. 2009. 『논어』.서울대학교출판문화원.
김호기. 2001. 『한국의 시민사회, 현실과 유토피아 사이에서』. 아르케.
남만성. 1980. 『예기』(중). 평범사.
농협제주지역본부. 2011. 『제주농협 사회공헌 사례집: 나눔과 상생』. 농협제주지역본부.
램프레히트, 스털링 P. 김태길 외 역. 1989. 『서양철학사』. 을유문화사.
「매일경제」. 2009, 7. 14.
「머니투데이」. 2009. 12. 21.
문화관광부·퇴계학연구원. 2011. 『선비정신에서 찾는 기업인의 길』.
박상필. 2004. “NGO에 대한 정부의 재정지원: 유용성과 한계.” 중앙일보 시민사회연구소, 새공동체 건설 통합 컨퍼런스, 『한국의 사회자본 어떻게 육성할 것인가?』. 2004. 10. 29-30, 강원도 평창, 휘닉스파크. 70-82.
박소연, 김진경, 이택영. 2011. “대학생의 전공관련 자원봉사가 자존감, 자기효능감에 미치는 영향.” 『한국콘텐츠학회논문집』 11(2): 376-384.
박재창. 2009. 『위기의 한국시민사회』. 아르케.
박훈 · 이상신. 2009. “개인기부 활성화를 위한 세법제도 개선에 관한 연구 결과 발표” 아름다운재단, 「기부활성화를 위한 세법제도 개선 토론회」: 7-70. 2009년 2월 3일. 대한서울상공회의소.
배영수. 2000. 『서양사강의』. 한울.
배종호. 1984. “동양본체론 서설,” 한국동양철학회 편, 『동양철학의 본체론과 인성론』. 연세대 출판부.
볼런티어21. 1999. 『’99 한국인의 자원봉사 의식 및 활동 현황』. 볼런티어21.
________. 2011. 『2011 전국자원봉사활동 실태조사』. 볼런티어21.
삼성사회봉사단. 2009. 『삼성사회공헌활동백서 2009』. 삼성사회봉사단.
시사영어사. 1992. 『영어대사전』. 시사영어사.

신용하, 장경섭. 1996. 『21세기 한국의 가족과 공동체문화』. 지식산업사.
심상달 · 고건 · 권영준 · 이승은. 2008. 『나눔과 기부 문화 활성화를 위한 사회적 기업의 역할 제고방안』. KDI 연구보고서. 한국개발연구원.
심상달. 2010. "사회적 기업가정신과 착한가게." 『자원봉사』 16: 138-157.
아름다운재단. 2006. 『Giving Index: 2005년도 한국인의 기부지수 조사』. 아름다운재단.
「연합뉴스」. 2009. 12. 21.
예종석. 2006. 『노블레스 오블리주: 세상을 비추는 기부의 역사』. 살림.
_____. 2009. "노블레스 오블리주 실천운동의 의미와 활동방향." 한국자원봉사협의회, 「노블레스 오블리주 자원봉사 특별포럼」 기조강연: 11-20. 백범기념관 컨벤션홀.
유성은. 2007. 『기업윤리와 경영성과』. 한국학술정보.
유승준. 2002. 『노블레스 오블리주란 무엇인가?』. 나남출판.
이가원. 1980. 『주역』. 평범사.
이강현. 2010. "세계적 기업들이 '재능 나눔' 하는 이유." 「조선일보」 1. 23. A26.
_____. 2011a. "제4강: 역사적 조명과 시민사회 I." 김경동 · 이강현 · 정진경. 『자원봉사의 이해』. 한국자원봉사협의회. 69-75.
_____. 2011b. "제7강: 세계와 한국의 자원봉사활동 현황 II." 김경동 · 이강현 · 정진경. 『자원봉사의 이해』. 한국자원봉사협의회. 123-133.
이란희, 최병대. 2009. "한국의 자원봉사센터에 관한 연구경향 분석." 『한국정책과학학회보』 13(3): 231-256.
이만식. 2010. "왜 재능나눔(프로보노 운동)인가: 변호사들의 재능나눔을 중심으로" 『자원봉사』 16: 31-46.
이민수 · 장기근. 1980. 『대학, 중용, 효경』. 평범사.
이은진. 2006. "마을 만들기 운동의 현황과 과제." 한국사회학회 기획학술심포지엄, 『지역사회 공동체에 대한 성찰과 재활성화를 위하여』. 2006. 5. 3. 서울대학교 호암교수회관. 53-69.
이종영. 2008. 『기업윤리: 윤리경영의 이론과 실제』. 삼영사.
이효선. 1997. 『현대한국의 시민운동』. 집문당.
임승빈. 2004. "시민사회단체의 신뢰 형성을 위한 현황과 과제." 중앙일보 시민사회연구소, 새공동체 건설 통합 컨퍼런스, 『한국의 사회자본 어떻게 육성할 것인가?』. 2004. 10. 29-30, 강원도 평창, 휘닉스파크.
전국경제인연합회. 2007. 『윤리경영: 이해와 실천』. 전국경제인연합회.
_______________. 2009a. 『2009 기업·기업재단 사회공헌백서』. 전국경제인연합회.
_______________. 2009b. "윤리경영 현황 및 CSR 추진 실태 조사결과." Issue Paper 152.
정진성 외. 2009. 『한국사회의 트렌드를 읽는다: 국민의식조사를 통해서 본 외환위기 10년』. 서울대학교출판부.
조남국. 1985. 『율곡의 사회사상』. 양영각.
「조선일보」. 2008. 12. 10.
__________. 2009. 6. 17.
__________. 2009. 11. 19.
__________. 2009. 12. 10.
__________. 2009. 12. 11.

__________. 2010. 1. 5.

__________. 2010. 1. 20

__________. 2010. 8. 5.

__________. 2010. 8. 21-22.

__________. 2011. 1. 3.

__________. 2011. 1. 25.

__________. 2011. 1. 29-30.

__________. 2011. 3. 29.

__________. 2011. 4. 20.

__________. 2011. 7. 8.

__________. 2011. 7. 12.

__________. 2011. 7. 22

__________. 2011. 8. 12.

조영복. 2010. "지역공동체의 참여와 상생을 위한 사회적 기업." 기조강연. 「제17회 전국자원봉사대축제 특별포럼: 사회적 기업과 자원봉사」: 1-20. 2010. 6. 17. 충북 영동 민주지산 자연휴양림.

조휘일 · 정재훈 · 원미순 · 박윤숙. 2009. 『자원봉사론』. 공동체.

조희재. 2009. "지속가능한 기업 사회공헌활동." 전국경제인연합회. 『2009 기업 · 기업재단 사회공헌백서』 53-65. 전국경제인연합회.

주성수. 1996. "기업의 사회봉사." 『삼성사회봉사단』.

_____. 2000. 『자원봉사와 시민사회』. 한양대학교 출판부.

_____. 2001. 『시민사회와 NGO 논쟁: 주요 개념 · 모델 및 이론』. 한양대학교 출판부.

주성수 · 남정일. 2001. 『한국 NGO 리포트 2001』. 한양대학교 출판부.

「중앙일보」. 2006, 5. 9.

__________. 2006, 7, 27.

__________. 2011. 7. 8.

지교헌 외. 1991. 『조선조향약연구』. 민속원.

최연구. 2007. 『노블레스 오블리주 혁명: 유럽의 거울로 보는 한국의 미래』. 한울.

최유미. 2009. "자원봉사의 주관적 가치인식과 인정경험이 직무만족에 미치는 영향." 『지역사회연구』. 17(4): 1-30.

최인철. 2007. 『나를 바꾸는 심리학의 지혜: 프레임』. 21세기북스

통계청. 1995. 『한국의 사회지표』.

_____. 1997. 『한국의 사회지표』.

_____. 1998. 『한국의 사회지표』.

_____. 2003. 『한국의 사회지표』.

_____. 2004. 『인구동태통계연보』.

_____. 2006a. 『2005년 출생통계 잠정결과』.

_____. 2006b. 『2005년 인구주택총조사 결과』.

_____. 2009a. 『2005년 생명표』.

_____. 2009b. 『온라인 인구동태』.

_____. 2009c; 「한국통계정보 서비스」(www.kosis.kr)

_____. 2010. 『한국의 사회지표』.

「한국일보」. 2009. 12. 16.

한국자원봉사협의회 · 한국자원봉사포럼. 2010. 『지속가능한 재능나눔운동의 발전모형 연구: '재능을 나눕시다'캠페인을 중심으로』. 한국자원봉사협의회 · 한국자원봉사포럼.

한동우. 2009. "한국 기업의 기부활동 실태조사 결과발표: 한국 기업 기부활동 현황과 과제." 아름다운재단, 제9회 국제기부문화심포지엄. 「기빙코리아 2009」: 11-42. 2009년 11월 10일. 한국프레스센터.

_____. 2010. "기부문화의 새로운 패러다임을 위하여." 『자원봉사』 16: 22-30.

한동철. 2011. "한국의 노블레스 오블리주 실천형황과 과제." 「사회통합과 노블레스 오블리주: 사회지도층의 노블레스 오블리주 실천 어디까지 왔나」 사회통합위원회 · 한국자원봉사포럼 주최 특별포럼 발제문: 23-39.

행정안전부. 2008. 『전국자원봉사센터 현황 자료』.

현대자동차 복지지원팀. 2009. 『함께 움직이는 세상: 2009 현대자동차사회공헌활동 백서』. 현대자동차.

현택수. 2002. 『노블레스 오블리주: 정치인, 지식인, 대학생에게 고함』. 동문선.

梅津光弘. 2002. 『ビジネスの倫理學』. 東京: 丸善株式會社.

中瀨勳·林まゆみ. 2002. 『みどりのコミュニティデザイン』. 東京: 學藝出版社.

American Bar Association(ABA). 2009. "Supporting Justice II: A Report on the Pro Bono Work of America's Lawyers." ABA website. http://www.abaporbono.org/report2.pdf.

American Red Cross, the . 1989. "Taking Volunteerism into the 21st Century." *The Journal of Volunteer Administration* 3(1).

Batson, C. Daniel, Nadia Ahmad, and Jon-Ann Tsang. 2002. "Four Motives for Community Involvement." *Journal of Social Issues* 58: 429-445.

Bellah, Robert N., Richard Madsen, William M. sullivan, Ann Swidler, and Steven M. Tipton. 1985. *Habits of the Heart: Individualism and Commitment in American Life.* New York: Harper & Row.

Beyer, J. M., P. Chattopadhyay, E. George, W. H. Glick, D. T. Ogilvie, and D. Pugliese, 1997. "The Selective Perception of Managers Revisited." *Academy of Management Journal* 4(3),716-737.

Blaustein, Arthur I. 2003. *Make a Difference: America's Guid to Volunteering and Community Service. Sanfrancisco,* CA: Jossey-Bass, Wiley Imprint.

Bruch, H., and F. Walter. 2005. "The Keys to Rethinking Corporate Philanthropy." *MIT Sloan Management Review* 47(1): 49-55.

Butcher, Jacqueline. 2003. "A Humanistic Perspective on the Volunteer-Recipient Relationship: A Mexican Study." Pp. 111-125 in *The Values of Volunteering: Cross-Cultural Perspectives.* edited by Paul Dekker and Loek Halman. New York: Kluwer Academic/Plenum Publishers.

CAF. 2010. *The World Giving Index 2010.* Alexandria, VA: Charities Aid Foundation.

Cho Dae-yop. 2008. "Nation Witnesses Upsurge of Civil Organizations." Pp. 196-210 in *Social Change in Korea.* edited by Kim Kyong-Dong and the Korea Herald, Paju, Korea: Jimoondang.

Clary, E. Gil, and Mark Snyder. 1991. "A Functional Approach of Alturism and Prosocial Behavior: The Case of Volunteerism." Pp. 119-148 in *Prosocial Behavior*, edited by Margaret Clark. Newbury Park, CA: Sage.

Dearborn, D. C., and H. A. Simon. 1958. "Selective Perception: A Note on the Departmental Identification of Executives." *Sociometry*, 21(2), 140-144.

Dekker, Paul, and Loek Halman (eds.). 2003. *The Values of Volunteering: Cross-Cultural Perspectives.* New York: Kluwer Academic/Plenum Publishers.

Diener, E., and M. P. Seligman. 2002. "Very Happy People." *Psychological Science*, 13:81-84.

Dore, Ronald P. 1990. "How Democratic is Japan?" Pp. 147-160 in *Asia in the 21st Century: Challenges and Prospects*, edited by Kim Kyong-Dong and Su-Hoon Lee. Seoul: Panmun Book Co.

Edwards, Miachael, and David Hulme, 1992. *Making a Difference: NGOs and Development in a Changing World.* EarthScan.

Ehrenberg, John. 1999. *Civil Society: The Critical History of an Idea.* New York: New York University Press.

Ellis, Susan J. 2002. *The Volunteer Recruitment(And Membership Development).* Third Ed. Philadelphia, PA: Energize.

Freud, Sigmund. 1961(1923). "The Ego and the Id." Vol. 19: 12-63 in *The Standard Edition of the Complete Psychological Works of Sigmund Freud.* London: Hogarth; New York: Macmillan.

Gallup, G., and J. Castelli. 1989. *The People's Religion: American Faith in the 90's.* New York: Macmillan Publishing Co.

Gilman, Charlotte Perkins. 2004. *Social Ethics: Sociology and the Future of Society.* Westport, CT: Praeger.

Gilovich, T., Griffin, D., and D. Kahneman. 2002. *Heuristics and Biases: The Psychology of Intuitive Judgment.* Cambridge: Cambridge University Press.

Granfield, Robert, and Lynn Mather (eds.) 2009. *Private Lawyers and the Public Interest: The Evololving Role of Pro Bono in the Legal Profession.* New York: Oxford University Press.

Greenfield, James M. 2002. *Fundraising Fundamentals: A Guide to Annual Giving for Professional and Volunteers*, Second Edition. New York: John Wiley & Sons.

Gurvitch, George. 1971. *The Social Framework of Knowledge.* New York: Harper Row.

Hankinson, P. and Colin Rochester. 2005. "The Face and Voice of Volunteering: A Suitable Case for Branding?" *International Journal of Nonprofit and Voluntary Sector Marketing* 10: 93-105.

Hartman, Laura P. and Joe DesJardins. 2008. B*usiness Ethics: Decision-Making for Personal Integrity and Social Responsibility.* New York: McGrow-Hill Irwin.

Henslin, J. M. 1995. *Sociology: A Down-to-Earth Approach.* Boston: Allyn and Bacon.

Hesselbein, Frances, Marshall Goldsmith, Richard Beckhard, and Richard F. Schubert (eds.). 1998. *The Community of the Future.* San Francisco, CA: Jossey-Bass.

Hodgkinson, V. A. 2003. "Vounteering in Global Perspective." Pp. 35-53 in *The Values of Volunteering: Cross-Cultural Perspectives.* edited by Paul Dekker and Loek Halman. New York: Kluwer Academic/Plenum Publishers.

http://en.wikipedia.org/wiki

Jacobs, Norman. 1985. *The Korean Road to Modernization and Development.* Urbana, IL: University of Illinois Press.

Kahneman, D, and A. Tversky., 1979. "Prospect Theory: An Analysis of Decision under Risk." *Econometrica* 47: 263-291.

Kahneman, D., J. L. Knetsch, and R. H. Thaler. 1991. "The Endowment Effect, Loss Format, and Status Quo Bias." *Journal of Economic Perspectives* 5: 193-206.

Kahneman, D. and A. Tversky. 2000. *Choices, Values, and Frames.* Cambridge: Russell Sage Foundation.

______________________________. 2009. *Choices, Values, and Frames.* Cambridge University Press.

Kearney, J. 2007. "The Values and Basic Principles of Volunteering: Complacency to Caution?" Pp. 1-18 in *Volunteering and the Test of Time: Essays for Policy*, Organisation and Research, edited by D. J. smith and M. Locke. London: Institute for Volunteering Research.

Kerlin, Janelle A. 2010. "사회적 기업 모델과 배경의 비교" 『사회적 기업연구』 3(2): 5-19.

Khatchadourian, Haig. 1999. *Community and Communitarianism.* New York: Peter Lang Publishing.

Kim J. and I. Choi. 2006. *Unpublished manuscript.* Seoul National University.

Kim Kyong-Dong. 1973. "Toward a Sociological Theory of Development: A Structural Perspective." *Rural Sociology* 38: 462-476.

________________. 1997. "Confucianism, Economic Growth and Democracy." *Asian Perspective* 21(2, Fall): 77-97.

________________. 2003. "Presidential Election and Social Change in South Korea." *Development and Society* 32(2): 293-314.

________________. 2008. "Selective Modernization and Alertanative Modernities: In Search of an Alternative Theory." *Journal of the National Academy of Sciences, Republic of Korea: Humanities and Social Sciences* 47(2):105-161.

Kim Kyong-Dong and the Korea Herald (eds.). 2008. *Social Change in Korea.* Jimoondang.

Kim Kyong-Dong and Yojin Kim. 2011. "Volunteer Frame and Volunteer Culture." 『사회과학 연구논총』 25: 147-170.

Lee Chong-Yeong and Hideki Yoshihara. 1997. "Business Ethics of Korea and Japanese Managers." *Journal of Business Ethics* 16(Jan): 7-21.

Lee Kang-Hyun and Park Y. 2009. "The Trends of Volunteering and Giving in Korea from 1999 to 2008." International Symposium, *Volunteering, Education and Civil Society in Canada, Japan and Korea.* Hosted by Graduate School of International Studies, Seoul National University, Ritsumeikan

University, Korea Council of Volunteering and Volunteer 21, March 7, Seoul National University 17-33.

Lenski, Gerhard. 1966. *Power and Privilege*. New York: McGraw-Hill.

Liao-Troth, Mathew. 2008. *Challenges in Volunteer Management*. Charlotte, NC: IAP(Information Age Publishing, Inc.).

Lin, Nan. *Social Capital: A Theory of Social Structure and Action*. Cambridge: Cambridge University Press.

Lindenmeier, J. 2008. "Promoting Volunteerism: Effects of Self-efficacy, Advertisement-induced Emotional Arousal, Perceived Costs of Volunteering, and Message Framing." *Voluntas*, 19, 43-65.

Lininger, Tom. 2007. "From Park Place to Community Chest: Rethinking Lawyers' Monopoly." *Northwestern University Law Review* 101(3): 1343-1370.

Lipp, John L. 2009. *The Complete Idiot's Guide to Recruiting & Managing Volunteers*. New York: Alpha Books, Penguin Group.

Marker, Christopher. 1998. *I CHING: Ancient Wisdom for Modern Decision-Making*. New York: Weatherhill.

Martinelli, Alberto. 2005. *Global Modernization: Rethinking the Project of Modernity*. London: Sage Publications.

Mead, George Herbert. 1934. *Mind, Self and Society: From the Standpoint of a Social Behaviorist*. Chicago: University of Chicago Press.

Meijs, Lucsas C.P.M., Femida Handy, Ram A Cnaan, Jeffrey L. Brudney, Ugo Ascoli, Shree Ranade, Lesley Hustinx, Suzanne Weber and Idit Weiss. 2003. "All in the Eyes of the Behjolder? Perceptions of Volunteering Across Eight Countries." Pp. 19-34 in *The Values of Volunteering: Cross-Cultural Perspectives*. edited by Paul Dekker and Loek Halman. New York: Kluwer Academic/Plenum Publishers.

Musick, Marc A. and John Wilson. 2008. *Volunteers: A Social Profile*. Bloomington, Indiana University Press.

Northhouse, Peter G. 2010. *Leadership: Theory and Practice*. Fifth Edition. Thousand Oaks, CA: Sage Publications.

Novak, Michael. 1994. "Was western civilization a bad idea?" *AEI Newsletter* (March). Washington, DC: American Enterprise Institute for Public Policy.

Oppenheimer, Melanie. 2008. *Volunteering: Why We Can't Survive without It*. Sydney, Australia: University of New South Wales Press.

Paine, Lynn Sharp. 2003. *Value Shift: Why Companies Must Merge Social and Financial Imperatives to Achieve Superior Performance*. New York: McGraw-Hill.

Parsons, Talcott. 1966. *Societies: Evolutionary and Comparative*. Englewood Cliffs, NJ: Prentice-Hall.

Pavalko, R. M. 1971. *Sociology of Occupations and Professions*. Itasca, IL: F. E. Peacock.

Piaget, Jean. 1954. *The Construction of Reality in Child*. trans. by M. Cook. New York: Basic Books.

Porter, M. E. and M. R. Kramer. 2002. "The Competitive Advantage of Corporate Philanthropy." *Harvard Business Review* 80(12): 56-69.

______________________. 2006. "Strategy and Society: The Link Between Competitive Advantage and Corporate Social Responsibility." *Harvard Business Review* 84(12): 78-92.

Rausch, A. 2002. "Role of Local Newspaper in Generating a Citizen Volunteer Consciousness." *International Journal of Japanese Sociology* 11: 102-117.

Robbins, Stephen P., and Timothy A. Judge. 2007. *Organizational Behavior.* 12th Ed. Upper Saddle River, NJ: Pearson Prentice Hall.

Rochester, Collin, Angela Ellis Paine, Steven Howlett, with Meta Zimmeck. 2010. *Volunteering and Society in the 21st Century.* Hampshire, UK: Palgrave Macmillan.

Rhode, Deborah. 2005. *Pro Bono in Principle and in Practice: Public Service and the Professions.* Stanford, CA: Stanford University Press.

____________. 2009. "Rethinking the Public in Lawyers' Public Service: Strategic Philanthropy and the Bottom Line." Pp. 251-266 in *Private Lawyers and the Public Interest: The Evololving Role of Pro Bono in the Legal Profession.* edited by Robert Granfield and Lynn Mather. New York: Oxford University Press.

Rosenberg, Bob, and Guy Lampard. 2005. *Giving from Your Heart: A Guide to Volunteering.* Lincoln, NE: iUniverse.

Sagawa, Shirley. 2010. *The American Way to Change: How National Service & Volunteers Are Transforming America.* San Francisco, CA: Jossey-Bass.

Salaman, L. et al. 2004. *Global Civil Society: Dimensions of the Nonprofit Sector* vol. II. Bloomfield, CT: Kumarian Press.

Schermorhorn, R. A. 1961. *Society and Power.* New York: Random House.

Schmedemann, Deborah A. 2010. *Thorns and Roses: Lawyers Tell Their Pro Bono Stories.* Durham, NC: Carolina Academic Press.

Shaw, Willaim H. 2008. *Business Ethics*, Sixth Edition. Belmont, CA: Wadsworth/ Thomson.

Shultz, James. 1972. "The Voluntary Society and Its Components." Pp. 25-38 in *Voluntary Action Research*: 1972, edited by D. H. Smith. Lexington, MA: D. C. Heath.

Smith, Adam. 1759[1966]. *The Theory of Moral Sentiments.* New York: Kelley.

____________. 1776[1950]. *An Inquiry into the Nature and Causes of the Wealth of Nations.* Edicted by Edwin Cannan. London: Methuen.

Smith, D. H. 1973. "The Impact of Voluntary Sector on Society." Pp. 387-399 in *Voluntary Action Research*: 1973, edited by D. H. Smith. Lexington, MA: D. C. Heath.

Snyder, Mark, E. Gil Clary, and Arthus Stukas. 2000. "The Functional Approach to Volunteerism." Pp. 365-393 in *Why We Evaluate.* edited by Gregory Maiso and James Olson. Mahwah, NJ: Lawrence Erlbaum Associates.

Sofield, L., R. Hammett, and C. Juliano. 1998. *Building Community: Christian, Caring, Vital.* Notre Dame, IN: Ave Maria Press.

Tyler, E. B. 1871. *Primitive Culture.* New York: Holt.

Tocqueville, Alexaner de. [1848] 1988. *Democracy in America.* Translated by G. Lawrence and edited by J. P. Mayer. New York: Harper Collins.

Trope, Y., and N. Liberman. 2003. "Temporal Construal." *Psychological Review* 110: 403-421.

Tschirhart, Mary and Lynda St. Clair. 2005. "Corporate Community Service Programs: Enahcing Community Capacity?" Pp. 59-75 in *Gifts of Time and Money: The Role of Charity in America's Communities*, edited by A. Brooks. Lanham, MD: Rowman & Littlefield.

______________________________. 2008. "Fine Lines: Design and Implementation Challenges in Employee Volunteer Programs." Pp. 205-225 in *Challenges in Volunteer Management*, edited by Matthew Liao-Troth. Charlotte, NC: Information Age Publishing, Inc.

UNV(United Nations Volunteers). 1999. *Expert Working Group Meeting on Volunteering and Social Development.* New York: November 29-30. UN.

Voicu, Malina and Bodgan Voicu. 2003. "Volunteering in Romania: A Rara Avis." Pp. 143-159 in *The Values of Volunteering: Cross-Cultural Perspectives*, edited by Paul Dekker and Loek Halman. New York: Kluwer Academic/Plenum Publishers.

Warriner, C. K. 1972. "The Altruistic Impulse and the Good Society." Pp. 343-355 in *Voluntary Action Research: 1972*, edited by D. H. Smith. Lexington, MA: D. C. Heath.

Weber, Max. 1946. *From Max Weber.* Translated and edited by H. Gerth and C. W. Mills. New York: Oxford University Press.

_________. 1951. *The Religion of China.* Hans H. Gerth, tr. & ed. New York: Free Press.

Wirth, Louis. 1938. "Urbanism as a Way of Life." *American Journal of Sociology* 44: 3-24.

Wuthnow, Robert. 1995. *Learning to Care: Elementary Kindness in an Age of Indifference.* New York: Oxford University Press.

Yun Sun-Chul. 2003. "A Study on the Current Situation of Non-Governmental Organizations in South Korea, and Their Human Resource Development." Master's Thesis, KDI School of Public Policy and Management, Seoul, Korea.

■ 찾아보기

[인명]

[개념]

김경동
1936년 경북 안동에서 출생했으며, 현재 KAIST 경영대학 초빙교수, 서울대학교 명예교수, 대한민국학술원 회원이다. 1959년에 서울대학교 문리과대학 사회학과를 졸업한 뒤, 미국 Michigan대학에서 석사, Cornell 대학에서 박사학위를 받았다. 한국사회학회장, 서울대학교 기획실장을 역임하였고, 현재 (사)한국자원봉사 포럼의 회장이다. 사회학자로서 1978년 원론 교과서를 필두로 2011년까지 국영문 학술서적 19권, 공동학술 서적 22권, 기타 서적 8권, 시집(詩集) 2권을 포함, 수십 권의 책과 연구보고서를 출간하였고, 1971년 이래 해외발표 논문 44편(일어 4편, 중국어 1편, 불어 1편 포함), 1964년 이후 국내 발표 논문 도합 200여편(영어 48편 포함)의 업적을 거두었다. 2005년 『문학사상』을 위시하여 단편과 중편소설 각 2편을 발표하였다. 주요 저서로는 『한국의 사회윤리: 기업윤리, 직업윤리, 사이버윤리』, 『기독교 공동체운동의 사회학』, 『급변하는 시대의 시민사회와 자원봉사』, 『한국사회발전론』, 『선진한국, 과연 실패작인가? 김경동의 문명론적 성찰』, 『한국교육의 사회학적 진단과 처방』, 『현대의 사회학』, 『한국사회변동론』, 『한국인의 가치관과 사회의식』, 『사회학의 이론과 방법론』, 『발전의 사회학』, 『인간주의 사회학』 등이 있다.

자발적 복지사회 — 미래지향적 자원봉사와 나눔의 사회학

1판 1쇄 펴냄 2012년 3월 20일

지은이 김경동
펴낸이 이형진
펴낸곳 도서출판 아르케
출판등록 1999. 2. 25. 제2-2759호
주소 강원도 홍천군 내촌면 와야리 300-4
대표전화 (02)336-4784~6 | 팩스 (02)6442-5295
E-Mail arche21@gmail.com | Homepage www.arche.co.kr

값 22,000원

© 김경동, 2012

ISBN 978-89-5803-115-4 93330